2022년 ____월 ____일 시행

9급공무원 공개경쟁채용 필기시험

9급 행정직

KB083973

회차				응시번호	
①				성 명	

【시험 과목】

제1과목	국 어	제2과목	영 어	제3과목	한 국 사
제4과목	행정법총론		제5과목	행정학개론	

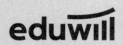

국어

http://eduwill.kr/2liV

※ QR 코드를 스캔하여 〈1초 합격예측! 모바일 성적분석표 발급 서비스〉를 활용하세요.
※ 해당 QR 코드는 1회 세 과목(국어+영어+한국사)의 모바일 OMR을 모두 포함합니다.

문 1. 밑줄 친 부분이 바르게 쓰이지 않은 것은?

① 그녀의 피부가 너무 <u>하얘</u> 눈이 부셨다.
② 그는 잔인한 행동을 <u>서슴지</u> 않는 사람이다.
③ 잘못한 아이를 너무 <u>나무라면</u> 안 된다.
④ <u>생각건데</u> 그때가 가장 행복한 시절이었다.

문 2. 밑줄 친 조사의 쓰임이 옳은 것은?

① 술<u>이</u> 취해 결정적 실수를 하고 말았다.
② 비가 옵<u>니다마는</u> 이번 농사가 잘되기는 틀렸습니다.
③ 이번 연극의 역할은 춘향<u>에게</u> 성희, 이 도령<u>에게</u> 미소가 되었다.
④ 작가<u>로써</u> 허난설헌은 여성 특유의 섬세한 필치로 비극적 삶을 노래했다.

문 3. 단어의 뜻풀이가 옳지 않은 것은?

① 헤살: 일을 짓궂게 훼방함. 또는 그런 짓.
② 서름하다: 남과 가깝지 못하고 사이가 조금 서먹하다.
③ 우두망찰하다: 갑자기 닥친 일에 어찌할 바를 몰라 정신이 얼떨떨하다.
④ 옹골지다: 모양이나 태도, 또는 어떤 일 따위가 마음에 들어 만족하다.

문 4. 밑줄 친 부분과 바꿔 쓸 수 있는 관용 표현으로 적절하지 않은 것은?

① 미소는 <u>굿 못하는 무당 장구 타박하듯</u> 성질을 부렸다. - 글 못한 놈 붓 고르듯
② 이번 사건을 해결하기 위해 노사가 <u>이마를 맞대고</u> 대책 마련에 부심했다. - 무릎을 맞대고
③ 들판의 익어 가는 곡식은 쓰라린 마음에 <u>못을 박기</u>도 한다. - 말뚝을 박기
④ 아침이면 우리들은 차마 입을 뗄 수 없어 수도 없이 망설이다가 큰오빠에게 <u>손을 내밀었다.</u> - 손을 벌렸다

문 5. ㉠~㉣에 대한 설명으로 적절하지 않은 것은?

이때 어사또 분부하되,
㉠"이 골은 대감이 좌정하시던 골이라. 잡소리를 금하고 객사(客舍)로 옮겨라."
자리에 앉은 후에,
"본관 사또는 봉고파직하라."
분부하니,
㉡"본관 사또는 봉고파직이오."
사대문(四大門)에 방을 붙이고 옥형리 불러 분부하되,
"네 골 옥에 갇힌 죄수를 다 올리라."
호령하니 죄인을 올린다. 다 각각 죄를 물은 후에 죄가 없는 자는 풀어 줄새,
"저 계집은 무엇인고?"
형리 여쭈오되,
"기생 월매의 딸이온데 관청에서 포악한 죄로 옥중에 있삽내다."
"무슨 죄인고?"
형리 아뢰되,
"본관 사또 수청 들라고 불렀더니 수절이 정절이라. 수청 아니 들려 하고 사또에게 악을 쓰며 달려든 춘향이로소이다."
어사또 분부하되,
㉢"너 같은 년이 수절한다고 관장(官長)에게 포악하였으니 살기를 바랄쏘냐. 죽어 마땅하되 내 수청도 거역할까?"
춘향이 기가 막혀,
"내려오는 관장마다 모두 명관(名官)이로구나. 어사또 들으시오. 층암절벽 높은 바위가 바람 분들 무너지며, 청송녹죽 푸른 나무가 눈이 온들 변하리까. 그런 분부 마옵시고 어서 바삐 죽여 주오."
하며,
"향단아, 서방님 어디 계신가 보아라. 어젯밤에 옥 문간에 와 계실 제 천만당부 하였더니 어디를 가셨는지 나 죽는 줄 모르는가."
어사또 분부하되,
"얼굴 들어 나를 보라."
하시니 춘향이 고개 들어 위를 살펴보니, 걸인으로 왔던 낭군이 분명히 어사또가 되어 앉았구나. 반 웃음 반 울음에,
"얼씨구나 좋을시고. 어사 낭군 좋을시고. 남원 읍내 가을이 들어 떨어지게 되었더니, 객사에 봄이 들어 이화춘풍(李花春風) 날 살린다. 꿈이냐 생시냐? 꿈을 깰까 염려로다."
㉣한참 이리 즐길 적에 춘향 어미 들어와서 가없이 즐겨 하는 말을 어찌 다 설화(說話)하랴.

– 작자 미상, 「춘향전」 –

① ㉠: 어사또가 변 사또에 대해 최소한의 예의를 지키려는 태도를 보이고 있다.

② ㉡: 백성들은 변 사또의 봉고파직 상황을 통쾌하게 받아들였을 것이다.

③ ㉢: 어사또가 춘향의 정절을 시험하기 위해 한 말로 그의 능청스러움이 나타나 있다.

④ ㉣: 서술자가 사건에 개입하여 춘향 모친의 기쁜 마음을 나타내고 있다.

문 6. 다음 대화의 ㉠~㉣에 대한 이해로 적절하지 않은 것은?

> 다경: 채영아, ㉠다른 때와 달리 하루 종일 우울해 보이는데 학교에서 무슨 일이 있었니?
> 채영: 환경 미화 심사 때문에 걱정이 돼서 그래. 선생님께서 환경 부장인 내게 환경 부원들과 함께 준비를 하라고 하셨는데, 다들 관심이 없어 보여. 그래서 어떻게 준비해야 할지 고민이야.
> 다경: 그렇구나. ㉡환경 미화 심사가 얼마 남지 않았는데, 그런 일이 있어서 속상했겠구나. 우선 회장, 부회장과 상의하는 것이 어떠니?
> 채영: 그 생각도 해 봤는데, 회장과 부회장은 요즘 다른 행사 준비로 바쁜 것 같아 보였어. ㉢내가 자원해서 환경 부장이 된 것이니까 일단은 환경 부원들을 설득해 봐야겠어.
> 다경: 그래. ㉣(손가락을 치켜세우며) 그것 참 훌륭한 생각이다. 환경 미화를 하는 이유가 단순히 상을 받기 위함이 아니라, 우리가 생활하는 공간을 깨끗하게 만든다는 의미가 있다는 것을 환경 부원들에게 강조하면 좋을 것 같아.
> 채영: 아, 그러면 되겠구나. 환경 부원들에게 그런 말을 해 주면 적극적으로 동참하게 될 것 같아. 조언해 주어서 고마워.

① ㉠: 상대방에 대한 지속적인 관심을 바탕으로 상대방의 상황에 대해 질문하고 있다.

② ㉡: 대화 상황과 관련된 정보를 바탕으로 상대방의 정서에 공감하고 있다.

③ ㉢: 상대방과의 관계를 고려하여 의견을 드러내는 것을 자제하고 있다.

④ ㉣: 비언어적 표현을 활용하여 상대방의 생각에 동의하고 있다.

문 7. 내용의 흐름상 ㉠의 의미에 대한 설명으로 가장 적절한 것은?

> [앞부분의 줄거리] 젊어서 혼자가 된 어머니가 서울의 모 대학 교수인 므슈 리와 재혼하게 되면서 '나(숙희)'는 므슈 리의 집에서 함께 산다. 므슈 리의 아들 현규는 나에게 오빠가 된다. 시골 할머니 댁에서 지내던 나는 새로운 가족들과 함께 부유하고 행복한 삶을 영위하게 된다.
>
> 므슈 리와 엄마는 부부이다. 내가 그를 아버지라고 부르기 어려운 것은 거의 그런 말을 발음해 본 적이 없는 습관의 탓이 크다.
> 나는 그를 좋아할뿐더러 할아버지 같은 이로부터 느끼던 것의 몇 갑절이나 강한 보호 감정 — 부친다움 같은 것도 느끼고 있다.
> ㉠그러나 나는 그의 혈족은 아니다.
> 현규와도 마찬가지다. 그와 나는 그런 의미에서는 순전한 타인이다. 스물두 살의 남성이고 열여덟 살의 계집아이라는 것이 진실의 전부이다. 왜 나는 이 일을 그대로 알아서는 안 되는가?
> 나는 그를 영원히 아무에게도 주기 싫다. 그리고 나 자신을 다른 누구에게 바치고 싶지도 않다. 그리고 우리를 비끄러매는* 형식이 결코 '오누이'라는 것이어서는 안 될 것을 알고 있다.
> 나는 또 물론 그도 나와 마찬가지로 같은 일을 생각하고 있기를 바란다. 같은 일을 — 같은 즐거움일 수는 없으나 같은 이 괴로움을.
> 이 괴로움과 상관이 있을 듯한 어떤 조그만 기억, 어떤 조그만 표정, 어떤 조그만 암시도 내 뇌리에서 사라지는 일은 없다. 아아, 나는 행복해질 수는 없는 걸까? 행복이란 사람이 그것을 위하여 태어나는 그 일을 말함이 아닌가?
> 초저녁의 불투명한 검은 장막에 싸여 짙은 꽃향기가 흘러든다. 침대 위에 엎드려서 나는 마침내 느껴 울고 만다.
>
> *비끄러매다: ① 줄이나 끈 따위로 서로 떨어지지 못하게 붙잡아 매다.
> ② 제멋대로 하지 못하게 강제로 통제하다.
>
> – 강신재, 「젊은 느티나무」 –

① '므슈 리'와 '어머니'의 관계를 부정하면서 갈등이 시작되고 있다.

② '므슈 리'에 대한 '나'의 불편한 감정이 점점 강해짐을 겉으로 드러내고 있다.

③ '므슈 리'와 혈연 관계가 아님을 강조하며 '현규'를 사랑하고 있는 '나'의 내면적 갈등을 드러내고 있다.

④ '나'가 '므슈 리'를 아버지로 받아들이지 않는다는 점을 통해 갈등 해결의 실마리를 제공하고 있다.

문 8. 이 글의 글쓴이가 어린아이들을 위해 권한 독서 전략으로 적절하지 않은 것은?

> 어린아이에게 독서를 시킬 때 가장 금기로 여겨야 할 일은 많은 분량을 읽게 하는 일이다. 타고난 자질이 총명하고 민첩한 아이에게 조금만 읽고 외우게 하는 것도 좋은 일이 아니지만, 어리석고 둔한 아이에게 많은 분량을 읽도록 하는 것은 마치 약한 말에게 무거운 짐을 싣는 것과 같다. 그러고서 어떻게 멀리 갈 수 있기를 바라겠는가? 독서하는 분량을 적게 하여 익숙해질 때까지 읽어 뜻을 제대로 알게 하는 것이 더 중요하다. 만약 이렇게 한다면 비록 어리석고 아둔해 잘 외우지 못한다고 해도 용서할 일이다. 다만 읽는 데만 헛되이 시간을 낭비하고 잘 외우지도 못한다면 각별히 주의하여 읽고 외우는 일을 보살펴야 한다.
>
> 내가 어렸을 때 하루 동안 독서하는 분량이 50줄에 불과했다. 타고난 자질과 기품이 약했기 때문이다. 헛되이 읽는 데만 시간을 낭비하지 않았다. 조심하고 서툴렀기 때문이다. 또한 글을 외우는 일을 대체로 잘하지 못했는데, 어리석고 둔했기 때문이다. 그런데도 익숙해질 때까지 읽어 글의 뜻을 제대로 알았으므로 어른들은 꾸짖거나 나무라지 않았다.
>
> 어린아이에게 독서를 시킬 때 결코 엄하게 단속만 해서는 안 된다. 엄하게 단속하면 타고난 기백이 약한 아이는 지레 겁먹게 되고, 반대로 기백이 강한 아이는 분한 마음이 가슴 가득 쌓여 원망하는 마음을 품게 된다. 그렇다고 너그러운 마음으로 풀어 주기만 해서도 안 된다.
>
> 너그러운 마음으로 풀어 주면 품은 뜻이 낮고 보잘것없는 아이는 게으름과 태만에 빠지고, 반대로 품은 뜻이 높고 강한 아이는 아무 거리낌 없이 제멋대로 행동하거나 다른 사람을 업신여기는 마음을 갖게 되기 때문이다.

① 글의 내용이 익숙해질 때까지 반복적으로 읽어야 한다.
② 독서 능력보다 조금 많은 분량을 주어서 훈련시켜야 한다.
③ 글의 내용에 충분히 익숙해질 때까지 여유 있게 독서를 시켜야 한다.
④ 타고난 기백과 품은 뜻에 따라 단속과 풀어줌을 달리해야 한다.

문 9. 내용을 강조하기 위해 [A]의 뒤로 다음 문장을 덧붙이고자 할 때, ㉮와 ㉯에 들어갈 한자 성어로 알맞은 것은?

> 자목(子牧)이 스승 선귤자에게 묻기를,
> "선생님이 제게 말씀하시기를 벗은 동거하지 않는 아내요, 한 탯줄에서 나오지 않은 형제라 했습니다. 벗은 이렇게 소중한 것입니다. 온 세상의 사대부 가운데 선생님의 지도를 받고자 하는 이가 수두룩합니다. 선생님이 그런 분은 상대도 하지 않았습니다. 그런데 지금 엄 행수로 말한다면, 마을 안의 천한 사람으로서 상일을 하는 하층의 처지요 마주 서기 부끄러운데도 선생님이 그의 덕을 높여 '선생'이라 부르고 장차 교분을 맺어 벗이 되려 하시니 저까지 부끄러워 견디지 못하겠습니다. 이제 선생님의 문하를 하직하려고 합니다."
> (중략)
> 선귤자가 말하기를,
>
> [A]
> ┌ "그렇다면 자네는 이런 것은 부끄러워하고 저런 것은 부끄러워하지 않는군. 대저 시정잡배의 사귐은 이익으로 하고, 체면을 차리는 양반의 사귐은 아첨으로 하네. 본래 아무리 친한 사이라도 세 번만 거듭 부탁하면 멀어지지 않을 사람이 없고, 아무리 원한이 있더라도 세 번 거듭 선물하면 친해지지 않을 사람이 없단 말일세. 그러기에 이익으로 사귀는 것은 계속되기 어렵고 아첨으로 사귀는 것은 오래가지 않는 법일세. 대체로 커다란 사귐은 얼굴빛에 있지 않고, 아주 가까운 벗은 친절이 필요하지 않은 법이지. 오로지 마음으로 사귀면 덕으로 벗할지니, 이게 바로 '도의(道義)의 사귐'이야. 그러면 위로는 천년 전의 사람을 벗하더라도 멀지 않을 것이며, 만 리 밖에
> └ 떨어져 있더라도 소외되지 않게 되지.

〈보 기〉

> 이는 '커다란 사귐'이란 (㉮)에 좌우되는 사귐이 아니라 (㉯)을/를 보여 주는 사귐이라는 것이네.

	㉮	㉯
①	교언영색(巧言令色)	붕우유신(朋友有信)
②	교학상장(敎學相長)	면종복배(面從腹背)
③	소탐대실(小貪大失)	막역지간(莫逆之間)
④	감탄고토(甘吞苦吐)	견원지간(犬猿之間)

문 10. (가)와 (나)의 표현상의 공통점으로 적절하지 않은 것은?

(가) 새벽 시내버스는
　　　차창에 웬 찬란한 치장을 하고 달린다
　　　엄동 혹한일수록
　　　선연히 피는 성에꽃
　　　어제 이 버스를 탔던
　　　처녀 총각 아이 어른
　　　미용사 외판원 파출부 실업자의
　　　입김과 숨결이
　　　간밤에 은밀히 만나 피워낸
　　　번뜩이는 기막힌 아름다움
　　　나는 무슨 전람회에 온 듯
　　　자리를 옮겨다니며 보고
　　　다시 꽃이파리 하나, 섬세하고도
　　　차가운 아름다움에 취한다
　　　어느 누구의 막막한 한숨이던가
　　　어떤 더운 가슴이 토해낸 정열의 숨결이던가
　　　일없이 정성스레 입김으로 손가락으로
　　　성에꽃 한 잎 지우고
　　　이마를 대고 본다
　　　덜컹거리는 창에 어리는 푸석한 얼굴
　　　오랫동안 함께 길을 걸었으나
　　　지금은 면회가 금지된 친구여.
　　　　　　　　　　　　　－ 최두석, 「성에꽃」－

(나)　님이 오마 ᄒ거늘 저녁밥 일지어 먹고
　　　중문(中門) 나서 대문(大門) 나가 지방(地方) 우희
　　치ᄃ라 안자 이수(以手)로 가액(加額)하고 오는가
　　가는가 건넌 산(山) ᄇ라보니 거미횟들 셔잇거늘 져
　　야 님이로다. 보션 버서 품에 품고 신 버서 손에 쥐
　　고 곰븨님븨 님븨곰븨 천방지방 지방천방 즌 듸 ᄆ
　　른 듸 굴히지 말고 위렁충창 건너가서 정(情)엣말
　　ᄒ려 ᄒ고 곁눈을 흘긧 보니 상년(上年) 칠월(七月)
　　사흘날 굴가벅긴 주추리 삼대 슬드리도 날 소겨다.
　　　모쳐라 밤일싀 망졍 ᄒᆡᆼ혀 낫이런들 ᄂᆞᆷ 우일 번ᄒ
　　괘라.
　　　　　　　　　　　　－ 작자 미상, 「님이 오마 ᄒ거늘」－

① 시간의 흐름에 따라 시상을 전개하고 있다.
② 감각적인 표현을 통해 시적 대상을 제시하고 있다.
③ 화자의 행위를 바탕으로 대상에 대한 화자의 정서를 드러낸다.
④ 대립적인 속성의 시어를 통해 화자의 의지를 강조하고 있다.

문 11. 이 글을 읽고 알 수 있는 내용으로 알맞지 않은 것은?

　　애덤 스미스는 재화의 가치에는 사용가치와 교환가치가 있으며 사용가치가 큰 상품은 교환가치도 크다고 하였다. 사용가치는 쉽게 말해 어떤 물건이 쓸모가 있느냐 없느냐를 의미하고 교환가치는 시장가격이 얼마인가를 의미한다. 사용가치가 큰 상품이 교환가치도 크다는 것은 쓸모가 있으면 비싸게 거래가 된다는 것으로 상식적으로 생각해 보면 쉽게 이해가 되는 것이다. 하지만 시장에서는 다이아몬드의 교환가치가 물의 교환가치보다 훨씬 크다. 당시 경제학자에게 이러한 현실은 이론으로 설명할 수 없는 역설적인 현상으로 여겨졌다.
　　'가치의 역설'은 문제가 제기된 후 거의 백 년 동안 풀리지 않다가 1870년대 멩거, 제본스, 발라 등에 의해 한계효용 이론이 정립되면서 풀리게 된다. '효용'이란 사람들이 상품을 소비함으로써 느끼는 만족도를 말한다. 한계효용 이론에서는 '총효용'과 '한계효용'을 구분하고 상품의 가치는 '총효용'이 아니라 '한계효용'에 의해 결정된다고 하였다. 즉 어떤 상품의 가격에 영향을 미치는 것은 단순히 전체 효용의 크기가 아니라 '한계효용', 즉 상품 한 단위를 추가적으로 소비할 경우 소비자가 얻게 되는 만족도의 증가분이라는 것이다.
　　개인이 느끼는 어떤 상품의 한계효용은 그 상품의 소비량에 반비례한다. 즉, 소비량이 많으면 많을수록 사람들이 추가적으로 한 단위 더 소비할 경우 얻는 만족도는 작아진다. 배가 고파서 빵을 처음 한 개 먹을 때와 열 개째를 먹을 때의 만족감은 다른 것이다. 물은 흔한 것이어서 사람들이 많이 소비할 수 있기에, 다이아몬드에 비해 한계효용이 매우 낮은 것이다. 만약 다이아몬드가 물처럼 흔해 사람들이 원하는 만큼 소유하고 있다면 추가적으로 다이아몬드를 한 단위 더 소비한다고 하더라도 만족도는 거의 증가하지 않을 것이다. 한계효용 이론에 의해 다이아몬드의 가격이 물의 가격보다 훨씬 높은 것은 역설이 아니라 타당한 이유를 설명할 수 있는 합리적인 현상이었음이 밝혀진 것이다.

① 애덤 스미스는 '가치의 역설'을 이론적으로 설명하지 못했다.
② 한 재화의 소비량이 많아질수록 그 재화의 한계효용은 커진다.
③ 동일한 재화라 하여도 한계효용은 상황에 따라 달라질 수 있다.
④ 물과 다이아몬드의 교환가치는 이들 재화의 한계효용을 반영한다.

문 12. 이 글을 이해한 내용으로 적절한 것은?

거울 신경 세포계란 특정 행동을 단순히 목격한 것만으로도 그러한 행동을 실제로 행할 때와 같은 방식으로 신경 세포가 작동하도록 하는 신경 세포의 체계이다. 가령, 자녀가 부모와 같은 행동을 한다면 이 세포계의 작용으로 그러한 행동을 관찰하고 상상하여 실행한 것으로 설명할 수 있다. 또한 거울 신경 세포계는 행동을 하는 주체의 의도까지도 파악할 수 있다. 만일 타자의 감정에 공감할 수 있다면 이것의 작용으로 그 의도를 파악하고 이해하여 공감이 가능한 것이다. 따라서 거울 신경 세포계는 타인의 행동을 거울과 같이 뇌 안에 비춰 모방하고 또 공감을 가능하게 한다고 볼 수 있다.

요하임 바우어는 사람들이 서로를 이해할 수 있는 능력을 신경학적으로 설명할 수 있는 이유는 거울 신경 세포계의 발견 때문이라고 하였다. 그에 따르면, 우리가 상대에게 동정심을 느끼거나 감정이입을 할 수 있는 이유는 사고가 필요 없이 직감으로 이해하는 거울 신경 세포계에 의해 가능한 것이다. 따라서 아동의 다양한 정서 경험은 타인의 관점을 이해하는 인지 능력을 발달시킴과 동시에 타인과 공감할 수 있는 능력의 발달을 돕는 것이라 할 수 있다.

이런 점에서 거울 신경 세포계는 도덕적 행동과 관련하여 '시사점'을 주고 있다. 이 세포계의 기능을 고려할 때, 인간은 끊임없이 무의식적으로 행동의 암시를 받고 행동을 준비할 수 있는 것이다. 즉 아동이 가정이나 매스컴 등을 통해 도덕적 행동을 목격하게 되면 의식하지 않은 사이에 그와 같은 행동을 할 수 있게 되는 것이다. 이처럼 직감이나 감정이입, 공감과 같은 능력은 거울 신경 세포계의 작용 여부에 따라 달라질 수 있다.

① 아동의 정서적 체험과 타인의 관점을 수용하는 능력은 반비례 관계에 있다.
② 거울 신경 세포계는 인간이 타인과 어떻게 상호 작용을 하는가를 설명할 수 있다.
③ 타인의 도덕적 행동을 자주 목격했음에도 불구하고 비행을 저지르는 경우도 거울 신경 세포계의 작용으로 설명할 수 있다.
④ 타인의 도덕적 행동을 목격한 주체는 자신의 거울 신경 세포계를 통해 도덕적 판단을 내린 후 그 행동에 공감하게 된다.

문 13. 이 글의 '동굴 벽화'에 대한 설명으로 적절한 것은?

라스코 동굴 벽화에는 200여 마리의 동물들이 매우 사실적으로 그려져 있는데, 자세히 보면 많은 동물상이 중첩되게 그려져 있음을 알 수 있다. 그리고 한결같이 어둡고 들어가기 힘든 동굴 안쪽에 그려져 있다 보니, 이 동굴 벽화들은 구덩이에 빠진 개를 구하려던 소년들에 의해 우연히 발견되어 1948년에야 세상에 알려지게 되었다. 이것은 원시인들이 이 그림을 보여 주기 위한 장식 목적으로 그린 것은 아니었음을 말해 준다.

라스코 동굴 벽화는 사냥을 위한 방편이었을 것으로 생각된다. 왜냐하면 주로 그려진 동물들이 말, 소, 사슴 등의 식용 동물이고, 또 어떤 동물에는 화살이나 창이 꽂혀 있기 때문이다. 동굴 벽화는 원시인들이 경험에서 얻은 동물에 관한 모든 지식을 담는 유일한 수단이었다. 원시인들은 동물을 쫓는 예리한 사냥꾼의 눈으로 자신들이 관찰한 동물의 신체 구조, 가령 급소가 어디에 있는지 하는 것들에 대한 지식들을 가능한 한 정확하게 동굴 벽화에 묘사했을 것이다. 그러고는 자신들이 그린 가상의 짐승을 향해 활을 쏘고 창을 던짐으로써 실제의 짐승을 죽인 것과 똑같다고 생각했을 것이다. 이렇게 해서 그들은 보다 강해지고 자신감을 가질 수 있었으며, 사냥을 나갈 때도 더 이상 두려워하지 않게 되었기 때문에 사냥의 성공률을 한층 높일 수 있었을 것이다.

결국 원시인들은 단 한 번만 사용할 동물 그림을 그리는 데에 매우 고심했을 것이다. 될 수 있는 한 실제 모습과 똑같이 닮게 그릴수록 사냥에서 효력이 잘 나타난다고 생각했을 것이기 때문이다. 계절에 따른 제사를 앞두고는 사냥을 할 때 위험에 처하는 일이 없이 풍성한 결과를 거둘 수 있기를 간절히 기원하면서 더욱 정성껏 동물 그림을 그렸을 것이다.

① 주술적인 성격을 지니고 있었다.
② 대체로 추상성이 강한 작품들이 많았다.
③ 사냥을 잘하는 사람들이 화가로 활약하였다.
④ 원시인들이 자신의 영역을 입증하는 수단이었다.

문 14. 이 글의 내용으로 적절하지 않은 것은?

부조리극의 등장인물들은 일정한 성격을 갖추는 일이 극히 드물다. 인물들은 구체적이거나 개성적으로 그려지지 않고 유형적 모습으로 나타난다. 때로 인물들 사이에 역할을 교환하기도 하고 다른 인물로 변형되기도 한다. 표현주의 연극에서처럼 성별이나 숫자로만 표현되기도 한다. 부조리극의 시간과 장소는 추상적이고 일반적이다. 장소는 단지 상징적일 경우가 많고 때로는 구체적인 현실로부터 유리된 중립적 진공 상태를 보인다. 그리고 시간은 마치 꿈처럼 유동적이고 가변적이다.

부조리극은 자연히 재래적인 플롯의 개념을 깨뜨린다. 그러면서 부조리극은 '순환적 구성'이나 '직선적 구성'과 같은 새로운 극구성의 유형을 선보인다. '순환적 구성'이란 극이 시작했을 때와 똑같은 형식으로 끝나는 구성을 말한다. 예를 들어, 베케트의 '고도를 기다리며'는 두 사람의 등장인물이 영원히 나타나지 않을 고도를 기다리는 시간의 상태가 한 바퀴 돌아 다시 고도를 기다리는 상태로 환원되며 끝난다.

'직선적 구성'이란 처음에 제시된 국면이나 상황이 마냥 강조되어 나가는 구성 방식이다. 이는 이오네스코의 '의자들'에서 방 안에 빈 의자들이 계속 불어나는 상황을 들 수 있다. 이 작품에서 노부부는 실패와 굴욕으로 점철된 자신들의 인생을 세상에 증언하기 위하여 수많은 손님들을 초대한다. 손님들이 하나둘씩 도착하나 그들의 존재는 보이지 않고, 대신 그들을 대신하는 빈 의자만 쌓이게 된다. 결국 노부부는 무대를 가득 메운 의자들 사이에서 옴짝달싹할 수 없게 된다. 그때 노부부의 메시지를 대신 전해 줄 변사가 나타나고, 노부부는 창문 밖으로 몸을 던져 자살한다. 그런데 변사는 귀머거리에다 벙어리이다.

부조리극 작가들은 일상적 현실을 바탕으로 그 극한에 자리잡은 허구의 세계를 고의적으로 설정하여 일상적 현실을 넘어서는 리얼리티를 포착하려 한다. 부조리극은 궁극적으로 관객들에게 삶의 무의미함이라는 근원적 현실을 직시하도록 해 준다. 부조리극의 주된 정조는 '불안'이라고 할 수 있다. 그 불안감이란 인간이 이해할 수 없는 비합리적인 힘에 의해 지배되고, 개인의 정체성을 상실당할지도 모른다는 두려움에서 초래된다. 나아가서 부조리주의자들은 행동을 하려는 노력 자체가 가치 있는 일인지 회의를 품는다. 그들에게는 모든 행동이 다 무의미해 보이기 때문이다.

① 부조리극은 등장인물들이 일정한 성격을 갖지 않는 경우가 많다.
② 부조리극은 허구의 세계를 통해 일상적 현실의 리얼리티를 추구한다.
③ 부조리극에는 비현실적이고 상징적인 장면이 자주 펼쳐진다.
④ 부조리극 중에는 뚜렷한 줄거리가 드러나지 않는 작품들이 많다.

문 15. 다음 글의 ㉠~㉢ 중에 지시하는 의미가 나머지와 다른 것은?

나는 나를 잘못 간직했다가 잃어버렸던 자다. 어렸을 때 과거가 좋게 보여서, 10년 동안이나 과거 공부에 빠져들었다. 그러다가 결국 처지가 바뀌어 조정에 나아가 검은 사모관대에 비단 도포를 입고, 12년 동안이나 대낮에 미친 듯이 큰길을 뛰어다녔다. 그러다가 또 처지가 바뀌어 한강을 건너고 문경 새재를 넘게 되었다. 친척과 조상의 무덤을 버리고 곧바로 아득한 바닷가의 대나무 숲에 달려와서야 멈추게 되었다. 이때에는 나[吾]에게 물었다.

"㉠너는 무엇 때문에 여기까지 왔느냐? 여우나 도깨비에게 홀려서 끌려왔느냐? 아니면 바다 귀신이 불러서 왔는가? 네 가정과 고향이 모두 초천에 있는데, 왜 그 본바닥으로 돌아가지 않느냐?"

그러나 나[吾]는 끝내 멍하니 움직이지 않으며 돌아갈 줄을 몰랐다. 얼굴빛을 보니 마치 얽매인 곳에 있어서 돌아가고 싶어도 돌아가지 못하는 것 같았다. 그래서 결국 붙잡아 이곳에 함께 머물렀다. 이때 둘째 형님도 나[吾]를 잃고 ㉡나를 쫓아 남해 지방으로 왔는데, 역시 나[吾]를 붙잡아서 그곳에 함께 머물렀다.

오직 내 큰형님만 나[吾]를 잃지 않고 편안히 단정하게 수오재에 앉아 계시니, 본디부터 지키는 것이 있어서 나[吾]를 잃지 않았기 때문이 아니겠는가. 이것이 바로 큰형님이 그 거실에 수오재라고 이름을 붙인 까닭일 것이다. 큰형님은 언제나 말씀하셨다.

"아버님께서 내게 태현(太玄)이라고 자를 지어 주셔서, 나는 오로지 나의 ㉢태현을 지키려고 했다네. 그래서 내 거실에다가 그렇게 이름을 붙인 거지."

하지만 이것은 핑계다. 맹자가 말씀하시기를 "무엇을 지키는 것이 큰가? ㉣몸을 지키는 것이 크다."라고 했으니, 이 말씀이 진실이다. 내가 스스로 말한 내용을 써서 큰형님께 보이고, 수오재의 기(記)로 삼는다.

– 정약용, 「수오재기(守吾齋記)」 –

① ㉠
② ㉡
③ ㉢
④ ㉣

문 16. ㉮~㉰에 들어갈 말로 가장 적절한 것은?

우리는 하늘 위의 새를 보고 새라는 것을 어떻게 알 수 있을까? (㉮) 배워서 아는 것이라고 쉽게 답할 수 있을 것이다. (㉯) 배워서 아는 지식은 '왜?'라는 근원을 간과할 여지가 많다. (㉰) 어떻게 알아야 할까? 이에 대해 조선 시대 유학자였던 서경덕은 책이나 스승을 통하지 않고 스스로 이치를 궁구하는 '자득(自得)'을 학문의 방법으로 삼았다.

서경덕은 자득의 과정에서 어떤 사물이나 사건을 두고서 끝없이 의문을 품으며 사색하는 '관물(觀物)'을 중시했다. 그가 종달새가 나는 것을 보고, '종달새가 왜 날까?', '종달새는 어떻게 날까?', '종달새가 날지 않고 헤엄을 친다면?', '이런 의문을 어떻게 해결할 수 있을까?' 등과 같은 의문을 토대로 궁리하여 새가 나는 이치를 깨우쳤다는 일화는 매우 유명하다. 그는 천지만물을 연구의 대상으로 삼아 날마다 관물하기에 힘썼으며, 한 가지 사물을 궁구하고 깨우친 다음 다시 한 가지 사물을 궁구해 나가는 방식으로 천지만물의 원리와 법칙을 깨우쳐 나갔다. (㉱) 과정을 통해 결국 그는 우주의 근원과 자연의 질서를 관통하는 이기론(理氣論)을 만들었다.

	㉮	㉯	㉰	㉱
①	물론	그런데	그렇다면	그러한
②	물론	그러나	그렇다면	이러한
③	이것은	그러나	그런데	이러한
④	이것을	그런데	그러나	그러한

문 17. ㉠~㉣의 고쳐 쓰기 방안으로 적절하지 않은 것은?

욕을 하는 이유는 상대방에게 모욕을 주고 위협하기 위함이지만, 그 이면에는 자신의 분노를 발산하려는 의도가 깔려 있다. 이런 이유 때문에 인류가 욕을 멈추지 않는지도 모른다. ㉠그래서 욕을 듣는 사람은 기분이 나쁘다.

특정한 말을 들려준 물을 급속도로 얼려 그 결정을 촬영하면, "바보", "죽여 버리겠어."와 같은 욕을 들은 물의 결정은 많이 일그러져 있다. 우리 몸의 70% 이상이 물임을 감안할 때, 이 두 가지 대조적인 실험 결과는 ㉡상대방에게 얼마나 나쁜 독이 될지를 짐작할 수 있게 해 준다. ㉢이는 "사랑해."라는 말을 들려준 물 결정이 꽃처럼 활짝 핀 아름다운 형상을 이룬 것과는 대조적이다. ㉣물은 모든 생물체를 구성하는 매우 중요한 성분이다.

삼갈수록, 깊이 생각할수록 좋은 것이 말이다. 물도 반응시킬 만큼 힘을 가진 것이 말이니, 이 말을 인간에게 쓸 때에는 더욱 신중해야 하지 않을까? 욕으로 인해 일그러지는 정도는 물의 결정보다 인간의 마음이 훨씬 더 할 것이다.

① ㉠은 앞 문장과의 의미 관계를 고려해서 '그래도'로 고친다.
② ㉡에는 필요한 문장 성분이 빠져 있으므로 앞에 '우리가'를 추가한다.
③ ㉢은 문단의 문맥적 흐름을 고려하여 앞 문장과 순서를 맞바꾼다.
④ ㉣은 문맥에 어울리지 않으므로 삭제한다.

문 18. 이 작품에서 ㉠이 수행하고 있는 기능으로 가장 적절한 것은?

> 측량 기사: 당신, 비가 온다고 해서 집에 가면 안 돼요. 이 벽 앞에서 언제나 총을 들고 지켜야지, 조금이라도 방심했다간 적이 넘어옵니다. 자, 그럼 잘 지키고 있어요!
>
> 　측량 기사, 퇴장한다. ㉠번개가 치고 천둥이 울리면서 비가 쏟아진다. 형과 아우, 비를 맞으며 벽을 지킨다. 긴장한 모습으로 경계하면서 벽 앞을 오고 간다. 그러다 차츰차츰 걸음이 느려지더니, 벽을 사이에 두고 멈춰 선다.
>
> 형: 어쩌다가 이런 꼴이 된 걸까! 아름답던 들판은 거의 다 빼앗기고, 나 혼자 벽 앞에 있어.
> 아우: 내가 왜 이렇게 됐지? 비를 맞으며 벽을 지키고 있다니…….
> 형: 저 요란한 천둥소리! 부모님께서 날 꾸짖는 거야!
> 아우: 빗물이 눈물처럼 느껴져!
>
> 　형과 아우, 탄식하면서 나누어진 들판을 바라본다.
> 　　　　　　　　　　　　　　　　　－ 이강백, 「들판에서」 －

① 인물들의 성격이 변화하는 양상을 구체적으로 보여 주고 있다.
② 인물들에게 자신의 처지를 돌아보는 계기를 제공해 주고 있다.
③ 인물들의 외양적 특징을 부각하여 성격을 드러내고 있다.
④ 인물들이 처한 상황과 대조되어 그 상황을 부각하고 있다.

문 19. 글의 통일성과 주어진 조건을 고려할 때 (가)에 들어갈 말로 가장 적절한 것은?

> 　나는 어려서부터 배낭여행을 꿈꿔 왔다. 나에게 배낭여행은 더 넓은 세계로 나아가 좁고 얕은 나의 내면을 더 넓고 깊게 만들 수 있는 수단이었기 때문이다.
>
> 　처음 도착한 이탈리아에서 만난 여러 친구들은 나에게 신선한 문화적 충격을 주었다. 사실 눈에 보이는 것들은 처음에는 신기했지만 시간이 조금 흐르자 평범한 일상으로 다가왔고, 오히려 눈에 보이지 않는, 세계를 바라보는 그들의 관점이 충격적으로 다가왔다. 예를 들어, 네덜란드에서 온 한 친구는 방학마다 인접한 다른 나라로 여행을 다닌다고 했다. 작년에는 룩셈부르크에 갔고, 올해는 이탈리아에 왔으며, 내년에는 영국에 갈 것이라고 했다.
>
> 　그에게 있어 세계는 조국 네덜란드와 바로 맞닿아 있었고, 네덜란드는 세계 속에 있는 세계의 일부인 것이었다. 나는 부끄러웠다. 나의 조국과 세계는 별개의 것이었고, 늘 더 큰 세계로 나아가야만 한다고 생각했던 스스로를 돌아볼 수 있었다.
>
> 　　　　　　　　　　　　　　(가)

※ 조건: '나의 포부'를 쓰되, 관용 표현과 활유법을 활용할 것.

① 이제 내가 겪었던 이런 경험을 다른 친구들도 체험할 수 있게 돕고 싶다. '우물 안 개구리'에서 벗어나 세계와 함께 호흡하는 한국이 되도록 앞장서겠다.
② 지금의 깨달음을 바탕으로 '일취월장'하는 내가 되어야겠다. 더불어 늘 나의 부족한 부분을 돌아보는 여유도 갖추어야 하겠다.
③ 이제 나는 한 걸음씩 앞으로 나아갈 것이다. '천 리 길도 한 걸음부터'라 하지 않았던가. 미래에 웃는 나를 그리며 한 걸음씩 나아가리라.
④ 이번 배낭여행의 경험은 나를 준엄하게 꾸짖고 있었다. 새로운 경험을 함으로써 나만의 좁은 소견에서 벗어나 폭넓은 사고를 갖기를 주문하고 있었다.

문 20. 이 글에서 추리할 수 있는 내용으로 가장 적절한 것은?

> 인간은 타인과 관계를 맺고 살아가는 사회적 동물이다. 그러므로 인간은 개인적인 본모습 외에도 사회적인 겉모습을 동시에 갖게 된다. 이러한 사회적 겉모습을 심리학자 융(C. G. Jung)은 '페르소나'라고 불렀다. 페르소나는 그리스어에 어원을 두며, 연극에서 배우가 쓰던 가면을 가리키던 말이다. 가면극에서 배우가 역할에 따라 가면을 쓰듯이, 인간도 그 사회에서 요구하는 '도리, 의무, 규범' 등을 지켜 사회에서 인정받기 위해 자신의 본모습과는 다른 모습을 보인다는 것이다.
>
> 페르소나는 어릴 때부터 가정 교육이나 사회 교육을 통해서 형성되고 강화된다. 모든 인간은 '사람 된 도리'로서, '직장인의 의무'로서, '학생의 본분'으로서, '부모'로서, '자식'으로서 수행해야 할 책임과 역할 등을 끊임없이 요구받게 되고, 그러면서 페르소나는 강화되어 간다. 페르소나는 어떤 집단이 그 구성원들에게 만들어 준 틀과 같은 것이기 때문에 화폐처럼 특정 집단에 한해서만 유효하고 그 밖의 집단에서는 그 의미를 상실하게 된다. 예를 들어, 어른 앞에서 담배를 피운다든가, 대화할 때 상대방의 눈을 똑바로 쳐다본다든가 하면 한국 사회에서는 버릇없는 행동이라고 비난하지만, 서양 사회에서는 그렇게 보지 않는다. 이는 사회마다 형성되어 있는 페르소나가 각기 다르기 때문이다.
>
> 또, 페르소나는 남에게 내보이기 위한 사회적인 겉모습이므로, 주로 직업이나 신분, 사회적 관계와 밀접한 연관을 가진다. 예를 들어, 보험 설계사라면 처음 만나는 사람에게도 친절하고 부드러운 이미지를 주는 페르소나를 가지고 있을 테고, 경호 업체의 직원이라면 다른 사람에게 위압감을 줄 수 있는 페르소나를 가지고 있을 것이다. 그러나 퇴근해서 집에 돌아가면 보험 설계사도 식구들에게 짜증을 내고, 경호원도 자기 어머니 앞에서는 어리광을 부린다. 이처럼 페르소나는 진정한 자신이 아니라 다른 사람에게 보여 주기 위한 모습이므로 페르소나를 가짜 인격을 말하는 것으로 오해하기 쉽다.

① 인간은 여러 모습을 가지며 그 모습은 상황에 따라 다르게 나타난다.
② 인간은 필요에 따라 외부 환경을 변화시킬 수 있는 존재이다.
③ 인간은 외부 세계의 자극을 통해 정신의 발전을 이루게 된다.
④ 인간이 인간다울 수 있는 것은 논리적으로 사고하기 때문이다.

영어

http://eduwill.kr/2liV

※ QR코드를 스캔하여 〈1초 합격예측! 모바일 성적분석표 발급 서비스〉를 활용하세요.
※ 해당 QR코드는 1회 세 과목(국어+영어+한국사)의 모바일 OMR을 모두 포함합니다.

문 1. 밑줄 친 부분의 의미와 가장 가까운 것은?

> The political party accused the anchorman of his political bias in the news show.

① prejudice   ② defect
③ transition   ④ supplement

※ 밑줄 친 부분에 들어갈 말로 가장 적절한 것을 고르시오. (2~4)

문 2.

> The young basketball player has shown his excellent _____ as a great ball handler on the court.

① inversion   ② procrastination
③ caliber   ④ homeopathy

문 3.

> By 1860 northeastern United States had become the manufacturing center of the United States. Shipping and farming continued to be carried on as before, but manufacturing was growing by leaps and bounds. It was a region ideally _____ for manufacturing. Here were water power, wood, coal, iron, and other necessary metals. Here was capital to be invested. Here was a growing market constantly added to by pouring numerous immigrants.

① adopted   ② entitled
③ executed   ④ suited

문 4.

> Indian corn was very important to the first settlers. They had so much to do and so little time in which to do it. Corn could be planted either by tilling the soil or even without tilling it at all. Once planted, it took very little care while growing; once grown, it need not be harvested immediately. While other grains have to be gathered at just the right moment, corn might remain standing for several months. The whole family ate it, and if there were horses, cows, hogs, or sheep, they too, _____ it.

① carried on   ② waited on
③ lingered on   ④ fed on

문 5. 밑줄 친 부분의 의미와 가장 가까운 것은?

> The research team tried to gather as much evidence as possible; fortunately, some of it was accepted by the court.

① bicker   ② behold
③ rake   ④ sap

※ 우리말을 영어로 잘못 옮긴 것을 고르시오. (6~7)

문 6. ① 위협에 직면하자마자, 특정한 호르몬들이 분비된다.
→ Upon encountering a threat, certain hormones are secreted.
② 그녀는 피폭현장을 다시 방문할 것이라고는 전혀 생각지 않았다.
→ Little did she think that she would visit the bombed area again.
③ 각각의 작은 돌기는 수용체로서의 역할을 한다.
→ Each of the small protuberances serves as a receptor.
④ 그들은 어떤 서류들을 지원자들에게 요구하나요?
→ What documents do they require of applicants?

문 7. ① 우리가 그랬듯, 모든 학생들도 성공적으로 건물에서 나왔다.
→ All the students successfully evacuated the building, as did we.
② 오직 마스크를 착용한 상태에서만 당신이 우리 박물관에 입장하는 것이 허용됩니다.
→ Only with a mask on you are allowed to enter our museum.
③ Peter는 옛날 동전들을 많이 수집해왔고, 일부는 가치가 크다.
→ Peter has collected a lot of old coins, and some are valuable.
④ 도박은 Trisha가 멀리 하려는 나쁜 습관이다.
→ Gambling is a bad habit from which Trisha tries to stay away.

문 8. 어법상 옳은 것은?

① The couple are so nice people, aren't they?
② The fence surrounded the ranch was installed to impound the cattle.
③ The task was referred to another team, since Tom wasn't available.
④ Anyone in the office was not able to answer the phone at the time.

문 9. 다음 글의 제목으로 가장 알맞은 것은?

Most of the immigrants came because they were hungry—hungry for more bread and for better bread. America offered that. Europe was old; America was young. European soil had been farmed for many years; American soil was practically untouched. In Europe the land was in the hands of a few people, the upper classes; in America the land was available to all. In Europe there were too many laborers looking for the few available jobs, so wages were low; in America there weren't enough laborers to fill the available jobs, so wages were high.

① Why Europeans Came to America
② Who Were Immigrants to America?
③ America—a Melting Pot of Various Races
④ Numerous Job Opportunities in Early America

문 10. 다음 주어진 글에 이어질 글의 순서로 가장 알맞은 것은?

Cognitive dissonance theory predicts that to help yourself feel better about your decision, you will do some mental work to try to reduce dissonance.

(A) What kind of work? An early experiment by Jack Brehm is illustrative. Brehm posed as a representative of a consumer testing service and asked women to rate the attractiveness and desirability of several kinds of appliances, such as toasters and electric coffeemakers. Each woman was told that as a reward for having participated in the survey, she could have one of the appliances as a gift.

(B) Twenty minutes later, each woman was asked to rerate all the products. Brehm found that after receiving the appliance of their choice, the women rated its attractiveness somewhat higher than they had the first time. Not only that, but they drastically lowered their rating of the appliance they might have chosen but decided to reject.

(C) She was given a choice between two of the products she had rated as being equally attractive. After she made her decision, her appliance was wrapped up and given to her.

① (A) − (B) − (C) ② (A) − (C) − (B)
③ (B) − (A) − (C) ④ (B) − (C) − (A)

문 11. 밑줄 친 부분에 들어갈 말로 가장 적절한 것은?

A: What are you reading?
B: Oh, this is a book about science history.
A: Is it good?
B: Yes, I like it.
A: _____
B: The third chapter. It is about the invention of the microscope, which is very interesting.

① How did you get the book?
② What impressed you the most in the book?
③ Can I borrow it after you finish it?
④ How many chapters does the book have?

문 12. 두 사람의 대화 중 가장 어색한 것은?

① A: I think Donna is trying to pass the buck.
   B: Yes, she is a reliable person.
② A: Can I grab a bite to eat?
   B: Sure, take your time.
③ A: Is Jack still against our plan?
   B: He agreed to meet us halfway.
④ A: Let's step on it!
   B: Relax. We still have enough time.

문 13. 다음 중 글의 내용과 가장 일치하지 않는 것은?

In true Netherlandish artistic tradition, Jan van de Cappelle was a specialist. He specialized in scenes of shipping. But his center of interest is only superficially the ships and their activities; what truly fascinates him is the image of sky and sea, their vastness, their fluidity, the image of a world that could change with bewildering rapidity from complete tranquility to life-threatening storm. *A Small Dutch Vessel Before a Light Breeze* shows us the sea in its mood of benignity—the waters ripple around the little boat from which the fishermen tend their nets, and the larger ships on the horizon move slowly and peacefully over the tranquil waters. And the waters themselves seem to be there merely to reflect the immensity of the sky, the glorious subtleties of those soft grays looming and lightening as the wind blows them. This is a picture of profound silence, of loneliness, of the ability to use technical skill and respond to the world of the sea and sky. It moves us not so much for what it shows, but for what it suggests, for its promise, for the sheer affirmation of what it is.

① 표면적으로 Cappelle는 배에 관심이 있는 것처럼 보인다.
② 실제로 Cappelle가 매료된 것은 하늘과 바다이다.
③ *A Small Dutch Vessel Before a Light Breeze*는 격렬한 분위기의 바다를 보여준다.
④ *A Small Dutch Vessel Before a Light Breeze*는 표면적으로 보이는 것보다는 그것이 암시하는 바로 우리를 감동시킨다.

문 14. 다음 글의 흐름상 적절하지 않은 문장은?

Perhaps the most interesting department of natural-history study is that which treats of the manner in which animals utilize the various materials. Man, by his superior power of adaptation, excels the lower animals in providing for the comforts of life; but, on the other hand, in such practical arts as engineering and domestic architecture, man frequently finds himself an amateur in comparison. With all man's inventions, he has not been able to equal some of the remarkable results produced by some animals. ① The beaver, for example, shows a more profound knowledge of hydraulics than man himself. ② The power possessed by these craftsmen, not only in felling trees, but in duly selecting the best places for making homes and in appropriating substances suitable for their needs, is a never-ending marvel! ③ Beavers are also extremely graceful in the water and usually live independently of each other. ④ Nowhere can we find a greater animal-workman than the beaver.

문 15. 어법상 옳지 않은 것은?

① It is about time the shopping mall be renovated.
② The spontaneous speech was what caused confusion among voters.
③ We didn't know that Gloria is a police chief.
④ We'd rather stick to our initial plan than change it abruptly.

※ 밑줄 친 부분에 들어갈 말로 가장 적절한 것을 고르시오.
(16~17)

문 16.

Great precautions must be used in cases of the practice of canning fish, since fish is a food which tends to develop poisonous principles incident to decomposition. Canned fish, therefore, _____ so that no fermentative action tending to produce poison can possibly take place. It should be the duty of inspectors of food to frequently examine packages of canned fish to determine, first, by the external appearance of the can, and, second, by opening a certain number of them, whether any decomposition has taken place. Too great care cannot be exercised in this matter, since dangerous and often fatal results follow the consumption of spoiled fish.

① must be thoroughly sterilized
② must be regularly consumed
③ must be enjoyed along with vegetables
④ must be banned all together

문 17.

An attentive watch of the sky on almost any clear, moonless night will show one or more so called "shooting stars." They are little flashes of light which have the appearance of a star darting across the sky and disappearing. Under certain circumstances of motion and position, they dash into the earth's atmosphere at a speed of from 10 to 40 miles per second, and the heat generated by the friction with the upper air vaporizes or burns them. The products of the combustion and pulverization slowly fall to the earth if they are solid, or are added to the atmosphere if they are gaseous. Instead of being actual stars, which are great bodies like our sun, they are, as a matter of fact, tiny masses so small that a person could hold one in his hand. Since it is _____ to call them "shooting stars," they should be called "meteors."

① impermeable   ② misleading
③ improbable   ④ insignificant

문 18. 다음 글의 요지로 가장 적절한 것은?

The desire to travel and see the great world is by no means peculiar to the human race. It is found among animals to such a degree that groups of them often leave their homes in one country and journey to another. These strange wanderlust habits are noticed even by the casual observer, and no special insight is required to see that these wise creatures have their annual tours excellently arranged. Their route is possibly as definitely arranged before starting, as is the route of a human traveler. They have their selected eating places arranged, know every danger spot and the enemies they are likely to encounter.

① Animals premeditate their travel route.
② Some animals stay within their habitat.
③ Animals travel in an organized way just like humans.
④ Gregariousness of animals enables them to plan their travel.

문 19. (A)와 (B)에 들어갈 말로 가장 적절한 것은?

Before he invented the art of printing with movable types, John Gutenberg thought it was a pity that only rich people could own books. (A) , he determined to contrive some easy and quick way of printing. He patiently tried one experiment after another, often feeling very sad and discouraged day after day because his experiments did not succeed. At last the time came when he had no money left. He went back to his old home, Mainz. There he met a rich goldsmith named Fust and asked for his help. Fust became greatly interested and gave Gutenberg money he needed. But as the experiments did not at first succeed, Fust lost patience. At last he brought suit against him in the court, and the judge decided in favor of Fust. So everything in the world that Gutenberg had, even the tools with which he worked, came into Fust's possession. (B) , Gutenberg had not lost his courage. And he had not lost all his friends. One of them had money, and he bought Gutenberg a new set of tools and hired a workshop for him.

	(A)	(B)
①	In other words	Besides
②	Therefore	In short
③	In other words	Without doubt
④	Therefore	Nonetheless

문 20. 주어진 문장이 들어갈 위치로 가장 적절한 것은?

It had a very different effect.

Maryland seems to have been troubled about the intermixture of the races. In 1663, it was enacted that any freeborn white woman intermarrying with a black slave should serve the master of the slave during the life of her husband and that any children resulting from the marriage were also to be slaves. (①) This act was evidently intended to frighten the indentured woman from such a marriage. (②) Many masters, in order to prolong the indenture of their white female servants, encouraged them to marry black slaves. (③) Accordingly, a new law in 1681 threw the responsibility not on the indentured woman but on the master; in case a marriage took place between a white woman-servant and a slave, the woman was to be free at once, and the minister performing the ceremony and the master were to be fined ten thousand pounds of tobacco. (④)

* indentured 고용 계약된

한국사

http://eduwill.kr/2liV

※ QR 코드를 스캔하여 〈1초 합격예측! 모바일 성적분석표 발급 서비스〉를 활용하세요.
※ 해당 QR 코드는 1회 세 과목(국어+영어+한국사)의 모바일 OMR을 모두 포함합니다.

문 1. 다음에 해당하는 나라에 대한 설명으로 옳은 것은?

> (가) 좋은 밭이 없어서 힘들여 일구어도 배를 채우기는 부족하다. 사람들의 성품은 흉악하고 급해서 노략질을 즐겨하였다.
> (나) 그 나라 풍속에 여자 나이 10살이 되기 전에 혼인을 약속한다. 신랑 집에서는 맞이하여 장성하도록 기르고 아내로 삼는다.

① (가) – 신지와 견지와 같은 군장이 자신의 영역을 통치하였다.
② (나) – 흉년이 들면 가들이 왕에게 책임을 묻기도 하였다.
③ (가) – 아이가 출생하면 돌로 머리를 눌러 납작하게 하였다.
④ (나) – 가족이 죽으면 가매장 후 뼈를 추려 목곽에 안치하였다.

문 2. (가) 나라에 대한 설명으로 옳은 것은?

> _____ (가) _____ 이/가 반란을 일으켰다. 임금이 이사부에게 명하여 토벌케 하였는데 사다함이 부장이 되었다. 사다함은 5천 명의 기병을 이끌고 선두에 서서 달려갔다. …… 이사부가 병사를 이끌고 도착하자 일시에 모두 항복하였다.
>
> – 『삼국사기』 –

① 국제적 고립에서 벗어나고자 신라와 결혼 동맹을 체결하였다.
② 5부족 연맹 국가로 성립하여 중앙 집권 국가로 발전하였다.
③ 만장일치제인 화백 회의에서 국가 중대사를 논의하였다.
④ 편리한 해상 교통을 이용하여 낙랑과 대방에 철을 수출하였다.

문 3. 고려 시대의 통치 체제에 대한 설명으로 옳지 않은 것은?

① 중서문하성의 재신은 6부의 판사를 겸임하였다.
② 대간은 5품 이하 관원의 임명에 동의하는 서경권이 있었다.
③ 삼사는 화폐와 곡식의 출납에 대한 회계를 담당하였다.
④ 한림원은 교서와 외교 문서 작성을 담당하였다.

문 4. (가)에 대한 설명으로 옳은 것은?

> 소손녕이 말하기를, "너희 고려가 우리와 접해 있으면서도 바다를 건너 송에 사대하니, 이 때문에 정벌하러 왔다. 우리에게 조공을 하면 무사할 것이다."라고 하였다. 서희가 말하기를, "압록강 안팎은 우리의 영역인데, 지금 _____ (가) _____ 이/가 그곳을 차지하여 길이 막혀 조공을 하지 못하는 것이다. 만약 우리가 그들을 쫓아내고 옛 고구려 땅을 되찾아 성을 쌓고 길이 통하도록 해준다면, 어찌 조공을 하지 않겠는가."라고 하였다. …… 소손녕이 이를 보고하자, 거란 황제가 "고려가 강화를 요청해 왔으니 마땅히 군사 행동을 중지하라."라고 하였다.

① 강동 6주의 반환 요구 등을 이유로 고려를 침략하였다.
② 황룡사 9층 목탑과 고려 대장경의 일부를 불태워버렸다.
③ 고려에 군신 관계를 요구하였고 이자겸은 이를 수용하였다.
④ 사신 저고여의 피살이 계기가 되어 고려와 전쟁을 시작하였다.

문 5. 다음에 해당하는 기구로 옳은 것은?

> ○ 정사(政事)의 잘못을 논박(論駁)하는 직무를 담당한다.
> ○ 의정부, 6조와 함께 정치와 입법에 대한 논의를 담당하였다.

① 승문원
② 홍문관
③ 교서관
④ 사간원

문 6. 밑줄 친 '대왕'에 대한 설명으로 옳은 것은?

> 온달이 아뢰었다. "생각하건대 신라가 우리 한북(漢北)의 땅을 빼앗아 군현으로 삼아 백성들이 가슴 아파하고 원망스러워하며 부모의 나라를 잊은 적이 없습니다. 원컨대 대왕께서 저를 어리석고 못나다 생각하지 마시고 저에게 군사를 주신다면, 한번 가서 우리 땅을 되찾겠습니다."

① 요서 지방을 선제공격하여 수나라를 견제하였다.
② 당의 공격을 방어하기 위해 천리장성을 완성하였다.
③ 신라의 대야성을 공격하여 함락시켰다.
④ 백제를 공격하여 한강 이북 지역을 차지하였다.

문 7. 다음에 해당하는 인물에 대한 설명으로 옳은 것은?

> 열면 헬 수 없고 가없는 뜻이 대종(大宗)이 되고, 합하
> 면 이문(二門) 일심(一心)의 법이 그 요차가 되어 있다.
> 그 이문 속에 만 가지 뜻이 다 포용되어 조금도 혼란됨이
> 없으며 가없는 뜻이 일심과 하나가 되어 혼용된다.

① 왕에게 황룡사에 9층 목탑을 축조할 것을 건의하였다.
② 당에 들어가 유식론을 독자적으로 발전시켰다.
③ 미륵 신앙을 바탕으로 법상종을 창시하였다.
④ 아미타 정토 신앙을 널리 보급하였다.

문 8. (가), (나)에 들어갈 이름을 바르게 연결한 것은?

> ○ ___(가)___ 는/은 『기언』을 저술하였고 중농 정책의 강
>   화, 부세의 완화, 호포제 반대 등을 주장하였다.
> ○ ___(나)___ 는/은 고구려의 발상지가 만주 지방이라는
>   것을 『동국지리지』를 통해 처음 고증하였다.

	(가)	(나)
①	윤휴	신경준
②	허목	한백겸
③	윤휴	이수광
④	허목	유형원

문 9. 다음 사건을 시기순으로 바르게 나열한 것은?

> (가) 공주 명학소에서 망이·망소이가 난을 일으켰다.
> (나) 최충헌은 교정도감을 설치하여 국정을 논의하였다.
> (다) 백제 부흥을 주장하는 이연년의 난이 일어났다.
> (라) 금국 정벌을 주장하는 난이 발발하였다.

① (가) - (나) - (라) - (다)
② (가) - (다) - (나) - (라)
③ (라) - (가) - (나) - (다)
④ (라) - (가) - (다) - (나)

문 10. 다음 선언문의 합의가 이루어진 지역에 대한 설명으로 옳은 것은?

> ○ 남과 북은 나라의 통일 문제를 그 주인인 우리 민족끼
>   리 서로 힘을 합쳐 자주적으로 해결해 나가기로 하였다.
> ○ 남과 북은 나라의 통일을 위한 남측의 연합제 안과 북
>   측의 낮은 단계의 연방제 안이 서로 공통성이 있다고
>   인정하고, 앞으로 이 방향에서 통일을 지향시켜 나가
>   기로 하였다.
> ○ 남과 북은 올해 8·15에 즈음하여 흩어진 가족, 친척
>   방문단을 교환하며 비전향 장기수 문제를 해결하는
>   등 인도적 문제를 조속히 풀어 나가기로 하였다.

① 강화도 조약에 따라 개항된 지역이다.
② 정몽주가 이방원 세력에 의해 살해된 곳이다.
③ 명 신종의 제사를 지내는 만동묘가 설치된 지역이다.
④ 조선 후기의 사상인 유상이 주로 활동하던 곳이다.

문 11. 다음 내용의 역사서에 대한 설명으로 옳은 것은?

> 요하 동쪽에 별천지가 있으니, 중국과 확연히 구분되
> 도다.
>   큰 파도 삼면을 둘러싸고, 북쪽으로 대륙과 길게 이어
> 졌네.
>   가운데 사방 천리 땅, 여기가 조선이니, 강산의 형승은
> 천하에 이름 있도다.
>   밭 갈고 우물 파며 평화로이 사는 예의의 집, 중국인들
> 은 우리더러 소중화라 하네.

① 「기이」편을 두어 신화와 설화를 정리하였다.
② 단군 신화를 기록하고 중국과 우리의 역사를 영사체 형식
   으로 표현하였다.
③ 대의명분을 강조한 성리학적 유교 사관으로 쓰였다.
④ 각훈이 교종의 입장에서 불교사를 정리하였다.

문 12. 밑줄 친 '왕'에 대한 설명으로 옳은 것은?

> ○ 왕은 재위 5년에 다시 완산주를 설치하고 용원으로
>   총관을 삼았다. 거열주를 승격하여 청주를 설치하니
>   비로소 9주가 갖추어졌다.
> ○ 왕이 달구벌로 서울을 옮기고자 했지만 실현되지 못
>   하였다.

① 유교 경전의 이해 수준에 따라 관리를 채용하였다.
② 보덕국에서 일어난 고구려 유민의 난을 진압하였다.
③ 갈문왕 제도를 폐지하고 시중의 권한을 강화하였다.
④ 처음으로 백성에게 정전을 지급하였다.

문 13. 다음 사건이 일어난 왕대의 사실로 옳은 것은?

> 적(賊)이 청주성을 함락시키니, 절도사 이봉상과 토포사 남연년이 죽었다. 처음에 권서봉 등이 양성에서 군사를 모아 청주의 적괴(賊魁)와 더불어 군사 합치기를 약속하고 청주 경내로 몰래 들어와 거짓으로 행상(行喪)하여 장례를 지낸다고 하면서 상여에다 병기(兵器)를 실어다 고을 성 앞 숲속에다 몰래 숨겨 놓았다.
>
> －『조선왕조실록』－

① 노산군의 묘호를 단종으로 추증하였다.
② 병권 장악을 위해 금위영을 설치하였다.
③ 백성의 상언과 격쟁의 기회를 늘렸다.
④ 청계천을 준설하여 홍수 문제를 해결하고자 하였다.

문 14. (가) 인물에 대한 설명으로 옳은 것은?

> 나라 제도로서 인정(人丁)에 대한 세를 신포라 했는데 충신과 공신의 자손에게는 신포가 면제되고 있었다. __(가)__ 은/는 이를 수정하고자 동포법을 제정하였다. 이에 조정 관리들이 반대하자 "충신과 공신이 이룩한 사업도 종사와 백성을 위한 것이다. 지금 그 후손이 면세를 받기에 일반 평민이 법에 정해진 세금보다 더 부담을 지게 된다면 충신의 본뜻이 아닐 것이다."라며 그 법을 시행하였다.

① 삼군부를 부활시키고 삼수병을 강화하였다.
② 일본에서 차관 교섭을 벌이고 구미 사절단과 접촉하였다.
③ 통리기무아문을 설치하고 군제를 개편하였다.
④ 청을 견제하기 위해 러시아와 비밀 협약을 추진하였다.

문 15. 밑줄 친 '이 단체'에 대한 설명으로 옳은 것은?

> 베이징 방면의 인사는 분열을 통탄하며 통일을 촉진하는 단체를 출현시키고 상하이 일대의 인사는 이를 고려하여 개혁을 제창하고 있다. …… 이에 본 주비회는 시세의 움직임과 민중의 요구에 따라 이 단체의 모든 착잡한 문제를 해결하고 미래의 완전하고 확실한 방침을 세워 우리들의 독립운동이 다시 통일되어 조직적으로 진행되도록 하고자 한다.

① 국내외의 연결을 위해 연통제와 교통국을 두었다.
② 조선 의용대를 조직하여 대일 항전에 나섰다.
③ 신흥 무관 학교를 설립하여 독립운동가를 배출하였다.
④ 사료 편찬소에서 『한미 50년사』를 편찬하였다.

문 16. (가) 시기에 있었던 사실로 옳은 것은?

> 독일 상인 오페르트가 남연군의 묘 도굴을 시도하였다.
> ⇩
> (가)
> ⇩
> 임오군란의 결과 일본과 제물포 조약을 체결하였다.

① 프랑스가 강화도의 외규장각 도서를 약탈하였다.
② 청의 알선으로 조선과 미국이 국교를 체결하였다.
③ 고종과 명성황후가 경우궁으로 거처를 옮겼다.
④ 우정국을 설립하고 홍영식을 우정국 총판으로 임명하였다.

문 17. (가) 단체에 대한 설명으로 옳은 것은?

> 피고 허헌은 조선 민족의 단결 등을 강령으로 내세운 __(가)__ 의 중앙 집행 위원장으로 친히 광주에 가서 정황을 조사하고 …… 자신의 사무실에서 송진우, 안재홍 등과 회합하여 광주 사건에 대해 관헌이 취한 조치를 비난하고, 이를 규탄하기 위한 연설회를 개최한다는 격문을 살포하고 시위를 감행할 것을 모의하였다.

① 평양과 대구에 태극서관을 설립하였다.
② 사회적 차별 대우에 반발하여 형평 운동을 전개하였다.
③ 의무 교육과 고등 교육 기관 설립을 주장하였다.
④ 일본인의 한국 내 이주를 반대하였다.

문 18. 다음과 같은 내용이 담긴 조약에 대한 설명으로 옳은 것은?

> 제1조 한국 정부는 시정 개선에 관한 통감의 지도를 받을 것
> 제2조 한국 정부는 법령 제정 및 중요한 행정상의 처분은 미리 통감의 승인을 거칠 것
> 제4조 한국 고등 관리의 임면은 통감의 동의로 이를 행할 것
> 각서 제5. 중앙 정부 및 지방청에 일본인을 한국 관리로 임명함

① 민영환은 이 조약에 저항하며 자결하였다.
② 조약 체결 이후 고종은 헤이그에 특사를 파견하였다.
③ 군대 해산 조치의 근거가 되는 조약이다.
④ 경찰권을 박탈을 규정하는 조항이 담겨 있다.

문 19. (가)에 대한 설명으로 옳은 것은?

> 이제 우리는 무기 휴회한 (가) 이/가 재개될 기색
> 도 보이지 않으며, 통일 정부를 고대하나 여의케 되지
> 않으니, 우리는 남방만이라도 임시 정부 혹은 위원회 같
> 은 것을 조직하여 38 이북에서 소련이 철퇴하도록 세계
> 에 호소하여야 될 것이니 여러분들도 결심해야 할 것입
> 니다.

① 모스크바 3상 회의의 결과로 서울에서 개최되었다.
② 유엔 총회에서 유엔 감시하의 남북 총선거 실시를 결정하
   였다.
③ 한국의 신탁 통치에 대한 논의를 처음 진행하였다.
④ 통일 정부 수립과 미·소 양군 철수를 주장하였다.

문 20. (가) 시기에 있었던 사실로 옳은 것은?

	(가)	
허정의 과도 정부에서 개헌이 단행되었다.		경부 고속 도로가 완공되었다.

① 대구에서 2·28 민주화 운동이 전개되었다.
② 북한군에 의해 판문점 도끼 만행 사건이 일어났다.
③ 서울 지하철 1호선이 개통되었다.
④ 향토 예비군 제도가 실시되었다.

9급공무원 공개경쟁채용 필기시험

일반행정직

회차	응시번호	
②	성 명	

【시 험 과 목】

제1과목	국 어	제2과목	영 어	제3과목	한 국 사
제4과목	행정법총론		제5과목	행정학개론	

응시자 주의사항

1. **시험시작 전에 시험문제를 열람하는 행위나 시험 종료 후 답안을 작성하는 행위를 한 사람**은 「공무원임용시험령」 제51조에 의거 **부정행위자로** 처리됩니다.

2. **답안지 책형 표기는 시험시작 전 감독관의 지시에 따라 문제책 앞면에 인쇄된 책형을 확인**한 후, **답안지 책형란의 해당 책형(1개)에 "●"와 같이 표기**하여야 합니다.

3. 답안은 반드시 문제책 표지의 **과목순서에 맞추어 표기**하여야 하며, 과목순서를 바꾸어 표기한 경우에도 문제책 표지의 과목순서대로 채점되므로 유의하시기 바랍니다.

4. 시험이 시작되면 문제를 주의 깊게 읽은 후, **문항의 취지에 가장 적합한 하나의 정답을 고르며**, 문제내용에 관한 질문을 하실 수 없습니다.

5. **답안을 잘못 표기하였을 경우**에는 **답안지를 교체하여 작성**하거나 **수정테이프만을 사용하여 수정**할 수 있으며(수정액 또는 수정스티커 등은 사용 불가), 부착된 수정테이프가 떨어지지 않도록 눌러 주어야 합니다.
   － 불량 수정테이프의 사용과 불완전한 수정처리로 인해 발생하는 모든 문제는 **응시자 본인에게 책임**이 있습니다.

6. **시험시간 관리의 책임**은 응시자 본인에게 있습니다.

정답공개 및 가산점 등록 안내

1. **정답공개, 이의제기:** 사이버국가고시센터(http://gosi.kr)
2. **가산점 등록 방법:** 사이버국가고시센터(http://gosi.kr) ⇒ 『원서접수 ⇒ 가산점등록/확인』

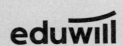

국어

http://eduwill.kr/AzzF

※ QR 코드를 스캔하여 〈1초 합격예측! 모바일 성적분석표 발급 서비스〉를 활용하세요.
※ 해당 QR 코드는 2회 세 과목(국어+영어+한국사)의 모바일 OMR을 모두 포함합니다.

문 1. 다음에 해당하는 사례로 적절하지 않은 것은?

> '여성 자매'와 마찬가지로 '어려운 난제(難題)'에도 의미의 중복이 나타난다. '난제'의 '난(難)'에 이미 '어렵다'라는 의미가 포함되어 있기 때문이다.

① 그것은 불법 살인 행위이다.
② 방학 기간 동안 축구를 실컷 했다.
③ 요즘 같은 때에는 자주 환기해야 감기에 안 걸리는 거야.
④ 그것은 과반수 이상의 찬성을 얻었다.

문 2. 다음 중 공손성의 원리에 맞게 대화한 것은?

	공손성의 원리	대화
①	요령의 격률	A: 오늘 좀 춥다. 눈도 오는 것 같아. B: 진짜 눈이 많이 오네. 혹시 창문 좀 닫아 줄 수 있어?
②	관용의 격률	A: 여보, 오늘 저녁은 갈비찜이에요. 맛이 어때요? B: 이렇게 맛있는 갈비찜은 처음이야! 당신 요리가 최고예요.
③	칭찬의 격률	A: 저녁에 햄버거 어때? B: 햄버거? 좋지! 그런데 삼각김밥이 더 배부르지 않을까?
④	겸양의 격률	A: 어쩌면 이렇게 옷을 센스 있게 잘 입니? B: 어릴 때부터 그런 말 많이 들었어. 감각은 타고나는 것 같아.

문 3. '의자'를 소재로 글을 쓰기 위해 연상한 내용 중 적절하지 않은 것은?

① 의자는 그곳에 앉는 사람의 신분과 관련이 있는 것 같아. 그래서 나는 사회적으로 성공한 인물을 주인공으로 삼아 연극을 만들고 싶어.
② 우리는 의자에서 자신에 대해 많은 것을 생각하게 되잖아. 그래서 나는 명상에 대한 영상을 만들고 싶어.
③ 의자는 공부하는 학생들에게 꼭 필요하지. 그래서 나는 수험생을 대상으로 우리 사회에 꼭 필요한 존재가 되어야 한다는 수필을 쓰고 싶어.
④ 이 의자는 할아버지께서 아버지에게, 아버지께서 나에게 물려주신 의자야. 그래서 나는 세대 차이라는 제목의 소설을 쓰고 싶어.

문 4. 밑줄 친 단어의 쓰임이 옳지 않은 것은?

① 우리 삶의 이상도 끝내는 도달할 수 없음에도 불고하고 서로의 무지를 이용해 거짓말을 하고 또 속는 것이 아닐까?
② 동생을 침을 맞히려면 네 장난감을 주는 수밖에 없겠다.
③ 그 일은 이제 기력이 부쳐 할 수 없다.
④ 겉잡아도 일주일은 걸릴 일을 하루 만에 다 하라고 하니 일하는 사람들의 원성이 어떨지는 말 안 해도 뻔하지.

문 5. 다음 시에 대한 설명으로 가장 적절한 것은?

> 낙엽은 폴―란드 망명 정부의 지폐
> 포화(砲火)에 이즈러진
> 도룬 시(市)의 가을 하늘을 생각게 한다
> 길은 한 줄기 구겨진 넥타이처럼 풀어져
> 일광(日光)의 폭포 속으로 사라지고
> 조그만 담배 연기를 내어 뿜으며
> 새로 두 시의 급행차가 들을 달린다
> 포플라 나무의 근골(筋骨) 사이로
> 공장의 지붕은 흰 이빨을 드러내인 채
> 한 가닥 구부러진 철책이 바람에 나부끼고
> 그 위에 세로팡지(紙)로 만든 구름이 하나
> 자욱―한 풀벌레 소리 발길로 차며
> 호올로 황량한 생각 버릴 곳 없어
> 허공에 띄우는 돌팔매 하나
> 기울어진 풍경의 장막 저쪽에
> 고독한 반원을 긋고 잠기어 간다
> ― 김광균, 「추일서정」 ―

① 자연물을 인공물에 빗대어 풍경에 대한 화자의 느낌을 드러내고 있다.

② 유사한 문장 형태를 변주하여 시간의 흐름을 표현하고 있다.

③ 의도적으로 변형한 시어를 통해 현실 극복 의지를 드러내고 있다.

④ 추측을 나타내는 표현을 통해 대상에 대한 회의감을 드러내고 있다.

문 6. 이 글을 통해 글쓴이가 궁극적으로 말하고자 하는 것은?

> 편협형 정치 문화는 투입과 산출에 대한 개념이 모두 존재하지 않는 정치 문화이다. 투입이 없으며, 정부도 산출에 대한 개념이 없어서 적극적 참여자로서의 자아가 있을 수 없다. 사실상 정치 체계에 대한 인식이 국민들에게 존재할 수 없는 사회이다. 샤머니즘에 의한 신정 정치, 부족 또는 지역 사회 등 전통적인 원시 사회가 이에 해당한다.
>
> 다음으로 신민형 정치 문화는 투입이 존재하지 않으며, 따라서 적극적 참여자로서의 자아가 형성되지 못한 사회이다. 이런 상황에서 산출이 존재한다는 의미는 국민이 정부가 해 주는 대로 받는다는 것을 의미한다. 이들 국민은 정부에 복종하는 성향이 강하다. 하지만 편협형 정치 문화와 달리 이들 국민은 정치 체계에 대한 최소한의 인식은 있는 상태이다. 일반적으로 독재 국가의 정치 체계가 이에 해당한다.
>
> 마지막으로 참여형 정치 문화는 국민들이 자신들의 요구 사항을 표출할 줄도 알고, 정부는 그러한 국민들의 요구에 응답하는 사회이다. 따라서 국민들은 적극적인 참여자로서의 자아가 형성되어 있으며, 그러한 적극적 참여자들로 형성된 정치 체계가 존재하는 사회이다. 이는 선진 민주주의 사회로서 현대의 바람직한 민주주의 사회상이다.

① 당면한 사회적 문제를 해결하는 데 정치 제도를 개선하는 것이 효과적이다.

② 정치 제도보다 정치 제도를 운영하는 운영자의 가치관이 중요하다.

③ 정치 문화의 유형을 구분하는 기준을 투입에서 산출로 바꾸어야 한다.

④ 정치 발전을 위해서는 국민이 적극적으로 정치에 참여해야 한다.

문 7. 다음을 참고하여 〈보기〉를 탐구한 내용으로 가장 적절한 것은?

> 동사나 형용사가 활용을 할 때 어간에 어미가 결합되는 것을 일반적인 음운 규칙으로 설명할 수 있는 경우 규칙 활용이라 하고, 그렇지 않은 경우는 불규칙 활용이라 한다. 어간에 어미가 결합할 때, 예를 들어 'ㅡ' 탈락이나 'ㄹ' 탈락이 일어나는 형태는 어간에 어미가 그대로 결합하는 것은 아니지만 일정한 환경하에서 항상 일어나는 것이므로 규칙 활용에 해당한다. 불규칙 활용은 어간만 바뀌는 경우, 어미만 바뀌는 경우, 어간과 어미가 바뀌는 경우로 나눌 수 있다.

〈보 기〉

> ㄱ. 가을 하늘이 푸르다.
> ㄴ. 빵이 매우 커다랗다.
> ㄷ. 동생이 형보다 인물이 낫다.
> ㄹ. 소나무가 마당 쪽으로 굽다.

① ㄱ의 '푸르-'와 '-어'가 결합하면 어간만 바뀌는 불규칙 활용을 하는군.

② ㄴ의 '커다랗-'이 '-(으)니'와 결합하면 어간과 어미가 모두 바뀌는 불규칙 활용을 하는군.

③ ㄷ의 '낫-'과 '-아'가 결합하면 어간만 바뀌는 불규칙 활용을 하는군.

④ ㄹ의 '굽-'이 '-어'와 결합하면 어간과 어미가 모두 바뀌는 불규칙 활용을 하는군.

문 8. 다음에 서술된 상황을 가장 적절하게 표현한 한자 성어는?

> 아! 나의 식구도 그럴 것을 생각할 때면 자연히 흐르는 눈물과 뿌직뿌직 찢기는 가슴을 덮쳐잡는다. 그러나 나는 이를 갈고 주먹을 쥔다. 눈물을 아니 흘리려고 하며 비애에 상하지 않으려고 한다. 울기에는 너무도 때가 늦었으며 비에 상하는 것은 우리의 박약을 너무도 표시하는 듯싶다.

① 遠禍召福   ② 興盡悲來

③ 哀而不悲   ④ 塗炭之苦

문 9. 이 글의 표제와 부제로 가장 적절한 것은?

　　폐 호흡을 하지 않는 태아의 폐포(肺胞)는 폐 서팩턴트*라는 분자가 포함된 폐수(肺水)로 가득 차 있다. 이 분자는 물을 튕겨 내는 소수 부분과 물과 친한 친수 부분을 모두 갖고 있다. 태아가 출생하면서 산도*를 지날 때 압력을 받으면 절반 정도의 폐수가 기도를 통해 입으로 배출되며, 첫울음을 울 때 폐포가 압력을 받아 나머지 폐수가 모세 혈관 등으로 밀려난다. 폐수가 제거된 폐포는 풍선과 같아 자연스럽게 줄어들려고 한다. 그러나 폐 서팩턴트가 친수 부분을 폐포 쪽으로, 소수 부분을 공기 쪽으로 향한 채 폐포의 안쪽 벽을 둘러싼다. 이때 각 분자의 친수 부분 사이에 서로 전기적인 반발력이 형성되어, 이 힘에 의해 폐포가 찌부러지지 않고 성공적으로 폐 호흡을 할 수 있게 되는 것이다.

　　폐 호흡이 시작되면서 태아의 심장에는 큰 변화가 일어난다. 태아의 심장은 어른의 심장과 달리 우심방에서 좌심방으로 통하는 '난원공'이라는 문이 열려 있다. 그리고 심장과 폐를 연결하는 혈관에는 태반으로 흐르는 대동맥과 통하는 관이 있다. 이를 동맥관이라 하는데, 심장에서 폐로 가는 혈액을 태반으로 보내는 역할을 한다. 그런데 폐 호흡의 시작과 함께 난원공이 닫히고, 동맥관도 서서히 수축하여 결국 막히게 된다. 이는 태아의 혈액 순환이 어른의 혈액 순환과 같은 방식으로 전환되면서 일어나는 일이다.

　　어른의 혈액은 좌심실에서 대동맥을 통해 몸 전체로 흐른 뒤 우심방으로 들어온다. 우심방으로 들어온 혈액은 우심실을 거쳐 폐로 이동해서 산소를 공급받고, 좌심방으로 들어온 후 다시 좌심실로 간다. 그러나 태아는 폐 호흡을 하지 않기 때문에 어른과 다른 혈액 순환이 일어난다. 좌심실에서 대동맥을 타고 나간 혈액은 상반신으로 흐른 뒤 우심실로 들어온다. 이 혈액은 산소를 얻기 위해 동맥관을 통해 태반으로 이동한다. 태반에서 산소를 얻은 혈액은 우심방으로 들어온 후 난원공을 거쳐 좌심방, 좌심실로 이동한다. 결국 난원공과 동맥관은 태반 호흡 때문에 필수적으로 존재하는 것이며 폐 호흡이 시작되면 이들은 기능을 잃어 닫히게 되는 것이다.

*폐 서팩턴트: 폐수 속에 포함된 분자의 일종인 계면 활성제.
*산도: 아이를 낳을 때 태아가 지나는 통로.

① 생존을 위한 인체의 신비
　　－ 혈액의 생성 원리와 이동 과정을 중심으로
② 신생아의 놀라운 적응력
　　－ 호흡과 심장 구조의 변화를 중심으로
③ 혈액이 들려주는 생명 이야기
　　－ 태아형 적혈구의 기능을 중심으로
④ 끝없는 심장의 진화
　　－ 혈액 성분의 변화를 중심으로

문 10. 밑줄 친 단어와 바꿔 쓸 수 있는 한자어로 가장 적절한 것은?

① 물자는 서로 바꿔 써야 하고 부패한 것은 먹어 없애야 한다. → 交流하여
② 기술은 자연 속에서 인간의 활동 공간을 넓혀 주는 인간 육체의 연장물이다. → 擴散하는
③ 생존 가능성을 높이기 위해서는 공격이나 도피를 신속하게 결정해야 한다. → 提高하기
④ 우리는 서구의 건축 지식이나 주거 형태를 무분별하게 따르고 있다. → 順從하고

문 11. 다음 글을 고쳐 쓰기 위해 의논한 것 중 적절하지 않은 것은?

　　㉠최근 전 세계적으로 흡연 인구가 감소하는 추세이지만 우리나라에서는 오히려 흡연 인구가 증가하고 있다는 점에 문제의 심각성이 있다. 흡연은 폐암의 주범일 뿐만 아니라 각종 질환의 원인이다. ㉡술의 경우는 과음만 하지 않는다면 스트레스 해소는 물론 혈액 순환을 좋게 한다는 데 이의가 없다. ㉢아무튼 담배는 술과 달리 '적당히'라는 말이 통하지 않는 백해무익한 기호품이다. ㉣담배에 유혹을 느끼는 청소년들과 여성들은 담배가 자신의 생명을 태우는 시한폭탄이라는 사실을 명심하여 담배의 유혹에 빠지지 않기를 바란다. 또한, 담배는 한번 손대면 끊기 어려운 마약과 같다.

① ㉠은 '최근 전 세계적으로는 ~ 증가하고 있다.'는 사실과 '이러한 현상의 심각성을 지적하는 내용'으로 된 두 문장으로 나누어 쓰는 것이 좋을 것 같아.
② ㉡은 문단의 통일성을 저해하는 내용이니까 삭제해도 괜찮을 것 같아.
③ ㉢은 앞뒤 문장의 내용을 제대로 연결해 주지 못하는 것 같아. '하지만'으로 바꾸면 어떨까?
④ ㉣은 글쓴이의 주장이 들어 있기 때문에 맨 뒤로 보내서 이 글의 중심 내용으로 삼으면 좋겠어.

문 12. 다음 글에서 의인화하고 있는 사물은?

　　麴醇의 字는 子厚이다. 그 조상은 隴西사람이다. 90대 조인 牟가 后稷을 도와 뭇 백성들을 먹여 공이 있었다.
　　　　　　　　　　(중략)
　　醇의 器局과 도량은 크고 깊었다. 출렁대고 넘실거림이 萬頃蒼波와 같아 맑지 않고, 흔들어도 흐리지 않으며, 자못 기운을 사람에게 더해 주었다.

① 대나무　　　　　　② 종이
③ 거북　　　　　　　④ 술

문 13. 다음 중 매체의 종류와 특성에 대한 설명이 모두 바른 것을 고르면?

	인쇄 매체	방송 매체	디지털 통신 매체
㉠	정보 전달의 속도가 느림.	녹화를 하지 않으면 방송과 동시에 사라짐.	누구나 능동적으로 정보를 생산할 수 있음.
㉡	기자와 독자 간의 쌍방향 소통이 쉽게 이루어짐.	전파를 이용하여 많은 정보를 빠르게 전달할 수 있음.	여러 정보 중에서 특정 정보를 선별할 필요가 없음.
㉢	지면이 제한되어 있음.	음성 언어에 비해 문자 언어를 사용하기 어려움.	쌍방향 소통이 가능함.
㉣	복잡한 내용을 논리적으로 자세히 전달할 수 있음.	정보 전달의 파급력이 큼.	지면 제한으로 작성 분량의 한계가 있음.

① ㉠　　　　　② ㉡
③ ㉢　　　　　④ ㉣

문 14. [가]~[나]를 읽고 보인 반응으로 적절하지 않은 것은?

[가]
제1마당 박첨지 마당 / 제5막 표생원(表生員)
표생원: 부인의 말이 그러하니 말이오 내가 그 전에 작은 집을 하나 얻었소.
꼭두각시: 아이고 듣던 중 상쾌한 말이오. 이 형편에 큰 집 작은 집을 어찌 가리겠소. 집을 얻었으니 재목이나 성하며 양지바르고 또 장인들 담거 났겠소?
표생원: 어으? 아 이게 무슨 소리여. 장은 무슨 장이며 재목은 무슨 재목? 떡방아 소리 듣고 김칫국 찾는다고 소실(小室)을 얻었단 말이여!
꼭두각시: 아이고 영감, 이게 무슨 소리요? 이날껏 찾아 다니면서 나중에 이런 험한 꼴을 보자고 영감을 찾았구려!
표생원: 잔말 말고 주는 게나 먹고 지내지.

[나]
꼭두각시: 그러나 저러나 적어도 큰마누라요, 커도 작은 마누라니 인사나 시키시오.
표생원: 여보게 돌모루집네, 법은 법대로 하세.
돌모루집: 무얼 말이요?

표생원: 큰부인에게 인사나 하게.
돌모루집: 멀지 않은 좌석(坐席)에서 들어서 알겠소. 내가 적어도 용산삼계 돌모루집이라면 장안이 다 아는 터인데 유명한 표생원이기로 가문을 보고 살기어든 날더러 작은집이라 없신여겨 큰부인에게 인사를 하여라 절을 하여라 하니 잣골 내 시댁 문앞인가 절은 웬 절이여? 인사도 싫고 나는 갈 터이니 큰마누라하고 잘 사소. (돌아선다)
표생원: 돌모루집네, 여직 사던 정리(情理)로 그럴 수가 있나. 오뉴월 불도 쬐다 물러나면 서운하네. 마음을 돌려 인사하게.
돌모루집: 그러면 인사해 볼까요? (아무 말 없이 화가 나서 꼭두각시한테 머리를 딱 드려 받으며)인사 받으우.
꼭두각시: (놀래며) 이게 웬일이여? 여보 영감, 이게 웬일이요? 시속인사(時俗人事)는 이러하오? 인사 두 번만 받으면 내 머리는 간다봐라 하겠구나. 인사도 싫으니 세간을 나눠 주오.
표생원: 괘씸스런 계집들은 불같은 욕심은 있고나. 나의 집은 해남 관머리요, 몸 지체는 한향 성중인데 무슨 세간 무슨 재물을 나눠 주니? 짚은 몽둥이로 한 번 치면 다 죽으리라.
　　　　　　　　　　　　　－ 작자 미상, 「꼭두각시놀음」 －

① [가]: 표 생원과 꼭두각시 사이에 의사소통이 잘 되지 않고 있군.
② [가]: 표 생원은 꼭두각시의 말을 강압적인 태도로 무시하고 있군.
③ [나]: 돌모루집은 당시 여인의 전형적 인물로 순종적으로 행동하고 있군.
④ [나]: 표 생원은 문제의 원인을 생각해 보지 않고 화부터 내고 있군.

문 15. 다음 중 띄어쓰기가 바르게 된 것을 모두 고른 것은?

㉠ 미소가 가진 것은 정말 이것 뿐이야.
㉡ 제발 학교에서 만이라도 싸우지 말아라.
㉢ 예상했던 대로 시험 문제는 까다로웠다.
㉣ 나는 오늘 친구와 점심겸 저녁을 먹었다.
㉤ 어머니께서 고기 세근을 사 가지고 오셨어.
㉥ 그는 밖으로 나가면서까지도 그녀를 계속 노려보았다.
㉦ 정치, 경제, 사회 등 여러 면에 걸친 개혁이 필요해.

① ㉠, ㉣, ㉤　　　　　② ㉡, ㉢, ㉥
③ ㉣, ㉥, ㉦　　　　　④ ㉢, ㉥, ㉦

문 16. 이 글에 대한 설명으로 적절한 것은?

> 내가 첫애를 뱄을 때 시어머님은 해산달을 짚어 보고 섣달이구나, 좋을 때다. 곧 해가 길어지면서 기저귀가 잘 마를 테니, 하시더니 그해 가을 일부러 사람을 시켜 시골에 가서 해산 바가지를 구해 오게 했다.
> "잘생기고, 여물게 굳고, 정한 데서 자란 햇바가지여야 하네. 첫 손자 첫국밥 지을 미역 빨고 쌀 씻을 소중한 바가지니까."
> 이러면서 후한 값까지 미리 쳐주는 것이었다. 그럴 때의 그분은 너무 경건해 보여 나도 덩달아서 아기를 가졌다는 데 대한 경건한 기쁨을 느꼈었다. 이윽고 정말 잘 굳고 잘생기고 정갈한 두 짝의 바가지가 당도했고, 시어머니는 그걸 신령한 물건인 양 선반 위에 고이 모셔 놓았다. 또 손수 장에 나가 보얀 젖빛 사발도 한 쌍을 사다가 선반에 얹어 두었다. 그건 해산 사발이라고 했다.
> 나는 내가 낳은 첫아이가 딸이라는 걸 알자 속으로 약간 켕겼다. 외아들을 둔 시어머니가 흔히 그렇듯이 그분도 아들을 기다렸음 직하고 더구나 그분의 남다른 엄숙한 해산 준비는 대를 이을 손자를 위해서나 어울림 직했기 때문이다. 그러나 퇴원한 나를 맞아들이는 그분에게서 섭섭한 티 따위는 조금도 찾아볼 수 없었다. 그 잘생긴 해산 바가지로 미역 빨고 쌀 씻어 두 개의 해산 사발에 밥 따로 국 따로 퍼다가 내 머리맡에 놓더니 정성껏 산모의 건강과 아기의 명과 복을 비는 것이었다. 그런 그분의 모습이 어찌나 진지하고 아름답던지, 비로소 내가 엄마 됐음에 황홀한 기쁨을 느낄 수가 있었고, 내 아기가 장차 무엇이 될지는 몰라도 착하게 자라리라는 것 하나만은 믿어도 될 것 같은 확신이 생겼다. 대문에 인줄을 걸고 부정을 기(忌)하는 삼칠일 동안이 끝나자 해산 바가지는 정결하게 말려서 다시 선반 위로 올라갔다. 다음 해산 때 쓰기 위해서였다. 다음에도 또 딸이었지만 그 희색이 만면하고도 경건한 의식은 조금도 생략되거나 소홀해지지 않았다. 다음에도 딸이었고 그다음에도 딸이었다. 네 번째 딸을 낳고는 병원에서 밤새도록 울었다. 의사나 간호원까지 나를 동정했고 나는 무엇보다도 시어머니의 그 경건한 의식을 받을 면목이 없어서 눈물이 났다. 그러나 그분은 여전히 희색이 만면했고 경건했다. 다음에 아들을 낳았을 때도 더도 아니고 덜도 아닌 똑같은 영접을 받았을 뿐이었다. 그분은 어디서 배운 바 없이, 또 스스로 노력한 바 없이도 저절로 인간의 생명을 어떻게 대접해야 하는지를 알고 있는 분이었다. 그분이 아직 살아있지 않은가. 그분의 여생도 거기 합당한 대우를 받아 마땅했다. 나는 하마터면 큰일을 저지를 뻔했다. 그분의 망가진 정신, 노추한 육체만 보았지 한때 얼마나 아름다운 정신이 깃들었었나를 잊고 있었던 것이다. 비록 지금 빈 그릇이 되었다 해도 사이비 기도원 같은 데 맡겨 있지도 않은 마귀를 내쫓게 하는 수모와 학대를 당하게 할 수는 없는 일이었다.
>
> ─ 박완서, 「해산 바가지」 ─

① 현재형 어미를 사용하여 인물의 내면을 생동감 있게 제시하고 있다.
② 삽화 형식으로 다양한 인물들의 경험을 나열하고 있다.
③ 단절된 의식 상태를 독백적인 어조로 표현하고 있다.
④ 회상의 기법을 사용하여 이야기를 전개하고 있다.

문 17. 밑줄 친 부분에 대한 답으로 가장 적절한 것은?

> 번개는 대기 중에서 전기의 방전이 일어나 번쩍이는 불꽃을 말한다. 흔히 전기는 구리선처럼 전기가 잘 흐르는 도선을 따라 흐른다. 그런데 기체에서도 전기가 흐르는 경우가 있다. 이를 방전이라고 한다. 어떻게 도선이 없는데도 전기가 흐를 수 있는 것일까?
> 원자에는 양전하를 띤 핵과 음전하를 띤 전자가 들어 있다. 물체는 보통의 경우, 양전하의 전하량과 음전하의 전하량이 같은 전기적 중성 상태이다. 그런데 외부에서 힘이 가해지면 한 물체의 전자들이 다른 물체로 이동하게 되어 두 물체 모두 양전하와 음전하의 전하량이 균형을 이루지 못하는 상태가 된다. 이때 전자가 이탈된 물체를 양전하로 대전되었다고 하고, 전자를 얻은 물체를 음전하로 대전되었다고 한다. 대전된 물체는 다시 중성 상태로 돌아가려는 특성이 있다. 전기가 흐른다는 것은 각각 다른 전하로 대전된 두 물체가 중성 상태로 돌아가기 위해 전하가 이동하는 상태를 말한다. 물론 두 물체 사이에 도선이 있으면 전하가 쉽게 이동한다. 그러나 두 물체가 중성 상태로 돌아가려는 힘이 매우 강하면 도선이 없어도 전기가 흐를 수 있다.

① 전기는 도선보다 기체에서 더 잘 흐르기 때문에
② 중성의 물체는 시간이 지나면 저절로 대전되기 때문에
③ 대전된 물체는 중성으로 돌아가려는 특성이 있기 때문에
④ 양전하와 음전하는 서로를 밀어내는 성질이 있기 때문에

문 18. 〈보기〉는 '세계화 시대에 필요한 덕목'이라는 글을 쓰기 위해 문장을 나열한 것이다. 논리 전개의 흐름을 고려할 때 (가)~(마)를 가장 자연스럽게 배열한 것은?

〈보 기〉

세계화 시대에 필요한 덕목으로는 '경쟁력'과 '주체성'을 들 수 있다.

(가) 우선 외국어를 습득하고 외국의 바람직한 문물을 배우려는 노력이 필요하다.

(나) 그러나 세계화라고 해서 무조건 외국 문화를 받아들이는 데 급급해서는 안 된다.

(다) 세계화에 적절히 대응하기 위해서는 세계화 속에서 살아남을 수 있는 경쟁력을 갖추어야 한다.

(라) 우리의 것을 우선 보존하고 발전시키는 노력 속에서 경쟁력이 생긴다는 사실을 잊지 말아야 한다.

(마) 무엇보다 중요한 것은 우리의 전통과 문화를 잘 지키는 가운데 세계화를 생각하는 주체적이고 능동적인 태도이다.

① (다) – (가) – (나) – (마) – (라)
② (나) – (마) – (다) – (가) – (라)
③ (가) – (라) – (나) – (마) – (다)
④ (다) – (나) – (마) – (라) – (가)

문 19. 다음 글의 내용과 일치하지 않는 것은?

일반적으로 어떤 국가가 독립성을 위협받게 되었을 때 취할 수 있는 조치로는 '은둔', '동맹' 등이 있다. 먼저 은둔은 국제 정치 질서의 흐름을 외면한 채 다른 나라와의 문호를 닫고, 교류를 하지 않는 것을 의미한다. 하지만 은둔은 세계화가 진행되고 정보 통신 기술이 발달한 현재의 국제 정치 질서하에서는 유효하지 않다. 그래서 국제 정치에서는 위협적인 국가에 대항해 다른 국가와 동맹을 형성하는 것이 보편적이다. 동맹은 세력 균형을 유지하기 위해 가장 널리 사용되는 방법으로, 안보 협력을 위해 두 국가 내지는 여러 국가들 사이에 맺어진 공식 내지는 비공식 협정을 통해 이루어진다. 실제로 국제 정치 질서하의 많은 국가들은 다른 나라와의 동맹을 형성하고 전쟁을 수행함으로써 특정 국가의 패권 추구를 좌절시키기도 하였으며, 여러 국가가 존립을 유지하고 공존하는 데 기여하기도 하였다.

세력 균형 이론에 따르면, 세력 균형은 국제 정치 질서하에서 다음과 같은 두 가지 기능을 한다. 먼저 세력 균형은 압도적인 힘을 가진 패권 국가로부터 주권 국가로서의 독립과 자율성이 파괴되는 것을 방지하는 기능을 한다. 제2차 세계 대전 당시 프랑스, 영국, 미국, 소련 등의 연합국은 세계의 패권을 차지하려는 독일과 일본에 동맹을 맺어 대항함으로써 독립 국가로서의 지위와 자율성을 유지하였는데 이는 곧 세력 균형의 결과라는 것이다. 또 세력 균형은 힘의 균형을 통해 전쟁을 방지하는

기능을 한다. 냉전 시기, 세계는 미국과 소련을 중심으로 양극 체제를 형성하였으며, 두 개의 초강대국을 중심으로 한 동맹에 의해 세력 균형이 유지되면서 핵무기가 사용되는 세계 대전의 발발이 억제되었다는 것이다.

① 세력 균형은 국가 간의 힘의 균형을 통해 전쟁이 일어나는 것을 방지하기도 한다.

② 세계화가 진행된 현재의 국제 정치 질서하에서 '은둔'의 외교 정책은 유효하지 않다.

③ 국제 정치 현실에서는 단일한 패권 국가에 의한 힘의 지배 양상이 나타나지 않는다.

④ 많은 국가들이 동맹을 통해 자국을 위협하는 국가로부터 독립과 자율성을 유지해 왔다.

문 20. ㉠~㉤ 중, 동일한 대상을 지시하는 말끼리 찾아 바르게 짝지은 것은?

여자: 이해 못 하실걸요, 어머닌. (천천히 슬프고 낙담해서 사진들을 핸드백 속에 담는다.) 오늘 즐거웠어요. 정말이에요. 그럼 안녕히 계세요. (여자, 작별 인사를 하고 문전까지 걸어 나간다.)

남자: 잠깐만요, ㉠덤.

여자: (멈칫 선다. 그러나 얼굴은 남자를 외면한다.)

남자: 가는 겁니까? 나를 두고서?

여자: (침묵)

남자: ㉡덤으로 내 말을 조금 더 들어 봐요.

여자: (악의적인 느낌이 없이) 당신은 사기꾼이에요.

남자: 그래요, 난 사기꾼입니다. 이 세상 것을 잠시 빌렸었죠. 그리고 시간이 되니까 하나둘씩 되돌려 주어야 했습니다. 이미 난 본색이 드러나 이렇게 빈털터리입니다. 그러나 ㉢덤, 여기 있는 사람들에게 물어봐요. 누구 하나 자신 있게 이건 내 것이다, 말할 수 있는가를. 아무도 없을 겁니다. 없다니까요. 모두들 ㉣덤으로 빌렸지요. 언제까지나 영원한 것이 아닌, 잠시 빌린 거예요. (누구든 관객석의 사람을 붙들고 그가 가지고 있는 물건을 가리키며) 이게 당신 겁니까? 정해진 시간이 얼마지요? 잘 아꼈다가 그 시간이 되면 꼭 돌려주십시오. ㉤덤, 이젠 알겠어요?

(여자, 얼굴을 외면한 채 걸어 나간다. 하인, 서서히 무거운 구둣발을 이끌고 남자에게 다가온다. 남자는 뒷걸음질친다. 그는 마지막으로 절규하듯이 여자에게 말한다.)

– 이강백, 「결혼」 –

① ㉠, ㉡, ㉢
② ㉠, ㉡, ㉤
③ ㉠, ㉢, ㉤
④ ㉡, ㉢, ㉤

영어

http://eduwill.kr/AzzF

※ QR코드를 스캔하여 〈1초 합격예측! 모바일 성적분석표 발급 서비스〉를 활용하세요.
※ 해당 QR코드는 2회 세 과목(국어+영어+한국사)의 모바일 OMR을 모두 포함합니다.

문 1. 밑줄 친 부분에 들어갈 말로 가장 적절한 것은?

> The _____ wilderness made him feel more depressed, but he carried on his journey. He cheered himself up by keeping reminding himself that he would reach his hometown soon.

① exuberant ② ample
③ desolate ④ sturdy

※ 밑줄 친 부분의 의미와 가장 가까운 것을 고르시오. (2~4)

문 2.

> The sudden collapse of negotiations between the two parties precipitated the company into a financial crisis.

① adjoined ② accelerated
③ dissimulated ④ plunged

문 3.

> The recent installation of a new access system is one of the measures to beef up security.

① tighten up ② look after
③ put away ④ head off

문 4.

> The bookkeeper was chastised by the chief accountant because all the receipts were muddled up together in a shoe box.

① straightened ② stifled
③ jumbled ④ annihilated

문 5. 어법상 옳은 것은?

① The courtyard enclosing with brick walls has become immensely popular since a TV documentary was aired.

② The cafeteria has been using trays the material of which is durable enough to withstand more than two decades.

③ It was not until did we finish the race that we realized Leonard had been disqualified.

④ The teacher tried to soothe the afraid students, but it was futile.

문 6. 밑줄 친 부분의 의미와 가장 가까운 것은?

> The members insisted that the committee throw the book at the director who was charged with malfeasance in office.

① win over
② turn a blind eye to
③ weasel out of
④ impose severe punishment on

문 7. 밑줄 친 부분 중 어법상 옳지 않은 것은?

> Steam is a good servant, but a terrible master. It must be kept under strict control. ① However strong a boiler may be, it will burst if the steam pressure in it ② is raised to a certain point; and some device must therefore be fitted on it which will give the steam free egress before that point is reached. A device of this kind ③ is called a safety-valve. It usually blows off the steam at less ④ than the half greatest pressure that the boiler has been proved by experiment to be capable of withstanding.

문 8. 우리말을 영어로 잘못 옮긴 것은?

① 어떤 경우에도 아이들이 방치되어서는 안 된다.
  → On no account should no kids be left unattended.

② 그들은 악천후 때문에 꼭대기에 도달하지 못한 채 하산해야 했다.
  → They had to descend the mountain without having reached the top because of inclement weather.

③ 500종이 넘는 야생식물들이 이 야생생물 보호구역에 서식한다고 믿어진다.
  → More than 500 species of wild plants are believed to inhabit this wildlife sanctuary.

④ 정기적 운동과 마찬가지로, 한 잔의 미지근한 물은 당신의 전체 신체를 깨우는 것을 도울 것이다.
  → A glass of lukewarm water will help your whole body wake up, as will regular exercise.

문 9. 밑줄 친 (A), (B)에 들어갈 말로 가장 적절한 것은?

In the case of a steam-boiler the energy of combustion is transmitted to water inside an air-tight vessel. The fuel does not actually touch the "working fluid."   (A) , in the gas or oil engine the fuel is brought into contact and mixed with the working fluid, which is air. It combines suddenly with the air in the cylinder, and heat energy is developed so rapidly that the act is called an explosion. Coal gas, mineral oils, alcohol, petrol, etc. all contain hydrogen and carbon. If air, which contributes oxygen, is added to any of these in due proportion, the mixture becomes highly explosive. On a light being applied, oxygen and carbon unite, also hydrogen and oxygen, and violent heat is generated.   (B) , this causes a violent molecular bombardment of the sides of the vessel containing the mixture.

	(A)	(B)
①	However	For the meantime
②	Thereby	That being said
③	In contrast	As a result
④	Regardless	In a nutshell

문 10. 다음 글의 주제로 가장 적절한 것은?

Trees breathe somewhat like human beings. They take in oxygen and give off carbonic-acid gas. The air enters the tree through the leaves and small openings in the bark, which are easily seen in such trees as the cherry and birch. Trees breathe constantly, but they digest and assimilate food only during the day and in the presence of light. In the process of digestion and assimilation they give off oxygen in abundance, but they retain most of the carbonic acid gas, which is a plant food, and whatever part of it is not used immediately is stored up by the tree and used for its growth and development. Trees also give off their excess moisture through the leaves and bark. Otherwise, they would become waterlogged during periods when the water is rising rapidly from the roots.

① Why trees need carbon dioxide and water
② How trees ingest water
③ What the role of sunlight is
④ How trees respire and take nourishment

문 11. 밑줄 친 부분에 들어갈 말로 가장 적절한 것은?

A: So did you get a permit to telecommute?
B: Well, kind of.
A: What do you mean?
B: _____
A: Then do you have to extra work?
B: I'll have to submit daily reports.

① They gave me a conditional approval.
② I'm not allowed to work at home.
③ I'll have to talk to my manager.
④ They haven't made their decision yet.

문 12. 우리말을 영어로 잘못 옮긴 것은?

① 그들은 그 일자리에 대한 각각의 지원자에게 적어도 3년의 경력을 요구한다.
→ They require at least three years of experience of each applicant for the opening.

② Catherine은 Wendy를 제외한 모두에게 욕을 먹었다.
→ Catherine was ill spoken of by everybody but Wendy.

③ 그녀는 내가 시험에 떨어지지 않도록 약간의 학습 자료를 준비해줬다.
→ She prepared some study materials in order for me not to fail the test.

④ 그 결혼 상담원은 한 커플당 3개의 소책자와 그녀의 명함을 줬다.
→ The matrimonial agent gave three brochures and her business card per a couple.

문 13. 두 사람의 대화 중 가장 자연스러운 것은?

① A: Do you have any plans for your vacation?
   B: How about going Dutch?

② A: I handed my essay in a day late.
   B: Better late than never.

③ A: Would you like to join the farewell party for Mary?
   B: Don't beat around the bush.

④ A: Steve got a big raise.
   B: What a shame!

문 14. 다음 글의 제목으로 가장 적절한 것은?

Germany entered the first World War with high expectations as to one, perhaps two of its new weapons of war. Its submarines might offset Britain's superiority at sea, and certainly the Zeppelins, which had proved themselves in four years of commercial flying, would be able to cross the English Channel and carry the war to the island which had seen no invasion since William the Conqueror. No nation except Germany had Zeppelins. And as the German people began to feel the pinch of the blockade, cutting their life line of food and supplies, they brought increasing public pressure on High Command to use these weapons to punish England. But they were sent over a few at a time, as soon as they could be built, and England was given time to devise defenses. These were chiefly higher altitude airplanes, farther ranging anti-aircraft guns, sky piercing searchlights, which combined to force the invaders to fly continuously as high as 25,000 feet, with corresponding sacrifice of bombing accuracy. And machine guns, synchronized with the propellers, were mounted in airplane cockpits, and began to spit inflammable bullets into the hydrogen filled bags and send them down in flames.

① The Major Roles of the German Zeppelins during World War I
② The Vain Expectations of Germany on Its Latest Weapons in World War I
③ The Use of Airplanes by England for the Purpose of a Defense against the Zeppelins
④ The Trigger for Germany to Enter World War I

문 15. 글의 흐름상 가장 어색한 문장은?

There are no other plants or animals so universally found in Nature as the bacteria. They exist almost everywhere on the surface of the earth. They are in the soil, especially at its surface. They do not extend to very great depths of soil, however, few existing below four feet of soil. At the surface they are very abundant, especially if the soil is moist and full of organic material. The number may range from a few hundred to one hundred million per gram. ① They are also in all bodies of water, both at the surface and below it. They are found at considerable depths in the ocean. ② All bodies of fresh water contain them, and all sediments in such bodies of water are filled with bacteria. ③ It was hard to answer this question as to whether bacteria remain constant in character for any considerable length of time, and even today we hardly know what the final answer will be. They are in streams of running water in even greater quantity than in standing water. ④ This is simply because running streams are being constantly supplied with water which has been washing the surface of the country and thus carrying off all surface accumulations.

문 16. 밑줄 친 부분에 들어갈 말로 가장 적절한 것은?

Both butterflies and moths consist of three distinct and well-defined parts. In front there is the head, the size of which is somewhat small in proportion. Two very large eyes make up the greater portion of its bulk. It is remarkable, too, that butterflies possess eyes proportionately much larger than those of moths. Now, since butterflies always fly by day, and moths are, generally speaking, nocturnal insects, we might be led to suppose that the reverse of this arrangement would have suited the creatures better; for a small eye, we should think, would be able to collect sufficient light in the daytime to form a bright image, and a larger light-receiving area would be necessary during the darker hours for the same purpose. But it is evident that the sense of vision must depend on _____.

① the number of optic nerves each creature has
② other conditions besides the size of the eye
③ each day's weather conditions rather than other things
④ the amount of activity of each insect

문 17. 다음 글의 요지로 가장 적절한 것은?

The idea that the heavenly bodies in their present state may have been formed by the aggregation of meteoric matter, rather than by the condensation of a gaseous mass, is not new, and not original with Mr. Lockyer, as he himself points out. However, his adoption and advocacy of the theory, and the support he brings to it from spectroscopic experiments on the light emitted by fragments of meteoric stones under different conditions, has given it such currency within the last two years that his name will always be justly associated with it.

① Most people are reluctant to regard Lockyer as the first to come up with the idea that a heavenly body is the aggregation of meteoric matter.
② It is not clear who first conceived the theory of heavenly bodies not being a gaseous mass.
③ Lockyer should be credited with the establishment of the theory of the celestial bodies being formed by meteoric matter.
④ There is no way to identify the validity of Lockyer's theory.

문 18. 주어진 글 다음에 이어질 글의 순서로 가장 적절한 것은?

> A. D., aged 15 years, a schoolgirl, was bitten by a vigorous tiger-snake on the outside of left leg, and the snake was also holding on for some time. The bitten skin was at once excised, another firm ligature applied, whisky administered, and a hurried start made for Dr. Thwaites', distant 30 miles, where she arrived five hours after accident.

> (A) I injected at once 17 minims of liq. strychnine. In about two minutes she sighed, and then began to breathe in a jerky manner. In about ten minutes, on my pulling her hair, she opened her eyes and looked around, but could not recognize any one. Pupils now acted to stimulus of light. In a short time she could speak when spoken to, but not see at any distance.
>
> (B) Her sight gradually returned completely; she kept on improving, and in four to five hours after the one injection she seemed quite well, but rather weak. I gave small doses of stimulants till morning, and did not let her go to sleep till next evening. She suffered no relapse, and her recovery was complete.
>
> (C) She was then pulseless at wrists, cold as a stone, and with pupils insensible to light. I could not perceive any respiration, but felt the heart yet faintly fluttering. She was to all appearances just on the point of death.

① (A) − (C) − (B) ② (B) − (C) − (A)
③ (C) − (A) − (B) ④ (C) − (B) − (A)

문 19. 주어진 문장이 들어갈 위치로 가장 적절한 곳은?

> This does not mean that music today is better than music that was written by Haydn and Mozart.

> Since Wagner, music has changed very greatly. When Wagner was born, much of the music that was being written had to follow certain patterns or models just as architects follow certain patterns in building a house. (①) Now composers feel a great deal freer as they know that they can make their own patterns —that he is not held in by any such hard laws as those which held back such composers as Mozart, Bach, Haydn and Handel. (②) It was Wagner who did much to set music free from the old barriers. (③) Indeed it often is not nearly so good, but it is freer, less held down by rule. (④)

문 20. 다음 글의 내용과 일치하지 않는 것은?

> Two motives lead men to war: instinctive hostility and hostile intention. In our definition of war, we have chosen as its characteristic the latter of these elements, because it is the most general. It is impossible to conceive the passion of hatred of the wildest description, bordering on mere instinct, without combining with it the idea of a hostile intention. On the other hand, hostile intentions may often exist without being accompanied by any, or at all events, by any extreme, hostility of feeling. Amongst savages views emanating from the feelings, amongst civilized nations those emanating from the understanding, have the predominance; but this difference arises from attendant circumstances, existing institutions, etc., and, therefore, is not to be found necessarily in all cases, although it prevails in the majority. In short, even the most civilized nations may burn with passionate hatred of each other.

① There are two rationales prompting humans to start war.
② Hostile intention is more common than instinctive hostility.
③ Hostile intention is implausible if there is no hostility.
④ Violence caused by passionate hatred is possible even in enlightened society.

한국사

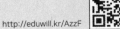
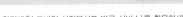

http://eduwill.kr/AzzF

※ QR 코드를 스캔하여 〈1초 합격예측! 모바일 성적분석표 발급 서비스〉를 활용하세요.
※ 해당 QR 코드는 2회 세 과목(국어+영어+한국사)의 모바일 OMR을 모두 포함합니다.

문 1. 밑줄 친 '대왕'의 재위 기간에 있었던 사실로 옳은 것은?

> 대왕이 영(令)을 내려 원화(原花)를 폐지하였다. 여러 해 뒤에 왕은 다시 나라를 흥하게 하려면 모름지기 풍월도(風月道)를 먼저 일으켜야 한다고 생각하였다. 왕은 다시 영을 내려 좋은 가문 출신의 남자로서 덕행이 있는 자를 뽑아 명칭을 고쳐서 화랑(花郎)이라고 하였다.

① 상대등 설치
② 우산국 정벌
③ 남산 신성비 건립
④ '개국', '대창' 연호 사용

문 2. 다음과 같은 활동을 펼친 인물에 대한 설명으로 옳은 것은?

> ○ 대한민국 임시 정부의 제2대 대통령으로 선출되었다.
> ○ 일본의 침략상을 폭로하는 『한국통사』를 저술하였다.

① 대한 독립 군단을 조직하고 자유시로 이동하였다.
② 조선 광문회를 조직하여 민족 고전을 정리·간행하였다.
③ 『조선불교유신론』을 집필하여 불교의 혁신과 자주성 회복을 주장하였다.
④ 〈대한매일신보〉에 「독사신론」을 발표하여 민족을 역사 서술의 주체로 설정하였다.

문 3. 다음 정책을 시행한 국왕 대에 있었던 사실로 옳은 것은?

> ○ 승과 제도를 시행하여 합격한 자에게는 법계를 주었다.
> ○ 관리의 복색을 관등에 따라 자색, 단색, 비색, 녹색으로 정하였다.

① 기인 제도를 실시하였다.
② 왕규의 난을 진압하였다.
③ 개경을 황도(皇都)로 개칭하였다.
④ 시정 전시과를 시행하였다.

문 4. (가) 단체로 옳은 것은?

> 권기옥은 평양 숭의 여학교 3학년 때 (가) 에 가입하여 활동하면서 3·1 운동에 참가하였다. 이후 대한민국 임시 정부에 보낼 독립운동 자금을 모금하는 등의 활동을 하다가 일제에 붙잡혀 옥고를 치르고 나와 1920년 상하이로 망명하였다. 그곳에서 항공 학교를 졸업한 후 한국 최초의 여류 비행사로서 중국 공군에 근무하면서 독립운동을 지원하였다. 1943년에는 충칭에서 대한민국 임시 정부 산하 한국 애국 부인회를 조직하여 사교부장으로 활동하다 광복 후 귀국하였다.

① 근우회
② 송죽회
③ 찬양회
④ 조선 여자 교육회

문 5. 다음 글에서 설명하고 있는 문화유산은?

> ○ 성종 시기에 세 분의 대비를 모시기 위해 옛 수강궁 터에 창건한 궁이다.
> ○ 1909년 일제는 궁 안에 동물원과 식물원을 만들었다.
> ○ 정전인 명정전은 조선 왕궁 법전 중에서 가장 오래된 건물이다.

① 경복궁
② 창경궁
③ 운현궁
④ 덕수궁

문 6. 밑줄 친 '이 나라'에서 볼 수 있는 모습으로 적절한 것은?

> 이 나라는 고구려 개마대산의 동쪽에 있는데, 큰 바닷가에 접해 산다. 그 지형은 동북 방향은 좁고 서남 방향은 길어서 천 리 정도나 된다. 북쪽은 읍루(挹婁)·부여(夫餘), 남쪽은 예맥(濊貊)과 맞닿아 있다. 호수는 5,000호(戸)이다. 대군왕은 없으며 읍락에 각각 대를 잇는 우두머리인 군장이 있다. …… 이 나라의 여러 읍락 우두머리는 스스로를 삼로(三老)라고 일컬었는데, 그것은 옛 한나라의 현이었을 때의 제도이다. 나라가 작고 큰 나라들 사이에서 핍박을 받다가 결국 고구려의 신하가 되었다.

① 민며느리를 받아들이는 읍군
② 남의 물건을 훔쳐 12배를 배상하는 도둑
③ 국동대혈에서 모여 제사를 지내는 왕과 신하
④ 바닥이 철(凸)자, 여(呂)자 모양인 가옥에서 생활하는 백성

문 7. 밑줄 친 '이 부대'에 대한 설명으로 옳은 것은?

> 처음으로 이 부대를 세우고 문무 산관(散官)과 이서(吏胥)로부터 상인과 노비 및 주(州)·부(府)·군(郡)·현(縣)에 이르기까지 무릇 말을 가진 자는 다 신기군으로 삼았고, 말이 없는 자는 신보군·도탕군·경궁군·정노군·발화군 등에 속하게 했다. 나이 20세 이상인 남자 가운데 과거 시험을 보는 자가 아니면 다 신보군에 소속시키고, 서반(西班)과 모든 진·부(鎭·府)의 군인은 4계절마다 훈련시키고, 또 승도(僧徒)를 뽑아 항마군으로 삼았다.

① 최우에 의해 만들어졌다.
② 상비군으로 양계에 배치되었다.
③ 여진과의 전투에서 패한 후 창설되었다.
④ 전투에서 승리하여 강동 6주를 획득하였다.

문 8. 다음 사건이 일어난 왕의 재위 기간에 대한 설명으로 옳은 것은?

> 윤임은 화심(禍心)을 품고 오래도록 흉계를 쌓아 왔다. 처음에는 동궁이 외롭다는 말을 주창하여 사림들 사이에 의심을 일으켰고, 중간에는 정유삼흉의 무리와 결탁하여 국모를 해치려고 꾀하였고, 동궁에 불이 난 뒤에는 부도(不道)한 말을 많이 발설하여 사람들을 현란케 하여 걱정과 의심을 만들었다. …… 이는 모두 몰래 다른 뜻을 품고 자기의 욕망을 이루려고 꾀한 것이니 죄가 종사에 관련되어 법으로 용서할 수가 없다. 진실로 율에 따라 죄를 정함이 마땅하다. 다만 선왕조의 구신(舊臣)이므로 차마 지나친 형벌을 가할 수 없다는 생각에서 이에 윤임·유관·유인숙 세 사람에게는 사사(賜死)만 명한다.

① 원상제가 폐지되었다.
② 건저의 사건으로 정철이 탄핵되었다.
③ 백정 출신이 경기, 황해도 등지에서 난을 일으켰다.
④ 반정 공신들의 위훈 삭제 문제로 사림과 훈구가 대립하였다.

문 9. 밑줄 친 '이 나라'에 대한 설명으로 옳은 것은?

> 『석순응전(釋順應傳)』에 이 나라의 월광태자(月光太子)는 곧 정견(正見)의 10세손이요 그의 아버지는 이뇌왕(異腦王)이라고 하며, 신라에 결혼을 청하여 이찬(夷粲) 비지배(比枝輩)의 딸을 맞아 태자를 낳았다고 되어 있으니 이뇌왕은 곧 뇌질주일의 8세손이다.

① 삼국 중 최초로 불교를 공인하였다.
② 백제를 도와 관산성 전투에 참전하였다.
③ 신라를 구원하러 온 고구려군의 공격을 받았다.
④ 최초로 일본에 불상과 불경을 전달하였다.

문 10. 밑줄 친 발해 왕의 재위 기간에 통일 신라에서 일어난 상황으로 옳은 것은?

> 갑인(甲寅)일에 천황이 중궁(中宮)에 나아갔는데, 고제덕 등이 왕의 교서와 방물을 바쳤다. 그 교서에서 다음과 같이 말하였다. "무예가 아룁니다. …… 고려의 옛 땅을 회복하고 부여의 습속을 가지고 있습니다. 그러나 다만 너무 멀어 길이 막히고 끊어졌습니다. 어진 이와 가까이하며 우호를 맺고 옛날의 예에 맞추어 사신을 보내어 이웃을 찾는 것이 오늘에야 비롯하게 되었습니다."

① 녹읍 폐지
② 상원사 동종 주조
③ 독서삼품과 설치
④ 김헌창의 난 발발

문 11. 밑줄 친 '그'의 저술로 옳은 것은?

> 그는 새로운 공동체를 설정하여 이에 따라 농촌을 재편성할 것을 주장하였다. 당시 그가 제시한 단위는 '여(閭)'인데 일정한 자연지물을 경계로 그 안의 대략 30호(戶) 정도를 '1여'라고 정의했다. 그가 상정한 '1여'에 '여장(閭長)'이라는 지도자를 두고 그 휘하의 '여민(閭民)'이 공동의 토지에서 공동 경작을 하도록 계획되었다. 여장은 여민의 노동량을 '일역부(日役簿)'라는 장부에 기록하여 두었다가 추수 후에 장부에 기록된 노동량에 따라 수확물을 배분한다는 내용이다.

①『곽우록』
②『경세유표』
③『임하경륜』
④『금석과안록』

문 12. (가) 시기에 있었던 일로 옳지 않은 것은?

> 청에 영선사를 파견하였다.
> ↓
> (가)
> ↓
> 갑신정변이 발생하였다.

① 영국에 의해 거문도 사건이 발발하였다.
② 기무처가 통리내무아문과 통리아문으로 분리되었다.
③ 조·일 통상 장정이 개정되어 최혜국 대우 조항이 삽입되었다.
④ 박영효를 대표로 하는 제3차 수신사를 일본에 파견하였다.

문 13. (가) 시기에 있었던 일로 옳은 것은?

	(가)	
의정부 서사제 실시		훈민정음 반포

① 계미자 주조
② 의정부 설치
③ 『의방유취』 편찬
④ 이징옥의 난 진압

문 14. 다음 중 세계 유산으로 등재된 것이 아닌 것은? (2022년 3월 31일 기준)

① 석굴암
② 한양 도성
③ 소수 서원
④ 안동 하회 마을

문 15. 다음과 같은 주제로 토론회를 개최한 단체에 대한 설명으로 옳은 것은?

일 자	주 제
1897. 12. 26.	인민의 견문을 넓히려면 신문을 발간하는 일이 제일로 중요하다.
1898. 3. 6.	우리 국토를 남에게 빌려 주면 이는 죄인이요, 원수이다.
1898. 4. 3.	의회원을 설립하는 것이 정치상 제일 긴요하다.
1898. 5. 8.	백성의 권리가 튼튼할수록 임금의 지위가 더욱 높아지고, 나라의 형세가 더욱 커진다.

① 자주적인 황무지 개간을 위한 농광 회사를 설립하였다.
② 토지의 균등 분배와 쌀 수출에 반대하는 방곡령 실시 등을 요구했다.
③ 반러 경향이 강했으며 미국, 영국, 일본에 대해서는 우호적인 태도를 보였다.
④ 비밀 결사로 실력 양성을 통한 국권 회복과 공화 정치 체제의 근대 국가 수립을 목표로 하였다.

문 16. 제시문에서 설명하는 인물의 활동으로 옳은 것은?

그는 블라디보스토크에서 부두·광산·농업 노동자로 일하면서 노동회를 조직하고, 임금의 일부를 군자금으로 비축했다. 더불어 이종호·이상설 등이 중심이 된 권업회의 사찰부장으로 활동하면서 니콜리스크 등지에서 동지를 규합했다. 1918년 8월 일본군이 연해주 지방에 침입하자, 그는 대한 국민회의 간도·훈춘 지부의 지원을 받으면서 100여 명의 대원을 이끌고 러시아의 적군(赤軍)과 함께 반일·반백위군 투쟁을 벌였다. 1919년 우수리스크를 거쳐 국내로 진군하면서 부대의 명칭을 대한 독립군으로 개칭하였다.

① 파리 강화 회의에 파견되었다.
② 하얼빈역에서 이토 히로부미를 사살하였다.
③ 잡지 <동광>을 발간하고, 수양 동우회를 설립하였다.
④ 군무 도독부군, 국민회군과 연합하여 봉오동 전투에서 승리하였다.

문 17. 밑줄 친 '헌법 개정'에 대한 설명으로 옳은 것은?

이승만이 이끈 자유당 정권이 4·19 혁명으로 무너지자, 과도 정부가 성립되어 사태 수습에 나섰다. 이때 헌법 개정이 이루어지고 총선거가 실시되었다. 선거에서 민주당이 압도적인 승리를 거두었고, 새로 구성된 국회는 윤보선을 대통령으로, 장면을 국무총리로 선출하였다. 이로써 국민들의 기대와 열망 속에 장면 정부가 성립되었다.

① 내각 책임제와 양원제를 골자로 하였다.
② 초대 대통령에 한해 중임 제한을 철폐한다는 내용이 있다.
③ 3·15 부정 선거 관련자 및 반민주 행위자를 소급하여 처벌할 수 있도록 하였다.
④ 통일 주체 국민회의에서 간접 선거로 대통령을 선출하도록 하였다.

문 18. 다음 사건 이후에 일어난 일로 옳은 것은?

> 왕 10년 겨울에 홍건적 위평장(僞平章) 반성·사유·관선생·주원수·파두번 등 20만 군사가 압록강을 건너 서북 변방에 함부로 들어와서 우리에게 글을 보내기를, "군사 110만을 거느리고 동쪽 땅으로 가니 속히 맞아 항복하라."라고 하였다. 이성계가 적의 왕원수(王元帥) 이하 100여 명의 목을 베고 한 명을 사로잡아서 왕에게 바쳤다. 11월에 왕이 남쪽으로 피난하자, 홍건적이 개경을 점령하였다.

① 강감찬이 귀주에서 대승을 거두었다.
② 박위가 쓰시마섬을 토벌하였다.
③ 양규의 활약으로 흥화진 전투에서 승리하였다.
④ 삼별초가 김통정의 지휘 아래 제주도로 이동하였다.

문 19. (가)와 (나) 사이의 시기에 있었던 일로 옳은 것은?

> (가) 서인들이 허적의 서자 허견 등의 역모 사건을 고발하였다.
> (나) 서인 김춘택 등이 인현왕후의 복위 운동을 전개하였다.

① 송시열이 삭탈관직되고 제주도로 유배되었다.
② 부산 두모포에 왜관을 설치하였다.
③ 적의 침입에 대비하기 위해 어영청을 설치하였다.
④ 왕과 노론을 제거하고 밀풍군을 왕으로 추대하고자 하였다.

문 20. 다음의 사건을 시기순으로 바르게 나열한 것은?

> (가) 제주도에서 4·3 사건이 발생하였다.
> (나) 제헌 국회가 구성되어 헌법을 제정하였다.
> (다) 조선 건국 준비 위원회가 조선 인민 공화국을 선포하였다.
> (라) 미·소 공동 위원회 속개, 반민족 행위자 처벌 등을 내용으로 담은 좌우 합작 7원칙이 발표되었다.

① (가) - (다) - (나) - (라)
② (나) - (다) - (라) - (가)
③ (다) - (라) - (가) - (나)
④ (라) - (나) - (가) - (다)

9급공무원 공개경쟁채용 필기시험

일반행정직

회차		응시번호	
③		성 명	

【시 험 과 목】

제1과목	국 어	제2과목	영 어	제3과목	한 국 사
제4과목	행정법총론		제5과목	행정학개론	

응시자 주의사항

1. **시험시작 전에 시험문제를 열람하는 행위나 시험 종료 후 답안을 작성하는 행위를 한 사람**은 「공무원임
   용시험령」 제51조에 의거 **부정행위자**로 처리됩니다.

2. **답안지 책형 표기는 시험시작 전** 감독관의 지시에 따라 **문제책 앞면에 인쇄된 책형을 확인**한 후, **답안지
   책형란의 해당 책형(1개)에 "●"와 같이 표기**하여야 합니다.

3. 답안은 반드시 문제책 표지의 **과목순서에 맞추어 표기**하여야 하며, 과목순서를 바꾸어 표기한 경우에도
   문제책 표지의 과목순서대로 채점되므로 유의하시기 바랍니다.

4. 시험이 시작되면 문제를 주의 깊게 읽은 후, **문항의 취지에 가장 적합한 하나의 정답을 고르며**, 문제내용
   에 관한 질문을 하실 수 없습니다.

5. **답안을 잘못 표기하였을 경우**에는 **답안지를 교체하여 작성**하거나 **수정테이프만을 사용하여 수정**할 수 있으
   며(수정액 또는 수정스티커 등은 사용 불가), 부착된 수정테이프가 떨어지지 않도록 눌러 주어야 합니다.
   − **불량 수정테이프의 사용과 불완전한 수정처리**로 인해 발생하는 모든 문제는 **응시자 본인에게 책임**이 있습니다.

6. **시험시간 관리의 책임**은 응시자 본인에게 있습니다.

정답공개 및 가산점 등록 안내

1. **정답공개, 이의제기:** 사이버국가고시센터(http://gosi.kr)
2. **가산점 등록 방법:** 사이버국가고시센터(http://gosi.kr) ⇒ 『원서접수 ⇒ 가산점등록/확인』

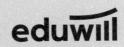

국어

http://eduwill.kr/KzzF

※ QR 코드를 스캔하여 〈1초 합격예측! 모바일 성적분석표 발급 서비스〉를 활용하세요.
※ 해당 QR 코드는 3회 세 과목(국어+영어+한국사)의 모바일 OMR을 모두 포함합니다.

문 1. 밑줄 친 외래어 표기가 옳은 것은?

① 도이칠란드를 유럽의 중심지로 만들었다.
② 그녀는 나의 천사, 즉 엔절이다.
③ 부산항에서 컨테이너 하선 중 마약이 발견되었다.
④ 마을에 사루비아가 피어 정말 아름다웠다.

문 2. 다음 밑줄 친 용언 중 규칙 활용을 하는 것은?

① 고기를 잘 구워서 그릇에 놓아 주세요.
② 어제는 날씨가 좋아서 공원에 들렀어.
③ 어제 하늘은 오래간만에 정말 푸르렀어.
④ 오래간만에 공원을 걸으니 기분이 좋았어.

문 3. 다음 내용이 자연스러운 흐름을 유지할 수 있도록 ㉠~㉣의 순서를 바르게 배열한 것은?

> 만화는 날카로운 풍자와 번득이는 재치로 현대인의 스트레스를 풀어 주는 기능을 한다.
> ㉠ 이로 보아 만화는 욕구나 불만의 해소 기능뿐만 아니라 커다란 사회적 임무를 지니고 있음을 알 수 있다.
> ㉡ 폭력과 같은 자극적 요소는 매우 직접적으로 대중을 유혹해서 사회를 오염시키는 독소가 되기 때문이다.
> ㉢ 그러나 현대인의 스트레스를 해소시켜 주는 데 있어 만화가 풍자나 비판을 활용하기보다는 오히려 폭력을 동원할 때, 그것은 대중을 타락시키는 역기능을 하게 된다.
> ㉣ 더구나 만화는 정치, 경제, 문화적으로 정체된 사회일수록 그 사회의 모순과 비리를 꼬집어 비판함으로써 대중의 가려운 곳을 긁어 주고 막힌 가슴을 후련하게 뚫어 준다.

① ㉠ - ㉡ - ㉢ - ㉣
② ㉣ - ㉠ - ㉢ - ㉡
③ ㉡ - ㉢ - ㉣ - ㉠
④ ㉣ - ㉡ - ㉢ - ㉠

문 4. ㉠, ㉡의 한자 표기로 옳은 것은?

> ○ 여러 종족의 야인이 매년 왕래가 ㉠빈삭하여 역로가 피폐하였다.
> ○ 옛 선비들은 ㉡단사표음도 족하게 여겼다.

	㉠	㉡
①	嚬蹙	單詞
②	頻數	簞食
③	頻數	單紗
④	頻繁	簞食

문 5. 밑줄 친 시어 중, 이 시의 '새'와 시적 기능과 의미가 가장 유사한 것은?

> 長相思不見
> 그리워라 그리워도 볼 수 없으니
> 心如紙鳶風中轉
> 마음은 종이 연인 양 바람에 펄럭이네
> 有席可捲石可轉
> 자리라면 말아두고 돌이라면 굴려 낼 수 있으련만
> 此心鬱結何時變
> 이 마음에 맺힌 시름 언제나 풀릴 건가
> 所思遠在天之陬
> 그리운 임 아득히 하늘가에 계시는데
> 雲天綠楮晴悠悠
> 구름 낀 하늘 아래 푸른 버들 늘어졌네
> 悠悠不盡愁
> 끊임없는 근심에
> 獨坐彈箜篌
> 홀로 앉아 공후를 타네
> 箜篌如訴復如泣
> 공후도 하소연하는 듯 우는 듯,
> 彈罷不覺羅衫濕
> 연주가 끝나니 어느샌가 비단 적삼은 눈물에 젖네
> 願爲雙飛鳥
> 바라건대 쌍쌍이 날아가는 새가 되어
> 向君牕前立
> 임의 창 앞에 서고 싶구나
> 願爲明月光
> 바라건대 밝은 달빛 되어
> 穿君帷箔入
> 임의 휘장 뚫어 비춰 들고 싶구나
> 悲歌無寐夜何長
> 슬픈 노래 잠 못 드니 밤은 왜 이리 긴지
> 魂夢不渡遼山陽
> 꿈속에도 요산 남쪽 건너지 못하였네
> 長相思空斷腸
> 길이 그리워하니 공연히 애간장만 끊어지는구나
>
> – 성현, 「장상사(長相思)」 –

① 님 그린 상사몽(想思夢)이 실솔(蟋蟀)의 넉시 되야
　추야장(秋夜長) 깁픈 밤에 님의 방에 드럿다가
　날 닛고 깁픠 든 줌을 씨와볼까 흣노라.
　　　　　　　　　　　　　　　　　– 박효관의 시조

② 지당에 비 뿌리고 양류에 내 끼인 제
　사공은 어듸 가고 빈 배만 매엿난고
　석양에 짝 잃은 갈매기는 오락가락 하노매
　　　　　　　　　　　　　　　　　– 조헌의 시조

③ 청산은 내 뜻이오 녹수는 님의 정이,
　녹수 흘너간들 청산이야 변할손가
　녹수도 청산을 못 니져 우러 예어 가는고.
　　　　　　　　　　　　　　　　　– 황진이의 시조

④ 간밤의 부던 바람에 눈서리 치단 말가.
　낙락장송이 다 기울어 가노매라.
　하물며 못다 핀 꽃이야 닐러 무엇 하리오.
　　　　　　　　　　　　　　　　　– 유응부의 시조

문 6. 다음 글에서 언급한 '생물 농축'에 대한 설명이 아닌 것은?

　　생태계에 있어서 소비자 집단 속에는 낮은 차원의 소
　비자로부터 높은 차원의 소비자에 이르기까지 다양한 공
　존 관계가 성립되어 있다. 그러나 그 사이에는 여러 가
　지 문제가 놓여 있다. 그중에 생물 농축이라는 현상이
　있다. 일단 생물의 체내에 모인 중금속이나 기타 새로운
　물질은 대부분의 경우, 그 생물의 지방이나 단백질과 결
　합하여 다시 체외로 배출되는 일이 드물다. 이것이 생체
　에 갖추어진 생물 농축이라는 특이한 기능이다.

① 생태계에 있어서 소비자 집단의 공존 관계에 기여한다.
② 지방과 단백질이 중금속과 결합되어 일어난다.
③ 생체가 지니고 있는 특이한 기능의 하나이다.
④ 중금속이 체외로 배출되지 않고 모인 상태이다.

문 7. 밑줄 친 한자어의 풀이가 적절하지 않은 것은?

① 나는 어린 시절 위인들에게 많은 感化를 받았다.
　→ 깊이 느껴서 바람직하게 변화함.
② 새로운 항로를 開設했다.
　→ 설비나 제도 따위를 새로 마련하고 그에 관한 일을 시
　　작함.
③ 영화의 사전 檢閱이 폐지되었다.
　→ 매체의 내용을 사전에 심사하여 그 발표를 통제하는 일.
④ 충신으로 알려진 그의 變節은 뜻밖이었다.
　→ 성질이 달라지거나 물질의 질이 변함.

문 8. 글의 흐름으로 보아 ㉠과 같이 말한 의도로 가장 적절한 것은?

　　㉠인간이 있고 문화가 생겨났다. 이 문화 속에서 음악
　도 발전했다. 한민족이 오천 년의 역사를 지녔다고 말할
　때 '국악'의 역사도 오천 년 전으로 거슬러 올라간다. 예
　로부터 한민족은 가무(歌舞)를 즐겨 온 문화 민족이다.
　중국의 각종 역사서에는 고구려의 동맹(東盟), 부여의
　영고(迎鼓) 등 제천 의식, 특히 그때 행해지던 음악 활동
　이 상세하게 기술되어 있다. 우리 음악의 원류를 찾아볼
　수 있는 대목이다. 당시 제례악(祭禮樂)에서 뻗어 내린
　한국의 음악은 시대가 바뀌면서 변화하고 발전했다. 통
　일 신라 때에는 당악(唐樂)이 수입되고, 고려 시대에는
　대성악(大晟樂)이 들어왔다. 그리고 각각의 시대 상황에
　따라 음악 장르도 다양하게 나타났다. 이 음악 속에는
　오천 년의 역사를 관통하는 우리 민족 특유의 색깔이 배
　어 있다.

① 국악의 역사가 매우 오래되었음을 강조하기 위하여
② 인간에게 음악은 반드시 필요한 것임을 드러내기 위하여
③ 우리 민족이 음악을 사랑하는 민족임을 부각시키기 위하여
④ 국악에는 우리 민족의 삶이 반영되어 있음을 암시하기 위
　하여

문 9. 다음 단어들에서 공통적으로 확인할 수 있는 것은?

　　　　밥물, 앞문, 닫는, 종로, 국민

① 비음과 인접한 음운이 비음으로 동화되는 현상
② 파열음이 인접한 비음의 영향을 받아 비음으로 동화되는
　현상
③ 변하기 전 음운과 변한 이후의 음운이 동일한 조음 위치
　를 가지는 현상
④ 완전 동화 현상

문 10. 밑줄 친 단어가 바르게 쓰인 것은?

① 그는 그녀에게 음큼한 속셈을 드러내었다.
② 통틀어 두세 평 정도의 햇빛 속의 광경이 뭔가 눈부셨다.
③ 어른 앞에서 웬 오도방정이냐!
④ 알나리깔나리, 미소는 오줌싸개래요.

문 11. 밑줄에 나타난 '놀보'의 처지를 나타내는 말로 적절한 것은?

> 노인이 놀보 보고,
> "너 이놈 놀보야, 옛 상전(上典)을 모르느냐? 네 할애비 덜렁쇠, 네 할미 허튼댁, 네 아비 껄떡쇠, 네 어미 허천네, 다 모두 우리 집종이라. 병자년 팔월에 과거 보러 서울 가고 우리 집 사랑이 비었을제, 흉악한 네 아비 놈 가산(家産)을 모두 다 도둑하여 간 곳 모르게 도망쳐서 몇 년을 탐지하되 종적을 모르더니 조선에 왔던 제비 편에 자세히 들어 보니 네놈들이 이곳에서 산다기로 불원천리(不遠千里) 내 왔으니 네 처자 네 세간은 박통 속에 급히 담아 강남(江南) 가서 드난하라."
> [아니리] 놀보가 들어 보니 정신이 캄캄하여 사람 죽을 말이로구나. 삼대가 지났으니 증인 세울 사람 없고 송사(訟事)를 하지 허니 좋잖은 이 근본을 읍과 촌이 다 알 것이요, 싸워나 보자 한들 저 양반 생긴 모양 불어 넣어도 안 탈 테요. 어찌하면 무사할꼬. 저 혼자 궁리할 제 저 양반 호령 소리 갈수록 무섭구나.
> "네 이놈 놀보야. 옛 상전이 와 계신데 네 계집 네 자식이 문안을 아니하니 이런 변이 있단 말고. 여봐라, 강남 하인 이리 오너라."
> 박통 속이 관문(官門)같이 수십 명의 대답 소리, 산악(山嶽)이 으근으근, 설금찬 여러 놈이 뭉치 들고 올가미 들고 꾸역꾸역 퍼 나오니, 놀보가 업디어 애걸한다.
> ― 작자 미상, 「흥보가(興甫歌)」 ―

① 進退維谷
② 累卵之危
③ 萬事休矣
④ 雪上加霜

문 12. 다음은 '노인 문제'에 관한 글을 쓰기 위해 수집한 자료들이다. 이 자료들을 활용한 글쓰기 계획으로 적절하지 않은 것은?

> ㉠ 우리나라에서도 노령화에 따른 노인 문제가 심각해지고 있다.
> ㉡ 노인 문제에 대한 대책이 중요한 사회적 과제가 되어야 한다.
> ㉢ 의학의 발달이나 사회 구조의 변화 등으로 이제 사회에서 노령화는 피할 수 없는 현상이다.
> ㉣ 앞으로의 사회에서 노인은 사회의 주변인으로서가 아니라 사회 구조를 이루는 중요한 축으로서 존재하게 된다.
> ㉤ 노인 문제에 대한 기존의 대책은 주로 노인들에 대한 관심의 증대를 호소하거나 봉사 활동의 확대를 주장하는 수준에 머물렀다.

① 〈서론〉에서 노인 문제의 심각성을 부각시켜 논제에 대한 관심을 환기한다.
② 〈본론 1〉에서 노인 문제의 현황이나 그 원인을 다각도로 분석해 본다.
③ 〈본론 2〉에서 노인 문제에 대한 그동안의 대책을 비판적으로 검토해 본다.
④ 〈본론 3〉에서 노인 문제에 대한 우리의 관심이 부족했던 원인을 찾아본다.

문 13. 다음 내용을 서두로 하여 '우리나라의 교육 실태'를 소재로 하는 글을 쓰려고 한다. 바로 이어서 쓸 내용으로 가장 적절한 것은?

> 우리나라 대학생의 심리적, 사회적 성숙도를 조사한 모 대학교 학생 생활 연구소의 조사 연구에 의하면, 우리나라 대학생들은 인격을 구성하는 요인인 정서 안정성, 사회성, 사회 인지도, 자아 정체성, 윤리 도덕성, 예술적 감수성, 긍정적 사고 등의 항목에서 지식과 상식의 정도를 의미하는 사회 인지도만 일반 회사원과 비슷하고 나머지 항목들은 일반 회사원보다 매우 저조하여 큰 충격을 준 일이 있다.

① 우리나라는 고교 평준화 정책으로 개인의 능력에 맞는 교육이 불가능한 실정이다.
② 우리나라는 전인 교육보다는 입시 위주의 지식 교육에 치중하는 실정이다.
③ 우리나라는 도덕 교육에 치중하여 경험적이고 실제적인 교육이 무시되는 실정이다.
④ 우리나라는 공식적인 학교 교육보다 학원, 과외 등 사교육의 비중이 더 큰 실정이다.

문 14. 다음 글에서 설명한 것과 가장 유사한 삶의 태도가 드러난 작품은?

> '왜 사느냐?' 하는 물음을 제기하는 것은 이제까지의 맹목적 삶에 대한 하나의 반성이며, 궁극적으로는 어쩔 수 없는 삶의 허실—삶의 목적이 무엇인가에 대한 해답을 내릴 수 없는—에 대한 하나의 도전적 몸짓이요, 울분의 표현이다. 이러한 분노와 절망의 길에서 우리가 취할 수 있는 하나의 길은, 이왕 내가 존재하게 된 것이 나의 의도와 무관하다 하더라도, 앞으로의 삶의 양식과 내용은 자신의 계획과 의도에 의해 결정해야겠다는 결의를 하고, 그에 따라 사는 일이다. 이때, '왜 사느냐?'에 대한 대답은 결국 자기 의사 결정의 표현이다.

① 기침을 하자. / 젊은 시인이여, 기침을 하자. / 눈을 바라보며 / 밤새도록 고인 가슴의 가래라도 / 마음껏 뱉자.
　　　　　　　　　　　　　　　　　　　　 - 김수영, 「눈」

② 언제나 내 더럽히지 않을 / 티 없는 꽃잎으로 살어 여려 했건만 / 내 가슴의 그윽한 수풀 속에 / 솟아오르는 구슬픈 샘물을 어이할까나.
　　　　　　　　　　　　　　　　　　　 - 신석초, 「바라춤」

③ 징이 울린다. 막이 내렸다. / 오동나무에 전등이 매어 달린 가설 무대 / 구경꾼이 돌아가고 난 텅 빈 운동장 / 우리는 분이 얼룩진 얼굴로 / 학교 앞 소줏집에 몰려 술을 마신다. / 답답하고 고달프게 사는 것이 원통하다.
　　　　　　　　　　　　　　　　　　　 - 신경림, 「농무」

④ 죽는 날까지 하늘을 우러러 / 한 점 부끄럼 없기를, / 잎새에 이는 바람에도 / 나는 괴로워했다. / 별을 노래하는 마음으로 / 모든 죽어 가는 것을 사랑해야지. / 그리고 나한테 주어진 길을 / 걸어가야겠다.
　　　　　　　　　　　　　　　　　　　 - 윤동주, 「서시」

문 15. 이 글에 나타난 시적 화자의 심리적 태도의 변화를 바르게 정리한 것은?

> 와실(蝸室)에 드러간들 잠이 와사 누어시랴
> 북창(北窓)을 비겨 안자 새배랄 기다리니
> 무정(無情)한 대승(戴勝)은 이내 한(恨)을 도우나다
> 종조추장(終朝惆悵)하며 먼 들흘 바라보니
> 즐기난 농가(農歌)도 흥(興) 업서 들리나다
> 세정(世情) 모란 한숨은 그칠 줄을 모라나다
> 아까운 져 소뷔난 볏보님도 됴할세고
> 가시 엉귄 묵은 밧도 용이(容易)케 갈련마난
> 허당반벽(虛堂半壁)에 슬듸업시 걸려고야
> 춘경(春耕)도 거의거다 후리쳐 던져 두쟈
> 강호(江湖) 한 꿈을 꾸언 지도 오래러니
> 구복(口腹)이 위루(爲累)하야 어지버 이져떠다
> 첨피기욱(瞻彼淇燠) 혼대 녹죽(綠竹)도 하도 할샤
> 유비군자(有斐君子)들아 낙대 하나 빌려사라
> 노화(蘆花) 깁픈 곳에 명월청풍(明月淸風) 벗이 되야
> 님재 업산 풍월강산(風月江山)애 절로절로 늘그리라
> 무심(無心)한 백구(白鷗)야 오라 하며 말라 하랴
> 다토리 업슬산 다믄 인가 너기로다
> 무상(無狀)한 이 몸애 무산 지취(志趣) 이스리마난
> 두세 이렁 밧논을 다 무겨 던져 두고
> 이시면 죽(粥)이오 업시면 굴물망정
> 남의 집 남의 거슨 전혀 부러 말렷노라
> 　　　　　　　　　　　　　　 - 박인로, 「누항사」 -

① 비애 → 체념 → 달관
② 비애 → 후회 → 좌절
③ 참담 → 회의 → 희망
④ 비애 → 절망 → 후회

문 16. '언어학적 입장'에서 고찰했을 때, ㉠의 근본적인 원인을 가장 잘 분석한 것은?

> 이상 세 가지 원인으로 인하여 신라 초에 우리말을 그대로 기록하던 향찰이 다음 이두문에 와서는 체언과 용언의 대부분이 한자로 된 반한문(半漢文)으로 변했고, 조선 시대 초에는 우리말로 토만이 남은 순한문으로 되어서 완전히 우리말과 떨어진 언문의 불일치를 이루게 된 것이다. ㉠결국 한자의 음훈을 빌려서 표음식으로 우리말을 표현해 보려고 시도했지만 글로 발전되지 못하고 좌절된 것이다. 바로 여기에 표음 문자인 훈민정음을 만들게 된 근본 동기가 숨어 있다.
>
> – 김형규, 「훈민정음 이전의 우리 문자」 –

① 조사나 어미와 같은 형식 형태소는 체언이나 어간 등 실질 형태소에 붙어서 말이 이루어지므로, 놓이는 위치에 따라 문장 성분이 결정되는 한자를 빌려 우리말을 표현하기에는 부적합했다.

② 한자를 빌려서 향찰식으로 우리말을 기록하던 때부터 모순을 내포하고 있었다. 왜냐하면 우리말의 어순대로 한자를 차용하여 적는 것이 한문으로 표현하는 것보다 더 불편했기 때문이다.

③ 한자는 '주어–서술어–목적어' 순으로 문장이 이루어지는데 반해 국어는 '주어–목적어–서술어'의 순으로 이루어진다. 따라서, 근본적으로 한자와 국어는 함께 사용될 수 없는 성질의 것이었다.

④ 초·중·종성으로 이루어지는 우리말의 소리는 초성과 종성에 된소리, 겹자음이 있고 모음에 이중 모음이 있다. 발음이 음절 단위로 이루어지는 한자로는 우리말의 소리들을 충분히 표현할 수 없었다.

문 17. 다음 시의 넷째 연과 유사한 인식을 담고 있는 것은?

> 향단(香丹)아, 그넷줄을 밀어라.
> 머언 바다로
> 배를 내어 밀 듯이,
> 향단아.
>
> 이 다소곳이 흔들리는 수양버들나무와
> 베갯모에 놓이듯 한 풀꽃더미로부터,
> 자잘한 나비 새끼 꾀꼬리들로부터,
> 아주 내어 밀듯이, 향단아.
>
> 산호(珊瑚)도 섬도 없는 저 하늘로
> 나를 밀어 올려 다오.
> 채색(彩色)한 구름같이 나를 밀어 올려 다오.
> 이 울렁이는 가슴을 밀어 올려 다오!
>
> 서(西)으로 가는 달같이는
> 나는 아무래도 갈 수가 없다.
>
> 바람이 파도(波濤)를 밀어 올리듯이
> 그렇게 나를 밀어 올려 다오.
> 향단아.
>
> – 서정주, 「추천사(鞦韆詞)」 –

① 아, 아버지가 눈을 헤치고 따 오신 / 그 붉은 산수유 열매—. // 나는 한 마리 어린 짐승, / 젊은 아버지의 서느런 옷자락에 / 열(熱)로 상기한 볼을 말없이 부비는 것이었다.
　　　　　　　　　　　　　　　　　　– 김종길, 「성탄제」

② 꽃아, 아침마다 개벽(開闢)하는 꽃아. / 네가 좋기는 제일 좋아도, / 물낯 바닥에 얼굴이나 비취는 / 헤엄도 모르는 아이와 같이 / 나는 네 닫힌 문에 기대섰을 뿐이다.
　　　　　　　　　　　　　　　　　　– 서정주, 「꽃밭의 독백」

③ 모란이 피기까지는 / 나는 아직 나의 봄을 기다리고 있을 테요. / 모란이 뚝뚝 떨어져 버린 날, / 나는 비로소 봄을 여읜 설움에 잠길 테요.
　　　　　　　　　　　　　　　　　　– 김영랑, 「모란이 피기까지는」

④ 가야 할 때가 언제인가를 / 분명히 알고 가는 이의 / 뒷모습은 얼마나 아름다운가. // 봄 한철 / 격정을 인내한 / 나의 사랑은 지고 있다.
　　　　　　　　　　　　　　　　　　– 이형기, 「낙화」

문 18. 다음 글을 통해 알 수 있는 내용이 아닌 것은?

> "자네 정신 말짱허니께 허는 소리네만 좋은 얼굴로 헤어지세. 지발 부탁이니 지금 떠나도록 하여."
> 강촌 영감이 볼멘소리로, 그러나 약간은 사정조로 말하고 나서 칠복의 겨드랑이에 손을 넣어 일으키려고 했다.
> "낼 아침 떠나라 허고 싶네만, 정은 단칼에 자르는 거이 좋은겨."
> 칠복이는 아이를 업고 천천히 일어서서 희끄무레한 램프 불빛에 비춰 보이는 침울하게 가라앉은 마을 사람들의 얼굴들을 하나하나 가슴속 깊이깊이 새기며 찬찬히 뜯어보았다. 그의 눈에서는 금방 눈물이 소나기처럼 주르륵 쏟아질 것만 같았다.
> "펑 서둘러 나가면 대처 나가는 버스를 탈 꺼여!"
> 강촌 영감이 앞서 술청을 나가며 하는 말이다. 강촌 영감을 따라 칠복이가 고개를 떨구고 나갔고, 뒤이어 봉구와 덕칠이, 팔만이가 차례로 몸을 움직였다.
> – 문순태, 「징 소리」 –

① 마을 사람들은 칠복이를 희생양으로 삼고 있다.
② 강촌 영감은 칠복이가 빨리 떠나기를 재촉하고 있다.
③ 마을 사람들은 자신들의 결정을 부담스러워하고 있다.
④ 강촌 영감은 인정에 이끌리면서도 현실을 따르고 있다.

문 19. ㉠과 ㉡에 대한 설명으로 적절하지 않은 것은?

> 우리는 집에서 기르는 개가 인간의 명령을 알아듣고 그것을 수행하는 것을 종종 경험하게 된다. 그러나 그것이 가능한 명령의 가짓수에는 한계가 있는데, 이는 단지 그 양적인 한계만을 의미하지는 않는다. 오히려 거기에는 인간의 언어와는 질적으로 다른 차이가 존재한다. 인간은 다른 사람의 음성을 분절적인 단위인 음운의 조합으로 인식하지만, 개는 주인의 음색, 음조, 발음이 뭉뚱그려진 상태로 인식한다. 이는 마치 음성 인식이 되는 휴대 전화기와 같다. 음성 인식 휴대 전화기는 ㉠'말'을 알아듣는 것이 아니라 ㉡'소리'를 알아듣는 것이다. 그렇기 때문에 이미 입력된 주인의 목소리가 아닌 다른 사람의 목소리로 명령하면 이런 휴대 전화기는 작동하지 않는다.

① ㉡은 ㉠의 일부에 해당한다.
② ㉠은 음운을 통해서 인식된다.
③ ㉠은 자유로운 조합이 가능하다.
④ ㉡은 자연계의 음향처럼 비분절적이다.

문 20. 〈보기〉를 참조하여 다음 신문 기사에 대해 보일 수 있는 비판적 반응으로 가장 적절한 것은?

> ### 세계적 희귀종 황금박쥐 함평 폐광에서 발견
>
> 환경부가 지정한 멸종 위기 동물 제1호인 붉은박쥐의 집단 서식지가 함평에서 발견돼 관심을 모으고 있다. 국립 환경 연구원은 전남 함평 소재의 한 폐광에서 붉은 박쥐 87마리가 집단 서식하고 있는 것이 확인됐다고 2일 밝혔다.
>
> 몸길이 4.3~5.7cm에 털이 오렌지색을 띠고 있어 황금박쥐로도 불리는 이 붉은박쥐는 우리나라·일본·대만 등 일부 아시아 국가에서만 서식하는 것으로 알려져 있다. 붉은박쥐는 암놈과 수놈의 비율이 1대 20~30이나 되고, 포획하면 48시간 이내에 말라 죽어 인공 번식도 불가능한 데다가 환경 파괴 등으로 현재 급속히 수가 줄고 있는 희귀종이다.
>
> 국립 환경 연구원 최○○ 박사는 "집단 서식하는 종이 아닌 붉은박쥐가 이처럼 한 동굴에서 집단으로 발견된 것은 이번이 처음"이라며 "지난해 긴날개박쥐의 집단 서식지가 보도를 통해 알려진 직후 밀렵꾼들이 몰려들어 2천여 마리나 되는 박쥐를 싹쓸이한 일"을 상기하며 "이번에도 반가움보다는 걱정이 앞선다."고 말했다.

> 〈보 기〉
>
> 언론은 공공 문제에 관한 정확하고 공정한 정보를 제공하고, 활발한 토론의 광장을 마련하여 건전한 여론 형성에 이바지해야 한다. 독자의 입장에서는 생활에 필요한 정보, 시민으로서의 권리를 올바로 행사하기 위해 필요한 정보를 자유롭게 얻을 수 있어야 한다. 언론은 바로 이러한 국민의 알 권리를 대행하는 데에 그 존재 의의가 있다.

① 보도로 인한 피해가 예상될 경우 보도를 자제해야 하지 않는가?
② 소수의 시청자들만을 이롭게 하는 정보 제공 아닌가?
③ 이런 정보도 정부가 정책을 결정하는 데 보탬이 되는가?
④ 정보를 제공한 관련자들이 전문적인 식견을 갖추고 있는가?

영어

http://eduwill.kr/KzzF

※ QR코드를 스캔하여 〈1초 합격예측! 모바일 성적분석표 발급 서비스〉를 활용하세요.
※ 해당 QR코드는 3회 세 과목(국어+영어+한국사)의 모바일 OMR을 모두 포함합니다.

※ 밑줄 친 부분의 의미와 가장 가까운 것을 고르시오. (1~2)

문 1.
> The newly developed test encompasses every possible section in language ability such as reading, writing, speaking, and listening.

① renounces
② unravels
③ upholds
④ covers

문 2.
> Christine managed to cultivate her kitchen garden in a way conducive to luxuriant plant growth by letting in as much sunlight as possible, removing weeds, and watering it on a regular basis.

① palpable
② opportune
③ factitious
④ conductive

문 3. 밑줄 친 부분 중 어법상 옳지 않은 것은?

> Australia was the last part of the world ① to be visited and explored. In the year 1600, during the times of Shakespeare, the region to the south of the East Indies was still as little known as ever; the rude maps of those days had only a great blank ② where the islands of Australia should have been located. Most people thought there was ③ anything but the ocean in that part of the world; and as the voyage was dangerous and very long—requiring several years for its completion—scarcely ④ did people care to run the risk of exploring it.

문 4. 다음 글의 요지로 가장 적절한 것은?

> Michelangelo, Milton, and Beethoven are three great masters of dissimilar arts who have been compared frequently. There are striking points of similarity in the men themselves, in stern uprightness of character, in scorn of the low and trivial, in lofty idealism. The art of all three is too far above the common level to be popular; it requires too much thinking to attract the superficial. In poetry, in music, and in sculpture, all three utter the profoundest truths of human experience, expressed in grand and solemn harmonies.

① Michelangelo, Milton, and Beethoven are contemporaries who are often compared with one another.
② Michelangelo, Milton, and Beethoven are unpopular artists because of their elusive artistic implication.
③ Michelangelo, Milton, and Beethoven have something in common despite their disparate fields.
④ Michelangelo, Milton, and Beethoven all exhibit their austerity in expressing absolute truth.

문 5. 밑줄 친 부분의 의미와 가장 가까운 것은?

> Those who fail to abide by any provisions of the new ordinance will be subject to confinement or a pecuniary penalty.

① reserve
② observe
③ delude
④ incinerate

문 6. 어법상 옳지 않은 것은?

① In spite of multi-million dollar investment and extensive research, there has been little progress in finding what exactly causes diabetes, still more how to treat it.
② Such were the complaints from patrons that the store had to post a statement of apology and issue a full refund.
③ When Richard is promoted to the vice president next week, he will have been working for Milton Corporation for 25 years.
④ The research team confirmed that there were rare algae in two dozen ponds in the forest.

문 7. 우리말을 영어로 잘못 옮긴 것은?

① 예방에 만전을 기함에도 불구하고, 코로나 바이러스 감염자들의 수는 증가하고 있다.
→ Despite taking every precaution, the number of COVID-19 infectees is on the rise.

② 그 지점은 우리에게 개점을 위해 추가적으로 우리 기술자들 중 5명을 보내달라고 요청했다.
→ The branch asked us to dispatch another five technicians of us for its grand opening.

③ 러시아 국유지의 크기는 이 나라의 국유지 크기보다 4배 더 크다고 언급된다.
→ The size of state-owned land of Russia is said to be four times as large as that of this country.

④ 처음에는 불가능해 보였지만, Kelly는 이제 아침에 일찍 일어나는 것에 익숙하다.
→ It seemed to be impossible at first, but Kelly is now accustomed to get up early in the morning.

문 8. 다음 글의 내용과 일치하지 않는 것은?

Mr. Carr, returning from the war with the loss of an arm, was fortunate enough to receive the appointment of postmaster, and thus earn a small, but, with strict economy, adequate income, until a fever terminated his career at middle age. Mr. Graham was a rival applicant for the office, but Mr. Carr's services in the war were thought to give him an advantage, and he secured it. Since his death, Mrs. Carr had carried on the post office under a temporary appointment. She was a woman of good business capacity, and already familiar with the duties of the office, having assisted her husband, especially during his sickness, when nearly the whole work devolved upon her. Most of the village people were in favor of having her retained, but the local influence of Squire Walsingham and his nephew was so great that a petition in favor of the latter secured numerous signatures, and was already on file at the department in Washington, and backed by the congressman of the district, who was a political friend of the squire. Mrs. Carr was not aware that the movement for her displacement had gone so far.

① Mr. Carr was a disabled veteran who later worked for a post office.

② Mr. Carr's physical challenge worked to his advantage in getting a job over another candidate.

③ Most residents in the area preferred Mrs. Carr's being in charge of the post office because of her ability.

④ Despite a petition against her, Mrs. Carr managed to retain her position at the post office.

문 9. 어법상 옳은 것은?

① The new interns were finally let to have access to the company archive.

② A lot of money was saved for me since I have a membership card.

③ The meteorologist is alleged to have found a newly formed meteor crater last Thursday.

④ It was two decades since Paul was discharged from air force with a medal of commendation.

문 10. 밑줄 친 부분에 들어갈 말로 가장 적절한 것은?

The origin of conscience is easily understood. One's conscience is formed as his habits are formed—by the time and place in which he lives; it grows with his teachings, his habits and beliefs. With most people it takes on the color of the community where they live. With some people the eating of pork would hurt their conscience; with others the eating of any meat; with some the eating of meat on Friday, and with others the playing of any game of chance for money, or the playing of any game on Sunday, or the drinking of intoxicating liquors. Conscience is _____, and is no more infallible than any habit or belief. Whether one should always follow his own conscience is another question, and cannot be confounded with the question as to whether conscience is an infallible guide to conduct.

① a fascinating metaphor for our understanding of the world

② a detailed guide to our eating habit

③ an absolutely inscrutable aspect of human beings

④ purely a matter of environment, education and temperament

문 11. 주어진 글 다음에 이어질 글의 순서로 가장 적절한 것은?

> There was an enthusiastic seaman who firmly believed that a great continent existed there, and who longed to go in search of it. This was De Quiros, a Spaniard, who had already sailed with a famous voyager, and now desired to set out on an expedition of his own. He spent many years in beseeching the King of Spain to furnish him with ships and men so that he might seek this southern continent.

> (A) De Quiros carried the king's instructions to Peru, and two ships were soon prepared. Then, he set sail from Peru, on a prosperous voyage across the Pacific, discovering many small islands on his way. At length (1606) he reached a shore, and De Quiros thought he had discovered the great Southern Continent.
>
> (B) King Philip for a long time paid little attention to his entreaties, but was at last overcome by his perseverance, and told De Quiros that, though he himself had no money for such purposes, he would order the Governor of Peru to provide the necessary vessels.
>
> (C) He called the place "Tierra Australis del Espiritu Santo," that is, the "Southern Land of the Holy Spirit." It is now known that this was not really a continent, but merely one of the New Hebrides Islands, and more than a thousand miles away from the mainland.

① (A) − (C) − (B)
② (B) − (A) − (C)
③ (B) − (C) − (A)
④ (C) − (A) − (B)

문 12. 두 사람의 대화 중 가장 어색한 것은?

① A: Don't you think this reading room is too crowded?
   B: I can't agree more. I'll just stay here.
② A: Why didn't you apply for the opening?
   B: None of your business.
③ A: Can I adjust myself to college life? I'm so nervous.
   B: You shouldn't cross a bridge before you come to it. You didn't even take the entrance exam.
④ A: Jenny has had more than five jobs for the last two years.
   B: A rolling stone gathers no moss. She still has financial problems.

문 13. 밑줄 친 부분에 들어갈 말로 가장 적절한 것은?

> A: Hi, Mandy? Did you enroll in Professor Kim's new chemistry course?
> B: Oh, Hi, Chris. You mean Chemistry 305, right? Yes, I did.
> A: Do you think I'll be fine? Because the only chemistry course I've taken is the introductory one.
> B: Hmm. The course description says it's for everybody, but I think it might be too much for beginners like you.
> A: Then what should I do?
> B: I think _____. I believe there are other chemistry courses you can take.

① you should drop it
② you should stick to it
③ you'll ace it
④ you'd better hang in there

문 14. 우리말을 영어로 잘못 옮긴 것은?

① 공포로 인해 근육들은 팽팽해졌고, 손바닥에는 땀이 찼고, 다리들은 통제가 되지 않을 정도로 떨렸으며, 혈압은 급상승했다.
   → Muscles tightened, palms got sweaty, legs trembling uncontrollably, and blood pressure surged with terror.
② 그 정치인은 어떠한 가능한 오해도 방지하기 위해 그것의 문장들을 재배열하고, 몇몇 라인들을 바꾸어 말하고, 새로운 단어들을 추가함으로써 그의 연설문을 수정해야 했다.
   → The politician had to revise his speech script by rearranging some of its sentences, rephrasing several lines, and adding new words to prevent any possible misunderstanding.
③ 이 도시에서 버스의 비중은 전체 대중 교통 수단들 중 47% 정도인데, 이는 꾸준히 유지될 것으로 예상된다.
   → The share of the bus in this city is about 47% of all the public transportation means, which is expected to stay steady.
④ 그 팀의 12명의 연구원들 중 2명은 전공자 출신의 고생물학자들이었고, 나머지는 곤충학 전공자들이었다.
   → Two of the twelve researchers in the team were paleontologists by training, and the rest were entomology majors.

문 15. 우리말을 영어로 가장 잘 옮긴 것은?

> Brenda는 초보 예술가였지만, 그녀의 출품작은 최상위 5개 작품들 중 하나로 선정되었다.

① As Brenda was a fledgling artist, her entry was selected as one of the top 5 works.

② Though Brenda was a fledgling artist, her entry has selected one of the top 5 works.

③ As fledgling an artist as Brenda was, her entry was selected as one of the top 5 works.

④ Though was Brenda a fledgling artist, her entry was selected as one of the top 5 works.

문 16. 다음 글의 제목으로 가장 적절한 것은?

> Squirrels are the most industrious foresters in the animal world. Each year they bury great quantities of tree seeds in hoards or caches hidden away in hollow logs or in the moss and leaves of the forest floor. Birds also scatter tree seed here, there, and everywhere over the forests and the surrounding country. Running streams and rivers carry seeds uninjured for many miles and finally deposit them in places where they sprout and grow into trees. Many seeds are carried by the ocean currents to distant foreign shores.

① How Trees Are Propagated from Seeds

② How Tree Seeds Are Disseminated in Nature

③ The Roles of Wild Animals in Spreading Tree Seeds

④ The Most Common Way Tree Seeds Disperse

문 17. 밑줄 친 부분 중 어법상 옳지 않은 것은?

> In the Jews we have another ① example of the persistence of those national characteristics ② which history has made known to us. The Jews first appeared in the dimness of the remote past as a group of nomad tribes, ③ wandering over southern Palestine, Egypt, and the intervening deserts; and at the present day we deem them ④ still homelessly, scattered over the face of the globe, the "tribe of the wandering foot and weary breast."

문 18. 다음 글의 내용과 일치하는 것은?

> After the first year, trees grow by increasing the thickness of the older buds. Increase in height and density of crown cover is due to the development of the younger twigs. New growth on the tree is spread evenly between the wood and bark over the entire body of the plant. This process of wood production resembles a factory enterprise in which three layers of material are engaged. In the first two of these delicate tissues the wood is actually made. The inner side of the middle layer produces new wood while the outer side grows bark. The third layer is responsible for the production of the tough, outer bark. Year after year new layers of wood are formed around the first layers. This first layer finally develops into heartwood, which, so far as growth is concerned, is dead material. Its cells are blocked up and prevent the flow of sap. It aids in supporting the tree. The living sapwood surrounds the heartwood. Each year one ring of this sapwood develops. This process of growth may continue until the annual layers amount to 50 or 100, or more, according to the life of the tree.

① Growth of a tree can proceed disproportionately depending on its part.

② A tree contains three layers in it, all of which play basically the same functions.

③ The first layer in a tree seems to be dormant, and sap cannot circulate in it.

④ A growth ring of a tree forms intermittently as long as the tree is alive.

문 19. 주어진 문장이 들어갈 위치로 가장 적절한 곳은?

> On the other hand, in the presence of herbivorous mammals, birds show no sign of suspicion.

In a bird's relations with other mammals there is no room for doubt or confusion. Each consistently acts after its kind; once hostile, always hostile; and if once seen to be harmless, then to be trusted forever. The fox must always be feared and detested. (①) His disposition, like his sharp nose and red coat, is unchangeable; so, too, with the cat, stoat, weasel, etc. (②) They know that all these various creatures are absolutely harmless, from the big formidable-looking bull and roaring stag, to the mild-eyed, timorous hare and rabbit. (③) It is common to see wagtails and other species attending cattle in the pastures, and keeping close to their noses, on the outlook for the small insects hiding in the grass. (④) Doves and starlings search the backs of cattle and sheep for ticks and other parasites, and it is plain that their visits are welcome. Here a joint interest unites bird and beast; it is the nearest approach to symbiosis among the higher vertebrates of this country.

문 20. 밑줄 친 부분에 들어갈 말로 가장 적절한 것은?

As to predatory instincts, we may say, broadly speaking, that in a state of nature there would be two ways of acquiring riches — one by production, the other by robbery. Under our existing system, although what is recognized as robbery is forbidden, there are nevertheless many ways of becoming rich without contributing anything to the wealth of the community. Ownership of land or capital, whether acquired or inherited, gives a legal right to a permanent income. Although most people have to produce in order to live, a privileged minority are able to live in luxury without producing anything at all. As these are the men who are not only the most fortunate but also the most respected, there is a general desire to enter their ranks, and a widespread unwillingness to face the fact that there is no justification whatever for incomes derived in this way. And apart from the passive enjoyment of rent or interest, the methods of acquiring wealth are very largely predatory. It is not, as a rule, by means of useful inventions, or of any other action which increases the general wealth of the community, that men amass fortunes; it is much more often by _____.

① skill in exploiting or circumventing others
② sheer luck in getting opportunities
③ an organized approach to economic activities
④ a life of ceaseless hardship and toil

한국사

http://eduwill.kr/KzzF

※ QR 코드를 스캔하여 〈1초 합격예측! 모바일 성적분석표 발급 서비스〉를 활용하세요.
※ 해당 QR 코드는 3회 세 과목(국어+영어+한국사)의 모바일 OMR을 모두 포함합니다.

문 1. 다음에 해당하는 나라에 대한 설명으로 옳은 것은?

> 왕의 종족 가운데 대가(大加)는 모두 고추가(古鄒加)라고 부른다. 연노부는 본래 국주(國主)였으므로 지금은 비록 왕이 되지 못하지만 적통대인은 고추가라고 칭할 수 있으며, 또한 종묘를 세우고 영성과 사직에 제사 지낼 수 있다. 절노부는 대대로 왕과 혼인하였으므로 고추가의 칭호를 더해 준다. 여러 대가는 또한 스스로 사자·조의·선인을 두고 명단을 모두 왕에게 보고하는데, 중국 경대부(卿大夫)의 가신과 같으며, 회동의 좌석 차례에서는 왕가(王家)의 사자·조의·선인과 같은 대열에 앉을 수는 없다.
>
> ─『삼국지』─

① 가족 공동 무덤을 조성하였다.
② 단궁, 과하마, 반어피 등을 특산물로 생산하였다.
③ 천군이라 불리는 제사장이 다스리는 지역인 소도가 존재하였다.
④ 쇠붙이나 동물의 뿔로 만든 맥궁이 특산물이었다.

문 2. 밑줄 친 '백제 왕'의 재위 기간에 있었던 사실로 옳은 것은?

> 왕 21년 겨울 11월, 사신을 양(梁)나라에 보내 조공하였다. 이보다 앞서 고구려에게 격파당하여 쇠약해진 지가 여러 해였다. 이때 이르러 표를 올려, "여러 차례 고구려를 깨뜨려 비로소 우호를 통하였으며 다시 강한 나라가 되었다."라고 일컬었다. 12월에 양나라 고조가 조서를 보내 왕을 책봉하여 다음과 같이 말하였다. "행(行) 도독 백제제군사 진동대장군 백제 왕 여융은 해외에서 번병(藩屛)을 지키며 멀리 와서 조공을 바치니 그의 정성이 지극하여 짐은 이를 가상히 여긴다. 마땅히 옛 법에 따라 이 영광스러운 책명을 보내는 바, 사지절 도독 백제제군사 영동대장군으로 봉함이 가하다."

① 승려 겸익을 등용하여 불교를 진흥하였다.
② 지방 통제를 위해서 22담로에 왕족을 파견하였다.
③ 왕권 중심의 정치 운영을 위해 익산 천도를 추진하였다.
④ 신라 이찬 비지의 딸과 혼인하여 신라와 결혼 동맹을 체결하였다.

문 3. (가) 지역의 역사 문화를 홍보하기 위한 기획서를 작성하고자 한다. 이 기획서의 제목으로 옳은 것은?

> 정약용은 해박한 지식을 바탕으로 정치·경제·사회·철학·과학·의학·역사·지리 등 다방면에 걸쳐 방대한 저작을 남겼다. 28세에 관리가 되어 정조의 특별한 신임을 얻으며 관직 생활을 했던 정약용은 1800년 정조의 죽음 이후에 이루어진 신유박해로 인해 ___(가)___ 에서 긴 유배 생활을 했다. 정약용의 저술 대부분은 18년간의 긴 유배 생활을 통해 이루어졌다.

① 정제두, 조선 양명학 연구의 산실
② 요세, 백련 결사를 조직하다
③ 조·일 수호 조규, 조선 최초의 국제 조약
④ 우리나라에서 가장 큰 탁자식 고인돌을 볼 수 있는 곳

문 4. 밑줄 친 ㉠과 관련된 시기의 사실로 옳지 않은 것은?

> 우리 폐하는 뛰어난 성인의 자질로서 중흥의 업적을 이룩하여 이미 보위에 올랐고 계속해서 또 ㉠ 국호를 개정하였으니, '주나라는 비록 오래되었으나, 그 명령을 새롭게 한다.'는 것입니다. 억만 년 끝없는 훌륭함이 실로 여기에서 기초하니 무릇 선왕조에서 미처 하지 못한 일이 오늘을 기다린 듯합니다. 이것이 이 법규교정소를 설치한 까닭입니다.

① 지방 행정 구역을 13도로 법제화하였다.
② 군대를 무위영, 장어영의 2영으로 개편하였다.
③ 도량형을 통일하기 위해 평식원을 설치하였다.
④ 최초의 토지 소유권 증명서인 지계를 발급하였다.

문 5. 다음 문화유산이 제작된 왕대에 대한 설명으로 옳은 것은?

> 사천 매향비는 전체 15행에 202자가 새겨진 비문으로, 현재까지 전하는 매향비들 중 비문과 비석이 완전하게 남아 있는 것은 사천 매향비가 유일하다. 매향비에는 불교 승려들을 중심으로 4,100여 명이 참여하여 계(契)를 조직한 뒤 내세의 행운을 축원하고 왕의 만수무강과 나라의 평안함 등을 기원하며 이곳에서 매향 행사를 치렀다는 내용이 담겨 있다. 사천 매향비는 보물 제614호로 지정되어 있다.

① 왕권을 강화하고 개혁을 주도하기 위해 사림원을 설치하였다.
② 홍건적의 침입으로 개경이 함락되었다.
③ 최영과 이성계가 협력하여 권문세족인 이인임 일파를 숙청하였다.
④ 궁중에서 국가 중대사를 결정하게 하는 내재추제를 신설하였다.

문 6. 다음의 군사 제도를 시대순으로 바르게 나열한 것은?

> (가) 중앙군은 5위로 구성되었고, 문관 출신인 5위 도총부의 도총관이 지휘하였다.
> (나) 중앙군인 9서당에 신라, 고구려, 백제, 보덕, 말갈인을 편성하여 민족 융합을 도모하였다.
> (다) 임진왜란과 병자호란 이후 수도와 그 외곽을 방어하기 위해 5군영이 설립되었다.
> (라) 서경의 입지를 강화하고 거란의 침입에 대비하기 위해 광군을 편성하고, 지휘부로는 광군사를 설치하였다.

① (가) - (라) - (나) - (다)
② (가) - (라) - (다) - (나)
③ (나) - (가) - (다) - (라)
④ (나) - (라) - (가) - (다)

문 7. (가)에 대한 설명으로 옳지 않은 것은?

> ___(가)___ 은/는 대구에서 한말 의병 계열과 계몽 운동 계열이 연합하여 결성한 단체로, 경상북도 풍기에서 조직된 광복단과 대구에서 조직된 조선 국권 회복단이 중심이 되어 창립되었다.

① 만·소 접경 지역 밀산부에 신한촌을 건설하였다.
② 군대식 조직을 갖추고 독립군 양성을 목표로 하였다.
③ 일부 인사는 의열단 등에 가담하여 독립운동을 이어나갔다.
④ 행형부를 두어 일본인 고관이나 친일 반역자를 처단하였다.

문 8. 밑줄 친 '이곳'이 있는 지역에 대한 설명으로 옳지 않은 것은?

> 우리나라 비결에도 이르기를, '삼각산 남쪽으로 하라' 했고, '한강에 임하라' 했으며, 또, '무산(毋山)이라' 했으니, 이곳을 들어 말한 것입니다. 대개 터를 잡아 도읍을 옮기는 것은 지극히 중요한 일이기 때문에 한두 사람의 의견으로 정할 것이 아니며, 반드시 천명에 순응하고 인심을 따른 뒤에 할 수 있는 일입니다.

① 고려 인종은 왕권 회복을 위해 이곳에 대화궁을 설립하였다.
② 중학, 동학, 남학, 서학으로 구성된 부학(部學)이 있었다.
③ 고려 문종 때 남경으로 승격되었다.
④ 비단, 무명, 명주, 종이, 건어물, 모시 등을 판매하는 육의전이 존재하였다.

문 9. 임진왜란의 주요 사건을 시기순으로 바르게 나열한 것은?

> (가) 진주에서 김시민이 항전하였다.
> (나) 조·명 연합군은 일본군을 직산에서 격퇴하였다.
> (다) 이순신이 한산도에서 크게 승리하였다.
> (라) 조·명 연합 수군이 노량 해전에서 승리하였다.
> (마) 행주산성에서 권율의 지휘하에 관군과 백성들이 합심해 승리하였다.

① (가) - (다) - (마) - (라) - (나)
② (가) - (마) - (다) - (나) - (라)
③ (다) - (가) - (나) - (마) - (라)
④ (다) - (가) - (마) - (나) - (라)

문 10. 다음 밑줄 친 '이 신문' 창간 이전의 사실로 옳은 것은?

> 박영효를 비롯한 급진 개화파는 개화 정책을 효과적으로 추진하기 위해 신문과 같은 근대적 인쇄 매체와 외국 서적의 발행이 필요하다는 의견을 개진했다. 정부는 이러한 의견을 받아들여 통리교섭통상사무아문 안에 설치되어 있던 동문학(同文學)의 하부 기구로 박문국을 만들었다. 박문국은 이 신문의 발간을 시작했다.
> 갑신정변이 실패한 후 급진 개화파의 주도로 설치된 박문국 역시 공격을 받아 건물과 인쇄 기계가 파괴되었고, 이 신문의 발행 역시 중단되었다. 고종 22년 5월 통리교섭통상사무아문의 건의에 따라 박문국이 다시 설치되었고, 이 신문은 〈한성주보〉로 복간되었다.

① 세계 지리책인『영환지략』이 소개되었다.
② 국한문 혼용으로 집필된 〈황성신문〉이 발행되었다.
③ 신채호가 〈대한매일신보〉에「독사신론」을 발표하였다.
④ 국민 교육의 중요성을 강조한「교육 입국 조서」가 반포되었다.

문 11. 다음 밑줄 친 '이 의서'로 옳은 것은?

> 이 의서에 실린 약은 모두 우리나라 사람들이 쉽게 알 수 있고 쉽게 구할 수 있으며 복용하는 법도 일찍이 경험한 것들이다. …… 대장도감에서 이 의서를 간행한 뒤 세월이 오래되어 판이 낡았고 옛 판본은 구하기가 어렵다.

①『마과회통』
②『동의보감』
③『향약구급방』
④『향약채취월령』

문 12. (가) 재위 기간에 있었던 사실이 아닌 것은?

> 아, 슬프도다. 우리 대행 황제께서 병인년(1926) 3월 14일 묘시에 창덕궁 대조전에서 세상을 떠나셨습니다. 다음 달 상순에 사왕전하께서 원로 재신과 종척을 불러 들여 의논하여 묘호를 [(가)], 제호는 '효황제(孝皇帝)', 시호는 '문온 무녕 돈인 성경(文溫武寧敦仁誠敬)'이라고 올렸습니다.

① 한·일 신협약으로 군대가 해산되었다.
② 해외에 주재하는 한국 공사가 철수되었다.
③ 각 부에 일본인 차관을 두어 내정 간섭이 심화되었다.
④ 일본이 국내의 의병 세력을 진압하기 위해 남한 대토벌 작전을 벌였다.

문 13. 6·25 전쟁 발발 이후부터 정전 협정 체결 이전까지 발생한 일로 옳지 않은 것은?

① 이승만이 대한민국 정부의 제2대 대통령에 당선되었다.
② 국가 보안법이 제정되어 수많은 정당과 사회단체가 해산되었다.
③ 유엔군은 인천 상륙 작전을 통해 서울을 탈환하고 압록강까지 진격하였다.
④ 이범석은 민족 청년단을 중심으로 우익 단체들을 규합하여 자유당을 창당하였다.

문 14. 조선 후기의 농업 변화에 대한 설명으로 옳지 않은 것은?

① 밭에서의 재배 방식으로 농종법이 보급되었다.
② 이앙법의 도입으로 벼와 보리의 이모작이 가능해졌다.
③ 쌀의 수요가 늘면서 밭을 논으로 바꾸는 현상이 발생하였다.
④ 농민들이 목화, 채소, 담배, 약초 등 상품 작물을 재배하여 판매하였다.

문 15. 다음 인물에 대한 설명으로 옳은 것은?

> ○ 고종의 밀명으로 만국 평화 회의가 열린 헤이그에 특사로 파견되었다.
> ○ 북간도 지역에서는 서전서숙을 설립하고 초대 숙장을 맡았다.
> ○ 연해주에서 성명회를 조직하였다.

① 부민단을 조직하였다.
② 동제사를 조직하였다.
③ 대동공보를 재발행하였다.
④ 권업회를 조직하였다.

문 16. (가)~(다)를 주장한 인물에 대한 설명이 옳게 짝지어진 것을 〈보기〉에서 모두 고르면?

> (가) 하루는 동학(同學) 10여 명과 함께 다음과 같은 약속을 하였다. "이 모임 후 마땅히 명예와 이익을 버리고 산림에 은둔하여 함께 수행하는 모임을 결성한다." …… 여러 사람이 내 말을 듣고 모두 그렇다 하며 말하길 "훗날 이 언약을 이루어 숲속에 은거하면서 동사(同社)를 맺을 수 있게 된다면 마땅히 그 이름을 정혜(定慧)라 하자."라고 하였다.
>
> (나) 우리나라에서는 봄에는 연등회를 벌이고 겨울에는 팔관회를 개최하는데, 사람을 많이 동원하고 쓸데없는 노동이 많으니, 원컨대 그 가감을 살펴서 백성이 힘을 낼 수 있게 해 주소서. 또 갖가지 인형을 만들어 비용이 매우 많이 드는데, 한 번 쓰고 난 후에는 바로 부수어 버리니 이 또한 매우 사리에 맞지 않습니다.
>
> (다) 『기세계경(起世界經)』에서 이르길 "부처님 말씀에 내가 두 성인을 진단(辰旦)에 보내 교화를 펴리라 했는데, 한 사람은 노자(老子)로서 그는 가섭보살이요, 또 한 사람은 공자로서 유동보살이다."라고 하였습니다. 이 말에 따르면 유교와 도교의 종은 불법에서 흘러나온 것이 되니 방편은 다르지만 실제는 같은 것입니다.

> 〈보 기〉
> ㄱ. (가) - 법화 신앙을 중심으로 천태종 신앙 결사를 만들었다.
> ㄴ. (나) - 각 지방에 외관을 파견할 것을 왕에게 제안하였다.
> ㄷ. (다) - 성리학 수용의 사상적 토대를 마련하였다.

① ㄱ, ㄴ
② ㄱ, ㄷ
③ ㄴ, ㄷ
④ ㄱ, ㄴ, ㄷ

문 17. (가), (나) 사건 사이에 있었던 사실로 옳은 것만을 〈보기〉에서 모두 고르면?

> (가) 일본은 국민징용령을 실시하여 한인 노동력을 착취하기 시작하였다.
> (나) 대한민국 임시 정부는 정부 체제를 주석·부주석 체제로 전환하였다.

〈보 기〉
> ㄱ. 국가 총동원법이 제정되었다.
> ㄴ. 김원봉의 주도로 민족 혁명당이 창당되었다.
> ㄷ. 일본은 제4차 조선 교육령을 발표하여 조선어·조선사를 금지하였다.
> ㄹ. 조선 의용대의 일부가 이동하여 조선 의용대 화북 지대로 개편되었다.

① ㄱ, ㄴ
② ㄱ, ㄹ
③ ㄴ, ㄷ
④ ㄷ, ㄹ

문 18. 다음 상황이 나타나게 된 역사적 배경으로 옳은 것은?

> 김춘추가 고구려에 들어가 60일이 지나도록 돌아오지 않으니 김유신은 국내의 날랜 병사 3,000명을 뽑아 그들에게 말하기를, "지금 나라의 어진 재상이 다른 나라에 억류되어 있으니 두렵다 하여 어려움을 당해 내지 않겠는가?"라고 하였다. …… 그때 고구려 첩자인 승려 덕창(德昌)이 사람을 시켜 김유신의 출병 준비 소식을 고구려왕에게 고하였다. 왕은 앞서 김춘추가 맹세하는 말을 들었고 또 첩자의 이야기를 듣고서 감히 다시 붙잡아 둘 수가 없어 후하게 예우하여 돌려보냈다. 김춘추는 국경을 벗어나자 자신을 안내해 준 사람에게 이르기를, "나는 백제에 대한 원한을 풀고자 군사를 청하러 왔으나 대왕께서는 이를 허락하지 않으시고 도리어 땅을 요구하셨으니 이는 신하가 마음대로 할 수 있는 것이 아니오. 지난번 대왕께 글을 드린 것은 죽음을 면하기 위함이었을 뿐이오."라고 하였다.

① 백제 윤충이 신라의 성을 함락시켰다.
② 신라가 당나라와 동맹을 결성하였다.
③ 신라가 수에 고구려 원정을 청하는 걸사표를 보냈다.
④ 백제가 중국 남북조와 외교 관계를 강화하였다.

문 19. (가)와 고려의 관계에 대한 설명으로 옳지 않은 것은?

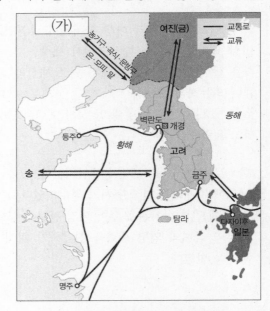

① (가)의 성종은 강조의 정변을 구실로 고려를 재침입하였다.
② 태조는 발해를 멸망시킨 (가)에 대해 강경책을 실시하였다.
③ 불력(佛力)으로 (가)를 물리치기 위해 초조대장경을 조판하였다.
④ (가) 사신인 서긍은 『고려도경』에서 고려청자의 우수함을 서술하였다.

문 20. 다음 담화가 발표된 시기는?

> 지방 선거의 핵심은 주민들의 이해와 생활의 질을 좌우하는 현안들을 가장 가까운 거리에서 다루게 될 대역을 뽑는 과정이다. …… 34년이나 기다려 비로소 본격적인 지방 자치 실현을 위한 통합 선거를 치르게 된 부끄러움은 숨길 수 없다. …… 지각해 버린 풀뿌리 민주주의를 뒤늦게나마 반석 위에 올려놓아야 한다는 자각은 6·27을 고비로 더욱 명료하게 다져져야 할 것이다.

(가)	(나)	(다)	(라)
남북 학생 회담 요구 집회	7·4 남북 공동 성명	한민족 공동체 통일 방안	6·15 남북 공동 선언	제2차 남북 정상 회담

① (가)
② (나)
③ (다)
④ (라)

9급공무원 공개경쟁채용 필기시험

일반행정직

회차
④

응시번호	
성 명	

【시 험 과 목】

제1과목	국 어	제2과목	영 어	제3과목	한 국 사
제4과목	행정법총론			제5과목	행정학개론

응시자 주의사항

1. **시험시작 전에 시험문제를 열람하는 행위나 시험 종료 후 답안을 작성하는 행위를 한 사람**은 「공무원임용시험령」 제51조에 의거 **부정행위자로** 처리됩니다.

2. **답안지 책형 표기는 시험시작 전** 감독관의 지시에 따라 **문제책 앞면에 인쇄된 책형을 확인**한 후, **답안지 책형란의 해당 책형(1개)**에 "●"와 같이 **표기**하여야 합니다.

3. 답안은 반드시 문제책 표지의 **과목순서에 맞추어 표기**하여야 하며, 과목순서를 바꾸어 표기한 경우에도 문제책 표지의 과목순서대로 채점되므로 유의하시기 바랍니다.

4. 시험이 시작되면 문제를 주의 깊게 읽은 후, **문항의 취지에 가장 적합한 하나의 정답을 고르며**, 문제내용에 관한 질문을 하실 수 없습니다.

5. **답안을 잘못 표기하였을 경우**에는 **답안지를 교체하여 작성**하거나 **수정테이프만을 사용하여 수정**할 수 있으며(수정액 또는 수정스티커 등은 사용 불가), 부착된 수정테이프가 떨어지지 않도록 눌러 주어야 합니다.
   – **불량 수정테이프의 사용과 불완전한 수정처리**로 인해 발생하는 모든 문제는 **응시자 본인에게 책임**이 있습니다.

6. **시험시간 관리의 책임**은 응시자 본인에게 있습니다.

정답공개 및 가산점 등록 안내

1. **정답공개, 이의제기:** 사이버국가고시센터(http://gosi.kr)
2. **가산점 등록 방법:** 사이버국가고시센터(http://gosi.kr) ⇒ 『원서접수 ⇒ 가산점등록/확인』

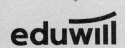

국어

http://eduwill.kr/IzzF

※ QR 코드를 스캔하여 〈1초 합격예측! 모바일 성적분석표 발급 서비스〉를 활용하세요.
※ 해당 QR 코드는 4회 세 과목(국어+영어+한국사)의 모바일 OMR을 모두 포함합니다.

문 1. 다음 글의 밑줄 친 부분에 해당하는 예로 적절한 것은?

> 우리 국어의 의문사에는 '누구', '언제', '어디', '무엇', '왜', '무슨', '어떻게', '얼마' 등이 있는데, 이런 의문사를 사용한 의문문은 구체적 답변을 요구하는 것이 일반적이다. 그런데 때에 따라서는 의문사 본래의 의미로 해석되지 않고 말하는 사람의 특정 감정을 드러내는 기능을 수행하기도 한다.

① 팀장님, 보고서를 언제까지 제출하면 될까요?
② 야, 네가 나한테 어떻게 그럴 수 있니?
③ 엄마, 아까 저를 왜 불렀어요?
④ 여러분, 누가 먼저 이 주제에 대해 발표해 볼까요?

문 2. 〈보기〉는 '여성 인력 활용의 필요성'이라는 제목으로 글을 쓰기 위해 수집한 자료들이다. 이를 활용한 논지로 적절하지 않은 것은?

〈보 기〉

> ㉠ 중견 여성 직원의 인터뷰에서: "나는 후배 여성 사원들에게 튀지 말고 원만하게 일을 처리하라는 충고를 많이 합니다."
> ㉡ 인터넷 게시판에서: 지금은 사관 학교에 여성이 수석으로 입학하는 시대다. 전투기 조종사나 장군이 된 여성도 있다. 여성들이여, 기죽지 마라! 우리는 뭐든 잘할 수 있다!
> ㉢ 정부 통계 자료에서:

연도 성별	2017	2018	2019
여성	47.0	47.4	48.3
남성	75.2	74.4	74.0

〈경제 활동 참가율〉 (%)

① ㉠의 중견 여성을 비판하면서, 여성 스스로 소극적 자세에서 벗어나 능력을 발휘하겠다는 태도를 가져야 함을 주장한다.
② ㉡의 인터넷 내용을 활용하여, 여성의 장점을 살려 여성에게 특화된 직업을 새로 개발해야 함을 주장한다.
③ ㉢의 통계 자료를 활용하여, 여성의 경제 활동 참여가 남성에 비해 미미함을 지적한다.
④ ㉠과 ㉡을 대비하여, 여성들 사이에서도 직업 활동에 대한 태도의 차이가 있음을 밝힌다.

문 3. 밑줄 친 부분 중 맞춤법에 따라 올바르게 쓰인 것은?

① 그 아이는 읍내 중학교에 다니는 학생예요.
② 주막의 눈썹차양에 하오의 마지막 햇살이 느슨하게 비끼기 시작했다.
③ 그렇게 조그만 일에 삐지다니 큰일을 못할 사람일세.
④ 그녀는 그의 말을 마음 깊숙히 간직했다.

문 4. 다음 글의 전개 방식으로 알맞은 것은?

> 인도인은 암소를 숭배한다. 이를 보고 어떤 사람들은 인도인들이 굶주리고 가난하게 살고 있는 가장 큰 이유가 암소 숭배의 전통 때문이며, 그러한 전통으로 인해 농업 능률이 저하되고 있다고 주장한다. 산업화된 현대 농업 기술과 목축 기술에 익숙해 있는 서양인들에게는 인도인들의 암소 숭배가 터무니없는 짓이며, 더 나아가서는 스스로를 파멸시키는 행위로까지 여겨질 수 있다.
> 그러나 미국의 인류학자 마빈 해리스는 인도의 암소 숭배 관습이 그 지역의 변덕스러운 환경 및 소규모 농업 경제가 낳은 필연적인 결과라고 말했다. 쉽게 말해 인도의 환경과 소규모 농업 경제 조건에서는 소를 잡아먹는 것보다는 그냥 놓아두는 것이 훨씬 경제적이라는 생각에서 암소 숭배 관습이 생겼다는 것이다. 인간이 직접 먹을 수 없는 볏짚, 겨, 풀, 쓰레기 등을 섭취하여 많은 양의 우유를 생산하기도 하고, 엄청난 열에너지로 전환될 수 있는 분뇨를 만들기도 하며, 인간을 대신하여 엄청난 노동력을 제공하는 인도의 소들은 경제적으로 대단히 중요한 역할을 한다. 인도의 농업 체계는 저에너지와 소규모 가축 노동력을 바탕으로 하기 때문에 소야말로 산업 사회에서의 트랙터와 비료, 연료 생산 공장의 역할을 하고 있는 셈이다.
> 만일 인도의 농부가 주기적으로 찾아오는 가뭄과 기아를 겪는 동안 소를 잡아먹고 싶은 유혹에 굴복해 버린다면, 설사 가뭄에서 살아남는다고 하더라도 결국 자기 무덤을 스스로 파는 결과를 불러오게 될 것이다. 왜냐하면 소를 잡아먹게 되면 농사짓기에 좋은 날씨가 찾아와도 더 이상 토지를 경작할 수 없기 때문이다.

① 정의를 통해 논의의 초점을 분명히 하였다.
② 대립하는 견해를 제시한 후 둘의 절충을 시도하였다.
③ 대립되는 주장을 객관적인 입장에서 소개하였다.
④ 전문가의 생각을 빌려 잘못된 통념을 비판하였다.

문 5. 밑줄 친 부분의 이유를 추론한 내용으로 가장 적절한 것은?

> 1962년 미국의 심리학자 샥터는 뇌의 통제에 의해 생리적 반응이 일어난다고 본 캐논의 주장도, 생리적 반응이 특정한 정서를 유발한다고 본 제임스의 주장도 반박했다. 샥터는 자극에 의한 생리적 반응을 주변 상황에 비추어 어떻게 판단하느냐에 따라 정서가 유발된다고 보았다. 다시 말해 생리적 반응과 함께 주변 상황에 대한 인지적 판단이라는 두 요소의 상호 작용에 의해 정서가 결정된다고 보았다.
>
> 샥터는 이를 검증하기 위해 다음과 같은 실험을 진행하였다. 그는 참가자에게 새로 개발된 비타민의 효능을 알아보기 위한 것이라고 실험 목적을 거짓으로 설명하고, 참가자 절반에게는 아드레날린을 주사하고 나머지 절반에게는 식염수를 주사했다. 아드레날린은 자율 신경 계통을 자극하는 효과가 있는데 아드레날린을 주사한 참가자 중 다시 절반에게만 주사한 후에 심장이 두근거리고 입이 마르는 생리적 반응이 있을 것이란 정보를 제공하였다. 그런 후 모든 참가자들을 행복한 상황(주변 사람들이 게임하며 즐거워하는) 또는 화나는 상황(주변 사람들이 어려운 과제를 하며 괴로워하는) 두 가지 상황에 노출시킨 후 피실험자들을 관찰해 보았다.

① 피실험자에게 미칠 심리적 불안감을 없앤다.
② 피실험자가 보다 적극적으로 실험에 협조하게 한다.
③ 피실험자의 정서 경험 자체를 원천적으로 봉쇄한다.
④ 피실험자의 맥락 해석에 영향을 끼칠 요인을 차단한다.

문 6. ㉠이 발생하는 조건으로 가장 적절한 것은?

> 거버넌스는 재정 위기, 대의제 민주주의의 위기, 시민 사회의 위기 등 현대 복지 국가의 위기와 맞물려 출현했다. 거버넌스는 이런 위기를 탈출하기 위한 대안으로, 과거처럼 국가가 문제 해결의 중심에 서지 않고 국가의 정보와 권한을 안과 밖으로 확장시켜 국가가 해결하지 못했던 문제를 시민 사회와 함께 해결하고자 하는 취지를 담고 있다.
>
> 그러나 거버넌스의 핵심이라 할 수 있는 사안에 대한 결정 권한을 아직도 국가가 독점하고 있는 경우가 많기 때문에 실질적인 의미에서의 거버넌스가 실현되지 못하고 있는 것이 현실이다. 시민의 참여가 실질적 정책 결정에 반영되지 않는다면, 형식적이고 무의미한 것이 될 가능성이 높다. 뿐만 아니라 국가의 분권이 시민 사회의 실질적 참여와 협력의 강화로 곧바로 이어지지 않는 데서 문제가 발생하기도 한다. 사회를 움직이는 주체는 국가, 시장, 시민 사회의 세 요소인데, 국가의 분권이나 역할 변화가 ㉠시민 사회의 강화가 아니라 시장의 강화로 이어지는 경우가 있기 때문이다. 즉, 여러 정책 결정에서 '탈규제', '민영화', '위탁 관리' 등이 대두되고, 그 과정에서 대기업 등 시장의 힘이 강화되어 또 다른 지배의 틀을 만들어 내는 것이다.

① 국가의 역할 변화에 대해 시장과 시민 사회의 견해가 다를 때
② 국가가 권력을 나누는 과정에서 시장과 시민 사회의 의견을 고려하지 않을 때
③ 시민 사회의 역량이 충분히 힘을 발휘하지 못하는 상황에서 시장의 힘이 상대적으로 강할 때
④ 시민들이 적극적으로 참여하고는 있지만 구체적인 정책 내용을 정확하게 알지 못할 때

문 7. 다음 글에서 비판하는 내용에 부합하는 한자 성어로 가장 적절한 것은?

> 불타에게 공양(供養)하는 일을 불공이라 한다고 앞에서 말했다. 그러나 공양의 근본 뜻은 밥이나 과일을 차려 놓고 똑딱거리는 의식이 아니다. 불타의 가르침에 따라 슬기롭고 자비스럽게 사는 일이야말로 불타에게 공양하는 일인 것이다. 그러므로 삿되고 부정한 일을 올바르고 청정하게 정화시키는 일이 진정한 불공인 것이다.

① 本末顚倒　　　　　② 前人未踏
③ 衆口難防　　　　　④ 辟邪進慶

문 8. 밑줄 친 부분의 높임 표현이 옳지 않은 것은?

① 명희 어머님이 몹시 언짢으신가 봐.
② 할아버지의 지팡이가 부러지셨어요.
③ 미소 선생님께서는 아마 교무실에 계실 겁니다.
④ 변변히 차리지 못하였습니다만, 많이 잡수십시오.

문 9. 다음 문장에서 띄어쓰기가 옳지 않은 것은?

① 한 푼 어치도 안 되는 자존심은 버린 지 오래다.
② 아무래도 비가 올듯하다.
③ 몸살을 앓더니 얼굴이 많이 안됐구나.
④ 어젯밤에 백구가 집을 나가버렸다.

문 10. 다음 작품에 대한 평가로 가장 적절한 것은?

> 어리고 우활(迂闊)홀산 이 닉 우히 더니 업다.
> 길흉화복(吉凶禍福)을 하날긔 부쳐 두고
> 누항(陋巷) 깁푼 곳의 초막(草幕)을 지어 두고
> 풍조우석(風朝雨夕)에 석은 딥히 섭히 되야
> 셔 홉 밥 닷 홉 죽(粥)에 연기(煙氣)도 하도 할샤.
> 설 데인 숙냉(熟冷)애 뷘 배 쇡일 쭌이로다.
> 생애(生涯) 이러ᄒ다 장부(丈夫) 뜻을 옴길넌가.
> 안빈일념(安貧一念)을 젹을망정 품고 이셔
> 수의(隨宜)로 살려 ᄒ니 날로조차 져어(齟齬)ᄒ다.
> ᄀ올히 부족(不足)거든 봄이라 유여(有餘)ᄒ며
> 주머니 뷔엿거든 병(瓶)이라 담겨시랴.
> 빈곤(貧困)ᄒ 인생(人生)이 천지간(天地間)의 나쑌이라.
> 기한(飢寒)이 절신(切身)ᄒ다 일단심(一丹心)을 이질
> 눈가.
> 　분의망신(奮義忘身)ᄒ야 죽어야 말녀 너겨
> 우탁우랑(于橐于囊)의 쥬슘이 모아 녀코
> 병과(兵戈) 오재(五載)예 감사심(敢死心)을 가져 이셔
> 이시섭혈(履尸涉血)ᄒ야 몃 백전(百戰)을 지닉연고.
> 일신(一身)이 여가(餘暇) 잇사 일가(一家)를 도라보랴.
> 일노장수(一奴長鬚)는 노주분(奴主分)을 이젓거든
> 고여춘급(告余春及)을 어닉 사이 생각ᄒ리.
> 경당문로(耕當問奴)인ᄃ 눌ᄃ려 물롤ᄂ고.
> 궁경가색(躬耕稼穡)이 닉 분(分)인 줄 알리로다.
> 신야경수(莘野耕叟)와 농상경옹(壟上耕翁)을 천(賤)타
> ᄒ리 업것마는
> 　아므려 갈고젼들 어닉 쇼로 갈로손고.
> 　　　　　　　　　　 － 박인로, 「누항사(陋巷詞)」 －

① 이상적 삶과 가난한 현실적 삶 사이의 괴리감이 엿보인다.
② 관념적 사고의 전형을 보여 줌으로써 사상의 깊이를 느끼
　게 하고 있다.
③ 어려운 한자어를 사용하여 단아한 양반 문학의 정수를 보
　여 주고 있다.
④ 사회 모순에 대한 현실 비판적 요소를 반영하고 있다.

문 11. ㉠에서 '촌장'이 파수꾼 '다'를 설득할 때 범한 논리적 오류와
　　　유사한 것은?

> 촌장: 애야, 이리 떼는 처음부터 없었다. 없는 걸 좀 두
> 　려워한다는 것이 뭐가 그렇게 나쁘다는 거냐? 지
> 　금까지 단 한 사람도 이리에게 물리지 않았단다.
> 　마을은 늘 안전했어. 그리고 사람들은 이리 떼에
> 　대항하기 위해서 단결했다. 그들은 질서를 만든
> 　거야. 질서, 그게 뭔지 넌 알기나 하니? 모를 거
> 　야, 너는. 그건 마을을 지켜 주는 거란다. 물론 저
> 　충직한 파수꾼에겐 미안해. 수천 개의 쓸모없는
> 　덫들을 보살피고 양철북을 요란하게 두들겼다. 허
> 　나 말이다, 그의 일생이 그저 헛되다고만 할 순 없
> 　어. 그는 모든 사람들을 위해 고귀하게 희생한 거
> 　야. 난 네가 이러한 것들을 이해하여 주기 바란다.
> 　만약 네가 새벽에 보았다는 구름만을 고집한다면,
> 　이런 것들은 모두 허사가 된다. 저 파수꾼은 늙도
> 　록 헛북이나 친 것이 되구, 마을의 질서는 무너져
> 　버린다. 애야, 넌 이렇게 모든 걸 헛되게 하고 싶
> 　진 않겠지?
> 다: 왜 제가 헛된 짓을 해요? 제가 본 흰 구름은 아름답
> 　고 평화로웠어요. 저는 그걸 보여 주려는 겁니다. 이
> 　제 곧 마을 사람들이 온다죠? 잘 됐어요. 저는 망루
> 　위에 올라가서 외치겠어요.
> 　　　　　　　　　　(중략)
> 촌장: (혼잣말처럼) …… 그러나 잘 될까? 흰 구름, 허공
> 　에 뜬 그것만 가지구 마을이 잘 유지될까? 오히려
> 　이리 떼가 더 좋은 건 아닐지 몰라.
> 다: 뭘 망설이시죠?
> 촌장: 아냐, 아무것두 …… 난 아직 안심이 안 돼서 그
> 　래. (온화한 얼굴에서 혀가 날름 나왔다가 들어간
> 　다.) 지금 사람들은 도끼까지 들구 온다잖니? 망
> 　루를 부순 다음엔 속은 것에 더욱 화를 낼 거야!
> 　아마 날 죽이려구 덤빌지도 몰라. 아니 꼭 그럴 거
> 　다. 그럼 뭐냐? 지금까진 이리에게 물려 죽은 사
> 　람은 단 한 명도 없었는데, 흰 구름의 첫날 살인이
> 　벌어진다.
> 다: 살인이라구요?
> 촌장: 그래, 살인이지. (난폭하게) ㉠생각해 보렴, 도끼
> 　에 찍힌 내 모습을 피가 샘솟듯 흘러내릴 거다. 끔
> 　찍해. 애, 너는 내가 그런 꼴이 되길 바라고 있지?
> 　　　　　　　　　　 － 이강백, 「파수꾼」 －

① 정상적인 사람이라면 우리의 제안에 반대할 수는 없을 것
　입니다.
② 미라는 모범적인 학생이야. 왜냐하면 모범상을 받았으니
　까. 교장 선생님은 미라가 모범생이니까 모범상을 수여하
　셨잖아.
③ 원시 종합 예술은 주술성을 갖고 있었으므로 여기에서 파
　생된 연극도 주술적 성격을 지니고 있어.
④ 담배를 피우면 폐암에 걸려 죽게 되는데도 계속 담배를
　피우는 것을 보니 너는 죽고 싶어 안달이 났구나.

문 12. <보기>의 ㉠~㉢에 들어갈 한자어가 바르게 짝지어진 것은?

> ─〈보 기〉─
> • 금줄과 황토는 성스러운 장소의 표시이며, 속된 공간과의 (㉠)을/를 나타낸다.
> • 회사는 해변을 외부 사람들에게 (㉡)했고, 점포나 숙박 시설 등이 지어졌다.
> • 한때 한반도는 소련과 미국에 의해 (㉢)되었었다.

	㉠	㉡	㉢		㉠	㉡	㉢
①	分離	分轄	分讓	②	分離	分讓	分轄
③	分轄	分讓	分離	④	分轄	分離	分讓

문 13. '바람직한 인터넷 댓글 문화'에 관한 글을 쓰기 위해 사고 과정의 내용을 정리한 것으로 적절하지 않은 것은?

사고 과정	내용
주장	바람직하지 못한 댓글에 대해서는 적절한 조치가 필요하다.
근거 1	허위 사실 유포, 비방 등으로 인한 인권 침해가 심각하다. ──── ㉠
근거 2	음란물 유포처럼 댓글을 상업적으로 악용하는 행위가 청소년들에게 나쁜 영향을 준다. ──── ㉡
반론	개인의 자유로운 댓글을 규제하는 것은 바람직하지 않다. ──── ㉢
근거 1	댓글 규제는 건전한 의견 표명까지도 차단할 수 있다.
근거 2	댓글 규제는 세대 간 정보 활용 능력의 격차를 더욱 심화시킨다. ──── ㉣
절충안	게시판 댓글란을 유지하되, 본래의 목적에서 벗어난 댓글에 대한 대처 방안을 모색한다.

① ㉠　　② ㉡　　③ ㉢　　④ ㉣

문 14. 다음 시에 대한 설명으로 적절하지 않은 것은?

> 어제를 동여맨 편지를 받았다
> 늘 그대 뒤를 따르던
> 길 문득 사라지고
> 길 아닌 것들도 사라지고
> 여기저기서 어린 날
> 우리와 놀아주던 돌들이
> 얼굴을 가리고 박혀 있다
> 사랑한다 사랑한다, 추워 환한 저녁 하늘에
> 찬찬히 깨어진 금들이 보인다
> 성긴 눈 날린다
> 땅 어디에 내려앉지 못하고
> 눈 뜨고 떨며 한없이 떠다니는
> 몇 송이 눈.
>
> ─ 황동규, 「조그만 사랑 노래」 ─

① 감정을 직접 드러낸 표현을 작품 중간에 넣는다.
② 대상과의 거리감을 냉소적 어조로 드러낸다.
③ 마지막 행을 명사로 끝맺어 여운을 나타낸다.
④ 구두점과 조사를 적절히 생략한다.

문 15. ㉠과 관련한 심리 현상이 ㉡을 초래한 이유로 가장 적절한 것은?

> 심리학자 반두라는 놀이방의 어린이들 중에서 개를 무서워하는 아이들에게 또래의 다른 어린아이가 개를 데리고 재미있게 놀고 있는 모습을 하루에 20분씩 보여 주었다. 그랬더니 불과 나흘 만에 그토록 개를 무서워하던 아이들 중에서 67%가 개를 무서워하지 않게 되었다. 그는 이렇게 하여 사람들이 가지고 있는 공포증을 매우 간단한 방법으로 치유하는 방법을 발견했다. 이런 현상은 ㉠'사회적 증거의 법칙'으로 설명할 수 있다. 사회적 증거의 법칙은 사람들이 어떠한 일에 대해서 판단을 하기에 애매할 경우에 다른 사람의 행동을 보고 그대로 따라하려는 경향을 의미한다.
>
> 그런데 우리가 주변 사람의 행동에 따라 행동하면서 주어진 상황의 불확실성을 해소하려고 할 때 간과하는 한 가지 중요한 사실이 있다. 그것은 주변 사람들 역시 우리처럼 사회적 증거를 의식하고 있다는 점이다. 매우 애매모호한 상황에서 모든 사람들이 주변 사람들이 행동하는 대로 행동하려 하는 경향은 뜻하지 않게 ㉡'다수의 무지'라는 매우 흥미로운 현상을 야기한다. 미국의 뉴욕에서 발생한 제노비스 사건이 바로 그 사례이다. 제노비스라는 처녀는 뉴욕이라는 번잡한 도시에서 많은 목격자가 지켜보는 가운데 가해자로부터 오랜 시간 폭행을 당했지만 그 누구로부터도 도움을 받지 못했다. 어떻게 이런 일이 있을 수 있을까?

① 사람들은 모든 일을 자기중심적으로 생각하려는 경향이 있어서
② 사람들은 어떤 일에 대해 판단이 애매할 때 적극적으로 개입하려 하지 않는 경향이 있어서
③ 사람들은 타인의 위기 상황을 애써 부정하려는 경향이 있어서
④ 사람들은 다른 사람의 일에 지나치게 관여하면 옳지 않다고 생각하는 경향이 있어서

문 16. ㉠~㉣ 중 글의 통일성을 위해 삭제하거나 수정해야 할 부분은?

> 국립대는 교육적으로 꼭 필요하지만 시장 실패의 위험이 높은 영역을 담당할 때 그 존재 의의가 가장 명확하다고 할 수 있다. ㉠이런 시각에서 본다면 국립대가 모든 종류의 학문을 담당할 필요는 없다. ㉡사회적 수요는 적더라도 전체 학문의 발전에 필요한 기초 과학이 국립대가 담당해야 할 영역이다. ㉢또한 제대로 된 연구를 위해서는 많은 투자가 요구되는 공학 분야 등도 국립대가 담당해야 한다. 반대로 의대·경영대같이 시장 수요가 많은 영역은 과감하게 사립대에 넘겨줄 필요가 있다. ㉣법대처럼 학벌의 상징처럼 굳어진 영역 또한 사립대로 이전될 필요가 있다. 그렇게 된다면 사립대와 국립대 간의 기능 분화가 이루어질 것이며, 사립대가 경쟁력을 갖는 데 큰 도움이 될 것이다.

① ㉠
② ㉡
③ ㉢
④ ㉣

문 17. (가)~(나)에 대한 설명으로 가장 적절한 것은?

> (가) 더 확실하게 알 수 있는 상암리 마을의 역사는 일제 때 돈 많은 일본 사람이 상암리에다 금광을 벌였을 때 전국에서 모여든 뜨내기 광부들이 섞여 들어 이루어진 마을이란 것이다. 떠도는 사람들이라 다 억세고 또한 그 성깔들이 대단했다. 금광이 바닥나 그대로 눌러앉은 사람들이 당장 먹고 살기 위해 날뛰는 꼴은 부촌인 하암리 사람들에게 퍽 위협적인 것으로 보여졌을 게 너무나 당연했다.
> 상것들! 하암리 사람들은 마음에 담을 쌓고 아예 그들 상암리 사람들과 상종을 하려 들지 않았다. 그들이 하암리에 내려오는 걸 우정 막고 나섰다. 그러나 상암리 사람들은 곧잘 하암리에 숨어 들어 못할 짓을 벌이곤 했다. 툭하면 도둑질이었다. 논바닥에 쌓아 놓은 볏단이 축나는가 하면 누우런 마을의 개가 남아나지를 않았다. 부녀자가 상암리에 있는 뽕밭을 마음대로 올라가지 못했다. 뭐니 뭐니 해도 제일 큰 문제는 선산이 더럽혀지는 것이었다.
>
> (나) 그 장수 노인의 증손자인 육손이는 소경 아버지와 함께 증조할아버지의 유언을 들었다. 마을 어른들을 붙잡고 증조할아버지의 뜻을 전했다. 그러나 마을 사람들은 막상 장수 노인이 죽고 나니 난감한 표정을 감추지 못했다. 전날의 언약을 마음에 걸려 하면서도 선뜻 어떻게 하자는 방도를 감추지 못했다. 요는 신중을 기하자는 데 의견을 모아, 우선 장수 노인의 손자인 소경을 하암리에 내려보내 사정을

해 보라 했다. 육손이와 함께 하암리에 내려간 소경은 무릎을 꿇고 빌었다. 그 언덕배기 한귀퉁이만 내주신다면 백골난망 그 은혜를 갚겠다고 했다. 그러나 물어 봤자 잇자국도 안 날 일이었다. 그냥 허허로이 쫓겨 올라오는 수밖에. 이번에는 마을의 상노인 대여섯이 내려가 사정사정했다. 역시 어림도 없는 일이었다. 거기다가 하암리 젊은 사람들한테 삿대질까지 당하는 무안을 당하고 수염을 벌벌 떨며 돌아왔다. 이쯤 되자 마을의 젊은이들이 눈에 불을 켜고 일어섰다. 이를 갈아붙이며 오기로라도 그냥 물러설 수 없다는 거였다. 상여를 메고 은장봉을 향했다. 일이 그렇게 될 것을 미리 짐작한 하암리 사람들이 은장봉 초입에 지키고 섰다가 상여를 세웠다. 은장봉에 단 한발짝도 들여놓을 수 없다는 거였다. 입으로만 옥신각신하다가 결국 마을로 상여를 돌렸다. 그러나 그 밤으로 은장봉 그 언덕배기에다 암장을 했다. 다음날로 당장 파헤쳐진 송장을 여우가 구멍을 뚫어 썩은 내장이 흐치흐치 나왔다. 또 묻고 다시 파헤치고 – 결국은 두 마을 장정들이 몽둥이를 들고 패싸움을 벌였다. 쌍방에 크게 다친 사람이 여럿 나왔다. 그 일로 해서 상암리 사람 하나가 시름시름 앓다가 죽었다. 그 죽은 사람을 돌산에 묻는 날 저녁에 상암리 사람들이 하암리 사람 하나를 몰매를 놓아 그 자리에서 죽였다. 결국은 관에서 나와 일을 수습했는데 결과는 뻔했다. 상암리의 참패였다. 남의 산에다 암장을 한 죄에다, 여럿이 몰매를 놓아 사람을 죽인 죄였다. 더 억울한 것은 과거에 하암리에서 있었던 도난 사건을 하나하나 조목을 따져 모두 상암리에 덮어씌운 것이다. 상암리 사람 여럿이 일 년여를 두고 그 먼 읍까지 불려 다녔다. 불려 다니는 정도가 아니라 마을의 장정 예닐곱이 몇 년씩 옥살이를 했다.
> – 전상국, 「하늘 아래 그 자리」 –

① (가)에서 하암리 사람들은 일어나지 않았던 사건을 거짓으로 꾸며 상암리 사람들을 모함하고 있다.
② (가)와 (나)는 모두 중심적인 사건을 제3자의 관점에서 중립적으로 서술하고 있다.
③ (가)는 (나)에 나타난 사건을 이해하기 위한 전사(前史)를 요약적으로 서술하고 있다.
④ (가)와 (나)는 사건의 원인에 대해 각기 다른 해석이 가능하다는 것을 보여 주고 있다.

문 18. 문장 성분 간의 호응이 적절한 것은?

① 앞으로 다가구 주택도 취득세를 내게 되었다.
② 예상 시간이 지났음에도 일출은 아직 떠오르지 않았다.
③ 자신의 잘못을 친구에게 미루는 것은 정직한 태도가 아니다.
④ '요람에서 무덤까지'라는 말은 현대 국가가 지향하는 이상향이다.

문 19. 다음 글을 읽고 난 후 ㉠에 대한 반응으로 가장 적절한 것은?

> 시나위 합주처럼 몇 개의 가락이 동시에 흘러가는 다성 음악의 경우, 서양 음악은 철저하게 인위의 도랑을 파 놓고 있다. 뿐만 아니라, 각 성부(聲部) 간의 간격도 3도나 5도, 혹은 협화(協和) 음정이다. 불협화 음정이라 하여 철저하게 가리고 구별한다.
> 이에 비해 우리의 시나위 음악은 ㉠각각의 선율이 각각의 취향대로 가고 싶은 길을 가게 한다. 완벽한 자유주의이다. 그렇지만 묘하게도 일정한 한계를 벗어나는 법이 없다. 공연히 외형에 집착하거나 말단에 신경 쓰지 않는다. 그저 마음 가는 대로 손이 가는 대로 소리를 울려 낼 뿐이다. 그렇게 해도 결코 불협화음을 느끼거나 괴리감을 느끼거나 경직성을 느끼지 않는다.

① 별유천지비인간(別有天地非人間)의 이상향의 세계라 할 수 있어.
② 청출어람청어람(靑出於藍靑於藍)의 발전된 모습이라 할 수 있어.
③ 종심소욕불유구(從心所慾不踰矩)의 달통한 경지라고 할 수 있어.
④ 금강산(金剛山)도 식후경(食後景)이라는 불변의 진리라 할 수 있어.

문 20. 다음 글의 내용과 일치하지 않는 것은?

> 상처가 나서 출혈이 있는 경우, 출혈량이나 상처의 종류에 관계없이 가장 우선적인 응급 처치 방법이 지혈이다. 먼저 처치자는 감염을 예방하기 위해 의료용 장갑을 낀다. 불가피한 경우를 제외하고는 맨손으로 상처 부위를 만지지 말아야 하며, 의료용 장갑이 없다면 비닐 랩, 비닐봉지 등을 대체재로 사용할 수 있다. 그다음 부상자의 옷을 벗기거나 잘라서 상처 부위를 드러내고 출혈이 되는 곳을 찾는다. 그리고 소독 거즈나 깨끗한 천 등으로 상처 부위를 완전히 덮고 손가락이나 손바닥으로 직접 압박을 한다. 이처럼 거즈나 천을 덮어서 직접 압박을 하면 압박이 골고루 분산되므로 대부분의 경우 지혈할 수 있다. 먼저 출혈 부위에 압박을 가하되 너무 약하게 누르지 말고 같은 힘으로 계속하여 압박한다. 지혈에 사용하여 피에 젖은 천은 제거하지 않고, 새 천을 그 위에 덮어서 사용한다. 만일 10분 이내에 출혈이 멈추지 않는다면 압박 강도가 약했거나 압박 부위가 잘못된 것이므로, 압박 부위를 넓히고 강도를 더 세게 하여 다시 10분 동안 압박한다. 팔이나 다리에 출혈이 있다면 압박을 가할 때 상처 부위를 심장보다 높게 들어 올려 혈액의 흐름을 줄인다. 그러나 상처 부위를 높이는 것만으로는 출혈이 멈추지 않으므로 압박을 함께 실시해야 한다. 부상자의 출혈이 멈춘 후 다른 부상자를 처치하기 위해 압박을 멈추고자 할 경우, 압박 붕대를 사용하여 상처 부위에 댄 거즈나 천을 고정시킨다. 이때 피가 순환되지 않을 정도로 압박 붕대를 단단하게 감지는 않도록 주의한다.

① 지혈 시 가급적 맨손으로 상처 부위를 직접 만지지 않도록 의료용 장갑 등을 끼고 처치한다.
② 지혈 시 부상자의 출혈이 멈추었을 경우 붕대를 사용하여 상처 부위에 거즈나 천을 고정할 수 있다.
③ 지혈 시 피를 많이 빨아들여 흡수력이 떨어진 천은 제거하고 새 천을 상처 부위에 덮어 지혈을 계속한다.
④ 지혈 시 출혈 부위를 천으로 완전히 덮고 손가락이나 손바닥으로 압박 강도는 동일하게 유지한다.

영어

http://eduwill.kr/IzzF

※ QR코드를 스캔하여 〈1초 합격예측! 모바일 성적분석표 발급 서비스〉를 활용하세요.
※ 해당 QR코드는 4회 세 과목(국어+영어+한국사)의 모바일 OMR을 모두 포함합니다.

※ 밑줄 친 부분의 의미와 가장 가까운 것을 고르시오. (1~2)

문 1.

> It seems that objecting to the manager's suggestion is the prevalent view in the department.

① pervasive　　　② pretentious
③ omnipotent　　④ inseparable

문 2.

> Charles Lloyd was one of the most promising members of our association. Unlike our prediction that he would have a long, successful career, however, he only enjoyed an ephemeral fame as a scientist.

① mediocre　　　② substantive
③ fleeting　　　　④ sensory

문 3. 두 사람의 대화 중 가장 어색한 것은?

① A: Hey, I'm sorry I didn't see you off.
　 B: Could you accompany me to the airport?
② A: Is Mary planning to take this semester off?
　 B: I'm not sure. It hasn't been decided yet.
③ A: How long have you waited for me?
　 B: It's been 20 minutes or so.
④ A: The address by the president was impressive. Why weren't you there?
　 B: Oh, I had to take care of my report.

문 4. 밑줄 친 부분에 들어갈 말로 가장 적절한 것은?

> A: Ben, have you enrolled in the required biology class starting next month?
> B: No, I haven't. Have you?
> A: I have. I managed to get in the Friday class.
> B: Oh, that's good. But I couldn't register.
> A: Don't worry about it. I was told there is another class on Saturdays.
> B: Oh, really?
> A: Yes, but you'd better move quickly. There are only a few spots available.
> B: Then, _____.
> A: Yes, you ought to. You know, the enrollment is on a first-come, first-served basis.

① I'd rather take a rain check this time
② I should have taken turns attending the class
③ I'd rather hurry and register as soon as possible
④ I might want to reconsider my plan

문 5. 밑줄 친 부분 중 어법상 옳지 않은 것은?

> One of the most widely known forms of metal poisoning is mercury poisoning ① caused by exposure to mercury. It ② is usually believed to adversely influence the renal, gastrointestinal, and neurological systems. Mercury poisoning ③ can be resulted from ingestion, injection, absorption through the skin, and inhalation of vapor. Some of ④ its most common complications include reduced intelligence and weakened kidneys.

문 6. 어법상 옳은 것은?

① Preventing any accidents is one of our top priority in the security office.
② The committee rigorously accused the federation of hire some unqualified consultants during the investigation.
③ A possible alternative for our event venue would be reserved the college auditorium.
④ Flowers for the new botanic garden had to be opted for meticulously lest allergic reactions in children be provoked.

문 7. 주어진 글 다음에 이어질 글의 순서로 가장 적절한 것은?

One of the oldest processes that human beings have experienced and observed is arguably chronobiology, an area of science which investigates short-term rhythms of time and their impact on living creatures. A number of examples can be found around us.

(A) There is a third type. Crepuscular animals like to move around during dawn and dusk. Scientists study the circadian rhythm—the internal body clock. It is a full cycle that our body goes through during a 24-hour period.

(B) This is closely related to our bodily changes including blood pressure, body temperature, being alert during the day, and falling asleep at night. Although modern technological advancements seem to reset the internal body clock artificially, they can have damaging impacts on our body in the long run.

(C) Many animals can be either active or inactive depending on the position of the sun or moon; for instance, we humans are normally diurnal, which means being active during the hours of daylight. In contrast, nocturnal animals like owls, possums, and raccoons tend to come out at night.

① (B) – (A) – (C)
② (B) – (C) – (A)
③ (C) – (A) – (B)
④ (C) – (B) – (A)

문 8. 다음 글의 내용과 일치하는 것은?

The domination of humans over the other animals was possible only following a long-period of confrontation between humans and their animal rivals. Of course, violent activities such as hunting were not the only way. Humans also have maintained their control over animals through other methods including domestication. Therefore, it must be surprising that there has been little conflict within the species itself, considering the aforementioned struggle between the two groups continued. Members of the same group which are known to us are hardly at war with one another, while consistently fighting against nature. However, once humans declared their victory over animals—and the human population became large enough to impinge on others' living space, territory, and food supply—a conflict within the human group, which is called war, started breaking out and became part of human nature.

① The history of humans is full of conflicts and wars among humans.
② Wars between humans began after they had won their supremacy over animals.
③ The smaller the human population becomes, the more likely wars are to happen.
④ Humans can achieve permanent peace only by going through numerous wars.

문 9. 다음 글의 주제로 가장 적절한 것은?

In numerous movies—and I believe you must have watched quite a few—we can find a character or characters with a multiple personality disorder, a mental disorder in which an individual seems to have two or more separate, distinct personalities. Those characters tend to be depicted in extremely dramatic ways, and we are likely to consider them as abnormal. However, a multiple personality is normal in a certain sense. There is generally a well-organized structure of the entire self in reference to the society to which we belong and the situation in which we find ourselves. Of course, the sort of society varies with different individuals, whether we are living with people of the present, those of the past, or those of our own imaginations in the society. Although there is usually a unified self within the kind of society as a whole to which we belong, that self may be divided up. Certain activities become unmanageable to a person who is quite unstable and in whom there is a sign of disunion. And those activities may divide and develop a self into another one. Two separate selves emerge, and that is the condition under which a personality splits up.

① It is not unusual for a self to evolve into two or more personalities.
② Two distinct selves tend to be unified under certain conditions.
③ A multiple personality is a mental disorder on which society has a great impact.
④ A unified self can be possible only through certain activities.

문 10. 글의 흐름상 가장 어색한 문장은?

A tornado is a powerful column of rotating air, in contact with the ground surface and cumulonimbus, whose maximum speed easily reaches more than 500 kilometers an hour. ① Tornadoes, which many people also call twisters, need a few factors in order to form. ② They require arid and chilly winds in the upper atmosphere; humid and warm winds in the lower atmosphere. ③ Meteorologists have found these warm winds usually result from the westerlies climate by using application satellites. ④ When these two different sorts of winds clash into each other, with an updraft of a thundershower present, a tornado develops. This collision prompts the air near it to rotate rapidly along a perpendicular axis, and it makes much more fierce winds and a funnel clouds.

※ 밑줄 친 부분의 의미와 가장 가까운 것을 고르시오. (11~12)

문 11.

Ben couldn't answer most of the questions, because he had only scratched the surface of the books.

① superficially dealt with
② seized hold of
③ hit the nail on the head of
④ positively followed up on

문 12.

Cindy is going to be our tour guide this week. Because her family has been living in this town for generations, she knows her way around.

① keeps away from the place
② keeps up with the place
③ is familiar with the place
④ is on her way to the place

※ 밑줄 친 (A), (B)에 들어갈 말로 가장 적절한 것을 고르시오.

(13~14)

문 13.

Now it, of course, is everywhere, but when was a crosswalk invented? The first modern crosswalk was introduced in England in the mid-1950's. This means that, for the first time, ___(A)___ began to be given to pedestrians over automobiles. You might find it quite surprising considering that vehicles had been taking up streets since more than half a century before that. 'Crosswalk' is not the only term. It has also other names from country to country. For instance, Australians ___(B)___ it as a 'wombat crossing'.

	(A)	(B)
①	eminence	arrive at
②	proximity	turn to
③	handiness	make use of
④	priority	refer to

문 14.

It was the end of the semester. A biology teacher was about to distribute the final exam, standing in front of his class of twenty 10th graders. "I'm going to hand out these exam sheets, but, before that, I'd like to say it's been a wonderful semester and I've really enjoyed working with you guys. I'm fully aware that all of you have studied very hard. So I want to make you an inviting offer. ___(A)___ you opt out of this test today, I will give you a 'B' for the class," said the teacher. Some of the students looked a little bewildered, but radiant smiles flashed across most students' faces. Students began to stand up and walk out of the classroom. However, there were still several students remaining in their seats. "Is that all? Anyone else? There won't be any other chance," said the teacher. ___(B)___, their faces seemed determined to take the test. They must have decided to remain. "I'm glad to see you believe in yourselves. I will give all of you A's."

	(A)	(B)
①	If	Likewise
②	Though	In contrast
③	If	Nonetheless
④	Though	By comparison

문 15. 주어진 문장이 들어갈 위치로 가장 적절한 곳은?

In fact, religion of all kinds has something to do with afterworld and how we evaluate ourselves and others in this world.

Pyramids were constructed by the ancient Egyptians as graves of their Pharaohs. However, those are not just tombs. (①) They believed that pyramids are means to transport their kings into afterlife. (②) Pyramids represent Egyptians' effort to resist their own mortality and their vain struggle to hold off death. (③) Religions worldwide have created and used the most durable symbols throughout human history not only in their religious ceremonies but also in everyday life to identify themselves. (④) Their straightforward designs enabled such images as the Christian cross, the Muslim crescent, and the Star of David to be easily recognized and become the most effective icons.

문 16. 우리말을 영어로 잘못 옮긴 것은?

① Daniel은 자신의 집을 청소하는 데 5시간 넘게 썼다.
→ Daniel spent more than 5 hours cleaning his house.

② 그 소포가 사무실에 도착하자마자 우리에게 알려주세요.
→ Please let us know as soon as the package arrives at the office.

③ 우리는 신입사원들이 읽을 소책자들을 준비하도록 요청받았다.
→ We were asked to prepare booklets for new employees to read.

④ Jane의 의견이 그들만의 가게를 열려는 그들의 결정에 영향을 미쳤다.
→ Jane's opinion affected on their decision to open their own store.

※ 다음 글의 내용과 일치하지 않는 것을 고르시오. (17~18)

문 17.

RMS Titanic, arguably the most well-known ocean liner, was built in 1912. One of the biggest steamships at that time, the Titanic was equipped with numerous modern design elements and extravagant features. It began its first voyage on April 10, 1912 with more than 2,300 passengers and crew aboard. The ship was scheduled to travel from Southampton, England to New York City via Cherbough, France and Queenstown, Ireland. Most passengers on the ship were impoverished people, many of whom were immigrating to the United States, while some wealthy and eminent members of society were on board as well. Only a few days into the voyage, late at night on April 14, the ship collided with an iceberg in the North Atlantic. Although radiomen on the Titanic called for help, the ship was hopeless between the seawater cascading in and the boilers exploding. It took just two hours and 40 minutes for the ship to sink below water after striking the iceberg.

① There were some famous people on the ship.
② The crew was unable to take any action when the ship hit the iceberg.
③ Many passengers were poor and intended to settle down in the U.S.
④ The Titanic boasted a lot of up-to-date equipment.

문 18.

Men in society are undoubtedly subject to the cosmic process. As among other animals, multiplication goes on without cessation, and involves severe competition for the means of support. The struggle for existence tends to eliminate those less fitted to adapt themselves to the circumstances of their existence. The strongest, the most self-assertive, tend to tread down the weaker. But the greater the influence of the cosmic process on the evolution of society is, the more rudimentary its civilization is. Social progress means a checking of the cosmic process at every step and the substitution for it of another, which may be called the ethical process; the end of which is not the survival of those who may happen to be the fittest, in respect to the whole of the conditions which obtain, but of those who are ethically the best.

① There is no question that the cosmic process has an impact on humans.
② The ethical process holds the cosmic process in check.
③ The cosmic process enables the survival of those who are ethical.
④ The law of survival of the fittest is prevalent as society is more primitive.

※ 밑줄 친 부분에 들어갈 말로 가장 적절한 것을 고르시오.
(19~20)

문 19.

Long overdue suffrage now became a law as ratification of the 19th amendment was proclaimed Thursday. The right of women to the ballot was officially made a part of the Constitution of the United States on Thursday when Secretary of State Colby proclaimed ratification of the 19th amendment. The proclamation announcing officially that _____ was signed at 8 o'clock in the morning at Mr. Colby's home when the certificate from Governor Roberts that the Tennessee legislature had ratified the amendment was received. Mr. Colby announced his action on his arrival at his office later. No doubt a crowd of women at the State Department cheered the announcement.

① the suffrage amendment had been ratified
② the proposal had been refused by the federal government
③ the decision was being reconsidered by the state
④ the suffrage was still pending

문 20.

From the very beginning there has been no such thing as unmitigated individual struggle among animals. Nowhere in nature does pure individualism exist in the sense that the individual animal struggles alone, except perhaps in a few solitary species which are apparently on the way to extinction. The assumption of such a primitive individual struggle has been at the foundation of _____. The primary conflict is between species. A secondary conflict, however, is always found between the members of the same species. Usually this conflict within the species is a competition between groups. The human species exactly illustrates these statements.

① many erroneous views of human society
② accurate interpretations on important historical events
③ great insight into complex social phenomena
④ plausible explanations about human history

한국사

http://eduwill.kr/IzzF

※ QR 코드를 스캔하여 〈1초 합격예측! 모바일 성적분석표 발급 서비스〉를 활용하세요.
※ 해당 QR 코드는 4회 세 과목(국어+영어+한국사)의 모바일 OMR을 모두 포함합니다.

문 1. 다음은 신라의 어느 왕에 대한 기록이다. 이 왕의 재위 기간에 있었던 일로 가장 적절한 것은?

> 여러 신하들이 아뢰기를 "시조께서 나라를 세우신 이래 국호(國號)를 정하지 않아 사라(斯羅)라고도 하고 혹은 사로(斯盧) 또는 신라(新羅)라고도 칭하였습니다. 신들의 생각으로는 신(新)은 '덕업이 날로 새로워진다'는 뜻이고 나(羅)는 '사방을 망라한다'는 뜻이므로, 이를 국호로 삼는 것이 마땅하다고 여겨집니다. …… 이제 뭇 신하들이 한 마음으로 삼가 신라 국왕이라는 칭호를 올립니다."라고 하니, 왕이 이에 따랐다.
> － 『삼국사기』 －

① '건원'이라는 연호를 사용하였다.
② 전진에 사신 위두를 파견하였다.
③ 6촌을 행정적 6부로 개편하였다.
④ 상복법(喪服法)을 정하여 시행하였다.

문 2. 다음 자료와 관련된 왕이 실시한 정책으로 옳지 않은 것은?

> 지금부터 만약에 종친으로서 동성과 혼인하는 자는 성지(聖旨)를 어긴 것으로 논죄할 터인즉, 마땅히 종친은 누대의 재상을 지낸 집안의 딸을 아내로 맞고, 재상 집안의 아들은 종실들의 딸들에게 장가들 것이다.

① 국가가 소금을 전매하는 각염법을 실시하였다.
② 만권당을 설립하여 학문 연구를 지원하였다.
③ 토지를 조사하기 위해 편민조례추변도감을 두었다.
④ 왕명 출납을 담당하는 사림원을 설치하였다.

문 3. 다음 자료와 관련된 내용으로 가장 옳은 것은?

> ○ 문벌을 폐지하여 인민 평등의 권리를 제정한다.
> ○ 재정은 모두 호조에서 관할하게 한다.
> ○ 대신들은 의정부에 모여서 법령을 의결한다.

① 일본에 조사 시찰단을 파견하였다.
② 한성 조약이 체결되어 일본에 배상금을 지불하였다.
③ 마젠창이 내정 고문으로 임명되었다.
④ 영남 유생들이 상소 운동을 전개하였다.

문 4. 다음 내용과 관련된 단체에 대한 설명으로 옳은 것은?

> 1. 국민에게 독립 사상과 민족 의식을 고취
> 2. 동지를 발견, 단합, 국민운동의 역량을 축적
> 3. 전국 각지에 교육 기관 설치, 청소년 교육을 진흥
> 4. 상공업 기관을 만들어 단체의 재정과 국민의 부력을 증진

① 고전 연구 단체인 조선 광문회를 지원하였다.
② 입헌 군주제의 정치 체제를 지향하였다.
③ 민족 유일당 운동의 일환으로 결성되었다.
④ 고종 강제 퇴위에 반발하여 통감부의 탄압을 받았다.

문 5. 다음 자료와 관련된 국가에 대한 내용으로 옳은 것은?

> 재상가는 녹(祿)이 끊이지 않았다. 노동이 3,000명이고, 비슷한 수의 갑옷과 무기, 소, 말, 돼지가 있었다. 바다 가운데 섬에서 길러 필요할 때에 활로 쏘아서 잡아먹었다. 곡식을 꾸어서 갚지 못하면 노비로 삼았다.

① 조운 제도를 이용하여 세곡을 운반하였다.
② 관료에게 전지와 시지를 지급하였다.
③ 인재를 등용하기 위해 독서삼품과를 실시하였다.
④ 사헌부를 두어 관리 감찰을 실시하였다.

문 6. 고려 시대의 성리학과 관련된 내용으로 옳지 않은 것은?

① 충선왕 때 안향이 『주자전서』를 도입하였다.
② 백이정은 성리학을 본격적으로 연구하였다.
③ 이색은 성균관을 중심으로 성리학을 더욱 확산시켰다.
④ 이제현은 만권당에서 원의 학자와 교류하였다.

문 7. 다음은 고려 시대와 조선 시대의 토지 제도이다. 이와 관련된 내용으로 옳지 않은 것은?

> (가) 과전법
> (나) 직전법
> (다) 관수관급제
> (라) 직전법 폐지

① (가) - 공양왕 때 급전도감을 설치하여 전국적으로 시행하였다.
② (나) - 신진 관료에게 지급할 토지의 부족으로 시행되었다.
③ (다) - 양반 관료의 토지 소유 확대에 영향을 끼쳤다.
④ (라) - 수조권에 의한 토지 지배 관계가 해체되었다.

문 8. 다음 인물의 활동에 대한 내용으로 옳은 것은?

> ○ 1897년 독립 협회 가입
> ○ 1899년 강서 지방 최초의 근대 학교인 점진 학교 설립
> ○ 1905년 미국에서 대한인 공립 협회 설립
> ○ 1923년 국민 대표 회의 부의장 취임
> ○ 1924년 난징에 동명 학원 설립

① 『한국통사』를 편찬하였다.
② 평양에 대성 학교를 설립하였다.
③ 대한 광복군 정부의 내무총장을 역임하였다.
④ 조선 광문회에 참여하여 민족 고전을 연구하였다.

문 9. 갑오개혁과 관련된 내용으로 옳지 않은 것은?

① 8아문을 내각과 7부로 개편하였다.
② 사법권을 분리하여 신식 재판소를 설립하였다.
③ 신식 화폐 발행 장정을 통해 은 본위 화폐제를 실시하였다.
④ 만국 우편 연합에 가입하여 외국과 우편물을 교환하였다.

문 10. 다음과 같은 주장을 한 조선의 정치 세력과 관련된 내용으로 옳은 것은?

> 물론 단군께서 제일 먼저 나시기는 하였으나 문헌으로 상고할 수 없다. 삼가 생각하건대 기자께서 우리 조선에 들어와서 그 백성을 후하게 양육하고 힘써 가르쳐 주어 머리를 틀어 얹는 오랑캐의 풍속을 변화시켜, 문화가 융성하였던 제나라와 노나라 같은 나라로 만들어주셨다.

① 많은 토지를 소유한 대지주로 성장하였다.
② 왕도 정치를 구현하기 위해 예치(禮治)와 예학을 강조하였다.
③ 대외 무역에 관여하며 상공업 이익을 독점하였다.
④ 부국강병과 왕권 강화를 통한 중앙 집권 체제를 추구하였다.

문 11. 다음은 지방 군사 제도의 변천 과정이다. 시대순으로 바르게 나열한 것은?

> ㄱ. 중앙에서 지휘관이 파견되는 제승방략 체제가 시행되었다.
> ㄴ. 양반부터 천민까지 편성된 속오군이 조직되었다.
> ㄷ. 양계 주민과 경군으로 편성된 주진군이 있었다.
> ㄹ. 군현 단위의 방어 체계인 진관 체제가 실시되었다.

① ㄱ - ㄴ - ㄷ - ㄹ
② ㄱ - ㄷ - ㄹ - ㄴ
③ ㄷ - ㄱ - ㄹ - ㄴ
④ ㄷ - ㄹ - ㄱ - ㄴ

문 12. 밑줄 친 '왕'과 관련된 업적으로 옳은 것은?

> 왕의 이름은 소(昭)다. 치세 초반에는 신하에게 예를 갖추어 대우하고 송사를 처리하는 데 현명하였다. 유학을 중히 여기며, 빈민을 구휼하고, 노비를 조사하여 풀어 주었다. 하지만 중반 이후로는 신하를 많이 죽이고 불법(佛法)을 지나치게 좋아하며 절도가 없이 사치스러웠다.
> – 『고려사절요』 –

① 신돈을 등용하여 전민변정도감을 설치하였다.
② 사심관 제도와 기인 제도를 통해 호족을 견제하였다.
③ 공복(公服)을 제정하고 관등에 따라 4색의 복색을 규정하였다.
④ 지방 주요 지역에 12목을 설치하고 목사를 파견하였다.

문 13. 다음 ㉠~㉢에 들어갈 단체로 옳은 것은?

> ○ 국민부 산하의 군대로 ㉠ 은/는 1930년대 초 양세봉을 중심으로 남만주에서 활동하였다. 중국 의용군과 연합 작전을 펼쳐 영릉가 전투, 흥경성 전투에서 승리하였다.
> ○ 1942년 조선 독립 동맹의 산하 군대로 조직된 ㉡ 은/는 1940년대 초반 태항산 지역에서 중국 팔로군과 협동 작전을 펼쳤다.
> ○ 한국 독립당의 산하 부대인 ㉢ 은/는 지청천이 이끈 부대로 중국 호로군과 연합하여 쌍성보 전투, 대전자령 전투 등에서 활약하였다.

	㉠	㉡	㉢
①	한국 독립군	조선 혁명군	조선 의용군
②	조선 혁명군	한국 독립군	조선 의용군
③	조선 혁명군	조선 의용군	한국 독립군
④	한국 독립군	조선 의용군	조선 혁명군

문 14. 다음과 관련된 사건에 대한 설명으로 옳은 것은?

> 임금이 교지를 내렸다. "지금 김일손이 찬수한 사초 내에 부도덕한 말로 선왕의 일을 터무니없이 기록하였다. …… 성덕을 속이고 논평하여 김일손으로 하여금 역사에 거짓을 쓰는 지경에까지 이르렀다."

① 김굉필과 정여창과 같은 사람들이 유배되었다.
② 폐비 윤씨 사사 사건을 계기로 발생하였다.
③ 위훈 삭제를 주장한 사람들이 대거 축출되었다.
④ 주초위왕(走肖爲王) 사건을 계기로 발생하였다.

문 15. 밑줄 친 '왕'의 업적을 〈보기〉에서 모두 고른 것은?

> 　왕의 성은 이씨, 휘는 산이다. 아버지는 사도 장헌 세자이며 어머니는 혜빈 홍씨이다. 규장각에 여러 학사들을 불러 경사를 강론하였고, 서얼이라도 적임자면 추려 쓰는 일을 차근차근 시행하였다. 화성을 건설하고 그곳의 당을 노래당(老來堂), 정자를 미로한정(未老閑亭)이라고 이름 지었다.

> 〈보 기〉
> ㄱ. 대유둔전을 설치하였다.
> ㄴ. 신문고 제도를 부활시켰다.
> ㄷ. 수령이 향약을 직접 주관하게 하였다.
> ㄹ. 의주에 강감찬 사당을 건립하였다.

① ㄱ, ㄷ 　　　　　　② ㄱ, ㄹ
③ ㄴ, ㄷ 　　　　　　④ ㄴ, ㄹ

문 16. 다음 자료와 관련된 설명으로 옳지 않은 것은?

> 제1조　일본 정부와 통모하여 한·일 합병에 적극 협력한 자, 한국의 주권을 침해하는 조약 또는 문서에 조인한 자와 모의한 자는 사형 또는 무기 징역에 처하고 그 재산과 유산의 전부 혹은 2분의 1 이상을 몰수한다.
> 제3조　일본 치하 독립운동가나 그 가족을 악의로 살상·박해한 자 또는 이를 지휘한 자는 사형, 무기 또는 5년 이상의 징역에 처하고 그 재산의 전부 혹은 일부를 몰수한다.
> 제5조　일본 치하에 고등관 이상, 훈 5등 이상을 받은 관공리 또는 헌병, 헌병보, 고등 경찰의 직에 있던 자는 본법의 공소 시효 경과 전에는 공무원에 임명될 수 없다. 단, 기술관은 제외한다.

① 국회의원 10인으로 구성된 특별 조사 위원회가 설치되었다.
② 친일 재산 귀속법이 제정되어 친일 재산 조사가 이루어졌다.
③ 단심제 재판과 2년의 공소 시효를 법률로 정하였다.
④ 대법원에 특별 재판부를 두어 재판을 담당하게 하였다.

문 17. 우리나라 근대 교육과 관련된 내용으로 옳은 것을 〈보기〉에서 모두 고른 것은?

> 〈보 기〉
> ㄱ. 원산 학사는 상류층 자제들에 한하여 입학이 허가되었다.
> ㄴ. 육영 공원은 관립 학교로 현직 관료들도 입학이 가능하였다.
> ㄷ. 교육 입국 조서의 반포로 사범 학교 관제가 제정되었다.
> ㄹ. 선교사들에 의해 세워진 학교로는 경신 학교와 숭실 학교 등이 있었다.

① ㄱ 　　　　　　　② ㄱ, ㄴ
③ ㄴ, ㄷ 　　　　　　④ ㄴ, ㄷ, ㄹ

문 18. 고구려와 관련된 다음 내용을 순서대로 나열한 것은?

> ㄱ. 담징이 종이와 먹의 제조 방법을 일본에 전해 주었다.
> ㄴ. 초문사를 창건하고 순도를 머물게 하였다.
> ㄷ. 이문진이 왕명을 받아 『신집』 5권을 편찬하였다.
> ㄹ. 죽령 일대로부터 남양만에 이르는 영토를 확보하였다.

① ㄱ - ㄴ - ㄷ - ㄹ
② ㄱ - ㄷ - ㄴ - ㄹ
③ ㄴ - ㄹ - ㄱ - ㄷ
④ ㄴ - ㄹ - ㄷ - ㄱ

문 19. 일제 강점기 문화 통치에 대한 내용으로 가장 옳은 것은?

① 소학교의 명칭을 국민학교로 개칭하였다.
② 치안 유지법을 통해 민족 해방 운동을 탄압하였다.
③ 문관 총독을 임명하여 민족 분열 정치를 시행하였다.
④ 조선 사상범 예방 구금령을 제정하여 사상범을 감시하였다.

문 20. 다음에서 설명하는 나라에 대한 내용으로 옳지 않은 것은?

> 　고기(古記)에 이런 말이 있다. 옛날 환인의 아들 환웅이 천부인 3개와 3,000의 무리를 이끌고 태백산 신단수 밑에 내려왔는데 이곳을 신시라 하였다. 그는 풍백, 우사, 운사로 하여금 인간의 360여 가지의 일을 주관하게 하였는데 그중에서 곡식, 생명, 질병, 형벌, 선악 등 다섯 가지 일이 가장 중요한 것이었다. 이로써 인간 세상을 교화시키고 인간을 널리 이롭게 하였다.

① 요서 지방을 경계로 연나라와 대립하였다.
② 상, 대부, 장군, 박사 등의 관직을 두었다.
③ 『삼국사기』에 따르면 요(堯) 임금 때 건국되었다.
④ 중국 사서인 『관자』에도 이 나라에 대한 기록이 있다.

회차
⑤

응시번호	
성 명	

【시 험 과 목】

제1과목	국 어	제2과목	영 어	제3과목	한 국 사
제4과목	행정법총론		제5과목	행정학개론	

응시자 주의사항

1. **시험시작 전에 시험문제를 열람하는 행위나 시험 종료 후 답안을 작성하는 행위를 한 사람**은 「공무원임용시험령」 제51조에 의거 **부정행위자**로 처리됩니다.

2. **답안지 책형 표기는 시험시작 전** 감독관의 지시에 따라 **문제책 앞면에 인쇄된 책형을 확인**한 후, **답안지 책형란의 해당 책형(1개)에 "●"와 같이 표기**하여야 합니다.

3. 답안은 반드시 문제책 표지의 **과목순서에 맞추어 표기**하여야 하며, 과목순서를 바꾸어 표기한 경우에도 문제책 표지의 과목순서대로 채점되므로 유의하시기 바랍니다.

4. 시험이 시작되면 문제를 주의 깊게 읽은 후, **문항의 취지에 가장 적합한 하나의 정답을 고르며**, 문제내용에 관한 질문을 하실 수 없습니다.

5. **답안을 잘못 표기하였을 경우**에는 **답안지를 교체하여 작성**하거나 **수정테이프만을 사용하여 수정**할 수 있으며(수정액 또는 수정스티커 등은 사용 불가), 부착된 수정테이프가 떨어지지 않도록 눌러 주어야 합니다.
   – 불량 수정테이프의 사용과 불완전한 수정처리로 인해 발생하는 모든 문제는 **응시자 본인에게 책임**이 있습니다.

6. **시험시간 관리의 책임**은 응시자 본인에게 있습니다.

정답공개 및 가산점 등록 안내

1. **정답공개, 이의제기**: 사이버국가고시센터(http://gosi.kr)
2. **가산점 등록 방법**: 사이버국가고시센터(http://gosi.kr) ⇒ 『원서접수 ⇒ 가산점등록/확인』

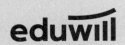

국어

http://eduwill.kr/gzzF

※ QR 코드를 스캔하여 〈1초 합격예측! 모바일 성적분석표 발급 서비스〉를 활용하세요.
※ 해당 QR 코드는 5회 세 과목(국어+영어+한국사)의 모바일 OMR을 모두 포함합니다.

문 1. 다음 중 띄어쓰기가 옳지 않은 것은?

① 강아지가 집을 나간 지 사흘 만에 돌아왔다.
② 집을 떠난 지 삼 년이 되도록 편지 한 장 올리지 않고 있던 차에 덜컥 돌아가셨다는 전보를 받고 보니 뉘우침과 슬픔이 한데 솟구쳐 어찌할 바를 몰라 했다.
③ 어머니는 방학 때마다 나를 시골집에 잡아매두고 싶어 하셨다.
④ 남과 시비하는 일은새로에, 골내는 것을 한 번도 본 일이 없었다.

문 2. 밑줄 친 부분의 쓰임이 옳은 것은?

① 뜰에서 다리는 구수한 한약 냄새가 구미를 돋우어 주었다.
② 수수께끼에 대한 답을 정확하게 맞추면 상품을 드립니다.
③ 맨바닥에서 잠을 자려니 등이 받쳐서 잠이 오지 않는다.
④ 불량한 고등학생들이 남자들보다 더욱 불량해 보이는 여고생들에게 수작을 부치는 희롱을 멀거니 쳐다보았다.

문 3. 밑줄 친 말 중 맞춤법에 맞지 않는 것은?

① 그녀의 연주가 끝나자 우레와 같은 박수가 쏟아져 나왔다.
② 은주 보기가 밍구스럽기도 하였지마는 보기도 싫었다.
③ 술에 취한 듯이 어리바리 겨우 손을 내밀었다.
④ 진작에 그렇게 하지. 이제는 너무 늦었어.

문 4. 다음 글을 읽고 난 반응으로 적절하지 않은 것은?

옛날에 사계절의 불은 모두 나무에서 취(取)하였으니 이것은 원래 나무 가운데에 불이 있으므로 나무를 뜨겁게 하면 불이 생기는 것이다. 그것은 원래 백(魄) 가운데에 혼이 있어 백을 따뜻이 하면 혼이 되는 것과 같다. 그러므로 '나무를 비비면 불이 나온다.'는 말이 있고, 또 '형(形)이 이미 생기면 신(神)이 지(知)를 발(發)한다.'는 말도 있다. 여기서 형(形)은 백(魄)이요, 신(神)은 혼(魂)이다. 불이 나무를 인연하여 존재하는 것은 혼과 백이 합하여 사는 것과 같다. 불이 다 꺼지면 연기는 하늘로 올라가고 재는 떨어져 땅으로 돌아가게 되나니, 이는 사람이 죽으면 혼기는 하늘로 올라가고 체백은 땅으로 내려가는 것과 같다. 불의 연기는 곧 사람의 혼기이며 불의 재는 곧 사람의 체백이다. 또 화기(火氣)가 꺼져 버리게 되면 연기와 재가 다시 합하여 불이 될 수는 없는 것이니, 사람이 죽은 후에 혼기와 체백이 또다시 합하여 생물이 될 수 없다는 이치 또한 명백하지 않은가?

① 불은 사람의 생명을 비유한 것으로 볼 수 있다.
② 혼기와 체백이 분리되지 않은 상태가 곧 생명이 유지되는 상태라고 할 수 있다.
③ '나무를 비비면 불이 나온다.'는 것처럼, 육신을 고단하게 부려야 생명력이 유지되는 것이다.
④ 사람이 죽으면 그 육신이 땅에 묻히는 것을, 불이 꺼지면 남는 재가 땅에 떨어지는 것에 비유했다.

문 5. 다음 중 음운의 변동을 잘못 밝힌 것은?

① 역린[영닌] – 교체
② 닭이[달기] – 탈락
③ 콩엿[콩녇] – 첨가
④ 법학[버팍] – 축약

문 6. 〈보기〉의 글을 조건과 같은 논지 전개 방식으로 전개할 때 바르게 나열한 것은?

〈보 기〉

(가) 전통문화를 외래문화로 일시에 대체할 수도 없고, 전통문화만을 앞세우고 외래문화를 완전히 배척할 수도 없다.
(나) 근대 이후 현재까지 서구 문물이 물밀듯이 밀려와 우리의 사회, 학문, 생활, 종교 등에 지대한 영향을 끼치고 있다.
(다) 외래문화의 수용은 전통문화를 승화시키는 방향으로 이루어져야 한다.
(라) 외래문화 중 전통문화를 발전시킬 수 있는 것은 수용하고, 전통문화와 상충되는 것은 과감히 배격한다.
(마) 급격하고 강력한 외래문화를 무분별하게 수용하면 전통문화의 명맥마저 끊어지면서 아노미 현상까지 벌어질 것이다.

〈조 건〉

현재 상황 → 예상 전망 → 현실적 문제 → 해결 방향 → 구체적인 방안

① (가) → (나) → (다) → (라) → (마)
② (가) → (라) → (마) → (나) → (다)
③ (나) → (가) → (라) → (마) → (다)
④ (나) → (마) → (가) → (다) → (라)

문 7. 다음 시의 주제를 살려 〈보기〉를 썼다고 가정할 때, 그 과정에서 작가가 생각한 내용으로 보기 어려운 것은?

> 날을 생각을 버린 지는 이미 오래다
>
> 요즘은 달리려 하지도 않는다
> 걷기조차 싫어 타려고 한다
> (우리는 주로 버스나 전철에 실려 다니는데)
> 타면 모두들 앉으려 한다
> 앉아서 졸며 기대려 한다
> 피곤해서가 아니다
> 돈벌이가 끝날 때마다
> 머리는 퇴화하고
> 온몸에 비늘이 돋고
> 피는 식어 버리기 때문이다
> 그래도 눈을 반쯤 감은 채
> 익숙한 발걸음은 집으로 간다
>
> 우리는 매일 저녁 집으로 돌아간다
> 파충류처럼 늪으로 돌아간다
>
> – 김광규, 「저녁 길」 –

〈보 기〉

> 포스터 속에 들어앉아
> 비둘기는 자꾸만 곁눈질을 하고 있다.
> 포스터 속에 오래 들어앉아 있으면
> 비둘기의 습성(習性)도 웬만치는 변한다.
> 비둘기가 노니던 한때의 지붕마루를
> 나는 알고 있는데
> 정말이지 알고 있는데
> 지금은 비어 버린 집통만
> 비바람에 털럭이며 삭고 있을 뿐이다.
> 포스터 속에는
> 비둘기가 날아 볼 하늘이 없다.
> 마셔 볼 공기(空氣)가 없다.
> 답답하면 주리도 틀어보지만
> 그저 열없는 일
> 그의 몸을 짓구겨
> 누가 찢어 보아도
> 피 한방울 나지 않는다.
> 불 속에 던져 살라보아도
> 잿가루 하나 남지 않는다.
> 그는 찍어 낸 포스터
> 수많은 복사 속에
> 다친 데 하나 없이 들어 앉아 있으니
> 차라리 죽지 못해 탈이다.
>
> – 신동집, 「포스터 속의 비둘기」 –

① '우리'의 일상이 반복되는 도시와 문명을 '포스터'라는 상징적 공간으로 나타내 보자.
② '파충류'가 되어 버린 '우리'의 모습을 갇혀 있어서 '습성'마저 변한 '비둘기'의 이미지로 변형해 보자.
③ '늪'과 연결된 '집'의 부정적 이미지를 탈색시켜 '우리'가 회복해야 할 '지붕마루', '하늘'의 이미지로 바꾸어 보자.
④ 세 개로 나눠진 연을 하나로 통합하여 '돈벌이'로 피폐해진 '우리'의 내면 풍경을 보다 구체적으로 표현해 보자.

문 8. 다음 한자 성어에 대응될 수 있는 속담이 잘못 짝지어진 것은?

① 角者無齒 – 무는 호랑이는 뿔이 없다고 모든 것을 가질 수야 있습니까?
② 間於齊楚 – 말 타면 경마 잡히고 싶다고 욕심이 끝이 없구나.
③ 我田引水 – 매사를 내 논에 물 대듯이 해서는 안 된다.
④ 見蚊拔劍 – 모기를 보고 칼 뺀다고 별것도 아닌데 너무 크게 일을 벌이는 거 아닙니까?

문 9. ㉠~㉣을 고쳐 쓰기 위한 방안으로 적절하지 않은 것은?

> 아동 대상 성범죄에 대한 미디어의 보도는 일반적으로 범죄자들이 가진 '비정상성'을 과도하게 ㉠강조하는 방식이다. 이때 이러한 비정상성을 부각시키는 대표적인 방식은 ㉡∨ '소아 기호증'을 가진 병리적인 인물로 만드는 것이다. 성범죄자들이 실제로 병자들이라는 증거가 없음에도 이들을 병자들로 은연중에 간주하는 이유는 아동 성범죄를 일탈의 정도가 매우 높은 비정상의 ㉢영역으로 가두어 둠으로써 우리와 그들을 분리하기 위함이다. 즉, 성범죄자들의 소아 기호증을 강조하는 것은 성범죄의 위험이 낯선 ㉣이방인으로부터 오는 것이며 그 낯선 사람들은 우리와는 다르다는 동의를 구축하는 데 효율적인 기제가 된다. '우리'는 정상적이고 도덕적으로 품위가 있으며 법을 준수하는 사람인 반면 '그들'은 학교 문 앞이나 운동장을 기웃거리며 자신들의 비정상적인 성적 욕구를 충족시켜 줄 순진무구한 희생자들을 노리는 위험한 일탈자들인 것이다.

① 주어와 서술어의 관계를 고려하여 ㉠을 '강조한다'로 바꾼다.
② 필수적인 목적어가 생략되었으므로 ㉡에 '이들을'을 삽입한다.
③ 조사의 올바른 용법을 고려하여 ㉢을 '영역에'로 바꾼다.
④ 내용상 정확한 표현을 위하여 ㉣을 '이방인들에 의해 저질러지는 것'으로 바꾼다.

문 10. 다음 대화를 보았을 때, 〈보기〉에 대한 대답으로 적절하지 않은 것은?

> 우리: 골프 경기의 점수 계산법을 전혀 모르는데, 간단히 설명해 줄래?
>
> 미림: 별로 어렵지 않아. 골프 경기는 18개의 홀(hole)을 거치면 끝나게 되는데, 각 홀마다 기준 타수가 3개, 4개, 5개로 정해져 있어. 18홀의 기준 타수의 합은 72타야. 어떤 홀의 기준 타수가 네 개라면 골프공을 네 번 쳐서 홀에 넣으라는 거야. 만약 네 번 내에 넣지 못하고 다섯 번째에 넣거나, 아니면 세 번 만에 공을 홀에 넣어 버리면 어떻게 될까?
>
> 우리: 아무래도 친 횟수가 적어야 좋은 것 같은데……
>
> 미림: 맞아. 기준 타수에 맞게 공을 홀에 넣으면 그걸 '파(par)'라고 해. 그런데 기준 타수보다 한 번 더 치게 되면 '보기(bogey)'라고 하고 두 번 더 치게 되면 '더블 보기(double bogey)'라고 하지. 반대로 한 번 덜 쳐서 홀에 넣게 되면 '버디(birdie)'라고 하고, 흔하지는 않지만 기준 타수보다 두 타나 줄이게 되면 그건 '이글(eagle)'이라고 해. 각 홀마다 자기가 공을 친 횟수를 다 더한 것이 그날의 골프 성적이야. 어떤 선수가 −7, 즉 7 언더(under)를 쳤다고 하면, 그 사람은 18개 홀의 기준 타수인 72타보다 7타나 줄여서 65타를 쳤다는 거지.
>
> 우리: 아, 그래서 골프 점수에 마이너스가 있는 거구나. 당연히 플러스로 표시된 성적은 좋지 않은 성적이겠군. 그런데 사람들이 '홀인원(hole in one)'이라고 하는 것은 뭐야?
>
> 미림: 그건 기준 타수가 3개인 홀에 해당하는 건데, 처음 친 공이 곧 바로 홀에 들어가 버린 경우를 말해. 타수를 한꺼번에 2개나 줄이게 되니 이글(eagle)에 해당하겠지?
>
> 우리: 그렇구나. 꾸준히 연습해서 나도 너처럼 골프를 잘 치고 싶어. 나도 가능하겠지?

〈보 기〉

> 김○○ 선수는 오늘 보기 1개를 범했지만, 버디 1개와 이글 1개를 잡으며 총 6 언더파로 경기를 마감했습니다. 17번 홀에서는 홀인원을 기록했고, 마지막 18번 홀은 평범하게 파로 마무리했죠.

① 김 선수의 오늘 경기 점수는 −6으로 기록되겠군.
② 김 선수가 16번 홀을 마쳤을 때의 기록은 4 언더였겠군.
③ 경기가 열린 골프장의 17번 홀은 기준 타수가 3개였겠군.
④ 김 선수가 오늘 경기에서 실제로 공을 친 횟수는 73번이겠군.

문 11. 〈보기〉는 '먹다'의 다양한 의미와 그에 따른 유의어를 알아보는 과정이다. A~C에 들어갈 말이 옳게 연결된 것은?

〈보 기〉

단어	예문	유의어
먹다	기름 먹은 종이여서 물이 스미지 않는다.	배다
	그는 도시물을 먹었다고 꽤나 자랑을 한다.	A
	B	품다
	부도덕한 행위를 했을 때 호된 욕을 먹는 것은 당연하다.	C

	A	B	C
①	겪다	너는 아직도 꿈을 먹고 사는구나.	품다
②	맛보다	마음을 굳게 먹고 열심히 공부했다.	듣다
③	접하다	나이를 먹는 것은 자연스러운 일이다.	듣다
④	맛보다	적은 겁을 잔뜩 먹고 있었다.	머금다

문 12. 다음 밑줄 친 부분이 한글 맞춤법에 맞는 것은?

① 발목까지 직선으로 뻗은 발가락 끝으로 원을 그리는데 그에 따라 근육이 의도가 있는 것처럼 굽니는 것이었습니다.
② 종식이 아내가 얼마나 다급했던지 된장을 손에다 한 웅큼 쥐고 온다.
③ 장정 여남은 명이 횃불을 들고 집 안팎을 싸돌아다니면서 샅샅이 뒤지고 주인과 서참서를 세워 놓고 몹시 닥달하는 모양이었다.
④ 사기꾼에게 된통 당한 어머니는 그만 화병으로 몸겨눕게 되었다.

문 13. 밑줄에 나타난 것과 동일한 유형의 오류를 범하고 있는 것은?

> 신학과 과학 사이의 최초의 본격적인, 그리고 가장 중요한 싸움은 현재 우리가 태양계라고 부르는 것의 중심이 지구냐, 태양이냐에 관한 천문학적 논쟁이었다. 이는 프톨레마이오스의 지구 중심설에 대한 코페르니쿠스의 태양 중심설의 도전으로 요약된다.
> 코페르니쿠스에 의하면 지구는 우주의 중심에 정지해 있는 것이 아니라 이중 운동(二重運動)을 하고 있다. 즉, 지구는 하루에 한 번 그 축(軸)을 중심으로 자전하며 또한 일 년에 한 번 태양 주위를 돈다는 것이다.
> 이에 대한 기독교계로부터의 반응은 매우 통렬했다. 루터, 칼뱅 같은 개신교 신학자들은 성서의 지구 중심적 구절을 인용하여 천문학에서 제기된 새 이론을 이단(異端)으로 규정했다. 코페르니쿠스의 이론을 지지한다는 이유로 갈릴레이가 종교 재판에 회부된 사실은 유명하다.

① 김홍도의 그림은 정말 걸작입니다. 판소리의 대가인 박동진 옹이, "김홍도의 그림이야말로 우리 민족의 정서가 담긴 최대의 걸작품이다."라고 평가하셨습니다.
② 귀신은 분명히 있어. 귀신이 없다고 증명한 사람이 이제까지 없었거든.
③ 아니, 그 사람을 벌금 3만 원만 받고 풀어 줘요? 사고를 낼 의도는 없었다지만 그 사람을 피하려다가 차들이 충돌해서 두 사람이나 죽었는데, 그런 살인자를 가만 놓아두는 법이 어디 있어요?
④ 베이컨의 철학은 믿을 수가 없어. 왜냐하면 그는 뇌물 수수 혐의로 대법관직에서 쫓겨났으니까.

문 14. 문장 성분 간의 호응이 적절하지 않은 것은?

① 각국은 자국의 이익을 추구하기 위해 서로 경쟁하고 있다.
② 모름지기 교통 법규를 지키는 일은 중요하다.
③ 흑설탕에 대한 편견 중 하나는 그것이 백설탕보다 몸에 좋다는 것이다.
④ 그의 얼굴에 나타난 것은 어느 하나로 정의할 수 없는 다양한 감정이었다.

문 15. 밑줄 친 부분이 다음 설명의 예에 해당하는 것은?

> 피동 표현은 주어가 다른 주체에 의해서 동작을 당하게 되는 것을 말한다. 이러한 피동 표현은 피동사에 의해 실현되는데, 국어의 동사 가운데는 의미는 피동이나 형태상 능동이므로 피동사로 볼 수 없는 동사들이 있다.

① 내일이면 자전거 타는 법을 모두 <u>익힌다</u>.
② 그는 대의원들의 열렬한 지지를 <u>받으며</u> 대통령 후보로 추대되었다.
③ 강진구의 호적에 그녀가 양녀로 <u>입적되었다</u>.
④ 이 펜은 정말 글씨가 잘 <u>써진다</u>.

문 16. 〈보기1〉의 안긴 절에 대해 탐구한 결과로 올바른 것을 〈보기2〉에서 모두 고른 것은?

〈보기1〉
ㄱ. 아버지께서 우리가 읽었던 책을 읽고 계신다.
ㄴ. 우리는 이번 주말에 볼 영화를 골랐다.

〈보기2〉
가. ㄱ과 ㄴ의 안긴 절에서 각각의 주어는 안은문장의 주어와 동일하다.
나. ㄱ과 ㄴ의 안긴 절은 모두 관형사형 어미를 통해 실현되는 관형절이다.
다. ㄱ과 ㄴ의 안긴 절은 모두 안은문장의 부사어에 쓰인 명사를 수식하고 있다.
라. ㄱ과 ㄴ의 안긴 절에서 각각의 목적어는 모두 생략되어 있다.

① 가, 나
② 가, 라
③ 나, 다
④ 나, 라

문 17. 다음 글의 서술자에 대한 설명으로 가장 적절한 것은?

> "그것이 어째 없을까?"
> 아내가 장문을 열고 무엇을 찾더니 입안말로 중얼거린다.
> "무엇이 없어?"
> 나는 우두커니 책상머리에 앉아서 책장만 뒤적뒤적하다가 물어보았다.
> "모본단 저고리가 하나 남았는데……."
> "……."
> 나는 그만 묵묵하였다. 아내가 그것을 찾아 무엇 하려는 것을 앎이라. 오늘 밤에 옆집 할멈을 시켜 잡히려 하는 것이다.
> 이 2년 동안에 돈 한 푼 나는 데는 없고 그대로 주리면 시장할 줄 알아 기구(器具)와 의복을 전당국 창고(典當局倉庫)에 들이밀거나 고물상 한구석에 세워 두고 돈을 얻어 오는 수밖에 없었다. 지금 아내가 하나 남은 모본단 저고리를 찾는 것도 아침거리를 장만하려 함이라.
> 나는 입맛을 쩍쩍 다시고 폈던 책을 덮으며 후— 한숨을 내쉬었다.
> 봄은 벌써 반이나 지났건마는 이슬을 실은 듯한 밤기운이 방구석으로부터 슬금슬금 기어나와 사람에게 안기고 비가 오는 까닭인지 밤은 아직 깊지 않건만 인적조차 끊어지고 온 천지가 빈 듯이 고요한데 투닥투닥 떨어지는 빗소리가 한없는 구슬픈 생각을 자아낸다.
> "빌어먹을 것 되는 대로 되어라."
> 나는 점점 견딜 수 없어 두 손으로 흩어진 머리카락을 쓰다듬어 올리며 중얼거려 보았다. 이 말이 더욱 처량한 생각을 일으킨다. 나는 또 한 번, 후— 한숨을 내쉬며 왼팔을 베고 책상에 쓰러지며 눈을 감았다.
> 이 순간에 오늘 지낸 일이 불현듯 생각이 난다.
> – 현진건, 「빈처」 –

① 서술자는 작중 인물로 자기의 이야기를 들려주고 있다.
② 작중 인물들의 행위를 관찰하여 작품 밖에 위치한 서술자가 서술하고 있다.
③ 등장인물의 행위와 사건을 관찰한 작중 인물이 서술자가 되어 자신의 생각은 배제한 채 서술하고 있다.
④ 작중 인물들의 생각과 행위를 모두 알고 있는 서술자가 이야기를 들려주고 있다.

문 18. 다음 글을 이해한 내용으로 적절하지 않은 것은?

> 주택 연금이란 살고 있는 주택을 활용해 매월 연금을 받는 상품으로 노후에 주택 자산은 있지만 별다른 금융 자산이 없는 사람들이 보다 안정적인 노후를 보내기 위해 이용할 수 있는 상품이다. 가입자는 살고 있는 주택을 담보로 은행을 통해 연금 형태로 대출을 받고, 은행은 가입자가 죽은 후에 해당 주택을 매각해 대출 원금과 이자를 되찾는다. 주택 연금도 대출의 일종이므로 나중에 주택을 처분한 돈이 지급받은 연금과 이자보다 적으면 한국 주택 금융 공사가 차액을 대신 내주게 된다. 반면, 주택을 판 돈이 받은 연금과 이자보다 많다면 해당 차액은 법적 상속인에게 귀속된다.
> 주택 연금은 가입 시 최초 결정된 연금을 죽을 때까지 또는 사전에 약속한 기간 동안 계속 지급하므로 주택 가격이 떨어졌을 때 연금이 줄어들지 않을까 걱정할 필요는 없다. 다만 주택 연금 가입자들은 일종의 보험료인 보증료를 매년 납부해야 한다. 주택 연금은 만 60세 이상으로 시가 9억 원 이하인 주택을 1채 또는 보유 주택 합산 가격이 9억 원 이하인 다주택 소유자인 경우 가입 가능하다. 연금 수령액은 가입자 나이와 주택 가격 등에 따라 달라지는데 주택 가격이 같을 경우에는 나이가 많을수록 월 수령액이 많아진다.

① 주택 가격이 동일하다면 매달 받는 주택 연금의 액수도 동일하게 된다.
② 67세의 매매가 4억 원짜리 주택 1채 보유자는 주택 연금에 가입할 수 있다.
③ 주택 연금을 수령하고 있는 경우에 집값이 계속 하락하더라도 연금액이 줄어들지 않는다.
④ 주택 연금으로 받은 돈보다 소유한 집이 비싼 경우에 추후 주택 판매를 통해 차액을 받을 수 있다.

문 19. 다음 작품에 대한 감상으로 적절하지 않은 것은?

> 새벽 시내버스는
> 차창에 웬 찬란한 치장을 하고 달린다
> 엄동 혹한일수록
> 선연히 피는 성에꽃
> 어제 이 버스를 탔던
> 처녀 총각 아이 어른
> 미용사 외판원 파출부 실업자의
> 입김과 숨결이
> 간밤에 은밀히 만나 피워 낸
> 번뜩이는 기막힌 아름다움
> 나는 무슨 전람회에 온 듯
> 자리를 옮겨 다니며 보고
> 다시 꽃이파리 하나, 섬세하고도
> 차가운 아름다움에 취한다
> 어느 누구의 막막한 한숨이던가
> 어떤 더운 가슴이 토해 낸 정열의 숨결이던가
> 일없이 정성스레 입김으로 손가락으로
> 성에꽃 한 잎 지우고
> 이마를 대고 본다
> 덜컹거리는 창에 어리는 푸석한 얼굴
> 오랫동안 함께 길을 걸었으나
> 지금은 면회마저 금지된 친구여
>
> － 최두석, 「성에꽃」 －

① 시적 화자는 소외된 민중의 삶을 따뜻하게 바라보고 있어.
② 일상생활에 있는 사소한 사물을 창작의 매개체로 활용하고 있어.
③ 시상을 급격하게 전환하여 마지막 부분에서 독자에게 여운을 주고 있어.
④ 감각적 이미지를 통해 화자가 소망하는 세계를 생동감 있게 표현하고 있어.

문 20. 밑줄 친 부분의 설득력을 높이기 위한 근거로 가장 적절하지 않은 것은?

> 유명한 언어학자이며 동시에 인류학자였던 사피어는 우리 인간은 언어를 매개로 해서 살고 있으며, 언어가 드러내고 나누어 놓은 세계를 보고 듣고 경험한다고 보았다. 그의 제자로서 또한 유명한 인류 언어학자인 워프도 언어는 우리의 행동과 사고의 양식을 결정하고 주조(鑄造)한다고 하였다. 그것은 우리가 실세계를 있는 그대로 경험하는 것이 아니라 언어를 통해서 비로소 인식한다는 뜻이다. 예를 들면, 광선이 프리즘을 통과했을 때 나타나는 색깔이 일곱 가지라고 생각하는 것은 우리가 그 색깔을 분류하는 말이 일곱 가지이기 때문이다. 즉, 서로 인접하고 있는 녹색과 청색 사이에는 분명한 경계선이 있는 것이 아니다. 그 경계선은 아주 녹색도 아주 청색도 아니다. 그 부분을 지칭하는 단어가 있다면 그런 모호한 색깔도 분명하게 인식될 것이다. 그러나 그런 말이 없기 때문에 우리가 그 색을 분명히 인식하지 못한다는 것이다. 사실 프리즘을 통해 나타나는 색은 수십, 수백 가지로 분류될 수 있으며 반대로 두 가지 혹은 세 가지 종류만으로 나뉠 수도 있다. 실제로 이 세계의 언어 가운데에는 무지개 색을 두 가지, 세 가지로 부르는 언어도 존재한다고 한다. 우리 국어에서도 초록색, 청색, 남색을 모두 '푸르다' 또는 '파랗다'고 한다. '푸른(파란) 바다', '푸른(파란) 숲', '푸른(파란) 하늘' 등의 표현이 그것이다. 따라서, 우리 어린이들은 흔히 이 색을 혼동하고 구별하지 못하는 일도 있다. 분명히 다른 색인데도 한 가지 말을 쓰기 때문에 그 구별이 잘 안 된다는 것은, 말이 우리의 사고를 지배한다는 뜻이 된다. 다시 말해서 우리는 언어를 통해서 세계를 보기 때문에 우리가 보고 느끼는 세계는 있는 그대로의 객관 세계라기보다, 언어에 반영된 주관 세계라는 것이 된다. 사피어나 워프의 말은 바로 이를 설명한 것이다.

① '라듐(Ra)'이라는 물질은 옛날부터 존재해 왔지만 퀴리 부인에 의해 '라듐'이라는 명칭이 붙여지기 전까지 사람들은 그 존재를 알지 못했다.
② 다양한 크기의 컵을 모두 '컵'이라고 부르는 우리와는 달리 '컵, 머그, 하이볼, 언더락' 등과 같이 이들을 각각 달리 부르는 영어 화자들은 그 각각의 용도 차이를 잘 안다.
③ 일본에 의한 식민지 지배를 당했던 경험이 있는 우리는 '바케스, 사라' 등 일본계 외래어에 대해서는 거부감이 강하지만, '테이블, 페이지' 등의 영어계 외래어에 대해서는 거부감이 약하다.
④ 내리는 '눈'이나 쌓인 '눈'을 모두 '눈'으로 부르는 우리는 어떤 '눈'이 집을 짓기에 적당한지 알기 어려우나, 이들을 각각 달리 부르는 에스키모인들은 집을 짓기 위한 '눈'을 쉽게 찾아낼 수 있다.

영어

http://eduwill.kr/gzzF

※ QR코드를 스캔하여 〈1초 합격예측! 모바일 성적분석표 발급 서비스〉를 활용하세요.
※ 해당 QR코드는 5회 세 과목(국어+영어+한국사)의 모바일 OMR을 모두 포함합니다.

※ 밑줄 친 부분의 의미와 가장 가까운 것을 고르시오. (1~2)

문 1.

> The supervisor has been criticized for humiliating Nathan in front of others, causing low morale among the employees.

① demeaning ② ameliorating
③ soothing ④ exalting

문 2.

> Most committee members of the foundation were disappointed as Lora dropped the ball repeatedly during her presentation for potential sponsors.

① made a note ② made sense
③ made a mistake ④ made believe

문 3. 밑줄 친 부분 중 어법상 옳지 않은 것은?

> One of the most notable and damaging complications ① what this disease has is memory loss. The Institution of National Health has surveyed more than 2,000 patients ② registered at more than 50 general hospitals nationwide ③ for the past five years and found that approximately 65% of them were suffering from memory loss. Unlike memory loss related ④ to other diseases such as senile dementia, these respondents reported both chronic and acute memory loss.

문 4. 우리말을 영어로 잘못 옮긴 것은?

① 그녀의 남동생이 그녀를 방문했을 때 Molly는 이미 저녁 식사를 마쳤다.
→ Molly had already finished her dinner when her younger brother visited her.
② 그녀 혼자서 들어올리기는 너무 무거워 그녀는 도움을 요청했다.
→ Being too heavy to lift by herself, she asked for help.
③ 우리 투숙객들 대부분은 관광객들입니다.
→ Most of our guests are tourists.
④ 그 기술자는 더 일찍 추가적인 부품들을 주문했었어야 했다.
→ The technician ought to have ordered more parts earlier.

문 5. 밑줄 친 부분의 의미와 가장 가까운 것은?

> Since that was our first visit there, we were not able to explain the uncanny familiarity with the harbor.

① aboriginal ② transparent
③ odd ④ fatuous

문 6. 빈칸에 들어갈 말로 가장 적절한 것은?

> Her timid personality and skin problems forced her to _____ almost all outdoor activities.

① shy away from ② take up
③ make clear ④ fit in with

문 7. 어법상 옳은 것은?

① The least frequently Ben calls his mom, the more often she tries to contact him.
② The office is waiting for sales reports from our branch which is about potential investors.
③ The reporter approached to the politician with care to ask about her future plans.
④ Had it not been for the grant from your foundation, I would have closed my bookstore.

문 8. 우리말을 영어로 옳게 옮긴 것은?

① 교장은 다음 달에 또 다른 모금행사를 여는 것을 터무니없다고 생각했다.
  → The principal found absurd to hold another fundraising event next month.

② 은퇴 직후 Mark는 자신의 자서전을 쓰는 데 전념하겠다고 결심했다.
  → Upon retiring, Mark decided to be dedicated to write his autobiography.

③ 나는 지루한 뭔가를 하며 내 여가 시간을 보내고 싶지 않아.
  → I don't want to spend my free time doing something bored.

④ Jessica는 그녀의 친구를 배웅하기 위해 문까지 걸어가겠다고 자원했다.
  → Jessica volunteered to walk to the gate to show out her friend.

문 9. 다음 글의 흐름상 가장 어색한 문장은?

Although slavery in the US had been already abolished for almost a century, severe tensions between races and discriminations against African Americans were still rampant in the 1950's. ① Segregation, which means the practice of keeping people apart and running separate facilities for Caucasians and African Americans, was the norm. ② For example, African Americans were not allowed to attend the same educational institutions, reside in the same places, or work in the same space as Caucasians. ③ The country, which had been once a colony, was becoming a true melting pot where different races got mixed accordingly. ④ The conflicts and tensions finally reached their peak. The era called the Civil Rights Movement in U.S. history was between the 1950's and 1960's when African Americans and civil rights activists ended segregation and laid the cornerstone of human rights through peaceful demonstrations.

문 10. 다음 글의 제목으로 가장 적절한 것은?

We see a number of people who have unconscious obstacles preventing them from amassing affluence. Consciously, they may think that they are doing their best to achieve their objective. However, they might have unconscious belief at bottom that they cannot gain what they want. The more that unwitting part is overlooked, the more barriers they will face to their goal. The second problem is that they frequently get obsessed with what they do not have instead of concentrating on what they already have and what they should do with it to reach a higher point. An intriguing pattern develops where they become resentful or angry about their situation. In turn, this is likely to limit them in what they can do. Therefore, it is important for them to maintain a composed state of mind.

① How Can We Maintain Calmness?
② Why Is Unconsciousness More Important Than Consciousness?
③ How Can We Express Our Anger in a Healthy Way?
④ What Obstructs People in Succeeding Financially?

문 11. 빈칸에 들어갈 말로 가장 적절한 것은?

A: I can see a fire station over there, so I think we are getting closer to the lake.
B: Bill, look! There is a sign for Canton Street.
A: OK. Then, we're almost there, right?
B: I guess it's 2 kilometers or so from here. Let's keep going.
A: Good. Oh, look! That must be the lake.
B: I think so. Isn't that Jack's car? They arrived before us.
A: I didn't expect that.
B: _____
A: We should have left earlier, too.

① How long will it take to get there?
② Jack and Tom must have departed before sunrise.
③ I think they are busy unpacking now.
④ Jack and Tom told us to stay here and call them.

문 12. 다음 글에 나타난 Monica의 심경으로 가장 적절한 것은?

> Finally Lisa and Monica arrived at the terminal at midnight. They said good bye at the turnstile. They were classmates, but it was hard to say they were friends. Lisa did not have any female friends. She thought it was more fun with boys. On the other hand, Monica hoped that she and Lisa would become intimate friends. She was looking forward to being able to share their secrets. Having a close female friend is a very significant part of her life. Despite her wish, she felt Lisa was quite aloof. It was as hard for Monica to talk with Lisa as it was to talk to a total stranger.

① awkward and uncomfortable
② curious and delighted
③ tedious and distracted
④ horrified and disconnected

문 13. 주어진 문장 다음에 이어질 글의 순서로 가장 적절한 것은?

> The Industrial Revolution had influence on literally every aspect of society during the late 1800's, especially on life of the working class at the time, in not just positive ways but also adverse ways.

(A) As the number of deaths and injuries reached an unignorable point(35,000 deaths and 500,000 injuries a year by 1900), the government began taking necessary measures. Several states passed labor laws to limit working hours, followed by others.

(B) Women were also hired for the company to save money. They were paid considerably less than their male counterparts. But their labor intensity was quite high. There were women who engaged in heavy labor as railroad workers or machine operators for instance.

(C) Child labor was common at the time, and a child used to start working as early as the age of seven. Wages were outrageously low, and there was no government regulation to keep them away from unsafe and unhealthy working conditions.

① (C) — (A) — (B)
② (C) — (B) — (A)
③ (B) — (C) — (A)
④ (A) — (C) — (B)

※ 빈칸에 들어갈 말로 가장 적절한 것을 고르시오. (14~15)

문 14.

> A: Didn't you say you were going to the grocery store today?
> B: No, I meant tomorrow, not today. Why? Is there anything you need?
> A: _____ I can go myself.
> B: I can stop by the store on my way back.

① Yes, I have an appointment.
② It would be nice if you do so.
③ No, never mind.
④ Would you get me some milk?

문 15.

> The most common and popular entertainment was books and newspapers at first. Radio then became the main entertainment. And the next one was television. Television was an entirely new way that all kinds of entertainment could be provided. John L. Baird succeeded in transmitting images for the first time in 1925. In 1927, the first television system was introduced by Philo Farnsworth. _____.
> Picture and sound quality was coarse at best. Even when a news anchor was using a pointer to show locations on a map, it was hard to see them on television. In the US, NBC (National Broadcasting Company) was the first national TV network, followed by CBS (Columbia Broadcasting System) and ABC (American Broadcasting Company).

① Early television was very rudimentary
② Television sets started selling well
③ Television was superior to radio in every aspect
④ Business people started investing in the TV industry

문 16. 다음 글의 제목으로 가장 적절한 것은?

　　This animal is one of the few who make their home in the Arctic tundra. It is a mammal known to jump high in the air before raiding a burrow of its prey. Following a few seconds of ardent digging, it springs up from the ground with its delicious snack, a lemming. What animal shows such fascinating moves and hunting techniques? It is an arctic fox. It inhabits all over the northern Arctic, and, surprisingly, it does not hibernate. As the winter is coming, an arctic fox starts increasing its body fat by devouring as much as possible. It provides additional energy and insulation to endure the winter. What does an arctic fox eat? As an omnivore, it eats both animals such as lemmings, birds, and fish and plants including seaweed and berries. When it has a hard time finding food on its own, it eats leftovers by wolves and polar bears.

① Hunting Techniques of an Arctic Fox
② Astute Characters of an Arctic Fox
③ Strategies for Enduring Winter in the Arctic Tundra
④ An Arctic Fox: an Interesting Hunter

문 17. 밑줄 친 (A), (B)에 들어갈 말로 가장 적절한 것은?

　　Martin Luther King Jr. was the most influential figure of the Civil Rights Movement. King, who was a Baptist minister, urged the necessity of peaceful and nonviolent protest. He organized and played a crucial role in numerous protests and marches including Selma Voting Rights Movement in Alabama in 1965. Civil Rights activists marched from Selma to Montgomery, Alabama, 　(A)　 expressing the desire of African Americans to exercise their constitutional right to vote. At the time, Jim Crow Law, which is also known as the segregation, was pervasive, and white police did not mind resorting to violence against African Americans. They used to openly arrest, wound, or even kill African Americans. 　(B)　, King's contribution to the Civil Rights Movement and nonviolent civil resistance was widely recognized, and this eventually won him a Nobel Peace Prize.

	(A)	(B)
①	thereby	In doing so
②	though	Likewise
③	though	Hence
④	thereby	However

문 18. 다음 글의 내용과 일치하지 않는 것은?

　　Morning is considered an opportune time to break out the vitamins. Although supplement absorption is not temporal-dependent, some research suggests that the additional boost at breakfast helps people to get energized for the rest of the day. In some cultures, drinking espressos after dinner is becoming a sort of way of life, but you are better off stopping the caffeine intake as early as 3:00 P.M. to prepare for a decent sleep at night. It is important that your body remove all traces of caffeine by the time you go to bed. Some experts argue that a carbohydrate-fast after 5:00 P.M. is more of a myth than a chronobiological requirement. This is because it can deprive our body of essential energy needs. Although our digestive organs are apt to work very slowly for the night entirely, eating a small amount of food can help you maintain your proper energy level.

① A paucity of caffeine in your body won't affect your good night sleep.
② Eating starch after 5:00 P.M. is not necessarily bad for our internal body clock.
③ Getting caffeine out of our body is good for our good night sleep.
④ Having extra nutrition in the morning can vitalize your body.

문 19. 주어진 문장이 들어갈 위치로 가장 적절한 곳은?

In Ethiopia, for instance, Christmas is celebrated on January 7, not December 25, because they use a different calendar system, which is the old Gregorian calendar.

A custom means long-established traditions in a particular society or in particular circumstances. (①) And because it can be easily limited by spatial boundaries, it is not uncommon that different countries (or different regions in the same country) observe the same holiday in different manners. (②) Christmas Eve is called Grand Market in Jamaica: people go on a shopping spree during the day, and at night they buy a variety of foods from street vendors. (③) Korea and Japan, even though they are geographically very close to each other, are also quite different in celebrating Christmas. (④) Christmas in Japan, unlike that in Korea, is not even a holiday, because of the small population of Christians. From the view of Western people, the tradition of eating cake in Korea on Christmas Day, which is a striking example of localization, may look odd.

문 20. 빈칸에 들어갈 말로 가장 적절한 것은?

There is no doubt that creativity is one of the most crucial keys to a successful business. You might think creativity is an innate ability, or something that you are born with, but many studies show that creativity can be acquired through elaborate and well-organized training. In other words, creativity can be a postnatal nature of a person. That is why businesses invest considerable resources in training and inspiring their employees to come up with innovative ideas. Unfortunately, we see cutting-edge facilities and convenient devices do not always ensure employees' creativity, while some people who don't have an enough budget or support from the company innovate successfully. Robert B. Cialdini, Professor of Psychology at Arizona State University, says business leaders should keep in mind that creativity _____. Specifically, the earlier an employee finds his or her values in accordance with those of the company, the more likely the employee can contribute to the company. Research by Harvard Business School indicates that the right circumstances derive creativity from nearly every person regardless of their innate creativity.

① improves with experience
② begins with recruitment
③ refers to efficiency
④ has little to do with personality

한국사

http://eduwill.kr/gzzF

※ QR 코드를 스캔하여 〈1초 합격예측! 모바일 성적분석표 발급 서비스〉를 활용하세요.
※ 해당 QR 코드는 5회 세 과목(국어+영어+한국사)의 모바일 OMR을 모두 포함합니다.

문 1. 다음 자료와 관련된 역사서에 대한 설명으로 옳은 것은?

> 신이 아뢰옵니다. 옛날에는 여러 나라들도 각각 사관을 두어 일을 기록하였습니다. …… 해동의 삼국도 지나온 세월이 장구하니, 마땅히 그 사실이 책으로 기록되어야 하므로 마침내 늙은 신에게 명하여 편집하게 하셨사오나, 아는 바가 부족하여 어찌할 바를 모르겠습니다.

① 우리나라 역사서 중 최초로 단군 신화를 수록하였다.
② 우리나라 역사서 중에 최초의 강목체 사서이나, 현재 전하지 않는다.
③ 중국 사서와는 달리 열전보다 본기에 큰 비중을 두고 있다.
④ 우리 역사를 중국과 대등하게 보고, 발해사를 최초로 우리 역사에 포함시켰다.

문 2. 다음 자료가 나타내는 시기에 대한 설명으로 가장 옳은 것은?

> 다행히 요사이 조상의 신령에 힘입어 기철 등이 처형되었고, 손수경 같은 무리도 법전에 정한 형벌에 따라 처형되었도다. …… 태조와 역대 선왕에게 존칭하는 칭호를 더 올리고, 그 제사에 힘써 극진히 정결하게 하고 능을 지키는 능지기는 요역을 면제해줄 것이다.

① 정방을 폐지하고 사림원을 설치하였다.
② 내재추제를 설치하여 국가 중대사를 결정하게 하였다.
③ 만권당을 설치하여 원나라 학자들과 문화 교류에 힘썼다.
④ 농장과 노비를 조사하기 위한 전농사를 설치하였다.

문 3. 다음 자료와 관련된 나라에 대한 설명으로 가장 옳은 것은?

> 인구는 큰 나라의 경우에 만여 가, 작은 나라의 경우에 수천 가로 총 10여만 호이다. …… 짚으로 지붕을 덮은 흙집에 사는데, 그 모양이 마치 무덤과 같으며, 문은 윗부분에 있다.
>
> ─『삼국지』 위서 동이전 ─

① 반농반목을 주로 했으며 가부장적 사회였다.
② 10월에 제천 행사를 치렀으며 국동대혈에서 왕과 신하가 제사를 지냈다.
③ 왕이 죽으면 많은 사람을 함께 묻는 순장의 풍속이 있었다.
④ 철제 농기구를 사용했으며 저수지를 축조하여 벼농사에 이용하였다.

문 4. 다음 결정문과 관련된 사실로 옳은 것은?

> 1. 조선을 독립 국가로 재건설하며 조선을 민주주의적 원칙하에 발전시키기 위한 조건을 조성하고 …… 임시 조선 민주주의 정부를 수립할 것이다.
> 2. 조선 임시 정부의 구성을 원조할 목적으로 …… 남조선 미합중국 관구와 북조선 소 연방국 관구의 대표자들로 공동 위원회가 설치될 것이다. 그 제안을 작성하는 데 있어 공동 위원회는 조선의 민주주의 정당 및 사회단체와 협의해야 한다.

① 미·영·중·소 각국 정상들이 참여하여 발표하였다.
② 이 결정문에 따라 두 차례의 미·소 공동 위원회가 개최되었다.
③ 국내 우익 세력은 이 결정문을 크게 환영하였다.
④ 미국은 닉슨 독트린을 발표하여 반공 정책을 강화하였다.

문 5. 밑줄 친 '이 사건'에 대한 설명으로 옳은 것은?

> 4~5명의 개화당이 사건을 일으켜서 나라를 위태롭게 한 다음 청나라 사람의 억압과 능멸이 대단하였다. …… 종전에는 개화가 이롭다고 말하면 그다지 싫어하지 않았으나 이 사건 이후 조야(朝野) 모두 "개화당은 충의를 모르고 외인과 연결하여 매국배종(賣國背宗)하였다."라고 하였다.

① 이 사건이 발생하자 고종은 경우궁으로 피신하였다.
② 차관 도입을 위해 수신사가 파견되는 계기가 되었다.
③ 이 사건의 결과 일본 군대가 조선 내에 주둔할 수 있게 되었다.
④ 일본군의 경복궁 점령으로 개혁이 무산되었다.

문 6. 다음 자료와 관련된 선사 시대에 대한 설명으로 옳은 것은?

> ○ 함북 청진 농포동 유적에서 흙으로 만든 여성 조각품이 출토되었다.
> ○ 웅기 굴포리 서포항 유적에서는 시체의 머리를 동쪽으로 두고 얼굴을 위로 향하게 한 무덤이 출토되었다.

① 긁개와 밀개 등을 이용해 사냥 활동을 하였다.
② 돌로 만든 보습과 괭이 등을 농경에 사용하였다.
③ 방형 움집을 짓고 벼농사를 시작하였다.
④ 토기에 흑연 등의 검은 광물질을 바른 토기가 만들어졌다.

문 7. (가)~(라)의 시기에 해당하는 백제 역사에 대한 설명으로 옳지 않은 것은?

기원전 18년	475년	538년	660년	665년
	(가)	(나)	(다)	(라)
건국	웅진 천도	사비 천도	사비성 함락	문무왕과 회맹

① (가) – 동진을 통해 불교를 수용한 후 미륵사를 창건하였다.
② (나) – 공납을 바치지 않는 탐라국에 대한 정벌을 단행하기도 하였다.
③ (다) – 중국 남조와 교류하고 일본에 불교를 전파하였다.
④ (라) – 복신과 도침 등이 군사를 일으켜 당나라 군대를 공격하였다.

문 8. 고려 시대 경제에 대한 설명으로 옳은 것은?

① 중앙과 지방의 관청에서는 기술자 명단인 공장안을 작성하여 기술자를 등록해 두었다.
② 매점매석과 같은 시전의 상행위를 감독하는 기관으로 상평창을 설치하였다.
③ 충렬왕 시기에 문익점이 목화씨를 원에서 들여와 의복 생활이 변화되기 시작하였다.
④ 고려 후기에는 소 수공업과 사원 수공업 중심으로 각종 물품이 생산되었다.

문 9. 다음은 임진왜란 때의 주요 전투이다. 순서대로 바르게 나열한 것은?

> ㄱ. 이순신은 사천에서 왜를 격퇴하였으며, 이 과정에서 처음으로 거북선이 실전에 참전하였다.
> ㄴ. 진주 목사 김시민이 왜의 대군을 맞아 격전 끝에 진주성을 지켜냈다.
> ㄷ. 조·명 연합군이 결성되고, 평양성을 탈환하였다.
> ㄹ. 권율의 지휘하에 관군과 백성들이 합심하여 왜군의 대규모 공격을 격퇴하였다.

① ㄱ – ㄴ – ㄷ – ㄹ
② ㄱ – ㄴ – ㄹ – ㄷ
③ ㄱ – ㄹ – ㄴ – ㄹ
④ ㄱ – ㄷ – ㄹ – ㄴ

문 10. 밑줄 친 '이 법'에 대한 설명으로 옳지 않은 것은?

> 현물로 바칠 벌꿀 한 말의 값은 본래 목면 3필이지만, 모리배들은 이를 먼저 대납하고 4필 이상을 거두어 갑니다. 이런 폐단을 없애기 위해 이 법을 시행하면 부유한 양반 지주가 원망하고 시행하지 않으면 가난한 농민이 원망한다는데, 농민의 원망이 훨씬 더 큽니다. 경기와 강원에서 이미 시행하고 있으니 충청과 호남 지역에도 하루빨리 시행해야 합니다.

① 농민 부담의 경감과 국가 재정 보완을 위하여 실시되었다.
② 광해군 때 처음으로 경기도를 중심으로 시행하였다.
③ 이 법의 시행으로 관청에 물품을 납품하는 공인의 활동이 활발해졌다.
④ 북부 지역인 평안도와 함경도는 토지 1결당 쌀 12두씩을 부과하였다.

문 11. 밑줄 친 '그'와 관련된 시기에 대한 설명으로 옳은 것은?

> 당 태종이 붉은색, 자주색, 흰색의 3색 모란꽃 그림과 씨앗 3되를 보내왔다. 그는 꽃 그림을 보고 "이 꽃은 절대로 향기가 없을 것이다."라고 말했다. 이에 씨를 뜰에 심어 그 꽃이 피고 떨어지기를 기다리니 과연 그 말과 같았다.

① 백제 의자왕의 공격으로 대야성이 함락되었다.
② 원광법사의 도움으로 수나라에 걸사표를 지어 바쳤다.
③ 당나라 태종의 어진 정치를 칭송한 「태평송」을 지었다.
④ 음탕하다는 이유로 화백 회의에서 폐위당하였다.

문 12. 밑줄 친 '이 학문'과 관련된 설명으로 옳지 않은 것은?

> 이 학문은 인의를 해치고 천하를 어지럽히는 것이다. …… 심즉리(心卽理)라는 말을 만들어 내어 "천하의 이(理)는 내 마음 속에 있지 밖의 사물에 있는 것이 아니니, 다만 마음을 보존하여 기르는 데 힘쓸 뿐 사물에서 이(理)를 구해서는 안 된다."라고 한다. 그렇다면 사물에 오륜과 같이 중요한 것이 있어도 되고 없어도 된다는 것인데, 불교와 무엇이 다른가?

① 실천성을 강조하며, 치양지설과 지행합일을 주장하였다.
② 노론 계열의 학자 집안을 중심으로 가학(家學)의 형태로 계승되었다.
③ 이황은 이 학문을 사문난적으로 비판하며 이단으로 간주하였다.
④ 18세기 초 정제두는 강화 학파를 형성하여 연구를 심화시켜 나갔다.

문 13. 다음 자료와 관련된 단체의 활동으로 옳은 것은?

> 프랑스 조계지에 있던 청사는 48시간 내에 비우라는 프랑스 경찰의 통지를 받고 더 비밀스런 장소로 이전하였다. 통지는 프랑스 경찰서에서 발부한 것이지만 사실은 일본인의 부추김에 의해 이루어진 것이라고 한다.

① 만주에 한국인 자치 기관인 국민부를 두었다.
② 독립군 양성을 위해 조선 혁명 간부 학교를 세웠다.
③ 대한인 국민회를 중심으로 외교 활동을 전개하였다.
④ 기관지로 국한문 혼용의 〈독립신문〉을 발간하였다.

문 14. 조선 시대 관계(官階)에 대한 설명으로 옳지 않은 것은?

① 관료의 품계는 정1품에서 종9품의 18품 30계로 구성되었다.
② 정7품 이하를 참하관이라 하고, 수령에 임명하였다.
③ 관직과 품계의 불일치를 보완하기 위해 행수 제도를 두었다.
④ 정3품 통정대부 이상은 당상관이라 하여 국가 주요 정책을 논의하였다.

문 15. 다음 자료가 발간될 당시의 모습으로 가장 적절한 것은?

> 조선 문학계의 흐름이 바뀌고 있다. 이제까지 예술성을 중시한 흐름과 현실을 고발하고 계급을 중시한 흐름이 있었다면, 근래 새로운 작품이 출현하고 있다. 조선 민족의 정서를 표현한 『진달래꽃』에 이어, 이번엔 저항 의식을 담은 한용운의 『님의 침묵』이 발간된 것이다.

① 영화 「아리랑」의 제작 과정을 취재하는 잡지사 기자
② 원각사에서 신극을 관람하며 눈물을 흘리는 관객
③ 새로 나온 신소설 『자유종』을 구입하는 여학생
④ 일제 군국주의를 찬양하고 있는 이광수, 노천명

문 16. 근대 신문에 대한 설명으로 옳지 않은 것은?

① 〈황성신문〉은 1898년 남궁억 등이 창간했으며, 을사늑약의 체결 과정을 상세히 다룬 기사를 실었다.
② 1898년 이종일 등이 순 한글로 간행한 〈제국신문〉은 부녀자와 서민에게 큰 인기를 얻었다.
③ 이인직은 재정난에 봉착한 〈만세보〉를 인수하여 일진회 등의 매국 행위를 비판하였다.
④ 〈대한매일신보〉는 고종이 을사늑약에 서명하지 않았으므로 무효라는 친서를 발표하였다.

문 17. 밑줄 친 '이 사상'에 대한 설명으로 옳지 않은 것은?

> 신라 말기에 도선과 같은 선종 승려들이 중국에서 유행한 이 사상의 확산에 기여하였다. 이는 산세와 수세를 살펴 도읍·주택·묘지 등을 선정하는, 경험에 의한 인문 지리적 사상이다. 아울러 지리적 요인을 인간의 길흉화복과 관련하여 생각하는 자연관 및 세계관을 내포하고 있다.

① 현세구복을 추구하고 초제를 거행하였다.
② 묘청이 서경 천도의 필요성을 주장하는 논리로 활용하였다.
③ 고려 숙종 때 이 사상의 영향을 받아 남경개창도감을 설치하였다.
④ 신라 말 호족이 자기 지역의 중요성을 자부하는 근거로 이용하였다.

문 18. 고려 문종 시기에 실시된 전시과 제도와 관련된 내용으로 옳은 것은?

① 4색 공복을 기준으로 등급을 나누었다.
② 산직(散職)이 전시의 지급 대상에서 배제되었다.
③ 문관을 우대하였으며, 한외과가 법제화되었다.
④ 논공행상에 따라 토지를 분급하였다.

문 19. 다음 자료에서 설명하는 나라에 대한 사실로 옳은 것은?

> 도둑질한 자는 남자는 그 집의 가노(家奴)로 삼고, 여자는 비(婢)로 삼았다. 노비에서 벗어나기를 원하는 자는 50만 전을 내야 하는데 비록 면하여 민의 신분이 되어도 사람들이 이를 부끄럽게 여겨 장가들고자 하여도 결혼할 사람이 없었다. 이런 까닭에 그 백성들이 서로 도둑질하지 않았고 문을 닫는 사람이 없었다. 부인들은 단정하여 음란한 일이 없었다.

① 이승휴의 『제왕운기』에 건국 사실이 기술되어 있다.
② 왕 밑에 사자, 조의, 선인과 같은 관직을 두었다.
③ 부족 간 산천 경계를 중시하는 책화의 풍속이 있었다.
④ 대가들이 사출도라 불리는 지역을 독자적으로 다스렸다.

문 20. 일제 강점기에 실시된 토지 조사 사업 대한 설명으로 옳지 않은 것은?

① 일본 자본의 토지 점유에 적합한 토지 소유의 증명 제도를 확립하기 위해 실시되었다.
② 지세 수입을 증대시켜 일제의 식민지 통치를 위한 조세 수입 체제를 확립하기 위해 실시되었다.
③ 사업의 실시로 인해 동양 척식 주식회사가 설립되어 일본인에게 값싸게 토지를 불하하였다.
④ 토지 조사 사업 이전까지의 일본 상업 자본의 토지 점유를 합법화하기 위해 실시되었다.

9급공무원 공개경쟁채용 필기시험

일반행정직

회차
⑥

응시번호	
성 명	

【시 험 과 목】

제1과목	국 어	제2과목	영 어	제3과목	한 국 사
제4과목	행정법총론		제5과목	행정학개론	

응시자 주의사항

1. **시험시작 전에 시험문제를 열람하는 행위나 시험 종료 후 답안을 작성하는 행위를 한 사람**은 「공무원임용시험령」 제51조에 의거 **부정행위자**로 처리됩니다.

2. **답안지 책형 표기는 시험시작 전** 감독관의 지시에 따라 **문제책 앞면에 인쇄된 책형을 확인**한 후, **답안지 책형란의 해당 책형(1개)에 "●"와 같이 표기**하여야 합니다.

3. 답안은 반드시 문제책 표지의 **과목순서에 맞추어 표기**하여야 하며, 과목순서를 바꾸어 표기한 경우에도 문제책 표지의 과목순서대로 채점되므로 유의하시기 바랍니다.

4. 시험이 시작되면 문제를 주의 깊게 읽은 후, **문항의 취지에 가장 적합한 하나의 정답을 고르며**, 문제내용에 관한 질문을 하실 수 없습니다.

5. **답안을 잘못 표기하였을 경우**에는 **답안지를 교체하여 작성**하거나 **수정테이프만을 사용하여 수정**할 수 있으며(수정액 또는 수정스티커 등은 사용 불가), 부착된 수정테이프가 떨어지지 않도록 눌러 주어야 합니다.
   - 불량 수정테이프의 사용과 불완전한 수정처리로 인해 발생하는 모든 문제는 **응시자 본인에게 책임**이 있습니다.

6. **시험시간 관리의 책임**은 응시자 본인에게 있습니다.

정답공개 및 가산점 등록 안내

1. **정답공개, 이의제기:** 사이버국가고시센터(http://gosi.kr)
2. **가산점 등록 방법:** 사이버국가고시센터(http://gosi.kr) ⇒ 『원서접수 ⇒ 가산점등록/확인』

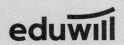

국어

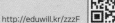

http://eduwill.kr/zzzF

※ QR 코드를 스캔하여 〈1초 합격예측! 모바일 성적분석표 발급 서비스〉를 활용하세요.
※ 해당 QR 코드는 6회 세 과목(국어+영어+한국사)의 모바일 OMR을 모두 포함합니다.

문 1. 밑줄 친 부분의 띄어쓰기가 잘못된 것은?

① 시간 날 때 낚시나 한번 갑시다.
② 그녀는 은연 중에 자신의 속뜻을 내비치고 있었다.
③ 차라리 얼어 죽을망정 곁불은 아니 쬐겠다.
④ 거기까지 걸어가는 데는 30분쯤 걸린다.

문 2. 다음 중 밑줄 친 부분이 바르게 표현된 것은?

① 잡은 물고기를 급냉하여 보관했다.
② 여름 개편을 맞아 시청율이 저조한 몇 가지 프로그램이 폐지되었다.
③ 그는 공무원 시험에 합격한 자신이 자랑스런 모양이다.
④ 얼굴이 파래서 묻는 말에 대답도 안 한다.

문 3. 밑줄 친 부분이 표준어인 것은?

① 큰 배달나무 아래에서 난 그녀를 기다렸다.
② 이 이름도 없는 금일에게 시집을 온 것을 생각하니 애달프기 짝이 없다.
③ 우리 집에는 오얏나무가 한 그루 있다.
④ 김 첨지는 장죽을 털어서 잎초를 부스럭부스럭 담는다.

문 4. 〈보기〉의 조항에 따라 발음하지 않은 것은?

─────〈보 기〉─────
제30항 사이시옷이 붙은 단어는 다음과 같이 발음한다.
  1. 'ㄱ, ㄷ, ㅂ, ㅅ, ㅈ'으로 시작하는 단어 앞에 사이시옷이 올 때는 이들 자음만을 된소리로 발음하는 것을 원칙으로 하되, 사이시옷을 [ㄷ]으로 발음하는 것도 허용한다.
  2. 사이시옷 뒤에 'ㄴ, ㅁ'이 결합되는 경우에는 [ㄴ]으로 발음한다.
  3. 사이시옷 뒤에 '이' 소리가 결합되는 경우에는 [ㄴ ㄴ]으로 발음한다.
──────────────────

① 냇가[내:까]로 가기 위해 숲속 샛길을 걷는다.
② 뱃속[밷쏙]이 편안하지 않다.
③ 힘들어도 아랫니와 윗니[윈니]를 꽉 물었다.
④ 나뭇잎[나문닙]이 계속 뺨을 할퀸다.

문 5. 어법에 맞고 자연스러운 문장은?

① 사장님, 김 과장은 우체국에 갔습니다.
② 나는 누가 시키는 일은 반드시 하지 않는다.
③ 친구야말로 어려움을 함께 나누는 동반자야.
④ 한결같이 어려운 이웃을 돕는 사람들이 많아.

문 6. 다음 시와 〈보기〉를 비교하여 감상한 내용으로 적절한 것은?

  일조낭군(一朝郎君) 이별 후의 소식조차 돈절(頓絕)ᄒ니
  오날올까 내일올까 그린지도 오릭거라
  일월무정(日月無情) 결노가니 옥안운발(玉顔雲髮) 공로(空老)로다
  이별이 불이 되어 태우느니 간장(肝腸)이다
  나며들며 빈 방안에 다만 흔숨쑨이로다
  인간니별(人間離別) 만사중(萬事中)의 나 갓튼이 쏘 이슬가
  바람부러 구룸되야 구룸 쎠 져문 날의
  나며들며 빈 방으로 오락가락 혼자 안져
  임 계신 듸 바라보니 아늬 상사(相思) 허사(虛事)로다
  공방미인(空房美人) 독상사(獨相思)가 녜로붓터 이러ᄒ가
  닉 스랑ᄒᄂ 굿틱것 임도 날 싱각ᄂ가
  날 스랑ᄒᄂ 싯틱 늠 스랑ᄒ려는가
  만첩청산(萬疊靑山) 들아간들 어늬 랑군(郎君) 날 찾으리
  산(山)은 첩첩(疊疊) 고개되고 물은 충충 소(沼)이로다
  오동추야(梧桐秋夜) 밝은 달에 님 생각이 새로왜라
  무정(無情)하야 그러ᄒ가 유정(有情)하야 이러ᄒ가
  산계야목(山鷄夜鶩) 길을 쓰려 도라올 줄 모로ᄂ가
  노류장화(路柳墻花) 썩어 쥐고 춘색(春色)으로 단기ᄂ가
  가는 길 자최 업셔 오는 길 무듸거다
  흔 번 죽어 도라가면 다시 보기 어려오리
  녯 정(情)이 잇거든 다시 보게 삼기소셔
              – 작자 미상, 「상사별곡(相思別曲)」 –

─────〈보 기〉─────
  내 님믈 그리ᄉ와 우니다니
  산(山) 졉동새 난 이슷ᄒ요이다.
  아니시며 거츠르신들 아으
  잔월효성(殘月曉星)이 아ᄅ시리이다.
  넉시라도 님은 흔ᄃ 녀겨라 아으
  벼기시더니 뉘러시니잇가.
  과(過)도 허믈도 천만(千萬) 업소이다.
  물 힛마리신뎌 / 술읏븐뎌 아으
  니미 나를 ᄒ마 니즈시니잇가.
  아소 님하, 도람 드르샤 괴오쇼셔.
              – 정서, 「정과정(鄭瓜亭)」 –
──────────────────

① 이 시와 〈보기〉는 유사한 문장 구조의 반복을 통해 주제를 강화하고 있다.
② 이 시는 웃음의 상황이 강화되어 있고, 〈보기〉는 비극적 상황이 강화되어 있다.
③ 이 시와 〈보기〉는 현재의 상황에 대한 괴로움과 미래의 소망이 함께 표출되어 있다.
④ 이 시의 '산계야목(山鷄夜鶩)'과 〈보기〉의 '산(山) 접동새'는 함축적 의미가 유사하다.

문 7. 다음 시의 화자의 삶의 방식과 가장 유사한 것은?

> 솔 아래 길흘 내고 못 우히 딕*를 뿟니
> 풍월연하(風月烟霞)*는 좌우(左右)로 오ᄂᆞ괴야
> 이 스예 한가히 안자 늘는 주를 모ᄅᆞ리라
> 〈제3수〉
>
> 집 두헤 ᄌᆞ차리* 뜯고 문 알픠 믈근 십 기러
> 기장밥 닉게 짓고 산채갱(山菜羹)* 므로 슬마
> 조석(朝夕)게 풍미(風味)이 족(足)흠도 내 분인가 ᄒᆞ노라
> 〈제5수〉
> – 김득연, 「산중잡곡(山中雜曲)」 –
>
> *딕: 축대.
> *풍월연하: 바람, 달, 안개, 노을.
> *ᄌᆞ차리: 산나물의 일종으로 추정됨.
> *산채갱: 산나물로 만든 국.

① 이런들 어떠하며 저런들 어떠하리. / 만수산(萬壽山) 드렁칡이 얽어진들 그 어떠하리. / 우리도 이같이 얽어져 백 년(百年)까지 누리리라.
– 이방원의 시조
② 십 년(十年)을 경영(經營)ᄒᆞ야 초려삼간(草廬三間) 지여 내니, / 나 ᄒᆞᆫ 간(間) 둘 ᄒᆞᆫ 간에 청풍(淸風) ᄒᆞᆫ 간 맛져 두고, / 강산(江山)은 들일 ᄃᆡ 업스니 둘러 두고 보리라.
– 송순의 시조
③ 어리고 성권 매화(梅花) 너를 밋지 아녓더니, / 눈 기약(期約) 능(能)히 직혀 두세 송이 퓌엿고나. / 촉(燭) 좁고 갓가이 ᄉᆞ랑헐 제 암향(暗香)좃ᄎ 부동(浮動)터라.
– 안민영의 시조
④ 이화(梨花)에 월백(月白)ᄒᆞ고 은한(銀漢)이 삼경(三更)인 제, / 일지춘심(一枝春心)을 자규(子規)야 알랴마는 / 다정(多情)도 병(病)인 양ᄒᆞ여 좀 못 드러 ᄒᆞ노라.
– 이조년의 시조

문 8. 다음 글을 통해 이끌어 낸 내용으로 적절하지 않은 것은?

17세기말 시작된 호락논쟁(湖洛論爭)은 상대주의적 가치관에 대한 대응이면서 성리학이 태생적으로 안고 있던 가치 상대주의의 가능성에 대한 심각한 내부적 논쟁이었다. 이들은 인간의 본성인 인성과 타 존재의 본성인 물성이 다르다고 주장하는 인물성이론(人物性異論)의 호론과 근본적으로 서로의 본성은 같다는 인물성동론(人物性同論)의 낙론으로 나뉘었다. 호론은 불교, 양명학 등이 불러일으키는 성선의 절대성 약화를 우려하였다. 그래서 호론은 인성과 물성이 다르다는 입장을 기본으로 하여 인간 본성인 성선의 회복을 주창하였다.

반면 낙론은 현실적 대응 방법이 호론과 달랐다. 낙론의 선조격인 김창협은 호론의 주장을 따를 경우 발생할 도덕적 규율에 의한 억압과 욕망의 질식 상태를 인정할 수 없었다. 즉 욕망은 부정되어야 하지만 엄연한 현실이라고 본 것이다. 욕망을 인간 본성의 또 다른 모습으로 인정함으로써 결국 낙론은 모든 사물마다 고유한 각각의 가치가 있음을 인정하였다. 이러한 상대적 가치에 대한 인정으로 고유한 가치를 지닌 모든 사물을 관찰을 통해 새롭게 이해하려는 태도가 대두하였다.

19세기의 조선 성리학자에게 모든 것이 가치 있다는 낙론의 주장은 사물에 대한 관심을 불러일으켰다. 그래서 추사 김정희는 고증을 통해 과거의 사물에 대해 철저하게 탐구하고자 하였고, 최한기는 김정희와 달리 사물을 과학적이고 합리적으로 이해할 수 있는 방법으로 지리·천문·의학 등의 서양 학문에 관심을 가졌다.

① 불교와 양명학에는 상대주의적 가치관이 들어 있다.
② 호론의 본성관은 전통 성리학자들의 태도와 상반된다.
③ 호락논쟁은 필연적인 성리학적 과제로부터 비롯하였다.
④ 낙론의 주장은 사물에 대한 학문적 탐구의 길을 열었다.

문 9. [A]의 서술상의 특징으로 알맞은 것은?

　　가을도 다 끝나고 이제는 겨울 나무 준비로 바쁜 어느 날, 간난이 할아버지는 서산 너머의 옛날부터 험한 곳이라고 해서 좀처럼 나무꾼들이 드나들지 않는, 따라서 거기만 가면 쉽게 나무 한 짐을 해 올 수 있는 여웃골로 나무를 하러 갔다. 손쉽게 나무 한 짐을 해 가지고 돌아오는 길에, 무심코 한 옆에 눈을 준 간난이 할아버지는 거기 웬 짐승의 새끼가 뭉켜 있는 걸 보았다. 이게 범의 새끼가 아닌가 하고 놀라 자세히 보니, 그것은 다른 것 아닌 잠든 강아지들이었다. 그리고 저만큼에 바로 신둥이 개가 이쪽을 지키고 서 있는 것이었다. 앙상하니 뼈만 남아 가지고.

　　간난이 할아버지가 강아지께로 가까이 갔다. 다섯 마린가 되는 강아지는 벌써 한 스무 날은 넉넉히 됐을 성싶었다. 그러자 간난이 할아버지는 다시 한번 속으로 놀라고 말았다. 잠이 들어 있는 다섯 마리 강아지 속에는 틀림없이 누렁이가, 검둥이가, 바둑이가 섞여 있는 게 아닌가. 그러나 다음 순간, 이건 놀랄 일이 아니라 응당 그럴 일이라고, 그 일견 험상궂어 뵈는 반백의 텁석부리 속에 저절로 미소가 지어지는 것이었다. 좀만에 그 곳을 떠나는 간난이 할아버지는 오늘 예서 본 일은 아무한테나, 집안 사람한테도 이야기 말리라 마음먹었다.

[A]
　　이것은 내 중학 이삼 년 시절 여름 방학 때 내 외가가 있는 목넘이 마을에 가서 들은 이야기로, 그 때 간난이 할아버지니 김 선달이니 차손이 아버지가 서산 앞 우물가 능수버들 아래에 일손을 쉬며 와 앉아 이런 이야기 저런 이야기 끝에 한 이야기다. 간난이 할아버지가 주가 되어 이야기를 해 나가는 도중 벌써 수삼 년 전 일이라 이야기의 앞뒤가 바뀐다든가 착오가 있으면 여럿이 서로 바로잡고, 빠지는 대목은 서로 보태 가며 하는 것이었다.

　　간난이 할아버지는 여웃골에서 강아지를 본 뒤부터는 한층 조심해서 누가 눈치채지 못하게 나무하러 가서는 이 강아지들을 보는 게 한 재미였다. 사람이 먹기에도 부족한 보리범벅이었으나, 그 부스러기를 집안 사람 몰래 가져다주기도 했다.

　　　　　　　　　　　　　－ 황순원, 「목넘이 마을의 개」 －

① 이야기의 사실성을 더해 주고 있다.
② 극적 반전으로 호기심을 유발하고 있다.
③ 앞으로 일어날 사건의 복선이 나타나 있다.
④ 새로운 사건 전개로 긴박감이 조성되고 있다.

문 10. ㉠~㉣을 고쳐쓰기 위한 방안으로 적절하지 않은 것은?

리더가 갖추어야 할 것들

　　어떤 ㉠집단이던 그 조직에는 '리더'가 있기 마련인데, 리더에 따라 조직의 성패가 판가름 나는 사례를 우리는 많이 보아 왔다. 리더의 능력과 자질에 따라 집단이 발전할 수도 있고, 중도에 파산할 수도 있다. ㉡세상에는 훌륭한 리더보다 그렇지 못한 리더가 더 많다.

　　무능한 리더는 일에 대한 전문성이 부족하여 미래의 결과를 예측하지 못하기 때문에 조직을 잘못된 방향으로 이끌 수 있다. ㉢따라서 리더라면 자신의 일에 대한 전문적인 능력을 갖추는 것이 가장 기본적인 조건이다. 그리고 독단적 리더는 구성원들의 생각은 아랑곳하지 않고 ㉣결코 자신의 뜻대로 일을 밀어붙인다. 이런 결정 역시 잘못된 결과를 낳는 경우가 많다. 히틀러는 잘못된 결정으로 전쟁을 일으켜서 독일 국민은 물론, 세계를 비극으로 몰아넣었다. 리더라면 여러 사람의 의견을 참고하여 합리적인 결정을 할 수 있는 사람이어야 한다.

① ㉠은 어법에 맞지 않으므로 '집단이든'으로 고친다.
② ㉡은 통일성을 깨뜨리는 문장이므로 삭제한다.
③ ㉢은 앞뒤 문장 내용의 연결을 고려하여 '그렇지만'으로 바꾼다.
④ ㉣은 문맥에 맞지 않는 어휘이므로 '기어이'로 수정한다.

문 11. 밑줄 친 관용구의 뜻풀이가 바르지 않은 것은?

① 청년은 상대편을 보고는 속으로 코웃음을 쳤다. → 남을 깔보고 비웃다
② 시장 골목 양옆으로 노점상들이 진을 쳤다. → 사람이나 물건이 어떤 공간에 빈틈없이 꽉 찬 상태에 있다
③ 그녀에 대한 소문이 가지를 쳐서 걷잡을 수 없을 정도로 퍼져 나갔다. → 하나의 근본에서 딴 갈래가 생겨서
④ 괜히 끼어들어 남 하는 일에 초 치고 있지 말고 잠자코 가만히 있어. → 잘되려는 일에 방해를 놓아서 일이 잘못되도록 만들고

문 12. 다음 시에 대한 감상 중, 내재적 접근 방법에서 벗어난 것은?

> 나의 소년 시절은 은(銀)빛 바다가 엿보이는 그 긴 언덕길을 어머니의 상여(喪輿)와 함께 꼬부라져 돌아갔다.
>
> 내 첫사랑도 그 길 위에서 조약돌처럼 집었다가 조약돌처럼 잃어버렸다.
>
> 그래서 나는 푸른 하늘 빛에 혼자 때없이 그 길을 넘어 강(江)가로 내려갔다가도 노을에 함뿍 자줏빛으로 젖어서 돌아오곤 했다.
>
> 그 강가에는 봄이, 여름이, 가을이, 겨울이 나의 나이와 함께 여러 번 다녀갔다. 가마귀도 날아가고 두루미도 떠나간 다음에는 누런 모래둔과 그리고 어두운 내 마음이 남아서 몸서리쳤다. 그런 날은 항용 감기를 만나서 돌아와 앓았다.
>
> 할아버지도 언제 난지를 모른다는 동구 밖 그 늙은 버드나무 밑에서 나는 지금도 돌아오지 않는 어머니, 돌아오지 않는 계집애, 돌아오지 않는 이야기가 돌아올 것만 같아 멍하니 기다려 본다. 그러면 어느새 어둠이 기어와서 내 뺨의 얼룩을 씻어 준다.
>
> – 김기림, 「길」 –

① ‘길’이라는 시어의 함축적 의미는 무엇일까?
② ‘조약돌처럼 잃어버렸다.’라는 시구에 담긴 작가의 첫사랑은 어땠을까?
③ ‘누런 모래둔과 그리고 어두운 내 마음’에 담긴 시적 화자의 정서는 무엇일까?
④ ‘항용 감기를 만나서 돌아와 앓았다.’라는 시구에 담긴 상징적 의미는 무엇일까?

문 13. 다음 글에서 ‘충’과 ‘효’를 대비시킨 글쓴이의 궁극적 의도로 알맞은 것은?

> 유교에는 옛날부터 부자천합(父子天合)과 군신의합(君臣義合)이라는 명제가 있다. 부자천합이란 ‘부자 관계는 자연에 의해서 결정된다’는 뜻으로 그 때문에 부모와 자식의 관계는 인위적으로 끊을 수 없다는 의미를 내포하고 있다. 그에 비해 군신의합은 ‘임금과 신하라는 관계는 공동의 목표 곧 의리에 의해서 부합된 관계’이므로 의리가 맞지 않는다면 언제라도 끊을 수 있다는 뜻이다. 이렇게 보면 충과 효를 동일한 맥락에서 파악하는 것은 그릇된 것임을 쉽게 알 수 있다. 특히 부모에 대한 효도와 국가에 대한 충성을 동시에 만족시키기 어려운 상황에 마주치면 충을 버리고 효를 택하는 것이 옳다는 전제는 유교의 여러 문헌에서 얼마든지 확인할 수 있다. 이런 생각은 부모에게 효도하지 못하는 사람은 근본적으로 국가에 충성하는 것이 불가능하다는 판단에서 비롯된 것이다. 결국 흔히 말하는 ‘충효일치’는 유교의 이론을 기준으로 볼 때 불가능한 셈이다.

① 충에 대한 효의 상대적 중요성을 밝히려고
② 현대인들에게 충과 효의 방법을 설명해 주려고
③ 효가 현대 사회에 와서 사라지는 이유를 밝히려고
④ 효에 대한 일반인들의 잘못된 인식을 바로잡으려고

문 14. 다음 ㉠~㉤ 중에서 뜻풀이가 바르게 된 것끼리 묶은 것은?

> ㉠ 매형: 누나의 남편
> ㉡ 진외가: 어머니의 외가
> ㉢ 종질: 육촌 형제의 아들
> ㉣ 올케: 오빠나 남동생의 아내
> ㉤ 종조부: 할아버지의 남자 형제

① ㉠, ㉡
② ㉢, ㉣
③ ㉠, ㉣, ㉤
④ ㉡, ㉢, ㉣

문 15. 밑줄 친 단어의 한자를 바르게 쓴 것은?

① 의사와 환자 간에 흔히 있는 오진(誤謬)에 대한 싸움인 것 같았다.
② 검찰은 수뢰(受略) 혐의로 전직 장관을 기소했다.
③ 사치(辭侈)와 허영에 빠지다.
④ 그는 석사 과정을 수료(受了)한 후 학위 논문을 준비 중이다.

문 16. 글의 통일성을 고려할 때 ㉠~㉣ 중 삭제해야 하는 문장은?

> 나무를 의미하는 가장 대표적인 한자는 목(木)이다. 이 한자는 갑골문에 나오는데, 대지를 덮은 나무의 모양을 본뜬 글자이다. 나무가 대지를 덮으려면 우선 땅에 뿌리를 내려야 하기 때문에 나무 목 한자는 나무가 땅속에서 올라오는 모습이다. ㉠목(木) 자 외에 나무를 의미하는 또 다른 한자는 수(樹)로 이 또한 갑골문에 등장하는데, 나무나 곡물을 세워 심는 데서 유래했다. ㉡요즘은 사람들이 많이 찾는 '수목원'처럼 수와 목을 묶어서 사용하기도 하지만 나무의 나이를 표현할 때는 수령이라고만 하고 목령이라고는 하지 않는다. ㉢그렇기 때문에 수목원이라는 명칭은 '나무 동산'이라는 이름으로 순화시켜 사용할 것을 권고 받는다. ㉣또한 나무에서 흘러나오는 액체를 의미할 때도 수액이라고 하지 목액이라고 하지는 않고 굳게 서 있는 경우를 수립이라 하지 목립이라 일컫지 않는다. 이처럼 나무 목과 나무 수는 용례상의 차이가 있는데, 나무 목(木) 자가 어원상 땅에서 막 올라오거나 관목의 성격을 띠고 있는 반면 나무 수(樹) 자는 상당히 자란 정도를 의미하는 것으로 보인다.

① ㉠

② ㉡

③ ㉢

④ ㉣

문 17. [A]와 [B]를 통해 '옥영'과 '최척'의 심리적 상황을 추론할 때 적절하지 않은 것은?

> 날씨가 맑은 어느 봄날 밤, 어둠이 깊어 갈 무렵 미풍이 일고 밝은 달이 환하게 비추었으며, 바람에 날리던 꽃잎이 옷에 떨어져 그윽한 향기가 스며들었다. 최척과 옥영이 술을 따라 마신 후 침상에 기대어 피리를 세 곡조 부니, 그 여음이 하늘거리며 퍼져 나갔다. 옥영이 한동안 말없이 있다가 가로되,
> "저는 본래부터 아녀자들이 시를 읊는 것을 못마땅하게 여겼으나, 이처럼 맑은 정경을 대하니 도저히 참을 수가 없군요."
> 하고, 마침내 절구(絕句) 한 수를 읊었다.
>
> [A]
> ┌ 낭군이 피리를 부니 달도 내려와 들으려는데
> │ 바다처럼 푸른 하늘엔 이슬이 서늘하네.
> │ 때마침 날아가는 푸른 난새를 함께 타고서도
> └ 안개와 놀이 가득하여 봉도(蓬島) 가는 길 찾을 수 없네.
>
> 최척은 아내가 이렇듯 시를 잘 읊조리는 줄 몰랐다. 아내의 시에 감탄하여 즉시 화답하기를,
>
> [B]
> ┌ 아득히 옥으로 만든 집에 새벽 구름 붉게 물들고
> │ 난새를 날게 한 맑은 피리 소리 끊이지 않네.
> │ 여음이 공중에 울려 퍼짐에 달은 떨어지려 하고
> └ 뜰에 드리운 꽃 그림자는 향기로운 바람에 날리네.
>
> – 조위한, 「최척전」 –

① [A]의 '낭군'이 부는 '피리' 소리를 '달도 내려와 들으려' 한다는 표현으로 보아, 옥영은 현재의 상황을 긍정적으로 생각하는군.

② [B]에서는 '뜰에 드리운 꽃 그림자'처럼 시적 공간이 아름답게 형상화되어 있으니, 최척도 현재의 상황을 만족스럽게 생각하고 있어.

③ [A]의 '안개와 놀이 가득하여 봉도(蓬島) 가는 길'을 찾을 수 없다는 표현에서는, 미래에 대한 옥영의 불안감도 엿볼 수 있어.

④ [B]에 사용된 '새벽 구름'도 암울한 상황을 암시한다는 점에서, 최척 역시 미래에 대한 불안감을 감추지 못하고 있군.

문 18. 다음 글에 대한 설명으로 가장 적절한 것은?

> 일주일 뒤에 황만근은 돌아왔다. 그의 아들이 그를 안고 돌아왔다. 한 항아리밖에 안 되는 그의 뼈를 담고 돌아왔다. 경운기도 돌아왔다. 수레는 떼어 내고 머리 부분만 트럭에 실려 돌아왔다. 황만근 아니면 그 누구도 작동시킬 수 없는 그 머리가, 바보처럼 주인을 태우지 않고 돌아왔다.
>
> 황만근, 황 선생은 어리석게 태어났는지는 모르지만 해가 가며 차츰 신지(神智)가 돌아왔다. 하늘이 착한 사람을 따뜻이 덮어 주고 땅이 은혜롭게 부리를 대어 알껍데기를 까 주었다. 그리하여 후년에는 그 누구보다 지혜로웠다. 그는 누구에게도 해를 끼치지 않았듯 그 지혜로 어떤 수고로운 가르침도 함부로 남기지 않았다. 스스로 땅의 자손을 자처하여 늘 부지런하고 근면하였다. 사람들이 빚만 남는 농사에 공연히 뼈를 상한다고 하였으나 개의치 아니하였다. 사람 사이에 어려움이 있으면 언제나 함께하였고 공에는 자신보다 남을 내세워 뒷사람을 놀라게 했다. 하늘이 내린 효자로서 평생 어머니 봉양을 극진히 했다. 아들에게는 따뜻하고 이해심 많은 아버지였고 훈육을 할 때는 알아듣기 쉽게 하여 마음으로 감복시켰다.
>
> 선생은 천성이 술을 좋아하였는데 사람들은 선생이 가난한 것은 술 때문이라고 했다. 선생은 어느 농사꾼보다 부지런했고 농사일에도 익어 있었다. 문중 땅과 나이가 들어 농사가 힘에 부친 사람의 땅을 빌려 농사를 지었다. 농사를 짓되 땅에서 억지로 빼앗지 않고 남으면 술을 빚어 가벼운 기운은 하늘에 바치고 무거운 기운은 땅에 돌려주었다. 그러므로 선생은 술로써 망한 것이 아니라 술의 물감으로 인생을 그려 나간 것이다. 선생이 마시는 막걸리는 밥이면서 사직(社稷)의 신에게 바치는 헌주였다. 힘의 근원이고 낙천(樂天)의 뼈였다.
>
> 전일에, 선생은 경운기를 끌고 면 소재지로 갔지만 경운기를 타고 온 사람이 없어 같이 갈 사람을 만나지 못했다. 선생은 다시 경운기를 끌고 백 리 길을 달려 약속 장소인 군청까지 갔다. 가는 동안 선생은 여러 번 차에 부딪힐 뻔했다. 마른 봄바람에 섞인 먼지가 눈을 괴롭혔다. 날은 흐렸고 추웠다. 이윽고 비가 내리기 시작했다. 경운기에는 비를 피할 만한 덮개가 없어서 선생은 뼛속까지 젖어 드는 추위에 몸을 떨었다. 선생이 군청 앞까지 갔을 때 이미 대회는 끝나고 아무도 없었다. 어머니에게 가져다줄 생선을 사고 몸을 녹인 선생은 날이 어두워 오는 줄도 모르고 경운기에 올라 집으로 향했다. 경운기에는 빠르게 달리는 차량의 주의를 끌 만한 표지가 없어서 선생은 몇 번이나 사고를 당할 뻔했다. 그때마다 멈추었다가 다시 출발하는 바람에 시간은 점점 늦어졌다. 어두워지면서 경운기는 길옆의 논으로 떨어졌고 수레는 부서졌다. 결국 선생은 그 밤 안으로 집에 돌아갈 수 없다는 걸 알았다. 선생은 경운기에 실려 있는 땅의 젖에 취하여 경운기 옆에 앉아 경운기를 지켰다. 그러나 경운기는 선생을 지켜 주지 않았다. 추위와 졸음으로 부터 선생을 지켜 주지 못했다. 아아, 선생이 좀 더 살았더라면 난세의 혹염에 그늘의 덕을 널리 베푸는 큰 나무가 되었을 것이다.
>
> – 성석제, 「황만근은 이렇게 말했다」 –

① 과거를 회상하는 방식으로 인물의 삶을 조명하고 있다.
② 외양 묘사를 통해 인물의 성격을 간접적으로 드러내고 있다.
③ 현재형 어미를 사용하여 생동감 있게 사건을 전개하고 있다.
④ 작품 속 서술자의 심경 변화를 통해 주제 의식을 드러내고 있다.

문 19. 한자 성어의 사용이 잘못된 것은?

① 반대자들을 지나치게 비판하는 것은, 矯角殺牛의 위험이 있다.
② 정부는 亡羊補牢 식으로 대책 마련에 야단법석이다.
③ 밤낮 부두에만 매달려 보았자 百年河淸이고 뭐니 뭐니 장삿길밖에 없을 것 같다.
④ 다시 한번 난리를 겪게 될까 두려운 주성 사람들은 집 안팎을 들락거리며 곡식과 세간을 감추느라고 輾轉反側이었다.

문 20. 높임법의 사용이 옳지 않은 것은?

① 손님, 주문하신 신발은 품절이십니다.
② 누님은 지금 제 말씀을 못 믿으시는군요.
③ 서류를 찾는 대로 바로 형님께 연락드리겠습니다.
④ 나는 아직 한 번도 어머님께 꾸중을 들어 본 적이 없다.

영어

http://eduwill.kr/zzzF

※ QR코드를 스캔하여 〈1초 합격예측! 모바일 성적분석표 발급 서비스〉를 활용하세요.
※ 해당 QR코드는 6회 세 과목(국어+영어+한국사)의 모바일 OMR을 모두 포함합니다.

※ 빈칸에 들어갈 말로 가장 적절한 것을 고르시오. (1~2)

문 1.

A: Is Peter around?
B: Yes, I've just talked to him. But why does he
_____?
A: I have no clue.
B: I thought he'd be in a good mood.
A: So did I, considering he's going to be promoted next month.
B: I guess he has some concerns about his family then.

① cut to the chase
② walk on eggshells
③ play a good hand
④ look so blue

문 2.

A: Did you enjoy your trip from Japan?
B: Yes, it was pleasant, but it took more than 10 hours to get here.
A: You must be exhausted.
B: _____
A: Then, why don't we go to the branch office right away? The division head is waiting for you.

① It didn't bother me that much.
② I'd rather take some rest.
③ I should have told you so.
④ Can I take a rain check?

※ 밑줄 친 부분의 의미와 가장 가까운 것을 고르시오. (3~5)

문 3.

It is not surprising that there are few people who can apprehend the thrust of her theory because she doesn't offer any specific explanations.

① drawback
② gist
③ ingenuity
④ rationale

문 4.

Kelly is highly regarded and trusted by her coworkers because she is down-to-earth all the time.

① tenacious
② conciliatory
③ practical
④ promising

문 5.

Thanks to its amazing profitability, the number of investors of the company has been on the rise by leaps and bounds.

① ostentatiously
② lopsidedly
③ rapidly
④ substantively

문 6. 어법상 옳지 않은 것은?

① Peter was criticized for leaving the paperwork incomplete.
② Concerns about his own health couldn't keep him from visiting his mother.
③ Kenny was told to quit smoking, but he doesn't seem to care.
④ The new foreign policy on oil import was that our company expected least.

문 7. 어법상 옳은 것은?

① Several local charity organizations have been supported the initiative to combat poverty.
② Enclosed in this letter is the shortlist of eight candidates for the degree.
③ The documentary shows unique ways of life that has not been revealed so far.
④ Unfortunately, the wave height was so high for us to proceed with our voyage.

문 8. 다음 글의 내용과 일치하는 것은?

A transitional fossil is an intermediate fossil between an ancestor and a descendant, which may show features of both or a characteristic shared between the two of seemingly unrelated creatures. This had made the misconception that evolution comes about in a linear manner; each organism has evolved stage by stage toward its present form. However, Darwin himself described his model as a tree, with each branch representing one animal. Think about Felis including cats, lions, tigers, and pumas. They share a common ancestor, but a cat will not turn into a tiger. Plenty of transitional fossils have been found and recorded. The absence of one or another transitional fossil cannot negate the idea of evolution. Think about a jigsaw puzzle with several missing pieces. You can still tell what the whole picture shows.

① A transitional fossil is a myth fabricated by pseudo-science.
② Evolution is plausible despite a few missing links.
③ A cat may evolve into a tiger, and it has been proven by transitional fossils.
④ Darwin's model of evolution seems rather linear.

문 9. 다음 글의 흐름상 가장 어색한 문장은?

The Roentgen Satellite (ROSAT), a German X-ray space observatory, was officially decommissioned in February 1999. This resulted from its defective onboard camera damaged by the direct sunlight. ① Some started worrying, since fragments from ROSAT were going to fall back to earth, which had possibilities of people's injuries and property damage by them. ② Germany has been fostering a number of aerospace engineers in accordance with government initiatives. ③ However, German officials assured them that the odds were tremendously remote. ④ This kind of concern is not the first time since there have been many satellites around the Earth. Up to date, however, there has been no accident related to falling debris from satellites.

문 10. 다음 글의 내용과 일치하지 않는 것은?

It has been proven that all newborns are colorblind. It is not until a newborn becomes approximately four months old that he or she starts to discriminate between different colors. This is the reason the vast majority of modern toys for infants under two have fundamental colors or black and white patterns, while conventional toys show a wide range of colors. However, some studies have found that developing a baby's color visual system can be expedited or delayed depending on the surroundings. In the early 2000's, a Japanese researcher conducted an experiment where he found color blindness, or color vision deficiency, is not utterly genetic. He divided newborn monkeys into two groups. One group, the experimental group, had been exposed to monochromatic lighting for 12 months, and the other group, the control group, had experienced a wide range of things in the open air just like normal monkeys. In color-matching tests later, the latter group recorded much higher scores than the former one.

① Playthings for infants usually have a limited number of colors.
② Some children develop their ability to distinguish colors earlier than others.
③ Some studies have disproved the claim that newborns cannot discern different colors.
④ Young monkeys exposed to various colors showed better ability to tell different colors.

문 11. 주어진 문장이 들어갈 위치로 가장 적절한 곳은?

> The first political party was the Federalist Party—neither the Democratic Party nor the Republican Party—formed by Alexander Hamilton.

There have been two opposing groups arguing the roles of the Federal Government. One is a group of Federalists who advocate it as a big and strong government. (①) And the other is a group of Anti-Federalists who are against it; they believe the power and authority must belong just to each local government. (②) In the past, therefore, the former were in favor of the Constitution while the latter were against it— before the advent of the Bill of Rights. Then, which group did form a political party first? (③) In fact, John Adams, the second U.S. president, was a member of the Federalist Party. (④) Most Federalists were city dwellers and engaged in big businesses, so they mostly wanted a government to regulate the national economy. In contrast, Anti-Federalists were largely farmers in rural areas. They believed each local government should manage economic activities and financial policies of its state.

문 12. 다음 글의 제목으로 가장 적절한 것은?

Most historians, philosophers, and political scientists agree that Gandhi considered ideas for change as seemingly minor things. For example, he claimed that the poor should be able to get simple but decent food. He also thought clean water and basic education should be offered to all children. Of course, he admitted the existence of the gap between the rich and the poor, which he believed would be around us forever. He read and studied a number of great books at the time, but he could not agree to most of them. He didn't believe change comes from great leaders or big ideas. Rather, he believed it starts from inside ordinary people. He collected ideas from everything. He regarded himself as a Christian, a Jew, a Muslim, and Hindu.

① Gandhi's Educational Background as a Great Thinker
② Gandhi's Solution to the Disparity between the Haves and the Have-nots
③ Gandhi's Thoughts as a Great Leader
④ Gandhi's Thoughts on Change as Ordinary Things

※ 우리말을 영어로 잘못 옮긴 것을 고르시오. (13~14)

문 13. ① 당신은 고속도로를 이용하는 것보다는 우회도로를 이용하는 것이 좋을 겁니다.
→ You may as well taking an alternative route than using the highway.
② 좋은 날씨 덕분에 참석자들의 수는 200명 상승했다.
→ Thanks to favorable weather, the number of attendees has increased by 200.
③ Mike는 매일 저녁 그의 어머니와 함께 산책하는 습관을 들였다.
→ Mike made a habit of taking a walk with his mother every evening.
④ Jane은 그의 눈을 바라보면서 메시지를 전했다.
→ Jane looked him in the eye and conveyed a message.

문 14. ① 솔직히 말해서, 그 상인은 우리의 제안에 전혀 관심을 보이지 않았다.
→ Frankly speaking, the merchant showed no interest in our proposal.
② 그 병원은 부상자들을 돌볼 추가적 인력이 필요하다.
→ The hospital needs more people to attend to injured.
③ 증가된 판매량을 고려해볼 때, 그의 공헌은 아무리 칭찬되어도 지나치지 않다.
→ His contribution cannot be too praised considering the increased sales.
④ 고객들을 끌어모은 것은 많은 수입품이 아니라 훌륭한 서비스이다.
→ It was not a large collection of imported goods but its excellent service that attracted customers.

※ 빈칸에 들어갈 말로 가장 적절한 것을 고르시오. (15~16)

문 15.

> The national park will be temporarily designated as a restricted area, since there are some signs that the volcano is not _____.

① ferocious
② dormant
③ predominant
④ vigorous

문 16.

There is no doubt that solar energy, which is clean and virtually permanent, will be beneficial, if it is possible to produce inexpensively, to the global economy as well as the environment. The cost in generating electricity is one of the chief hindrances to global growth at this time. It is simply not possible to operate plants and transportation means without electricity. This is the reason most poor countries depend heavily on cheap fossil fuels such as coal and oil, which are unquestionably detrimental to both their environment and health, to build up their economy. Therefore, the possibility of clean and inexpensive solar energy might lead us to the world where global sustainability is _____ without damaging the environment. Although some consider the practical utilization of solar power as a mere fantasy, we must remember that numerous excellent inventions in human history like the spacecraft and the cell phone seemed unviable at first.

① appraisable   ② speculative
③ compatible   ④ feasible

문 17. 주어진 글 다음에 이어질 글의 순서로 가장 적절한 것은?

The market economy is a type of economic system where economic activities depend on the law of supply and demand. Under this system, it is believed that the more products are manufactured and distributed, the lower their costs become, and vice versa.

(A) Historically, however, it has proven not that efficient, though the market economy has also shown its own problems. Today, the most common type is the market economy steered by a government, and both economists and politicians collaborate to find out the best environment to stimulate an economy to grow.

(B) Freedom of the market is stressed as the most important factor in the market economy. Those who support and believe in this economy argue that natural supply and demand will bring about the optimal prices for both sellers and buyers. And there is the command economy.

(C) This second type of economy is a system in which a government plays an absolute role in controlling every aspect of economic activities. The government decides how many products should be produced, who should sell them, how much each product should cost, and so on.

① (B) − (C) − (A)
② (B) − (A) − (C)
③ (A) − (C) − (B)
④ (A) − (B) − (C)

문 18. 다음 글의 요지로 가장 적절한 것은?

Along with the Statue of Liberty, the Empire State Building is the most remarkable symbol of the US. It symbolizes a different aspect of the US, which stems from individualism and liberty-commerce. The building, once the tallest in the world for nearly 40 years, is a magnificent icon in the New York City skyline, and arouses the simultaneous dual image of industry and affluence; both are classic American Dreams. In other words, people associate the building with the idea that they can achieve whatever they want if they work really hard; it is the symbol of the American Dream. It is like the Empire State Building says "Anyone can be rich," while the State of Liberty says "We welcome all of you from all over the world."

① There are misunderstandings about the Empire State Building.
② Two U.S. landmarks show a new American Dream.
③ Individualism is the most common American way of life.
④ Symbolism of the Empire State Building is twofold.

※ 빈칸에 들어갈 말로 가장 적절한 것을 고르시오. (19~20)

문 19.

The reptilian cortex is a part of a human brain responsible for our instinctive behavior. Like other animals, this part of our brain sustains such elementary activities as respiration, perspiration, cardiovascular activities and the like. These activities do not require us to think consciously. It is like they just happen automatically. The reptilian cortex also takes charge of a mechanism that helps prompt reactions to abrupt occurrences in our environment. Even when the reptilian cortex plays roles in our interaction with other people, it only involves primitive impulses such as self-protection or aggression. In some sense, the reptilian cortex shows no difference between humans and lizards: the latter show total indifference toward their young. However, there is the limbic cortex distinctive to mammals including humans. This part of the brain forces mammals to take care of others, especially their offspring, besides themselves. _____. You get to experience a sense of belonging when you are with others at your friend's birthday party, for example.

① We have to admit we humans are selfish after all

② More studies have to be conducted to find more conclusive evidence

③ Being a member of a group is good for your mental health

④ This also enables us humans to develop social relations and networks

문 20.

It is not uncommon to say one separate, dominant historical event crumbled the Roman Empire, but that was not the case. The empire collapsed experiencing a lengthy process of many things such as political corruption, economic stagnation, and the land which became too large to control. Invasions by barbarians were just the last straw that broke the camel's back. Moreover, the Eastern Roman Empire survived for another thousand years after the complete fall of the Western Roman Empire. There are _____ found today in terms of their size and military power. To make sure a similar event does not occur in the U.S., it seems necessary to study the political and economic factors of the Roman Empire.

① some controversies over the validity of the Roman Empire's influence

② evident effects of the Roman Empire on the U.S.

③ quite a few similarities between the Roman Empire and the U.S.

④ ambiguous patterns in the U.S. expansion into other parts of the world

한국사

http://eduwill.kr/zzzF

※ QR 코드를 스캔하여 〈1초 합격예측! 모바일 성적분석표 발급 서비스〉를 활용하세요.
※ 해당 QR 코드는 6회 세 과목(국어+영어+한국사)의 모바일 OMR을 모두 포함합니다.

문 1. (가), (나) 사이 시기에 고구려에서 있었던 사실로 가장 옳은 것은?

> (가) 겨울에 왕이 태자와 함께 정예 군사 3만 명을 거느리고 고구려에 쳐들어가 평양성을 공격하였다. 고구려의 왕 사유가 힘을 다해 싸워 막다가 빗나간 화살에 맞아 죽었다.
> (나) 왕 9년 기해에 백잔(百殘)이 맹서를 어기고 왜와 화통하였다. 이에 왕이 평양으로 내려갔다. 그때 신라가 사신을 보내 아뢰기를 …… 왕 10년 경자에 보병과 기병 5만을 보내 신라를 구원하게 하였다.

① 당의 침입을 막기 위해 천리장성을 축조하였다.
② 전진으로부터 불교를 공인하고 태학을 설립하였다.
③ 평양으로 천도하여 남진 정책을 적극적으로 추진하였다.
④ 서안평을 점령하고 낙랑군과 대방군을 축출하였다.

문 2. 다음과 관련된 제도에 대한 설명으로 옳지 않은 것은?

> 4두품에서 백성에 이르기까지는 방의 길이와 너비가 15척을 넘지 못한다. 느릅나무를 쓰지 못하고, 우물천장을 만들지 못하며, 당기와를 덮지 못하고, 짐승 머리 모양의 지붕 장식이나 높은 처마 등을 두지 못하며, 금·은이나 구리 등으로 장식하지 못한다. 섬돌로는 산의 돌을 쓰지 못한다. 담장은 6척을 넘지 못하고 또 보를 가설하지 않으며 석회를 칠하지 못한다. 대문과 사방문을 만들지 못하고 마구간에는 말 2마리를 둘 수 있다.
> － 『삼국사기』 －

① 성골은 부모 모두가 왕족으로, 왕이 될 수 있는 자격을 가진 최고 신분이었다.
② 진골은 모든 관직에 나갈 수 있었던 왕족으로, 무열왕 때부터 왕위를 계승하였다.
③ 두품 계열의 불만을 완화하는 방법으로 승진 한계 내에서 등급을 세분화시켰다.
④ 통일 이후 3~1두품이 평민화되어 기존에 소유했던 성씨(姓氏)가 소멸되었다.

문 3. 조선의 정치 제도 운영에 대한 설명으로 옳지 않은 것은?

① 한성부는 서울의 행정과 치안을 담당했으며, 판윤이라는 직책을 두었다.
② 의금부는 왕이 직접 국가 중대 범죄에 대한 판결을 하는 기구였으며, 판결 시에는 의정부의 동의를 받아야만 했다.
③ 조선의 대간은 권력의 독점과 부정을 방지하는 기구이며, 5품 이하의 서경권을 두었다.
④ 승문원은 조선의 사대교린에 관한 외교 문서를 관장하기 위해 설치된 기구였다.

문 4. 다음은 조선 후기에 집필된 역사서이다. 이에 대한 설명으로 옳은 것은?

> 삼국사에서 신라를 으뜸으로 한 것은 신라가 가장 먼저 건국했고, 뒤에 고구려와 백제를 통합하였으며, 또 고려는 신라를 계승하였으므로 편찬한 것이 모두 신라의 남은 문적(文籍)을 근거로 했기 때문이다. …… 고구려의 강대하고 현저함은 백제에 비할 바가 아니며, 신라가 차지한 땅은 남쪽의 일부에 불과할 뿐이다. 그러므로 김 씨는 신라사에 고구려 땅을 근거로 했을 뿐이다.

① 야사를 참고하여 조선의 정치사를 객관적이고 실증적으로 서술하였다.
② 해외 자료를 참고하여 단군 조선부터 고려까지의 역사를 기전체로 서술하였다.
③ 독자적인 삼한 정통론을 내세우고 고증 사학의 토대를 마련하였다.
④ 편년체 통사로 「외기」, 「삼국기」, 「신라기」, 「고려기」로 구성되어 있다.

문 5. 다음 자료가 나타내는 조약의 체결 계기가 된 사건의 결과로 옳지 않은 것은?

> 청의 상무위원을 서울에 파견하고, 조선 대관을 톈진에 파견한다. 청의 북양 대신과 조선 국왕은 대등한 지위를 가진다.

① 청은 내정 고문과 외교 고문을 파견하여 조선의 내정에 간섭하였다.
② 일본과 제물포 조약을 맺고 박영효 등을 제2차 수신사로 파견하였다.
③ 청의 위안스카이가 지휘하는 군대가 조선에 상주하게 되었다.
④ 일본의 요구에 따라 대원군 때 전국에 세웠던 척화비가 철거되었다.

문 6. (가)~(라)에 들어갈 각 나라에 대한 설명으로 옳지 않은 것은?

> ┌─────────────────────────────────┐
> │　　(가)　은/는 우리가 신하로서 섬기는 나라로, 신의
> │를 지켜 속방이 되어 온 지 2백 년이 되었습니다. 이제
> │무엇을 더 친할 것이 있겠습니까? ……　(나)　은/는
> │우리에게 매여 있던 나라입니다. 3포 왜란이나 임진왜란
> │때의 숙원이 아직 풀리지 않고 있는데, 만일 그들이 우
> │리가 허술한 것을 알고 공격하면 장차 이를 어떻게 막겠
> │습니까? ……　(다)　은/는 우리가 본래 모르던 나라
> │입니다. 돌연히 타인의 권유로 불러들였다가 그들이 우
> │리의 허점을 보고 어려운 청을 강요하면 장차 이에 어떻
> │게 대응할 것입니까? ……　(라)　은/는 본래 우리와
> │는 싫어하고 미워할 처지에 있지 않은 나라입니다. 공연
> │히 타인의 말만 믿고 틈이 생기면 우리의 체통이 손상되
> │게 됩니다. 또, 이를 빌미로 저들이 군사로 침략해 온다
> │면 장차 이를 어떻게 막을 것입니까?
> └─────────────────────────────────┘

① (가) - 이 나라 황제를 제사 지내기 위한 만동묘가 지어
졌다.
② (나) - 조선과 최초의 근대적 불평등 조약을 체결한 나라
이다.
③ (다) - 거중 조정과 협정 관세 내용을 담은 조약을 체결
하였다.
④ (라) - 고종이 이 나라의 공사관으로 피신하여 내정 간섭
을 받았다.

문 7. 다음 중 독립 협회에 대한 설명으로 옳지 않은 것은?

① 주로 미국, 일본, 러시아의 이권 침탈에 대한 반발과 이권
수호 운동을 전개하였다.
② 관민 공동회를 개최하여 헌의 6조를 결의하였고 고종의
재가를 받았다.
③ 과거 영은문 자리에 독립문을 건립하고, 모화관을 독립관
으로 개수하였다.
④ 고종은 황국 협회를 동원하여 독립 협회 해체를 반대하는
시위를 해산시켰다.

문 8. 다음은 발해사의 전개 과정이다. 시기순으로 바르게 나열한
것은?

> ┌─────────────────────────────────┐
> │ ㄱ. 5경 15부 62주의 지방 체제를 완비하였다.
> │ ㄴ. 당의 빈공과 급제자 명단을 둘러싸고 등제서열 사건
> │ 　 이 일어났다.
> │ ㄷ. 지배 체제 정비의 일환으로 동경에서 상경으로 천도
> │ 　 하였다.
> │ ㄹ. 장문휴의 수군으로 하여금 당의 산둥 지방을 선제공
> │ 　 격하도록 하였다.
> └─────────────────────────────────┘

① ㄴ - ㄷ - ㄹ - ㄱ
② ㄴ - ㄱ - ㄹ - ㄷ
③ ㄹ - ㄷ - ㄴ - ㄱ
④ ㄹ - ㄷ - ㄱ - ㄴ

문 9. 다음 자료의 시기와 관련된 내용으로 옳지 않은 것은?

> ┌─────────────────────────────────┐
> │　　나는 궁궐에 몸을 기탁하여 밤낮으로 일에 몰두하고
> │있는 터에 어찌하여 산림에 이르는 꿈을 꾸었던 말인가?
> │그리고 또 어떻게 도원에까지 이를 수 있었단 말인가?
> │내가 서로 좋아하는 사람이 많거늘, 도원에 노닒에 있어
> │서 나를 따른 사람이 하필 이 몇 사람이었는가? …… 이
> │에 가도(안견)로 하여금 그림을 그리게 하였다. 옛날부
> │터 일컬어지는 도원이 진정 이와 같았을까? …… 꿈을
> │꾼 지 사흘째에 그림이 다 되었는지라 비해당의 매죽헌
> │에서 이 글을 쓰노라.
> └─────────────────────────────────┘

① 충신, 효자, 열녀 등의 행적을 그린 『삼강행실도』가 편찬
되었다.
② 명에 보내는 외교 문서에 한호체가 도입되어 유명세를 떨
쳤다.
③ 소리의 장단과 높낮이를 악보로 표현한 『정간보』가 편찬
되었다.
④ 박연이 아악을 체계화하여 궁중 음악으로 발전시켰다.

문 10. 다음 연표의 (가)~(라)에 들어갈 노동 운동 관련 사건으로
옳게 짝지어진 것을 〈보기〉에서 모두 고른 것은?

1974년		1979년		1987년		1997년		2007년
	(가)		(나)		(다)		(라)	
긴급 조치 1호 선포		10·26 사태		6월 민주 항쟁		외환 위기		10·4 남북 공동 선언

> ┌───────────〈보 기〉───────────┐
> │ ㄱ. (가) - 동대문 평화 시장 노동자 전태일의 분신
> │ ㄴ. (나) - YH 무역 노동자들, 신민당사에서 농성 중 강
> │ 　 제 해산
> │ ㄷ. (다) - 전국 민주 노동조합 총연맹(민주노총) 결성
> │ ㄹ. (라) - 노동자, 정부, 사용자의 노사정 위원회 발족
> └─────────────────────────────────┘

① ㄱ, ㄴ
② ㄴ, ㄷ
③ ㄴ, ㄹ
④ ㄷ, ㄹ

문 11. (가)와 (나)의 나라에 대한 설명으로 옳지 않은 것은?

> (가) 귀신을 믿어서 나라의 읍들이 각기 한 사람씩을 세워 천신에게 제사하는 것을 주관케 하였으니 그 이름을 천군이라 하였다. 나라마다 각각 소도라고 부르는 별읍이 있는데 큰 나무를 세우고 방울과 북을 매달아 귀신을 섬겼다.
>
> (나) 남녀가 음란한 짓을 하거나 질투하는 부인은 모두 죽였다. 투기는 더욱 미워하여 죽이고 나서 시체를 나라의 남산 위에 버려서 썩게 했다. 친정집에서 그 시체를 가져가려면 소와 말을 바쳐야 하였다.

① (가) - 신지, 견지, 부례, 읍차 등의 지배자가 존재하였다.
② (가) - 초가지붕의 반움집이나 귀틀집에서 거주하였고, 두레라는 풍습이 있었다.
③ (나) - 지배층은 집집마다 부경이라는 창고를 두고 곡식을 저장하였다.
④ (나) - 농경과 목축을 주로 하였으며 특산물로는 말, 주옥, 모피 등이 있었다.

문 12. 다음에서 설명하는 나라와 관련된 역사서가 아닌 것은?

> 상경과 동경의 절터에서는 고구려 양식을 계승한 것으로 여겨지는 불상도 발굴되었다. 이 불상은 흙을 구워 만든 것으로, 두 부처가 나란히 앉아 있는 모습을 하고 있다.

① 안정복의 『동사강목』
② 정약용의 『아방강역고』
③ 이승휴의 『제왕운기』
④ 임상덕의 『동사회강』

문 13. 다음 사건이 있었던 국왕 때의 일로 옳지 않은 것은?

> ○ 왕에 관련된 칭호를 격하하였다.
> ○ 정동행성을 설치하여 일본 원정을 단행하였다.

① 단군 신화가 수록되고, 불교사를 중심으로 한 역사서가 편찬되었다.
② 지용수가 요동 지방의 동녕부를 무력으로 공격하였다.
③ 홍자번의 상소를 수용하여 각 분야의 폐단을 개선하고자 하였다.
④ 원종 때 설치했다가 폐지된 전민변정도감을 다시 설치하였다.

문 14. 고려 후기 불교계에 대한 설명으로 옳은 것은?

① 지눌은 교종을 중심으로 선종을 통합하면서 수선사 결사 운동을 전개하였다.
② 혜심은 유·불 일치설을 주장하였으나, 최씨 무신 정권의 외면을 받았다.
③ 요세는 혜심의 제자로서 백련 결사를 제창하여 민중의 적극적인 호응을 얻었다.
④ 보우는 불교계의 타락을 시정하기 위한 개혁을 추구하였고, 원나라에서 임제종을 들여왔다.

문 15. 다음과 같은 강령을 채택한 단체에 대한 설명으로 옳지 않은 것은?

> ○ 우리는 정치적, 경제적 각성을 촉진한다.
> ○ 우리는 단결을 공고히 한다.
> ○ 우리는 기회주의를 일체 부인한다.

① 민족 교육 실시와 고등 교육 기관 설립을 주장하였다.
② 자매단체로 근우회가 창립되어 여성 운동을 전개하였다.
③ 원산 총파업과 광주 학생 항일 운동 등을 지원하였다.
④ 식민지 약탈 기구인 동양 척식 주식회사의 폐지를 주장하였다.

문 16. 조선 시대의 과학 기술에 대한 설명으로 옳은 것은?

① 『천상열차분야지도』는 태종 때 고구려 천문도를 바탕으로 제작되었다.
② 계절의 변화와 1년의 길이를 측정하기 위해 규표를 설치하였다.
③ 『동국병감』을 통해 화포의 제조법과 사용법을 파악할 수 있었다.
④ 세종 때 만들어진 계미자는 글자가 아름답고, 인쇄가 편리하였다.

문 17. 다음 주장을 펼친 인물과 관련된 내용으로 옳지 않은 것은?

> 천체가 운행하는 것이나 지구가 자전하는 것은 그 세가 동일하다. 9만 리의 물레를 한 바퀴 도는 데 이처럼 빠르며, 저 별들과 지구와의 거리는 겨우 반경(半徑)밖에 되지 않는데도 몇천만 억의 별들이 있는지 알 수 없다. 하물며 천체들이 서로 의존하고 상호 작용하면서 이루고 있는 우주 공간의 세계 밖에도 또 다른 별들이 있다. …… 칠정(七政: 태양, 달, 화성, 수성, 목성, 금성, 토성)이 수레바퀴처럼 자전함과 동시에, 맷돌을 돌리는 나귀처럼 둘러싸고 있다.

① 기하학의 원리를 담은 『주해수용』을 편찬하였다.
② 문학 작품에서 당대에 맞는 문체 개혁을 주장하였다.
③ 북경을 다녀온 후 보고 들은 것을 『연기』로 편찬하였다.
④ 『임하경륜』에서 놀고먹는 자들은 형벌로 다스려야 한다고 주장하였다.

문 18. 다음 주장을 펼친 인물에 대한 설명으로 옳은 것을 〈보기〉에서 모두 고른 것은?

> ○ 인간은 본래 신령스러움을 타고나기 때문에 사물보다 월등히 뛰어난 존재이며, 사물을 이용할 권리를 갖는다.
> ○ 하늘은 짐승에게 발톱과 뿔과 이빨 등을 주었는데 사람에게는 벌거숭이로 제 생명도 구하지 못하게 하였다. 어찌하여 하늘은 천한 짐승에게는 후하게 하고 귀한 인간에게는 박하게 하였는가? 인간에게는 지혜로운 생각이 있으므로 기예를 익혀서 제 힘으로 살게 한 것이다.

〈보 기〉
ㄱ. 충청도 출신의 호론 계열 학자이다.
ㄴ. 배다리를 설계하고 종두법을 실험하였다.
ㄷ. 노론 명문 출신으로 상공업의 진흥을 주장하였다.
ㄹ. 전통적인 화이관을 고수하면서 외래문화를 배격하였다.
ㅁ. 정치, 사회, 경제에 대한 대대적인 개혁을 주장하였다.

① ㄱ, ㄴ
② ㄱ, ㄹ
③ ㄴ, ㄷ
④ ㄴ, ㅁ

문 19. (가)~(다)를 주장한 인물에 대한 설명으로 옳지 않은 것은?

> (가) 역사는 국혼(國魂)과 국백(國魄)의 기록이다. …… 국가는 형(形)이요 역사는 멸하지 않는 신(神)이므로 국혼을 보존, 강화하는 투쟁으로 국백을 회복할 수 있다.
> (나) 역사란 인류 사회의 아(我)와 비아(非我)의 투쟁이 시간부터 발전하며 공간부터 확대하는 정신적 활동의 상태의 기록이다.
> (다) 조선 민족의 발전사는 그 과정이 아시아적이라 하더라도 사회 구성 내면의 발전 법칙은 동일하다. 조선사에서 역사 발전의 법칙성을 발견해야 하며 민족 생활의 발전사를 보편적으로 이해해야 한다.

① (가) - 〈황성신문〉 주필로 활동했으며, 대동교를 창시하였다.
② (나) - 박달 학원 설립에 기여했으며, 『대미 관계 50년사』를 편찬하였다.
③ (다) - 한국사도 세계사적 보편성에 따라 발전해 왔다고 주장하였다.
④ (가), (나), (다) - 일제의 식민 사관을 정면으로 비판하였다.

문 20. 다음은 대한민국 정부의 개헌과 관련된 사항이다. 순서대로 바르게 나열한 것은?

> ㄱ. 통일 주체 국민 회의에서 대통령 선출
> ㄴ. 양원제 국회와 내각 책임제 실시
> ㄷ. 7년 단임제의 대통령 간선제 실시
> ㄹ. 대통령 3선 금지 조항 철폐

① ㄴ - ㄱ - ㄹ - ㄷ
② ㄴ - ㄹ - ㄱ - ㄷ
③ ㄹ - ㄴ - ㄱ - ㄷ
④ ㄹ - ㄱ - ㄴ - ㄷ

에듀윌과 함께 시작하면,
당신도 합격할 수 있습니다!

대학 진학 후 진로를 고민하다 1년 만에
서울시 행정직 9급, 7급에 모두 합격한 대학생

다니던 직장을 그만두고
어릴 적 꿈이었던 경찰공무원에 합격한 30세 퇴직자

용기를 내 계리직공무원에 도전해
4개월 만에 합격한 40대 주부

직장생활과 병행하며 7개월간 공부해
국가공무원 세무직에 당당히 합격한 51세 직장인까지

누구나 합격할 수 있습니다.
시작하겠다는 '다짐' 하나면 충분합니다.

마지막 페이지를 덮으면,

**에듀윌과 함께
공무원 합격이 시작됩니다.**

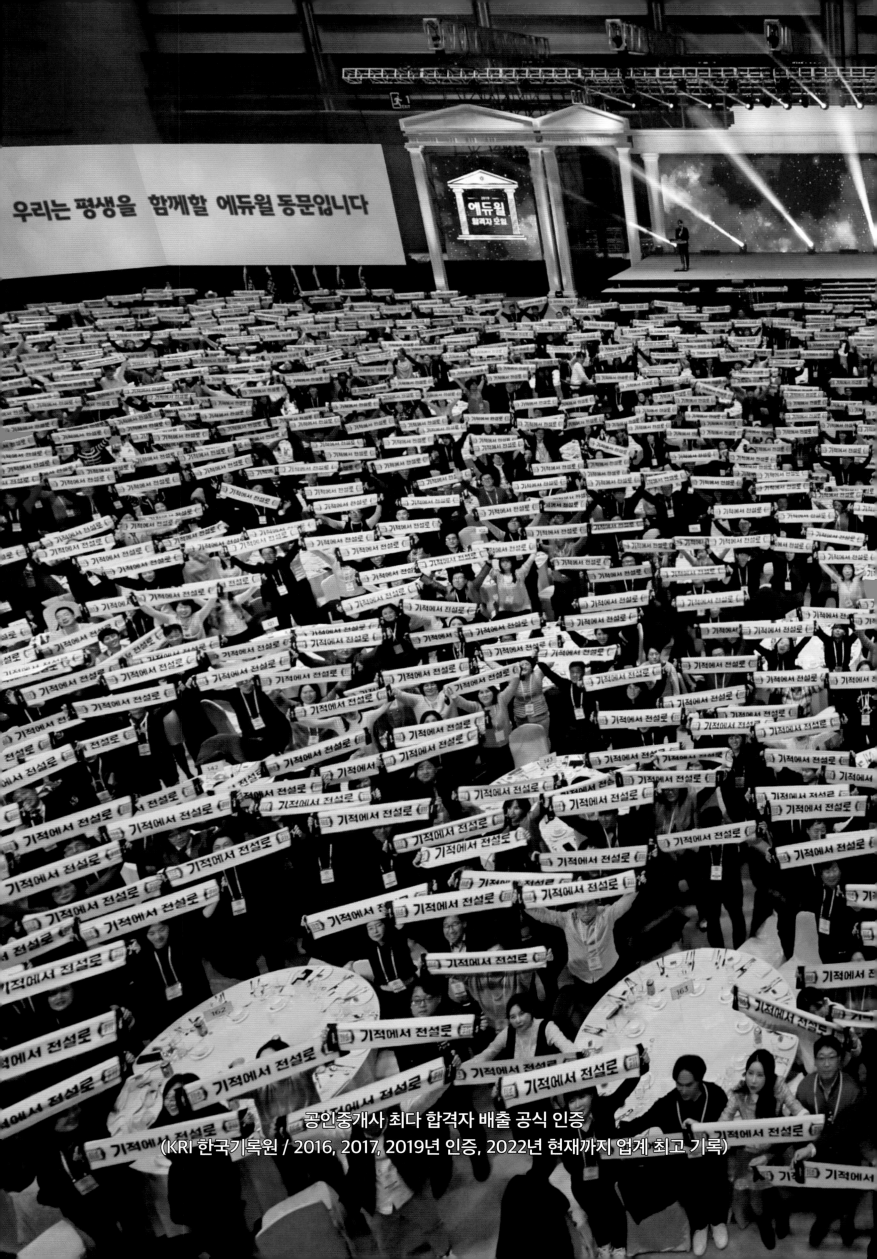

우리는 평생을 함께할 에듀윌 동문입니다

공인중개사 최다 합격자 배출 공식 인증
(KRI 한국기록원 / 2016, 2017, 2019년 인증, 2022년 현재까지 업계 최고 기록)

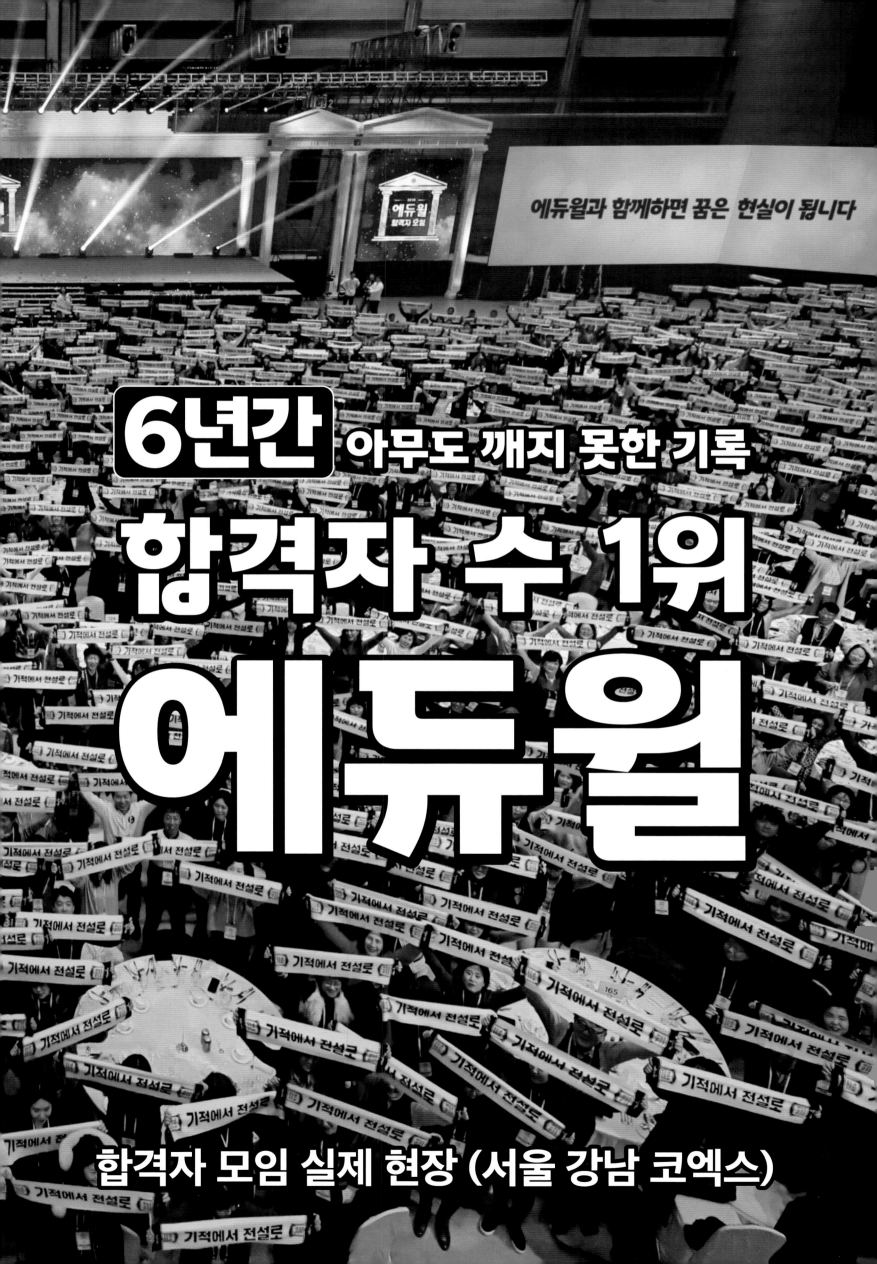

6년간 아무도 깨지 못한 기록

합격자 수 1위
에듀윌

공인중개사 최다 합격자 배출 공식 인증 (KRI 한국기록원 / 2016, 2017, 2019년 인증, 2022년 현재까지 업계 최고 기록)

에듀윌을 선택한 이유는 분명합니다

합격자 수 수직 상승

1,800%

명품 강의 만족도

99%

베스트셀러 1위

40개월 (3년 4개월)

4년 연속 공무원 교육

1위

에듀윌 공무원을 선택하면
합격은 현실이 됩니다.

* 2017/2021 에듀윌 공무원 과정 최종 환급자 수 기준
* 7·9급공무원 대표 교수진 2021년 7월 강의 만족도 평균 (배영표/성정혜/신형철/윤세훈/강성민)
* YES24 수험서 자격증 공무원 베스트셀러 1위 (2017년 3월, 2018년 4월~6월, 8월, 2019년 4월, 6월~12월, 2020년 1월~12월, 2021년 1월~12월, 2022년 1월~3월 월별 베스트, 매월 1위 교재는 다름)
* 2022, 2021 대한민국 브랜드만족도 7·9급공무원 교육 1위 (한경비즈니스) / 2020, 2019 한국브랜드만족지수 7·9급공무원 교육 1위 (주간동아, G밸리뉴스)

합격자 수 1,800%* 수직 상승!
매년 놀라운 성장

에듀윌 공무원은 '합격자 수'라는 확실한 결과로 증명하며
지금도 기록을 만들어 가고 있습니다.

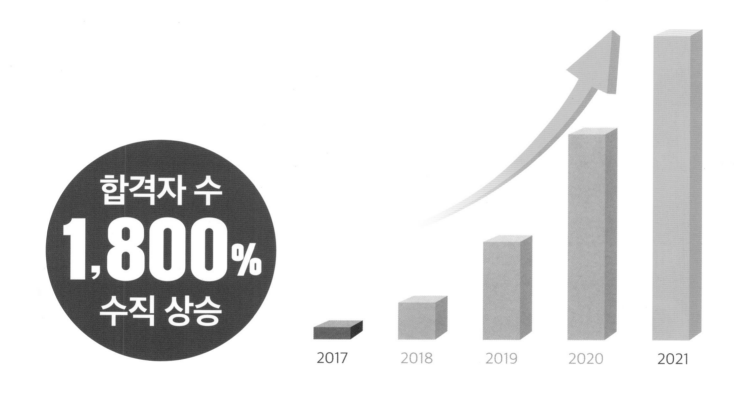

합격자 수
1,800%
수직 상승

2017 2018 2019 2020 2021

합격자 수를 폭발적으로 증가시킨 독한 평생패스

| 합격 시 수강료 평생 0원
최대 300% 환급
(최대 299만 원 환급) | + | 합격할 때까지
전 강좌 무제한 수강 | + | 합격생 & 독한 교수진
1:1 학습관리 |

※ 환급내용은 상품페이지 참고. 상품은 변경될 수 있음.

상품
페이지

* 2017/2021 에듀윌 공무원 과정 최종 환급자 수 기준

누적 판매량 210만 부[*] 돌파!
40개월[*] 베스트셀러 1위 교재

합격비법이 담겨있는 교재!
합격의 차이를 직접 경험해 보세요

베스트셀러 1위 에듀윌 공무원 교재 라인업

| 9급공무원 | 7급공무원 | 경찰공무원 | 소방공무원 | 계리직공무원 | 군무원 |

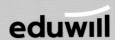

강의 만족도 99%[*]
명품 강의

 에듀윌 공무원 전문 교수진!
합격의 차이를 직접 경험해 보세요

합격자 수 1,800%[*] 수직 상승으로 증명된 합격 커리큘럼

독한 시작	독한 회독	독한 기출요약	독한 문풀	독한 파이널
기초 + 기본이론	심화이론 완성	핵심요약 + 기출문제 파악	단원별 문제풀이	동형모의고사 + 파이널

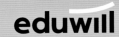

9급·7급 수석 합격자[*] 배출!
합격생들의 진짜 합격스토리

에듀윌 강의·교재·학습시스템의 우수성을
2021년도에도 입증하였습니다!

주변 추천으로 선택한 에듀윌, 합격까지 걸린 시간 9개월

김○준 지방직 9급 일반행정직(수원시) 수석 합격

에듀윌이 합격 커리큘럼으로 유명하다는 것을 알고 있었고 또 주변 친구들에게 "에듀윌 다니고 보통 다 합격했다"라는 말을 듣고 에듀윌을 선택하게 되었습니다. 특히, 기본서의 경우 교재 흐름이 잘 짜여 있고, 기출문제나 모의고사가 실려 있어 실전감각을 키우는 데 큰 도움이 되었습니다. 면접을 준비할 때도 학원 매니저님들이 틈틈이 도와주셨고 스스로 실전처럼 말하는 연습을 하기도 했습니다. 그 결과 면접관님께 제 생각이나 의견을 소신 있게 전달할 수 있었습니다.

고민없이 에듀윌을 선택, 온라인 강의 반복 수강으로 합격 완성

박○은 국가직 9급 일반농업직 최종 합격

공무원 시험은 빨리 준비할수록 더 좋다고 생각해서 상담 후 바로 고민 없이 에듀윌을 선택했습니다. 과목별 교재가 동일하기 때문에 한 과목당 세 교수님의 강의를 모두 들었습니다. 심지어 전년도 강의까지 포함하여 강의를 무제한으로 들었습니다. 덕분에 중요한 부분을 알게 되었고 그 부분을 집중적으로 먼저 외우며 공부할 수 있었습니다. 우울할 때에는 내용을 아는 활기찬 드라마를 틀어놓고 공부하며 위로를 받았는데 집중도 잘되어 좋았습니다.

체계가 잘 짜여진 에듀윌은 합격으로 가는 최고의 동반자

김○욱 국가직 9급 출입국관리직 최종 합격

에듀윌은 체계가 굉장히 잘 짜여져 있습니다. 만약, 공무원이 되고 싶은데 아무것도 모르는 초시생이라면 묻지 말고 에듀윌을 선택하시면 됩니다. 에듀윌은 기초·기본이론부터 심화이론, 기출문제, 단원별 문제, 모의고사, 그리고 면접까지 다 챙겨주는, 시작부터 필기합격 후 끝까지 전부 관리해 주는 최고의 동반자입니다. 저는 체계적인 에듀윌의 커리큘럼과 하루에 한 페이지라도 집중해서 디테일을 외우려고 노력하는 습관 덕분에 합격할 수 있었습니다.

다음 합격의 주인공은 당신입니다!

더 많은
합격스토리

회원 가입하고
100% 무료 혜택 받기

가입 즉시, 공무원 공부에 필요한 모든 걸 드립니다!

혜택 1 **출제경향을 반영한 과목별 테마특강 제공**

※ 에듀윌 홈페이지 ⋯→ 직렬 사이트 선택
⋯→ 상단 '무료특강' 메뉴를 통해 수강

혜택 2 **초보 수험생 필수 기초강의 제공**

※ 에듀윌 홈페이지 ⋯→ '합격필독서 무료증정' 선택
⋯→ '9급공무원 합격교과서' 신청 후 '나의 강의실'에서 확인
(7일 수강 가능)

혜택 3 **전 과목 기출문제 해설강의 제공**

※ 에듀윌 홈페이지 ⋯→ 직렬 사이트 선택
⋯→ 상단 '학습자료' 메뉴를 통해 수강
(최신 3개년 주요 직렬 기출문제 해설강의 제공)

기초학습 합격 입문서+기초강의

무료배포
선착순 100명

무료배포
이벤트

* 배송비 별도 / 비매품

1초 합격예측
모바일 성적분석표

1초 안에 '클릭' 한 번으로 성적을 확인하실 수 있습니다!

활용 GUIDE

실시간 성적분석 방법!

STEP 1
QR 코드 스캔

▶

STEP 2
모바일 OMR 입력

▶

STEP 3
자동채점 & 성적분석표 확인

STEP 1

QR 코드 스캔

- 교재의 QR 코드를 모바일로 스캔 후 에듀윌 회원 로그인
- QR 코드 하단의 바로가기 주소로 도 접속 가능

STEP 2

모바일 OMR 입력

- 회차 확인 후 '응시하기' 클릭
- 모바일 OMR에 답안 입력
- 문제풀이 시간까지 측정 가능

STEP 3

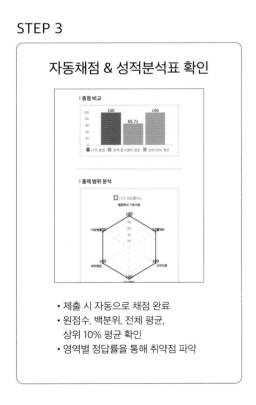

자동채점 & 성적분석표 확인

- 제출 시 자동으로 채점 완료
- 원점수, 백분위, 전체 평균, 상위 10% 평균 확인
- 영역별 정답률을 통해 취약점 파악

※ 본 서비스는 에듀윌 공무원 교재(연도별, 회차별 문항이 수록된 교재)를 구입하는 분에게 제공됨.

지방직 대비

공통과목
봉　　투
모의고사

차 례

2022년 _____월 _____일 시행

9급공무원 공개경쟁채용 필기시험

회차	과목
①	국어

①회 난이도	中
①회 합격선	18개/20개

【SELF CHECK】

풀이 시간	/20분	맞힌 개수	/20개

①회차 핵심페이퍼

문번	정답	개념	꼭 짚고 넘어가야 하는 핵심포인트!	다시 볼 키워드!
문 1	④	어문 규정	'생각하건대'를 '생각하건데'로 착각하면 안 된다.	생각건대
문 2	②	어문 규정	'에게'와 '에'의 쓰임과 관련해 유정 명사와 무정 명사로 기계적으로 구분해서는 안 된다.	보조사 '마는'
문 3	④	순우리말	순우리말의 의미를 명확하게 알아야 한다.	옹골지다. 탐탁하다
문 4	③	관용 표현	관용 표현의 의미를 정확하게 알아야 한다.	못을 박다
문 5	①	고전 문학	인물 간의 대화의 의미를 명확하게 파악할 수 있어야 한다.	작자 미상, 「춘향전」
문 6	③	비문학	화자의 말하기 태도를 파악할 수 있어야 한다.	말하기 태도
문 7	③	현대 문학	소설의 전개 양상에 따른 의미를 미루어 짐작할 수 있어야 한다.	강신재, 「젊은 느티나무」
문 8	②	비문학	글쓴이가 말하는 내용을 정확하게 파악할 수 있어야 한다.	글의 내용 파악
문 9	①	한자와 한자어	내용을 파악하고 그에 걸맞은 한자 성어를 찾을 수 있어야 한다.	한자 성어
문 10	④	현대 문학 고전 문학	두 작품에 공통적으로 사용된 표현법을 파악할 수 있어야 한다.	최두석, 「성에꽃」, 작자 미상, 「님이 오마 ᄒ거늘」
문 11	②	비문학	글을 읽고 글쓴이가 주장하는 내용을 미루어 짐작할 수 있어야 한다.	글의 내용 파악
문 12	②	비문학	글쓴이가 주장한 내용을 정확하게 파악할 수 있어야 한다.	글의 내용 파악
문 13	①	비문학	글의 중심 내용을 이해하고 세부 내용을 파악할 수 있어야 한다.	글의 내용 파악
문 14	②	비문학	글쓴이가 말한 내용을 정확하게 파악할 수 있어야 한다.	글의 내용 파악
문 15	②	고전 문학	가리키는 대상이 어떤 것인지 정확하게 구분할 수 있어야 한다.	정약용, 「수오재기」
문 16	②	비문학	글의 흐름에 맞게 접속어를 넣을 수 있어야 한다.	밑줄/괄호
문 17	②	비문학	완성된 글을 적절하게 퇴고할 수 있어야 한다.	퇴고
문 18	②	현대 문학	작품의 전개상 배경의 의미를 파악할 수 있어야 한다.	이강백, 「들판에서」
문 19	①	비문학	글의 흐름을 파악하고 조건에 맞게 완성할 수 있어야 한다.	작문
문 20	①	비문학	글의 내용을 바탕으로 적절한 내용을 추리할 수 있어야 한다.	추론

※ 해당 회차는 1초 합격예측 서비스의 데이터 누적 기간이 충분하지 않아 [오답률/선택률] 기재를 생략하였습니다.

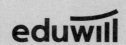

모의고사 》》 1회 P. 2

문 1	④	문 2	②	문 3	④	문 4	③	문 5	①
문 6	③	문 7	③	문 8	②	문 9	①	문 10	④
문 11	②	문 12	②	문 13	①	문 14	②	문 15	②
문 16	②	문 17	②	문 18	②	문 19	①	문 20	①

문 1 | 단답형 지식 | 어문 규정 > 한글 맞춤법 | 난이도 中 | 답 ④

핵심포인트 '생각하건대'를 '생각하건데'로 착각하면 안 된다.

| 정답해설 | ④ '생각하건대'의 준말은 '생각건대'로 써야 한다. 접미사 '−하다'를 줄일 때에는 어근의 끝 음운이 안울림소리이면 '하'를 통째로 생략해 적는다.

| 오답해설 | ① '하얗다'는 'ㅎ' 불규칙 활용을 하는 용언이므로 '하얗+아'는 '하얘'로 적는다.

② '서슴다'가 기본형이므로 '서슴+지'는 '서슴지'로 표기한다.

③ '나무라+면'은 '나무라면'으로 표기한다. '나무래면'으로 표기하지 않도록 주의한다.

문 2 | 단답형 지식 | 어문 규정 > 한글 맞춤법 | 난이도 中 | 답 ②

핵심포인트 '에게'와 '에'의 쓰임과 관련해 유정 명사와 무정 명사로 기계적으로 구분해서는 안 된다.

| 정답해설 | ② 보조사 '마는'은 종결 어미 '−다, −냐, −랴, −지' 따위의 뒤에 붙어 앞의 사실을 인정하면서도 그에 대한 의문이나 그와 어긋나는 상황 따위를 나타낸다. 종결 어미 '−지', '−다' 따위와 결합하여 확대된 연결 어미 '−지마는', '−다마는' 따위를 만들기도 한다.

| 오답해설 | ① 앞말이 원인의 부사어임을 나타내는 격 조사는 '에'이다.

③ 앞말이 맡아보는 자리나 노릇의 부사어임을 나타내는 격 조사는 '에'로 적어야 한다.

④ 자격을 나타내는 조사는 '로서'로 적어야 한다.

문 3 | 단답형 지식 | 순우리말 > 순우리말의 뜻 | 난이도 中 | 답 ④

핵심포인트 순우리말의 의미를 명확하게 알아야 한다.

| 정답해설 | ④ • 옹골지다: 실속이 있게 속이 꽉 차 있다.
• 탐탁하다: 모양이나 태도, 또는 어떤 일 따위가 마음에 들어 만족하다.

문 4 | 단답형 지식 | 관용 표현 > 관용 표현의 뜻 | 난이도 中 | 답 ③

핵심포인트 관용 표현의 의미를 정확하게 알아야 한다.

| 정답해설 | ③ • 못을 박다: 다른 사람에게 원통한 생각을 마음속 깊이 맺히게 하다. 어떤 사실을 꼭 집어 분명하게 하다.
• 말뚝을 박다: 어떤 지위에 오랫동안 머무르다.

| 오답해설 | ① '굿 못하는 무당 장구 타박한다'는 '자기의 재간이 모자라는 것은 생각하지 아니하고 객관적인 조건만 탓함을 비유적으로 이르는 말'이므로 '제 능력이 시원찮은 것은 생각하지 않고 공연히 다른 곳에서 원인을 찾으려 한다는 말'인 '글 못한 놈 붓 고른다'로 바꾸어 쓸 수 있다.

② '이마를 맞대다'는 '함께 모여 의논하다'를 뜻하므로 '서로 가까이 마주 앉다'를 뜻하는 '무릎을 맞대다'로 바꾸어 쓸 수 있다.

④ '손을 내밀다'는 '무엇을 달라고 요구하거나 구걸하다'를 뜻하므로 '(어떤 사람이 다른 사람에게) 돈 따위를 귀찮게 요구하다'를 뜻하는 '손을 벌리다'로 바꾸어 쓸 수 있다.

문 5 | 박스형 이해 | 고전 문학 > 고전 산문 > 내용 이해 | 난이도 下 | 답 ①

핵심포인트 인물 간의 대화의 의미를 명확하게 파악할 수 있어야 한다.

| 정답해설 | ① 어사또가 ㉠과 같이 말한 이유는 '골'이 '대감'이라고 칭한 자신의 아버지가 다스리던 고향이기 때문이고, 이를 통해 어사의 효심을 알 수 있다. 따라서 변 사또에 대해 예의를 지키려 한다는 것은 적절하지 않다.

| 참고이론 | 작자 미상, 「춘향전」

- 갈래: 고전 소설, 판소리계 소설
- 특징: 언어유희를 통한 해학성이 뛰어남.
- 주제: 춘향의 절개

문 6 | 박스형 이해 | 비문학 > 이론 비문학 > 화법 | 난이도 中 | 답 ③

핵심포인트 화자의 말하기 태도를 파악할 수 있어야 한다.

| 정답해설 | ③ 환경 부원들을 설득해 보겠다는 것은 자신의 의견이므로 채영은 적극적으로 자신의 의견을 노출하고 있다.

| 오답해설 | ① 다른 때와 달리 하루 종일 우울해 보였다는 말을 통해 상대방에 대한 지속적인 관심을 바탕으로 상대방의 상황에 대해 질문하고 있다는 것을 알 수 있다.

② 환경 미화 심사가 얼마 남지 않았다는 대화 상황과 관련된 정보를 바탕으로 상대방의 정서에 공감하고 있다.

④ 손가락을 치켜세우는 비언어적 표현을 활용하여 상대방의 생각에 동의하고 있다.

문 7 | 박스형 이해 | 현대 문학 > 현대 소설 > 문맥적 의미 파악 | 난이도 中 | 답 ③

핵심포인트 소설의 전개 양상에 따른 의미를 미루어 짐작할 수 있어야 한다.

| 정답해설 | ③ '나'가 '므슈 리'와 혈족이 아니라는 것을 강조하는 이유는 '나'가 '현규'를 사랑하고 있기 때문이다. 즉, '나'와 '므슈 리'가 혈족이 아니라야만 '나'와 '므슈 리'의 아들인 '현규'의 관계에 가능성이 남게 되기 때문이다. 하지만 '므슈 리'가 '나'와 혈족이라면 '나'와 '현규'도 혈족이 될 것이고, 그렇게 되면 두 사람은 사랑이 용납되지 않는 관계가 된다. 그러므로 '나'는 '현규'에 대한 사랑을 염두에 두면서 '므슈 리'가 법적 아버지일 뿐 혈족이 아니라는 점을 강조하고 있다.

| 참고이론 | 강신재, 「젊은 느티나무」

- 갈래: 현대 소설, 단편 소설, 성장 소설, 낭만주의 소설
- 특징: 오빠에게 느끼는 사랑의 감정을 내적 독백 형식으로 표현함.
- 주제: 사회 규범상 용납할 수 없는 사랑에 빠진 청춘 남녀의 이야기를 통하여 사회 규범을 초월하는 사랑의 순수성

문 8 | 박스형 이해 | 비문학 > 독해 비문학 > 내용 일치/불일치 | 난이도 下 | 답 ②

핵심포인트 글쓴이가 말하는 내용을 정확하게 파악할 수 있어야 한다.

| 정답해설 | ② 글쓴이는 어린아이에게 독서를 시킬 때 가장 금기해야 할 일로, 많은 분량을 읽게 하는 것이라고 주장하였다. 왜냐하면 어리석고 둔한 아이에게 많은 분량을 읽도록 하는 것은 마치 약한 말에게 무거운 짐을 싣는 일과 같기 때문이라고 하였다. 그러면서 독서하는 분량을 적게 하여 익숙해질 때까지 읽게 해야 한다고 하였다.

| 오답해설 | ① 첫째 단락의 '독서하는 분량을 적게 하여 익숙해질 때까지 읽어 뜻을 제대로 알게 하는 것이 더 중요하다.'에서 확인할 수 있다.

③ 둘째 단락에서 글쓴이는 어린 시절 독서하는 분량이 50줄에 불과했는데도 '익숙해질 때까지 읽어 글의 뜻을 제대로 알았으므로 어른들은 꾸짖거나 나무라지 않았다.'에서 확인할 수 있다.

④ 셋째와 넷째 단락에서 기백의 강약 그리고 품은 뜻의 강약에 따라 적절한 단속과 풀어줌이 필요함을 주장하고 있다.

문 9 | 박스형 이해 | 한자와 한자어 > 한자 성어 | 난이도 中 | 답 ①

핵심포인트 내용을 파악하고 그에 걸맞은 한자 성어를 찾을 수 있어야 한다.

| 정답해설 | ① '커다란 사귐'은 '도의의 사귐'으로 이익이나 아첨으로 맺어지는 것이 아니라, '오로지 마음으로 사귀'는 것이라 했다. 따라서 커다란 사귐은 '교묘한 말과 상냥한 얼굴빛'으로 아첨이나 아부를 하는 '교언영색(巧言令色)'이 아니라, '벗의 도리는 믿음에 있다'는 '붕우유신(朋友有信)'에 있다고 할 수 있다.

| 오답해설 | ② • 교학상장: 남을 가르치는 일과 스승에게서 배우는 일이 서로 도와서 나의 학업을 증진시키게 됨을 의미한다.
• 면종복배: 눈앞에서는 복종하나 뒤에서는 배반한다.
③ • 소탐대실: 작은 것에 욕심을 내어 큰 것을 잃는다.
• 막역지간: 허물이 없는 매우 가까운 친구 사이를 일컬음.
④ • 감탄고토: 자기에게 이로우면 이용하고 필요없는 것은 배척한다.
• 견원지간: 사이가 매우 나쁜 관계를 가리킨다.

문 10 | 박스형 이해 | 현대 문학 > 현대 시 > 표현상의 특징 / 고전 문학 > 고전 운문 > 표현상의 특징 | 난이도 中 | 답 ④

핵심포인트 두 작품에 공통적으로 사용된 표현법을 파악할 수 있어야 한다.

| 정답해설 | ④ (가), (나)는 특별히 대립적인 속성을 지닌 시어들이 사용되지 않았다.

| 오답해설 | ① (가)는 버스를 타고 가면서, (나)는 임을 기다리다가 멀리 있는 주추리 삼대를 보고 임인 줄 착각하고 뛰어가는 과정이 드러나기 때문에 시간의 흐름으로 시상이 전개되고 있다.
② (가)는 새벽 시내 버스의 성에꽃, (나)는 검은 주추리 삼대 등 시각적인 표현을 통해 시적 대상을 드러내었다.
③ (가)에서는 유리창의 성에를 대하는 행동을 통해 친구를 떠올리는 화자의 정서가 드러나고, (나)에서는 임을 기다리는 화자의 행동을 통해 임에 대한 화자의 정서가 드러난다.

| 참고이론 | 작품 분석

(1) 최두석, 「성에꽃」
• 갈래: 자유시, 참여시
• 성격: 사회 비판적, 현실 참여적, 회화적
• 특징: 서민들의 삶의 애환을 자연물로 형상화함.
• 주제: 서민들의 삶에 대한 애정
(2) 작자 미상, 「님이 오마 ᄒ거늘」
• 갈래: 사설시조
• 성격: 해학적, 과장적
• 특징: 임을 기다리는 마음을 과장되게 표현함.
• 주제: 임을 기다리는 초조한 마음

문 11 | 박스형 이해 | 비문학 > 독해 비문학 > 내용 일치/불일치 | 난이도 中 | 답 ②

핵심포인트 글을 읽고 글쓴이가 주장하는 내용을 미루어 짐작할 수 있어야 한다.

| 정답해설 | ② 마지막 단락에 보면 '어떤 상품의 한계효용은 그 상품의 소비량에 반비례한다.'고 하였다. 따라서 한 재화의 소비량이 많아질수록 그 재화의 만족도, 즉 한계효용은 낮아지게 된다.

| 오답해설 | ① '가치의 역설'은 1870년대 멩거, 제본스, 발라 등에 이르러 이론적 설명이 가능해졌다.
③ 일반적인 상황에서는 물이 다이아몬드보다 한계효용이 작겠지만, 만약 물이 귀한 사막이라면 상황이 달라질 수도 있다.
④ 재화의 교환가치는 총효용이 아니라, 한계효용에 의해서 결정된다. 어떤 상품의 가격에 영향을 미치는 것은 단순히 효용의 크기가 아니라 '한계효용', 즉 상품 한 단위를 추가적으로 소비할 경우 소비자가 얻게 되는 만족도의 증가분이라고 했다. 따라서 한계효용이 커야 그에 대한 가격을 지불하게 될 것이다.

문 12 | 박스형 이해 | 비문학 > 독해 비문학 > 내용 일치/불일치 | 난이도 中 | 답 ②

핵심포인트 글쓴이가 주장한 내용을 정확하게 파악할 수 있어야 한다.

| 정답해설 | ② 거울 신경 세포계는 모방과 공감을 가능하게 이끌어 주는 하나의 인자라 할 수 있다. 따라서 인간이 타인과의 상호 작용을 어떤 과정으로 할 수 있는가는 거울 신경 세포계를 통해 설명할 수 있다.

| 오답해설 | ① 아동의 다양한 정서 체험은 인지 능력과 타인과의 공감 능력을 더욱 발달시킨다고 할 수 있다. 따라서 정서적 체험과 타인의 관점을 수용하는 능력이 '반비례' 관계에 있다고 이해하는 것은 적절하지 않다.
③ 거울 신경 세포계의 작용은 타인의 행동을 관찰하면서 무의식적으로 그와 같은 행동을 모방하고 공감할 수 있게 되는 것이다. 따라서, 도덕적 행동을 자주 목격했는데 도덕적 행동이 아닌 비행을 저지르는 경우는 거울 신경 세포계의 작용과 부합하지 않는다.
④ 거울 신경 세포계의 작용을 통해 인간은 사고가 필요 없이 직감으로 타인의 행동을 이해할 수 있으며, 타인의 행동을 관찰함으로써 무의식적으로 행동의 암시를 받고 행동을 준비하게 된다. 따라서 거울 신경 세포계를 통해 도덕적 판단을 내린 후 그 행동에 공감하게 된다는 것은 적절하지 않다.

문 13 | 박스형 이해 | 비문학 > 독해 비문학 > 내용 일치/불일치 | 난이도 下 | 답 ①

핵심포인트 글의 중심 내용을 이해하고 세부 내용을 파악할 수 있어야 한다.

| 정답해설 | ① 제시글에 따르면 원시인들은 주로 벽화에 말, 소, 사슴 등의 식용 동물을 그렸는데, 자신들이 그린 가상의 짐승을 향해 활을 쏘고 창을 던짐으로써 실제의 짐승을 죽인 것과 똑같다고 생각했을 것이라고 하였다. 그래서 원시인들은 동물들을 실제 모습과 똑같이 닮게 그릴수록 사냥에서 효력이 잘 나타나 사냥이 성공적으로 이어질 것으로 믿었고, 그렇게 믿었기 때문에 제사를 앞두고는 동물 그림을 더욱 정성껏 그렸을 것이라고 하였다. 이러한 점들을 고려할 때 원시인들의 동굴 벽화는 주술적인 성격을 지니고 있었다고 말할 수 있다.

문 14 | 박스형 이해 | 비문학 > 독해 비문학 > 내용 일치/불일치 | 난이도 中 | 답 ②

핵심포인트 글쓴이가 말한 내용을 정확하게 파악할 수 있어야 한다.

| 정답해설 | ② 마지막 단락에서 부조리극 작가들은 허구의 세계를 고의적으로 설정하여 일상적 현실을 넘어서는 리얼리티를 포착하려고 한다고 하였다. 부조리극은 일상적 현실의 리얼리티가 아니라 그것을 넘어서는 리얼리티를 추구한다.

문 15 | 박스형 이해 | 고전 문학 > 고전 산문 > 고전 수필 | 난이도 上 | 답 ②

핵심포인트 가리키는 대상이 어떤 것인지 정확하게 구분할 수 있어야 한다.

| 정답해설 | ② ㉠, ㉢, ㉣은 본질적인 자아인 '나[吾]'를 가리키는 말이지만, ㉡는 현상적 자아를 가리키는 말이다.

| 참고이론 | 정약용, 「수오재기(守吾齋記)」

• 갈래: 한문 수필
• 성격: 교훈적, 성찰적, 회고적
• 특징: 전통적인 한문 양식인 기(記)의 형식임.
• 주제: 참된 '나(본질적 자아)'를 지키는 일의 중요성

문 16 | 박스형 이해 | 비문학 > 독해 비문학 > 밑줄/괄호 | 난이도 中 | 답 ②

핵심포인트 글의 흐름에 맞게 접속어를 넣을 수 있어야 한다.

| 정답해설 | ② ㉮는 '말할 것도 없이'의 뜻이므로 '물론'으로 적어야 한다. 그리고 ㉯는 앞의 내용과 뒤의 내용이 상반될 때 쓰는 접속 부사 '그러나'로 써야 하며, ㉰는 '상태, 모양, 성질 따위가 그와 같다'의 뜻이므로 '그렇다면'으로 적으면 된다. 마지막으로 ㉱는 '이와 같은'의 의미를 가진 '이러한'으로 적는 것이 옳다.

문 17 [박스형 이해] 비문학 > 이론 비문학 > 퇴고 ｜ 난이도 中 ｜ 답 ②

[핵심포인트] 완성된 글을 적절하게 퇴고할 수 있어야 한다.

｜정답해설｜ ② ⓛ에는 '무엇이' 상대방에게 나쁜 독이 되는지가 드러나 있지 않다. 따라서 이 문장에는 '무엇이'(주어)에 해당하는 필수 성분이 빠져 있다. 내용의 흐름상 상대방에게 나쁜 독이 될 수 있다고 짐작되는 '무엇'은 '욕'이다. 따라서 ⓛ에는 '우리가'가 아닌 '욕이'를 추가해야 하므로 ②는 적절한 방안이 아니다.

｜오답해설｜ ① 뒤 문장의 내용이 앞 문장을 양보한 사실과는 상관이 없음을 나타내는 접속 부사 '그래도'로 쓰는 것이 옳다.

③ 문맥적 흐름을 고려할 때, ⓒ의 바로 앞 문장에서 말하고 있는 '이 두 가지 대조적인 실험 결과'는, 욕을 들은 물의 결정은 많이 일그러져 있는 반면 "사랑해." 라는 말을 들려준 물 결정은 꽃처럼 아름다운 형상을 이루고 있는 것이다. 따라서 ⓒ은 앞 문장과 순서를 맞바꾸는 것이 적절하다.

④ 글의 통일성에서 벗어난 내용이므로 삭제하는 것이 적절하다.

문 18 [박스형 이해] 현대 문학 > 희곡 > 배경의 의미 ｜ 난이도 下 ｜ 답 ②

[핵심포인트] 작품의 전개상 배경의 의미를 파악할 수 있어야 한다.

｜정답해설｜ ② '형'과 '아우'는 ⑦을 계기로 "어쩌다가 이런 꼴이 된 걸까!', '내가 왜 이렇게 됐지?"라며 자신들의 처지를 돌아보고 "저 요란한 천둥소리! 부모님께서 날 꾸짖는 거야!", "빗물이 눈물처럼 느껴져!"라는 탄식을 하고 있다.

｜참고이론｜ 이강백, 「들판에서」

- 갈래: 희곡(단막극)
- 성격: 교훈적, 상징적, 우의적
- 특징: 날씨의 변화와 사건 전개 과정 사이에 밀접한 연관이 있음.
- 주제
  - 표면적: 형제가 서로의 오해와 불신으로 쌓인 벽을 허물고 우애를 회복함.
  - 이면적: 민족의 분단 극복과 화해의 의지

문 19 [박스형 이해] 비문학 > 이론 비문학 > 작문 ｜ 난이도 中 ｜ 답 ①

[핵심포인트] 글의 흐름을 파악하고 조건에 맞게 완성할 수 있어야 한다.

｜정답해설｜ ① '다른 친구들도 나의 경험을 체험할 수 있게 돕겠다.'는 포부를 밝혔으며 '우물 안 개구리'라는 관용 표현과 '세계와 함께 호흡하는 한국'이라는 활유법을 활용하여 표현하였으므로 조건을 모두 충족하였다.

｜오답해설｜ ② '일취월장'과 같은 관용 표현과 부족한 부분을 돌아본다는 '나의 포부'는 충족했으나, 활유법이 나타나 있지 않다.

③ '천 리 길도 한 걸음부터'라는 관용 표현과 한 걸음씩 나아간다는 '나의 포부'는 충족했으나, 활유법이 나타나 있지 않다.

④ '배낭여행이 나를 꾸짖었다'에서 활유법은 나타나 있으나, '나의 포부'에 해당하는 내용과 관용 표현이 나타나 있지 않다.

문 20 [박스형 이해] 비문학 > 독해 비문학 > 추론 ｜ 난이도 中 ｜ 답 ①

[핵심포인트] 글의 내용을 바탕으로 적절한 내용을 추리할 수 있어야 한다.

｜정답해설｜ ① 이 글에서는 한 인물이 가지는 직업인으로서의 모습과 가족의 일원으로서의 모습이 다른 상황을 예로 들고 있다. 이를 통해 인간이 사회적인 겉모습 외에도 개인적인 본모습을 동시에 가지며, 이러한 인간의 다양한 모습은 상황에 따라 다르게 나타난다는 것을 알 수 있다.

9급공무원 공개경쟁채용 필기시험

회차	과목
①	영어

①회 난이도	中
①회 합격선	17개/20개

【SELF CHECK】

풀이 시간	/28분	맞힌 개수	/20개

①회차 핵심페이퍼

문번	정답	개념	꼭 짚고 넘어가야 하는 핵심포인트!	다시 볼 키워드!
문 1	①	어휘	명사 'bias'의 의미를 묻는 문제이다.	유의어 찾기
문 2	③	어휘	명사 'caliber'의 의미를 묻는 문제이며, 'caliber'는 다의어이므로 유의해야 한다.	빈칸 완성
문 3	④	어휘	동사 'suit'의 과거분사의 의미를 묻는 문제로, 빈칸 이후의 내용들을 근거로 답을 찾아야 한다.	빈칸 완성
문 4	④	어휘	구동사 'feed on'의 의미를 묻는 문제이다.	빈칸 완성
문 5	③	어휘	동사 'rake'의 의미를 묻는 문제이다.	유의어 찾기
문 6	①	문법	준동사의 의미상의 주어를 묻는 문제로 문장 전체의 주어와 늘 대조해야 한다.	동명사
문 7	②	문법	'only' 도치구문을 묻는 문제이다.	강조와 도치
문 8	③	문법	관용표현의 수동태의 형태를 묻는 문제이다. 자동사뿐 아니라 타동사 'refer'의 의미와 구조를 숙지해야 한다.	태
문 9	①	독해	제목을 찾는 문제로 지엽적인 내용이 아닌 글의 가장 핵심적인 내용을 포함하고 있는 선지를 선택해야 한다.	제목
문 10	②	독해	문단배열 문제로 각 문단들 간의 연결점을 반드시 찾아야 한다.	배열
문 11	②	생활영어	글의 흐름을 묻는 문제로 빈칸 다음에 나오는 상대의 대답으로 질문을 추론해야 한다.	회화/관용표현
문 12	①	생활영어	관용표현 'pass the buck'의 의미를 묻는 문제이다.	회화/관용표현
문 13	③	독해	불일치 문제로 선지들을 먼저 읽은 후 지문을 읽어나가며 일치 여부를 대조해야 한다.	내용일치/불일치
문 14	③	독해	문장삭제 문제로 글의 초반에 나오는 주제를 파악한 후 선지들을 대조해서 풀어야 한다.	삭제
문 15	①	문법	'it is (about) time' 가정법에서 관용적으로 쓰이는 'should'의 용법을 묻는 문제이다.	조동사
문 16	①	독해	빈칸 완성 문제로 반드시 근거(특히 빈칸 주변)를 바탕으로 답을 찾아야 한다.	빈칸 구 완성
문 17	②	독해	빈칸 완성 문제로 반드시 근거(특히 빈칸 주변)를 바탕으로 답을 찾아야 한다.	빈칸 구 완성
문 18	③	독해	글의 요지를 묻는 문제로 단순히 언급된 내용이 아닌 글의 핵심 내용을 담고 있는 선지를 찾아야 한다.	요지
문 19	④	독해	연결사를 찾는 문제로 빈칸 앞뒤 내용을 논리적으로 이어주는 표현을 찾아야 한다.	연결사
문 20	②	독해	문장삽입 문제로 제시 문장의 힌트(대명사 등)를 통해 지문에서의 알맞은 위치를 찾아야 한다.	삽입

※ 해당 회차는 1초 합격예측 서비스의 데이터 누적 기간이 충분하지 않아 [오답률/선택률] 기재를 생략하였습니다.

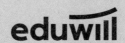

모의고사 ≫ 1회 P. 11

문 1	①	문 2	③	문 3	④	문 4	④	문 5	③
문 6	①	문 7	②	문 8	③	문 9	①	문 10	②
문 11	②	문 12	①	문 13	③	문 14	③	문 15	①
문 16	①	문 17	③	문 18	③	문 19	④	문 20	③

문 1 [밑줄형] 어휘 > 유의어 찾기 · 난이도 下 | 답 ①

핵심포인트 명사 'bias'의 의미를 묻는 문제이다.

| 해석 | 그 정당은 뉴스쇼에서의 정치적 편향으로 그 앵커를 비난했다.

① 편견 ② 결함
③ 변화, 이행, 과도기 ④ 보충

| 정답해설 | 밑줄 친 'bias'는 '편향, 편견'의 뜻으로 선지들 중 'prejudice'와 가장 유사하다.

| 어휘 |
political party 정당 · accuse 비난하다
bias 편향, 편견 · prejudice 편견
defect 결함 · transition 변화, 이행, 과도기
supplement 보충

문 2 [빈칸형] 어휘 > 빈칸 완성 · 난이도 上 | 답 ③

핵심포인트 명사 'caliber'의 의미를 묻는 문제이며, 'caliber'는 다의어이므로 유의해야 한다.

| 해석 | 그 젊은 농구선수는 코트에서 뛰어난 볼 핸들러로서의 그의 훌륭한 ③ 능력을 보여줬다.

① 역, 전도 ② 꾸물거림
③ 능력, 재간, (총의) 구경 ④ 동종 요법

| 정답해설 | 농구선수가 코트에서 볼 핸들러로서 보여줄 수 있는 것은 선지들 중 '능력'을 의미하는 'caliber'이다.

| 어휘 |
inversion 역, 전도 · procrastination 꾸물거림
caliber 능력, 재간, (총의) 구경 · homeopathy 동종 요법

문 3 [빈칸형] 어휘 > 빈칸 완성 · 난이도 中 | 답 ④

핵심포인트 동사 'suit'의 과거분사의 의미를 묻는 문제로, 빈칸 이후의 내용들을 근거로 답을 찾아야 한다.

| 해석 | 1860년 무렵 미 북동지역은 미국의 제조업 중심지가 되었다. 선박과 경작이 예전처럼 계속되었으나, 제조업이 급속히 성장 중이었다. 그곳은 제조업에 이상적으로 ④ 적합한 지역이었다. 여기에는 수력, 목재, 석탄, 철, 그리고 다른 필요한 금속들이 있었다. 여기에는 투자될 자본이 있었다. 여기에는 수많은 이민자들을 투입함으로써 지속적으로 더해지는 성장 중인 시장이 있었다.

① 채택된
② 자격을 부여받은, 제목을 붙인
③ 집행된
④ 적합한

| 정답해설 | 앞 문장에서 미국의 북동부가 제조업의 중심지가 되었다는 내용이, 뒤에는 제조업에 필요한 조건들이 갖춰져 있음을 설명하고 있으므로 그곳이 제조업에 '적합한' 지역이라는 것이 문맥에 알맞다.

| 어휘 |
carry on 계속하다 · leaps and bounds 급속히, 대폭
pour 쏟아 붓다 · entitle 자격을 부여하다, 제목을 붙이다
execute 집행하다 · suit 적합하게 하다, 적합하다

문 4 [빈칸형] 어휘 > 빈칸 완성 · 난이도 中 | 답 ④

핵심포인트 구동사 'feed on'의 의미를 묻는 문제이다.

| 해석 | 인디언 옥수수는 최초의 정착민들에게는 매우 중요했다. 그들은 할 것이 아주 많았고 그것을 할 시간은 거의 없었다. 옥수수는 토양을 갈거나 혹은 그것을 전혀 갈지 않고도 심어질 수 있었다. 일단 심어지면, 그것은 자라는 동안 거의 관리가 필요 없었다; 일단 다 자라면, 그것은 즉시 수확될 필요도 없었다. 다른 곡물들은 딱 적기에 수확되어야야 하는 반면, 옥수수는 몇 달 동안 서있는 채로 남을 수도 있다. 전체 가족이 그것을 먹었고, 만약 말, 소, 돼지, 혹은 양이 있었다면 그것들도 역시 그것을 ④ 먹고 살았다.

① 계속했다 ② 시중들었다
③ 서성댔다 ④ ~을 먹고 살았다

| 정답해설 | 가족들이 인디언 옥수수를 먹고 그들의 가축들도 그것을 '먹고 살았다'가 문맥에 알맞다.

| 어휘 |
settler 정착민 · till 갈다, 경작하다
gather 수확하다 · hog 돼지
carry on 계속하다 · wait on 시중들다
linger on 서성대다 · feed on ~을 먹고 살다

문 5 [밑줄형] 어휘 > 유의어 찾기 · 난이도 中 | 답 ③

핵심포인트 동사 'rake'의 의미를 묻는 문제이다.

| 해석 | 그 연구팀은 최대한 많은 증거를 모으려고 노력했다; 다행히도, 그중 일부가 법원에 의해 받아들여졌다.

① 말다툼하다 ② 보다
③ (갈퀴로) 모으다 ④ 활력을 없애다

| 정답해설 | 밑줄 친 'gather'는 '모으다'는 뜻으로 선지들 중 'rake'와 의미가 가장 유사하다.

| 어휘 |
court 법원, 법정 · bicker 말다툼하다
behold 보다 · rake (갈퀴로) 모으다
sap 활력을 없애다

문 6 [문장형] 문법 > Modifiers > 동명사 · 난이도 中 | 답 ①

핵심포인트 준동사의 의미상의 주어를 묻는 문제로 문장 전체의 주어와 늘 대조해야 한다.

| 정답해설 | ① 문장의 주어가 'certain hormones'이므로 동명사 'encountering' 앞에 의미상의 주어를 써야 한다. 예를 들면 'Upon your encountering ~'으로 써야 한다.

| 오답해설 | ② 'Little'이 문두에 있으므로 부정어 도치구문이 적합하게 쓰였다.
③ 주어 'Each'의 동사로 단수동사인 'serves'가 알맞게 사용되었다.
④ 동사 'require'는 I.O와 D.O의 위치를 바꿔 3형식 문장으로 사용될 경우 I.O 앞에 전치사 of를 쓴다.

| 어휘 |
upon ~ing ~하자마자 · secrete 분비하다
protuberance 돌기 · receptor 수용체
applicant 지원자

문 7 [문장형] 문법 > Balancing > 강조와 도치 · 난이도 中 | 답 ②

핵심포인트 'only' 도치구문을 묻는 문제이다.

| 정답해설 | ② 'Only + 부사(구/절)'가 문두에 올 경우 뒤의 절은 반드시 도치가 되어야 한다. 따라서 '~ are you allowed ...'로 써야 한다.

| 오답해설 | ① '~도 그렇듯, ~와 마찬가지로'의 의미인 'as' 도치구문으로 첫 번째 절의 동사인 'evacuate'가 일반동사의 과거형이므로 'did'가 적합하게 사용되

었다.

③ 문맥상 'some'이 'some of the old coins'이므로 복수동사 'are'가 알맞게 쓰였다.

④ 「전치사+관계대명사('from which')」 뒤에 완전한 절이 적합하게 쓰였고, 구동사 'stay away from'에서 전치사 'from'이 관계사 앞에 알맞게 위치하고 있다.

| 어휘 |

evacuate 떠나다, 대피시키다　　　　stay away from ~을 멀리하다

문 8 | 문장형 | 문법 > Main Structure > 태 | 난이도 上 | 답 ③

핵심포인트 관용표현의 수동태의 형태를 묻는 문제이다. 자동사뿐 아니라 타동사 'refer'의 의미와 구조를 숙지해야 한다.

| 해석 | ① 그 부부는 아주 좋은 사람들이야, 그렇지 않니?

② 목장을 둘러싸고 있는 울타리는 소떼를 가두기 위해 설치되었다.

③ Tom이 시간이 없어서, 그 일은 다른 팀에게 맡겨졌다.

④ 그때는 사무실에 있는 어느 누구도 전화를 받을 수 없었다.

| 정답해설 | ③ 'refer A to B'가 수동태로 적합하게 쓰였다.

| 오답해설 | ① 부사 so는 단수 가산명사만을 수식할 수 있다. 즉, 「so+형용사+a(n)+단수명사」의 형태로 써야 한다. 따라서 'so' 대신 'very'를 써야 한다. 단, 부사 so 뒤에 수량형용사가 위치하는 경우에는 해당 수량형용사에 맞는 명사를 써야 한다.

② 'the ranch'를 목적어로 취하는 현재분사 'surrounding'이 쓰여야 한다.

④ 'Any ~'는 부정문의 주어로 사용할 수 없다. 따라서 'No one in the office was able to ~'로 써야 한다.

| 어휘 |

impound 가둬두다　　　　cattle 소떼

refer A to B A를 B에게 맡기다[위탁하다]

문 9 | 지문제시형 | 독해 > Macro Reading > 제목 | 난이도 下 | 답 ①

핵심포인트 제목을 찾는 문제로 지엽적인 내용이 아닌 글의 가장 핵심적인 내용을 포함하고 있는 선지를 선택해야 한다.

| 해석 | 대부분의 이민자들은 그들이 굶주렸기 때문에 — 더 많은 빵과 더 나은 빵에 굶주렸기 때문에 — 왔다. 미국은 그것을 제공했다. 유럽은 늙었다; 미국은 젊었다. 유럽의 토양은 오랜 기간 경작되었다; 미국의 토양은 실질적으로 전혀 손대지 않은 상태였다. 유럽에서는 토지는 소수의 사람들인 상류 계층들의 손에 있었다; 미국에서는 토지는 모두에게 이용 가능했다. 유럽에서는 소수의 이용 가능한 직업들을 찾고 있는 노동자들이 너무 많았기 때문에 급여가 낮았다; 미국에서는 이용 가능한 일자리들을 채울 충분한 노동자들이 없어서 급여가 높았다.

① 유럽인들은 왜 미국으로 왔는가

② 미국 이민자들은 누구였는가?

③ 미국 — 다양한 인종의 용광로

④ 초기 미국에서의 수많은 구직 기회들

| 정답해설 | ① 유럽인들이 미국으로 이민 간 이유들(굶주림, 일자리 문제 등)을 나열하고 있으므로 이민의 이유가 글의 제목으로 적합하다.

| 오답해설 | ② 이민자들 중 노동자 계층이 언급되지만 전체 내용을 반영하지는 않는 진술이다.

③ 글에서 다루지 않는 내용이다.

④ 글 후반에 언급되지만 이민의 이유들 중 하나로 지엽적인 내용이다.

| 어휘 |

immigrant 이민자　　　　farm 경작하다

wage 급여, 임금

문 10 | 논리형 | 독해 > Logical Reading > 배열 | 난이도 中 | 답 ②

핵심포인트 문단배열 문제로 각 문단들 간의 연결점을 반드시 찾아야 한다.

| 해석 | 인지 부조화 이론은 자신이 자신의 결정에 대해 기분이 더 나아지는 것을

돕기 위해, 당신은 부조화를 줄이려고 노력하기 위한 어떤 정신적 작업을 할 것이라고 예상한다.

(A) 어떤 종류의 작업인가? Jack Brehm에 의한 초기 실험은 이를 분명 보여준다. Brehm은 소비자 테스트 서비스 직원으로 가장하여 여성들에게 토스터와 전기 커피 메이커와 같은 몇몇 종류의 가전제품들에 대한 끌림과 호감도를 평가하도록 요청했다. 각 여성은 그 설문조사에 대한 참여의 보상으로 그녀가 선물로 가전제품들 중 하나를 받을 수 있다고 들었다.

(C) 그녀는 자신이 동일하게 끌린다고 평가했었던 제품들 중 둘 사이에 대한 선택권을 부여받았다. 그녀가 자신의 결정을 내린 후, 그녀의 가전제품은 포장이 되어 그녀에게 주어졌다.

(B) 20분 후, 각 여성은 모든 제품들을 다시 평가하도록 요청받았다. Brehm은 그들이 선택한 가전제품을 받은 후, 그 여성들은 그들이 처음 했던 것보다 다소 더 높게 그것의 이끌림을 평가했다는 것을 발견했다. 그것뿐 아니라, 그들은 그들이 선택할 수도 있었으나 거부하기로 결정했던 가전제품의 점수를 급격히 낮췄다.

| 정답해설 | 제시 문장에서 개인이 인지 부조화를 줄이기 위해 특정한 정신적 작업('some mental work')을 한다는 것이 제시되어 있고, (A)에서 이에 대한 구체적인 내용인 'What kind of work?'로 시작된다. 계속해서 (A)에서는 실험 참가자에게 여러 가전제품을 평가해달라고 요청하는 내용이 묘사되어 있고, (C)에서는 이 평가 후 해당 참가자에게서 동점을 받은 제품들 중 하나를 선택하도록 요청하는 상황이 제시되어 있다. (B)에서는 이 선택 이후 그 실험 참가자가 자신의 인지 부조화를 줄이는 과정을 설명하고 있다. 따라서 (A) – (C) – (B)가 글의 순서로 가장 알맞다.

| 어휘 |

cognitive 인지의　　　　dissonance 부조화

illustrative 실례가 되는, 분명히 보여주는　　　pose ~인 체하다

representative 직원, 대표자, 대리인　　　rate 평가하다

desirability 바람직함, 만족도, 호감도　　　appliance 가전제품

somewhat 다소　　　　wrap up 포장하다

문 11 | 빈칸형 | 생활영어 > 회화/관용표현 | 난이도 下 | 답 ②

핵심포인트 글의 흐름을 묻는 문제로 빈칸 다음에 나오는 상대의 대답으로 질문을 추론해야 한다.

| 해석 | A: 뭐 읽고 있니?

B: 아, 이건 과학사에 관한 책이야.

A: 좋니?

B: 그래, 마음에 들어.

A: ② 그 책에서 뭐가 제일 인상적이었니?

B: 3장이야. 그것은 현미경의 발명에 관한 것인데, 아주 흥미로워.

① 그 책을 어떻게 얻었니?

② 책에서 뭐가 제일 인상적이었니?

③ 네가 그것을 다 읽은 후에 내가 그것을 빌려도 돼?

④ 그 책은 몇 개의 챕터가 있어?

| 정답해설 | 빈칸의 A의 말에 B가 3장이 흥미로웠다고 대답하는 것으로 보아 A는 책의 무엇이 마음에 들었는지를 물었음을 알 수 있다.

| 어휘 |

microscope 현미경　　　　impress 인상을 주다

문 12 | 문장형 | 생활영어 > 회화/관용표현 | 난이도 上 | 답 ①

핵심포인트 관용표현 'pass the buck'의 의미를 묻는 문제이다.

| 해석 | ① A: Donna가 책임을 전가하려고 하는 것 같아.

B: 그래, 그녀는 믿을 수 있는 사람이야.

② A: 나 뭐 좀 간단히 먹어도 돼?

B: 물론이지, 천천히 해.

③ A: Jack이 여전히 우리 계획에 반대하니?

B: 그는 우리와 타협하는 데 동의했어.

④ A: 서두르자!

　　B: 안심해, 우린 아직 시간이 충분해.

| 정답해설 | ① 'pass the buck'은 '책임을 전가하다'는 의미로 B의 대답은 어색하다.

| 오답해설 | ② A가 허가를 요청했고 B는 알맞게 '천천히 해'라고 답하고 있다.

③ 'meet halfway'는 '타협하다'의 의미로 A의 질문에 적합한 답변이다.

④ 'step on it'은 '서두르다'의 의미로 시간이 충분하다는 B의 대답은 적합하다.

| 어휘 |

pass the buck 책임을 전가하다	grab a bite to eat 간단히 먹다
meet halfway 타협하다	step on it 서두르다, 속도를 내다

| 문 13 | 지문제시형 | 독해 > Micro Reading > 내용일치/불일치 | 난이도 中 | 답 ③ |

핵심포인트 불일치 문제로 선지들을 먼저 읽은 후 지문을 읽어나가며 일치 여부를 대조해야 한다.

| 해석 | 진정한 네덜란드적 예술 전통에서, Jan van de Cappelle는 전문가였다. 그는 배가 있는 풍경을 전문으로 했다. 그러나 그의 관심의 중심은 오직 표면적으로만 배들과 그것들의 활동이었다; 진정으로 그를 매혹시키는 것은 하늘과 바다의 이미지, 그것들의 광대함, 그것들의 유동성, 완전한 고요함에서 목숨을 위협하는 폭풍으로의 어리둥절할 정도의 속도로 변할 수 있는 세상의 이미지이다. *A Small Dutch Vessel Before a Light Breeze*는 우리에게 그것의 온화한 분위기에서의 바다를 보여준다 — 바다는 작은 배 주변에서 물결지고 거기서 어부들이 그들의 그물을 돌보고, 수평선에 있는 더 큰 배들은 고요한 바다 위로 서서히 그리고 평화롭게 움직인다. 그리고 바다 그 자체는 단순히 하늘의 거대함, 바람이 그것들을 부는 대로 나타나고 밝아지는 그 연한 회색들의 눈부시게 아름다운 절묘함을 반사시키기 위해 거기에 있는 것처럼 보인다. 이것은 심오한 고요함, 고독, 기술적 스킬을 사용하고 바다와 하늘의 세상에 반응하는 능력의 그림이다. 그것은 그것이 보여주는 것으로가 아닌, 그것이 암시하는 것, 그것의 약속, 그것의 있는 그대로에 대한 순전한 확인 때문에 우리를 감동시킨다.

| 정답해설 | ③ 네 번째 문장에 따르면 온화함('benignity')의 분위기를 보여주는 그림이다.

| 오답해설 | ① 세 번째 문장에 언급되어 있다.

② 세 번째 문장에 언급되어 있다.

④ 마지막 문장에 언급되어 있다.

| 어휘 |

specialist 전문가	specialize in ~을 전문으로 하다
shipping 배, 선박	superficially 표면적으로, 피상적으로
fascinate 매혹시키다	fluidity 가변성, 유동성
bewildering 어리둥절하게 만드는	tranquility 고요함
benignity 온화, 인자	ripple 잔물결[파문]을 일으키다
tend 돌보다	horizon 수평선
immensity 거대함	glorious 눈부시게 아름다운, 영광스러운
subtlety 절묘함, 미묘함	loom 어렴풋이 나타나다
lighten 밝히다	suggest 암시하다
sheer 순전한, 순수한	affirmation 단언, 확언, 확인

| 문 14 | 논리형 | 독해 > Logical Reading > 삭제 | 난이도 中 | 답 ③ |

핵심포인트 문장삭제 문제로 글의 초반에 나오는 주제를 파악한 후 선지들을 대조해서 풀어야 한다.

| 해석 | 아마 자연사 연구에서 가장 흥미로운 분야는 동물들이 다양한 물질들을 이용하는 방식을 다루는 분야일 것이다. 그의 뛰어난 적응력으로 인간은 삶의 안락함을 가능하게 하는 데 있어 하등동물들을 뛰어넘는다; 그러나 반면에, 공학과 주택건축과 같은 실용적인 기술에 있어, 인간은 종종 자신이 비교적 아마추어임을 발견한다. 모든 인간의 발명품들에도 불구하고 인간은 일부 동물들에 의해 만들어진 일부 뛰어난 결과들에 필적할 수 없었다. 예를 들면, 비버는 인간 자신보다 수력학에 대한 더 심오한 지식을 보여준다. 나무를 쓰러뜨리는 것에서뿐만 아니라 집을 짓기 위한 최적의 장소를 적당히 선택하고 그들의 필요에 적합한 물질들을 제 것으로 하는 데 있어 이 기술자들이 보유한 힘은 끝없는 경이로움이다! ③ 비버들은 또한 물에서 극히 우아하며 보통 서로로부터 독립적으로 산다. 어디

서도 비버보다 더 위대한 동물 작업자를 우리는 발견할 수 없다.

| 정답해설 | ③ 인간보다 동물의 건축기술이 더 뛰어나다는 주장이 중반까지 제시되어 있고, 이후의 문장들은 그 예로 비버를 들고 있다. 그러나 ③은 비버가 물 속에서 잘 움직이고 독립적인 생활을 한다는 내용으로 건축술과는 관련이 없다.

| 오답해설 | ① 인간보다 수력학이 뛰어나다는 예시로 글의 주제에 부합된다.

② 기술과 장소 선정에서 인간보다 뛰어나다는 예시로 글의 내용에 부합된다.

④ 기술력이 뛰어난 비버에 대한 강조의 내용으로 글의 내용에 부합된다.

| 어휘 |

department 분야	treat of ~을 다루다
excel 뛰어나다, 탁월하다	provide for ~을 가능하게 하다
domestic architecture 주택건축	with all ~에도 불구하고
equal 필적하다	hydraulics 수력학
craftsman 기술자, 장인	fell 쓰러뜨리다
duly 적당하게	appropriate 제 것으로 만들다

| 문 15 | 문장형 | 문법 > Main Structure > 조동사 | 난이도 中 | 답 ① |

핵심포인트 'it is (about) time' 구문에서 관용적으로 쓰이는 'should'의 용법을 묻는 문제이다.

| 해석 | ① 그 쇼핑몰이 개조되어야 할 때이다.

② 그 즉흥 연설이 유권자들 사이에서 혼란을 일으킨 것이었다.

③ 우리는 Gloria가 경찰서장인지 몰랐다.

④ 우리는 갑자기 그것을 바꾸는 것보다 우리의 원래 계획을 고수하는 것이 낫겠다.

| 정답해설 | ① 관용적으로 'It is (about) time (that) S should 동사원형'을 쓰며 이 경우 조동사 should는 생략할 수 없다. 따라서 '~ the shopping mall should be renovated.'로 써야 한다.

| 오답해설 | ② 명사절 접속사 'what'이 뒤에 불완전한 절을 적합하게 이끌고 있다.

③ 직업 등의 일반적 사실은 주절의 시제에 영향을 받지 않으므로 현재형 'is'가 알맞게 쓰였다.

④ 'would rather A than B'(B하는 것보다 A하는 게 낫겠다)에서 A와 B가 모두 동사원형으로 적합하게 병치되었다.

| 어휘 |

spontaneous 즉흥적인, 자발적인	stick to ~을 고수하다
abruptly 갑자기	

| 문 16 | 빈칸형 | 독해 > Reading for Writing > 빈칸 구 완성 | 난이도 中 | 답 ① |

핵심포인트 빈칸 완성 문제로 반드시 근거(특히 빈칸 주변)를 바탕으로 답을 찾아야 한다.

| 해석 | 생선을 통조림으로 만드는 일의 경우에는 상당한 예방 조치들이 사용되어야 하는데, 생선은 부패에서 흔히 발생하는 독성을 지닌 성분들을 일으키는 경향이 있는 식품이기 때문이다. 따라서, 통조림으로 만들어지는 생선은 독성물질을 발생시키는 경향이 있는 어떠한 발효 작용도 절대 발생할 수 없도록 ① 철저하게 살균되어야 한다. 어떤 부패가 발생했는지를 우선 캔의 외관으로 그리고 둘째로는 특정한 수의 캔들을 개봉함으로써 알아내기 위해 통조림 생선의 꾸러미들을 빈번하게 점검하는 것이 식품 점검관의 직무여야 한다. 이 문제에서는 아무리 주의를 기울여도 지나치지 않은데, 위험한 그리고 종종 치명적인 결과들이 상한 생선의 섭취를 뒤따르기 때문이다.

① 철저하게 살균되어야 한다

② 규칙적으로 섭취되어야 한다

③ 채소와 함께 즐겨져야 한다

④ 한꺼번에 금지되어야 한다

| 정답해설 | ① 빈칸 뒤의 부사절에서 독성물질을 발생시키는 작용이 발생되지 않아야 한다는 것으로 보아 생선에 대한 살균작업이 행해지는 것이 문맥상 적합하다.

| 오답해설 | ②③④ 독성물질의 발생을 막는 것과는 관련이 없는 행위들이다.

| 어휘 |

precaution 예방 조치, 예방책	practice 일, 업무
principle 성분	

incident to ~에 일어나기 쉬운, ~에 흔히 있는
decomposition 부패, 변질
fermentative 발효의
exercise 행사하다, 발휘하다
fatal 치명적인
spoiled 상한
sterilize 살균하다

문 17 | 빈칸형 | 독해 > Reading for Writing > 빈칸 구 완성 | 난이도 中 | 답 ②

핵심포인트 빈칸 완성 문제로 반드시 근거(특히 빈칸 주변)를 바탕으로 답을 찾아야 한다.

| 해석 | 거의 모든 청명하고 달도 없는 밤에 하늘을 주의 깊게 관찰하는 것은 한 개 이상의 소위 "별똥별"이라는 것을 보여줄 것이다. 그것들은 작은 섬광으로 하늘을 가로질러 가서 사라지는 별 모양을 띤다. 특정한 움직임과 위치 상황하에서, 그것들은 지구의 대기로 초속 10에서 40마일의 속도로 질주하고, 상층 대기와의 마찰로 만들어진 열은 그것들을 증발시키거나 태운다. 연소와 분쇄의 부산물들은 그것들이 고체이면 땅으로 천천히 떨어지거나, 기체면 대기에 더해진다. 우리의 태양과 같이 거대한 물체인 실제 별인 것 대신, 그것들은 사실 작은 덩어리들인데 아주 작아서 사람이 하나를 손에 들 수도 있다. 그것들을 "별똥별"이라고 부르는 것이 ② 오해의 소지가 있기 때문에, 그것들은 "유성"이라고 불려야 한다.
① 불침투성의
② 오해의 소지가 있는
③ 있을 것 같지 않은
④ 사소한

| 정답해설 | ② 앞 문장에서 이름과는 달리 'shooting star'는 'star'가 아님을 지적하고 있다. 따라서 유성들을 'shooting starts'라고 부르는 것은 '오해의 소지가 있음'을 알 수 있다.

| 오답해설 | ①③④ 'shooting stars'라는 용어의 부적절함을 지적하는 문맥에 맞지 않는 형용사들이다.

| 어휘 |
shooting star 별똥별, 유성
dart 쏜살같이 달려가다
friction 마찰
vaporize 증발시키다
combustion 연소
pulverization 분쇄
gaseous 기체의
meteor 유성
impermeable 불침투성의
misleading 오해의 소지가 있는, 호도[오도]하는
improbable 있을 것 같지 않은

문 18 | 지문제시형 | 독해 > Macro Reading > 요지 | 난이도 下 | 답 ③

핵심포인트 글의 요지를 묻는 문제로 단순히 언급된 내용이 아닌 글의 핵심 내용을 담고 있는 선지를 찾아야 한다.

| 해석 | 큰 세상을 여행하고 구경하고자 하는 욕구는 결코 인간 특유의 일이 아니다. 동물들 사이에서 어느 정도는 그들 무리들이 종종 한 나라의 그들의 서식지를 떠나 다른 곳으로 이동을 한다는 것이 발견된다. 이 이상한 방랑벽적인 습성은 심지어 평범한 관찰자에게서도 주목되며, 이 영리한 생물들이 그들의 연례 이동을 훌륭히 계획한다는 것을 보는 것에는 특별한 통찰력이 필요하지 않다. 그들의 경로는 아마도 인간 여행자의 경로가 그러하듯 출발 전에 확실히 계획된다. 그들은 그들의 선별된 식사 장소를 가지고 있고, 그들이 마주할 가능성이 있는 위험한 장소와 적들을 알고 있다.
① 동물들은 그들의 여행 경로를 미리 계획한다.
② 어떤 동물들은 그들의 서식지 내에 머문다.
③ 동물들도 딱 인간들처럼 체계적인 방법으로 여행한다.
④ 동물들의 군집성은 그들이 그들의 여행을 계획할 수 있도록 해준다.

| 정답해설 | ③ 첫 번째와 두 번째 문장에서 동물들도 인간들처럼 여행[이동]을 한다는 내용이 제시되고 이후의 문장들은 이 여행이 체계적으로 이루어짐을 설명하고 있다.

| 오답해설 | ① 네 번째 문장에 언급되어 있으나 전체 내용의 한 예시이다.
② 글에서 다루지 않은 내용이다.
④ 동물들이 이동을 계획하긴 하지만 군집성이 이를 가능하게 한다는 내용은 글에 언급되지 않았다.

| 어휘 |
by no mean 결코 ~ 아니다
peculiar 특유의, 이상한
wanderlust 방랑벽
casual 무심결의
definitely 확실히, 분명히
premeditate 사전에 계획하다
gregariousness 군집성

문 19 | 빈칸형 | 독해 > Logical Reading > 연결사 | 난이도 中 | 답 ④

핵심포인트 연결사를 찾는 문제로 빈칸의 앞뒤 내용을 논리적으로 이어주는 표현을 찾아야 한다.

| 해석 | John Gutenberg는 가동활자를 지닌 인쇄술을 발명하기 전, 오직 부유한 사람들만 책을 소유할 수 있음이 애석한 일이라고 생각했다. (A) 따라서, 그는 어떤 쉽고 빠른 인쇄 방법을 고안하기로 결심했다. 그는 인내심 있게 잇따른 실험들을 시도했고, 종종 날마다 매우 슬프고 낙담했는데, 그의 실험들이 성공적이지 않았기 때문이다. 마침내 그가 남은 돈이 없는 때가 왔다. 그는 그의 옛 고향인 Mainz로 갔다. 거기서 그는 Fust라는 이름의 부유한 금세공업자를 만났고 그의 도움을 요청했다. Fust는 상당히 관심을 가졌고 Gutenberg에게 그가 필요로 했던 돈을 줬다. 그러나 처음의 실험들이 성공적이지 못하자, Fust는 인내심을 잃었다. 마침내 그는 법정에서 그에게 소송을 제기했고, 판사는 Fust에게 유리하게 판결했다. 따라서 Gutenberg가 가졌던 세상의 모든 것, 심지어 그가 작업했던 도구들도 Fust의 소유가 되었다. (B) 그럼에도 불구하고, Gutenberg는 그의 용기를 잃지는 않았다. 그리고 그는 자신의 모든 친구들을 잃지도 않았다. 그들 중 하나가 돈을 가지고 있었고, 그는 Gutenberg에게 새로운 도구 세트를 사줬고 그를 위해 작업실을 임대해줬다.

	(A)	(B)
①	즉	게다가
②	따라서	요컨대
③	즉	의심할 여지없이
④	따라서	그럼에도 불구하고

| 정답해설 | (A) 앞 문장에서 부자들만 책을 접할 수 있는 현실을 안타까워했다는 내용이, 빈칸이 포함된 문장은 더 쉬운 인쇄 방법의 고안을 고민하는 내용이 제시되어 있으므로 인과관계를 나타내는 'Therefore'가 적합하다.
(B) 앞 문장에서 소송으로 인해 Gutenberg가 더 이상 작업을 할 수 없는 상황이, 빈칸이 포함된 문장에서는 이를 극복할 수 있는 상황이 제시되어 있으므로 역접의 의미인 'Nonetheless'가 적합하다.

| 어휘 |
printing 인쇄
movable type 가동 활자
pity 유감, 애석한 일, 연민
contrive 고안하다
one after another 잇따라서, 차례로
day after day 매일같이, 날마다
goldsmith 금세공업자
bring (a) suit against ~을 상대로 소송을 제기하다
come into one's possession ~의 소유가 되다
hire 빌리다

문 20 | 논리형 | 독해 > Logical Reading > 삽입 | 난이도 上 | 답 ②

핵심포인트 문장삽입 문제로 제시 문장의 힌트(대명사 등)를 통해 지문에서의 알맞은 위치를 찾아야 한다.

| 해석 | Maryland는 인종들 간의 결혼으로 힘들어했던 것처럼 보인다. 1663년, 흑인 노예와 결혼하는 어떠한 백인 여성도 그녀의 남편의 생존 동안은 그 노예의 주인을 섬겨야 한다는 것과 그 결혼에서 낳은 어떠한 자녀도 또한 노예가 되어야 함이 제정되었다. 이 법률은 고용 계약된 여성이 그러한 결혼을 하지 않도록 분명히 의도되었다. ② 그것은 매우 다른 결과를 지녔다. 그들의 백인 여성 종업원의 고용 계약을 연장하기 위해 많은 주인들은 그들이 흑인 노예들과 결혼하도록 부추겼다. 그에 따라서, 1681년의 새로운 법은 그 책임을 고용 계약된 여성이 아닌 주인에게 지웠다; 백인 여성 종업원과 노예 간의 결혼이 발생하는 경우, 그 여성은 즉시 자유가 되고, 식을 진행했던 목사와 그 주인은 만 파운드의 담배를 벌금으로 부과받아야 했다.

| 정답해설 | 제시 문장에서 '그것은 매우 다른 결과를 지녔다'라고 하는 것으로 보아 앞 문장에는 원래 의도에 관한 내용이, 뒤 문장에는 그 다른 결과에 대한 상술이 뒤따를 것임을 예측할 수 있다. ②의 앞 문장에서 어떤 법률이 여성 피고용인과 흑인 노예 간의 결혼을 막기 위한 조치임을 설명하고, ②의 뒤 문장에서는 오히려 노예주들이 이것을 역이용하는 상황이 묘사되어 있으므로 제시 문장은 ②에 가장 알맞다.

| 어휘 |

intermixture 혼합

enact 제정하다, 규정하다

freeborn 자유인으로 태어난

intermarry (인종, 국적, 종교 등이 다른 사람과) 결혼하다

act 법률

servant 하인, 종업원

accordingly 그에 따라서

throw a responsibility on ~에게 책임을 지우다

minister 목사, 장관

fine 벌금을 부과하다

9급공무원 공개경쟁채용 필기시험

회차	과목
①	한국사

①회 난이도	中
①회 합격선	18개/20개

【SELF CHECK】

풀이 시간	/12분	맞힌 개수	/20개

①회차 핵심페이퍼

문번	정답	개념	꼭 짚고 넘어가야 하는 핵심포인트!	다시 볼 키워드!
문 1	④	국가의 형성	옥저에는 골장제와 같은 가족 묘 풍속이 있었다.	고구려, 옥저, 가족 공동 묘
문 2	①	고대	대가야는 신라와 결혼 동맹을 체결하여 국제적 고립에서 벗어나고자 하였다.	대가야, 결혼 동맹
문 3	②	중세	대간은 서경·간쟁·봉박권을 통해 권력을 견제하였다.	대간, 서경, 삼사, 한림원
문 4	③	중세	여진은 금을 건국한 후 고려에 군신 관계를 요구하였다.	여진, 이자겸, 군신 관계
문 5	④	근세	사간원은 간쟁을 통해 정치권력을 견제하였다.	사간원, 승문원, 홍문관, 교서관
문 6	①	고대	영양왕 시기에 온달은 한강 유역 회복을 위해 출정하였다.	영양왕, 온달, 요서 선제공격
문 7	④	고대	원효는 일심 사상을 바탕으로 종파의 대립을 극복하고자 하였다.	원효, 일심 사상, 자장, 원측, 진표
문 8	②	근대 태동기	허목은 『기언』을 저술하였고 한백겸은 『동국지리지』를 저술하였다.	허목, 한백겸
문 9	③	중세	최우 집권기에 전라도 담양과 나주를 중심으로 이연년 형제가 난을 일으켰다.	망이·망소이 난, 교정도감, 이연년의 난, 묘청의 난
문 10	④	단원 통합	제1차 남북 정상 회담은 평양에서 개최되었다.	평양, 유상
문 11	②	중세	이승휴는 충렬왕 때 단군 신화를 기록한 『제왕운기』를 편찬하였다.	『제왕운기』, 이승휴, 단군 신화
문 12	②	고대	신문왕은 9주 5소경의 지방 행정 체제를 완비하였다.	신문왕, 9주 5소경, 달구벌 천도 시도, 대문의 난
문 13	④	근대 태동기	영조 집권 초기에 이인좌의 난이 일어나 왕권을 위협하였다.	영조, 이인좌의 난, 청계천 준설
문 14	①	근현대	흥선 대원군은 호포제를 실시하여 양반에게도 군포를 부과하였다.	흥선 대원군, 호포제
문 15	①	근현대	대한민국 임시 정부의 위기 극복을 위해 국민 대표 회의가 개최되었다(1923).	대한민국 임시 정부, 이륭양행, 백산상회
문 16	②	근현대	조·미 수호 통상 조약(1882. 5.)은 임오군란 발발(1882. 6.) 이전에 체결되었다.	남연군 묘 도굴 미수 사건, 제물포 조약, 조·미 수호 통상 조약
문 17	④	근현대	신간회는 광주 학생 운동에 진상 조사단을 파견하였다.	신간회, 광주 학생 항일 운동
문 18	③	근현대	한·일 신협약의 체결로 일본에 의한 차관 정치가 시작되었다.	한·일 신협약(정미 7조약), 군대 해산
문 19	①	근현대	이승만의 정읍 발언은 제1차 미·소 공동 위원회 결렬 직후의 일이다.	이승만의 정읍 발언, 제1차 미·소 공동 위원회
문 20	④	근현대	경부 고속 도로는 1970년에 완공되었다.	3차 개헌, 경부 고속 도로, 향토 예비군 제도

※ 해당 회차는 1초 합격예측 서비스의 데이터 누적 기간이 충분하지 않아 [오답률/선택률] 기재를 생략하였습니다.

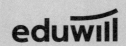

모의고사 >> 1회 P. 16

문 1	④	문 2	①	문 3	②	문 4	③	문 5	④
문 6	①	문 7	④	문 8	②	문 9	③	문 10	④
문 11	②	문 12	②	문 13	④	문 14	①	문 15	①
문 16	②	문 17	④	문 18	③	문 19	①	문 20	④

문 1 | 자료형 | 우리 역사의 기원과 형성 > 국가의 형성 > 고구려, 옥저 | 난이도 下 | 답 ④

출제의도 초기 국가의 풍속을 알아야 한다.
핵심포인트 옥저에는 골장제와 같은 가족 묘 풍속이 있었다.

| 정답해설 | 제시문의 (가)는 고구려, (나)는 민며느리제의 혼인 풍속이 있었던 옥저이다.
④ 옥저에서는 가족이 죽으면 뼈를 추려 하나의 큰 목곽에 넣는 일종의 가족 묘 풍속이 있었다(골장제).
| 오답해설 | ① 삼한에서는 신지, 견지, 부례, 읍차와 같은 군장이 자신의 영역을 다스렸다.
② 부여에서는 흉년이 들면 왕에게 책임을 물어 왕을 교체하거나 죽이기도 하였다.
③ 삼한에서는 돌로 머리를 납작하게 만드는 편두의 풍속이 있었다.

문 2 | 사료형 | 고대 > 삼국의 정치 > 대가야 | 난이도 中 | 답 ①

핵심포인트 대가야는 신라와 결혼 동맹을 체결하여 국제적 고립에서 벗어나고자 하였다.

| 정답해설 | 제시문의 (가)는 대가야이다. 대가야는 후기 가야 연맹을 이끌었으나 신라 진흥왕 시기에 이사부와 사다함에 의해 멸망하였다.
① 대가야는 신라 법흥왕과 결혼 동맹을 체결하여 국제적 고립에서 벗어나고자 하였다.
| 오답해설 | ② 고구려는 5부족 연맹 국가 단계에서 중앙 집권 고대 국가로 발전하였다.
③ 신라는 만장일치제의 귀족 회의 기구인 화백 회의에서 국가 중대사를 논의하였다.
④ 금관가야는 편리한 수운 교통을 이용하여 일본과 낙랑, 대방에 철을 수출하였다.

문 3 | 지식형 | 중세 > 정치 > 고려의 통치 체제 | 난이도 中 | 답 ②

핵심포인트 대간은 서경·간쟁·봉박권을 통해 권력을 견제하였다.

| 정답해설 | 고려의 대간은 어사대의 관원과 중서문하성의 낭사로 구성되었으며 서경(관원 임명·법령의 개정과 폐지 등에 대한 동의), 간쟁(정치 비판), 봉박(왕의 명령을 돌려보냄)의 권한을 행사하였다.
② 5품 이하 관원을 대상으로 한 서경권의 행사는 조선 시대의 대간에 해당한다. 고려 시대의 대간은 모든 관리를 대상으로 서경권을 행사하였다.

문 4 | 자료형 | 중세 > 정치 > 고려와 여진의 관계 | 난이도 中 | 답 ③

출제의도 고려의 대외 관계 특징을 알아두어야 한다.
핵심포인트 여진은 금을 건국한 후 고려에 군신 관계를 요구하였다.

| 정답해설 | 제시문의 (가)는 여진이다. 고려는 소손녕이 이끈 거란의 1차 침입 당시 서희의 외교 담판으로 압록강 유역의 여진족을 몰아내고 그 지역에 강동 6주를 설치하였다.
③ 여진은 세력을 키워 금을 건국하였고(1115), 거란(요)을 멸망시킨 이후 고려에 군신 관계를 요구하였다. 이에 당시 집권자인 이자겸은 정권 유지를 목적으로 금의 사대 요구를 수용하였다.

문 5 | 지식형 | 근세 > 정치 > 사간원 | 난이도 下 | 답 ④

출제의도 조선 초기의 정치 기구에 대해 알아야 한다.
핵심포인트 사간원은 간쟁을 통해 정치권력을 견제하였다.

| 정답해설 | ④ 사간원은 간쟁을 통해 정치권력을 비판하였고, 의정부·6조와 함께 정치와 입법에 대한 논의를 담당하였다.
| 오답해설 | ① 승문원은 조선의 외교 문서를 작성하는 기구였다.
② 홍문관은 왕의 자문에 응하고 경연을 담당하는 기구였다.
③ 교서관은 경적의 인쇄와 제사 때 쓰이는 향과 축문 등을 관장하는 기구였다.

문 6 | 자료형 | 고대 > 삼국의 정치 > 영양왕의 업적 | 난이도 中 | 답 ①

핵심포인트 영양왕 시기에 온달은 한강 유역 회복을 위해 출정하였다.

| 정답해설 | 제시문의 밑줄 친 '대왕'은 고구려 영양왕이다. 온달은 고구려 평원왕~영양왕 때의 장군으로 신라에 빼앗긴 한강 유역을 수복하기 위해 출정하였지만 아단성에서 전사하였다(590).
① 영양왕은 수나라가 건국된 이후에 요서 지방을 선제공격하여 수를 견제하였다.
| 오답해설 | ② 고구려는 당의 침략을 방어하기 위해 천리장성을 축조하였다(영류왕~보장왕).
③ 신라의 대야성을 공격하여 점령한 왕은 백제 의자왕이다.
④ 백제의 아신왕을 굴복시키고 한강 이북 지역까지 진출한 왕은 고구려 광개토 대왕이다.

문 7 | 자료형 | 고대 > 문화 > 원효 | 난이도 下 | 답 ④

핵심포인트 원효는 일심 사상을 바탕으로 종파의 대립을 극복하고자 하였다.

| 정답해설 | 제시문은 원효의 『대승기신론소』 중 일부이다.
④ 원효는 일심 사상을 통해 종파의 대립을 완화하고, 아미타 신앙을 바탕으로 불교를 대중화시키고자 하였다.
| 오답해설 | ① 자장은 신라 선덕 여왕에게 황룡사 9층 목탑 축조를 건의하였다.
② 통일 신라 시대에 원측은 당의 현장에게 신유식학을 전수받아 발전시켰다.
③ 진표는 미륵 신앙을 바탕으로 법상종을 창시하였다.

문 8 | 지식형 | 근대 태동기 > 문화 > 허목, 한백겸 | 난이도 中 | 답 ②

핵심포인트 허목은 『기언』을 저술하였고 한백겸은 『동국지리지』를 저술하였다.

| 정답해설 | (가)는 허목이다. 남인 계열인 허목은 중농 정책의 강화, 서얼 허통의 반대 등을 주장하였다.
(나)는 한백겸이다. 한백겸은 『동국지리지』를 통해서 고구려의 발상지가 만주 지방이라는 것을 처음으로 고증하였다.

문 9 | 순서형 | 중세 > 정치 > 고려 시대 주요 사건 | 난이도 中 | 답 ③

핵심포인트 최우 집권기에 전라도 담양과 나주를 중심으로 이연년 형제가 난을 일으켰다.

| 정답해설 | 제시된 사건의 순서는 다음과 같다.
(라) 묘청이 서경 천도와 금국 정벌을 주장하는 난을 일으켰다(1135).
(가) 공주 명학소에서 망이·망소이가 난을 일으켰다(1176).
(나) 최충헌은 교정도감을 설치하여 국정을 장악하였다(1209).
(다) 최우 집권기에 전라도 담양과 나주를 중심으로 백제 부흥을 주장하는 이연년 형제의 난이 발발하였다(1237).

문 10 [자료형] 단원 통합 > 평양의 역사 　 난이도 中 | 답 ④

출제의도 중요한 역사적 사건이 일어난 지역은 특히 잘 알아두어야 한다.

핵심포인트 제1차 남북 정상 회담은 평양에서 개최되었다.

| 정답해설 | 제시문은 평양에서 개최된 제1차 남북 정상 회담의 6·15 남북 공동 선언이다.

④ 조선 후기의 대표적인 사상인 유상은 평양을 중심으로 활동하였다.

| 오답해설 | ① 강화도 조약에 따라 부산·원산·인천이 개항되었다.

② 개경(개성)에서 정몽주가 이방원 세력에 의해 살해되었다.

③ 충청북도 괴산에 만동묘가 설치되었다.

문 11 [자료형] 중세 > 문화 > 『제왕운기』 　 난이도 中 | 답 ②

핵심포인트 이승휴는 충렬왕 때 단군 신화를 기록한 『제왕운기』를 편찬하였다.

| 정답해설 | 제시문은 『제왕운기』 중 일부이다.

② 충렬왕 때 이승휴는 『제왕운기』에서 단군 신화를 기록하고 중국과 우리의 역사를 7언시, 5언시의 영사체(서사시) 형태로 서술하였다.

| 오답해설 | ① 일연은 『삼국유사』 「기이」편에 신화와 설화를 정리하였다.

③ 이제현은 성리학적 유교 사관을 중심으로 『사략』을 저술하였다.

④ 각훈은 『해동고승전』을 통해 교종의 입장에서 불교사를 정리하였다.

문 12 [자료형] 고대 > 남북국의 정치 > 신문왕의 업적 　 난이도 中 | 답 ②

출제의도 통일 신라 왕들의 업적을 알아두어야 한다.

핵심포인트 신문왕은 9주 5소경의 지방 행정 체제를 완비하였다.

| 정답해설 | 제시문의 밑줄 친 '왕'은 신문왕이다. 신문왕은 지방 행정 체제를 9주 5소경 체제로 완성하였고 군사 제도로는 9서당 10정 체제를 완비하였다. 한편 수도 금성(경주)이 동남쪽에 치우쳐 있어 수도를 달구벌 지역으로 옮기고자 했지만 실패하였다.

② 보덕국은 문무왕이 고구려 부흥 운동을 지원하면서 안승을 중심으로 세워진 국가이다. 684년 고구려 유민이 중심이 되어 통일 신라에 저항하는 대문의 난이 발발하였고 신문왕이 이를 진압하였다.

| 오답해설 | ① 통일 신라의 원성왕은 독서삼품과를 설치하여 유교 경전의 이해 수준에 따라 관리를 채용하였다.

③ 태종 무열왕은 갈문왕 제도를 폐지하고 집사부 중시(시중)의 기능을 강화하였다.

④ 통일 신라의 성덕왕은 백성들에게 정전을 처음 지급하였다.

문 13 [사료형] 근대 태동기 > 정치 > 영조의 업적 　 난이도 中 | 답 ④

출제의도 영조와 정조 시기의 정책을 잘 알아두어야 한다.

핵심포인트 영조 집권 초기에 이인좌의 난이 일어나 왕권을 위협하였다.

| 정답해설 | 제시문은 영조 집권 초기에 발발한 이인좌의 난(1728)에 대한 내용이다. 이인좌의 난은 정권에서 배제된 소론과 남인의 강경파가 정권을 무력으로 탈취하고자 한 사건으로, 이인좌 세력이 청주성을 함락시키는 등 관군과 치열한 전투를 벌였지만 이내 진압되었다. 이인좌의 난 이후 영조는 탕평 정치를 실시할 수 있는 명분을 쌓게 되었으며, 이를 계기로 왕권 강화와 정국 안정을 도모할 수 있었다.

④ 영조는 청계천을 준설하여 홍수 문제와 실업 문제를 해결하고자 하였다.

| 오답해설 | ①② 숙종은 노산군의 묘호를 단종으로 추증하였으며, 금위영을 설치하여 5군영 체제를 완비하였다.

③ 정조는 백성의 상언과 격쟁의 기회를 크게 늘렸다.

문 14 [자료형] 근현대 > 개항기 > 흥선 대원군 　 난이도 中 | 답 ①

핵심포인트 흥선 대원군은 호포제를 실시하여 양반에게도 군포를 부과하였다.

| 정답해설 | 제시문의 "동포법을 제정하였다."라는 내용을 통해 (가)가 흥선 대원군임을 알 수 있다.

① 흥선 대원군은 비변사의 기능을 축소시키고 의정부의 권한을 강화하였으며, 삼군부를 부활시켰다.

| 오답해설 | ② 김옥균은 일본과 차관 교섭을 벌이고 구미 사절단과 접촉하여 개화 정치를 추진하고자 하였지만 실패하였다.

③ 고종은 통리기무아문을 설치하고 12사를 두어 개화 정치를 추진하였다(1880).

④ 갑신정변이 실패하고 조선에 대한 청의 간섭이 심화되자, 민씨 정권은 러시아와의 비밀 협약을 통해 이를 극복하고자 하였다.

문 15 [자료형] 근현대 > 일제 강점기 > 대한민국 임시 정부 　 난이도 中 | 답 ①

핵심포인트 대한민국 임시 정부의 위기 극복을 위해 국민 대표 회의가 개최되었다(1923).

| 정답해설 | 제시문은 대한민국 임시 정부의 위기 극복을 위한 국민 대표 회의의 개최와 관련된 주비회 선언문이다. 3·1 운동 이후 설립된 대한민국 임시 정부는 연통제와 교통국이 붕괴되면서 위기를 겪었다. 이에 국민 대표 회의 주비회가 결성되었고, 1923년 대한민국 임시 정부의 활동에 대한 논의가 국민 대표 회의를 통해 전개되었지만, 창조파와 개조파로 분열되면서 합의점을 찾지는 못하였다.

① 대한민국 임시 정부는 국내와의 연락을 위해 비밀행정 조직망인 교통국과 연통제를 활용하였다.

| 오답해설 | ② 조선 의용대는 조선 민족 전선 연맹의 산하 부대로, 중국 관내에서 결성된 최초의 한인 부대이다(1938).

③ 이회영, 이동녕 등이 만주 삼원보에 설립한 신흥 강습소(1911)가 신흥 무관 학교(1919)로 발전하였다. 이곳에서 많은 독립운동가들이 배출되었다.

④ 『한미 50년사』는 문일평의 저서이다. 대한민국 임시 정부는 사료 편찬소를 설립하고 『한일 관계 사료집』을 출간하였다.

문 16 [순서형] 근현대 > 개항기 > 1868~1882년 사이 시기의 사건 　 난이도 中 | 답 ②

핵심포인트 조·미 수호 통상 조약(1882. 5.)은 임오군란 발발(1882. 6.) 이전에 체결되었다.

| 정답해설 | 오페르트의 남연군 묘 도굴 미수 사건은 1868년에 해당하며, 임오군란으로 인한 제물포 조약의 체결은 1882년 7월에 해당한다.

② 청의 알선으로 체결된 조·미 수호 통상 조약은 1882년 5월에 체결되었다. 이 조약에는 미국에 대한 영사 재판권(치외 법권)과 최혜국 대우 조항이 삽입되었다.

| 오답해설 | ① 프랑스는 병인양요 때 강화도의 외규장각 도서를 약탈하였다(1866).

③ 갑신정변이 발발하자 김옥균을 중심으로 한 급진 개화 세력은 고종과 명성황후의 거처를 경우궁으로 옮겼다(1884).

④ 우정국은 1884년에 설립되었지만 갑신정변의 발발로 인해 운영이 중단되었다.

문 17 　 [자료형] 근현대 > 일제 강점기 > 신간회 　 | 난이도 中 | 답 ④

[출제의도] 신간회의 활동을 알아야 한다.
[핵심포인트] 신간회는 광주 학생 운동에 진상 조사단을 파견하였다.

| **정답해설** | 제시문은 광주 학생 항일 운동을 전국적인 민중 대회로 확산시키려고
하자 일본이 (가) 신간회의 집행부를 탄압하는 내용이다.
④ 신간회는 민족 유일당 운동의 일환으로 결성되었으며, 일본인의 한국 이민을
　 반대하였고 치안 유지법과 동양 척식 주식회사의 철폐 등을 주장하였다.
| **오답해설** | ① 신민회는 태극서관을 설립하여 출판 사업을 진행하였다.
② 백정의 지위 향상을 위해 조선 형평사를 중심으로 형평 운동이 전개되었다
　 (1923).
③ 조선 민립 대학 기성회는 고등 교육 기관의 설립을 주장하였다.

문 18 　 [자료형] 근현대 > 일제 강점기 > 한·일 신협약(정미 7조약) 　 | 난이도 中 | 답 ③

[핵심포인트] 한·일 신협약의 체결로 일본에 의한 차관 정치가 시작되었다.

| **정답해설** | 제시문은 고종의 강제 퇴위 이후 체결된 한·일 신협약(정미 7조약)의
일부이다. 한·일 신협약의 체결로 통감이 추천하는 관리를 대한 제국의 관리로
임명할 수 있게 되면서, 일본이 대한 제국의 인사권을 침해하기 시작하였다.
③ 한·일 신협약 부칙에 따라서 대한 제국의 군대가 해산되었고, 해산 군인들은
　 의병에 합류하였다.
| **오답해설** | ① 민영환은 을사늑약에 반발하며 자결하였다.
② 을사늑약 이후 이준, 이상설, 이위종은 헤이그에 특사로 파견되었다.
④ 대한 제국의 경찰권은 한국 경찰 사무 위탁에 관한 각서(1910. 6.)에 의해 박탈
　 되었다.

문 19 　 [자료형] 근현대 > 현대 > 미·소 공동 위원회 　 | 난이도 中 | 답 ①

[출제의도] 모스크바 3상 회의 이후의 국내 상황을 알아야 한다.
[핵심포인트] 이승만의 정읍 발언은 제1차 미·소 공동 위원회 결렬 직후의 일이다.

| **정답해설** | 제시문은 이승만의 정읍 발언(1946. 6.)으로, (가)는 미·소 공동 위원
회이다.
① 모스크바 3상 회의의 결과 개최된 미·소 공동 위원회는 임시 정부 구성 논의
　 를 위한 단체와 정당의 참여를 두고 의견 대립이 심화되어 결국 결렬되었다.
　 이에 이승만은 정읍에서 남한만의 단독 정부 수립을 주장하였다(정읍 발언).
| **오답해설** | ② 유엔 총회에서 인구 비례에 따른 남북한 동시 총선거가 결정되었
　 다(1947. 11.).
③ 얄타 회담에서 미국 루스벨트 대통령에 의해 처음으로 신탁 통치가 제의되었
　 다(1945. 2.).
④ 김구와 김규식은 평양에서 남북 지도자 회의를 개최하였고, 이 회의에서 통일
　 정부 수립과 미·소 양군의 철수를 주장하였다(1948. 4.).

문 20 　 [순서형] 근현대 > 현대 > 1960~1970년의 역사적 사실 　 | 난이도 上 | 답 ④

[핵심포인트] 경부 고속 도로는 1970년에 완공되었다.

| **정답해설** | 허정의 과도 정부는 1960년 4·19 혁명 이후 수립되어 내각 책임제
개헌을 단행하였다(3차 개헌, 1960. 6. 15.). 경부 고속 도로는 1970년에 완공되
었다.
④ 향토 예비군 제도는 박정희 정부 시기인 1968년에 실시되었다.
| **오답해설** | ① 2·28 민주화 운동(1960)은 제4대 정통령·제5대 부통령 선거 운
동 시기에 대구 지역 8개 고등학교 학생들이 자유당 독재 정권에 맞서 일으킨 사
건으로, 4·19 혁명의 도화선이 되었다.
② 판문점 도끼 만행 사건은 1976년에 북한군에 의해 일어났다.
③ 서울 지하철 1호선은 1974년에 개통되었다.

2022년 ____월 ____일 시행
9급공무원 공개경쟁채용 필기시험

회차	과목
②	국어

②회 난이도	下
②회 합격선	19개/20개

【SELF CHECK】

풀이 시간	/20분	맞힌 개수	/20개

②회차 핵심페이퍼

문번	정답	개념	꼭 짚고 넘어가야 하는 핵심포인트!	다시 볼 키워드!
오답률 TOP 2 문 1	③	현대 문법	잉여적 표현이 없는 자연스러운 문장을 가릴 수 있어야 한다.	잉여적 표현
문 2	①	비문학	공손성의 원리를 이해하고 실제 예를 찾을 수 있어야 한다.	공손성의 원리
문 3	④	비문학	소재에 맞게 글을 구성할 수 있어야 한다.	소재에 맞는 작문
문 4	①	현대 문법	단어의 명확한 의미를 알고 정확하게 표기할 수 있어야 한다.	불고하다, 불구하다
문 5	①	현대 문학	현대 시를 정확하게 이해할 수 있어야 한다.	김광균, 「추일서정」
문 6	④	비문학	글을 읽고 글쓴이의 주장을 파악할 수 있어야 한다.	글쓴이의 주장 파악
문 7	③	현대 문법	불규칙 활용의 종류를 알고 정확하게 구별할 수 있어야 한다.	용언의 활용
문 8	③	한자와 한자어	상황에 맞는 한자 성어를 찾을 수 있어야 한다.	애이불비(哀而不悲), 원화소복(遠禍召福), 흥진비래(興盡悲來), 도탄지고(塗炭之苦)
문 9	②	비문학	글을 읽고 적절한 제목을 붙일 수 있어야 한다.	표제와 부제
오답률 TOP 3 문 10	③	한자와 한자어	우리말에 해당하는 정확한 한자어를 알고 있어야 한다.	제고(提高), 교환(交換), 확장(擴張), 추종(追從)
오답률 TOP 1 문 11	②	비문학	주제에 맞게 글을 다듬을 수 있어야 한다.	퇴고
문 12	④	고전 문학	가전체 문학의 작가와 의인화 대상을 알고 있어야 한다.	임춘, 「국순전」
문 13	①	현대 문법	각 매체 언어의 특징을 이해하고 비교할 수 있어야 한다.	매체 언어
문 14	③	고전 문학	극에 등장한 인물의 태도를 파악할 수 있어야 한다.	작자 미상, 「꼭두각시놀음」
문 15	④	어문 규정	띄어쓰기를 정확하게 할 수 있어야 한다.	대로, 까지, 도, 등
문 16	④	현대 문학	현대 소설을 읽고 정확하게 감상할 수 있어야 한다.	박완서, 「해산 바가지」
문 17	③	비문학	글을 읽고 의문에 대한 정확한 답을 찾을 수 있어야 한다.	글의 내용 추론
문 18	①	비문학	글의 순서를 정확하게 배열할 수 있어야 한다.	글의 순서 배열
문 19	③	비문학	글에 제시된 내용을 정확하게 찾을 수 있어야 한다.	글의 내용 파악
문 20	③	현대 문학	가리키는 대상이 누구인지 정확하게 구별할 수 있어야 한다.	이강백, 「결혼」

※ [오답률/선택률] 산정 기준: 2021.04.07. ~ 2022.02.28. 기간 동안 응시된 1초 합격예측 서비스의 누적 데이터
※ [오답률] TOP 1, 2, 3은 많은 응시생들이 헷갈린 문항이므로 꼭 확인하고 넘어가시기 바랍니다.

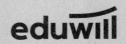

모의고사 》 2회 P. 2

문 1	③	문 2	①	문 3	④	문 4	①	문 5	①
문 6	④	문 7	③	문 8	③	문 9	②	문 10	③
문 11	②	문 12	④	문 13	①	문 14	③	문 15	④
문 16	④	문 17	③	문 18	①	문 19	③	문 20	①

※ 50% 는 선지별 선택률을 나타냅니다.

오답률 TOP 2

문 1	박스형 이해　현대 문법 > 의미론 > 잉여적 표현	난이도 中 ㅣ 답 ③
		오답률 40%

출제의도 잉여적 표현이 있는 문장을 가릴 수 있는지 평가한다.
핵심포인트 잉여적 표현이 없는 자연스러운 문장을 가릴 수 있어야 한다.

| 정답해설 | ③ 60% 잉여적 표현이 없는 자연스러운 문장이다.
| 오답해설 | ① 30% '살인'은 이미 불법이므로 '불법'은 잉여적 표현이다.
② 3% '기간'에 '동안'이라는 뜻이 포함되어 있으므로 '방학 동안 축구를 실컷 했다.'로 표현해야 한다.
④ 7% '과반수'에는 '이상'이라는 뜻이 있다. '그것은 과반수의 찬성을 얻었다.'로 표현해야 한다.

문 2	단답형 지식　비문학 > 이론 비문학 > 화법	난이도 中 ㅣ 답 ①
		오답률 31%

출제의도 말하기 중 공손성의 원리를 이해하고 있는지 평가한다.
핵심포인트 공손성의 원리를 이해하고 실제 예를 찾을 수 있어야 한다.

| 정답해설 | ① 69% B가 A에게 창문을 닫아 줄 수 있는지를 의문형을 통해 요청하고 있다. 따라서 상대방에게 부담이 되는 표현을 최소화한 요령의 격률을 지킨 예로 적절하다.
| 오답해설 | ② 22% B가 A의 갈비찜이 맛있다며 칭찬하고 있으므로 칭찬의 격률을 지킨 예에 해당한다.
③ 8% 햄버거를 제안하는 A의 의견에 B는 우선 동의한 후 삼각김밥을 제안하고 있으므로 동의의 격률을 지킨 예에 해당한다.
④ 1% A의 칭찬을 듣고 B가 자신에 대한 칭찬을 최소화하지 않고, 타고난 것이라며 말하고 있으므로 겸양의 격률을 어긴 예에 해당한다.

| 참고이론 | 공손성의 원리

- 요령의 격률: 상대방에게 부담이 되는 표현은 최소화하고 상대방의 이익을 극대화시키라는 것
- 관용의 격률: 화자 자신에게 혜택을 주는 표현은 최소화하고 자신에게 부담을 주는 표현을 최대화하라는 것
- 찬동(칭찬)의 격률: 다른 사람에 대한 비방을 최소화하고 칭찬을 극대화하라는 것
- 겸양의 격률: 자신에 대한 칭찬은 최소화하고 자신에 대한 비방을 극대화하라는 것
- 동의의 격률: 자신의 의견과 다른 사람의 의견 사이의 다른 점을 최소화하고 자신의 의견과 다른 사람의 의견 사이의 일치점을 극대화하라는 것

문 3	단답형 지식　비문학 > 이론 비문학 > 작문	난이도 中 ㅣ 답 ④
		오답률 28%

출제의도 자연스럽게 문장을 구성할 수 있는지 평가한다.
핵심포인트 소재에 맞게 글을 구성할 수 있어야 한다.

| 정답해설 | ④ 72% 할아버지와 아버지의 손때가 묻은, 즉 대대로 물려받은 의자라는 방향으로 글을 구성하는 것이 자연스럽다. 따라서 '세대 차이'와는 특별한 관련이 없다.

문 4	단답형 지식　현대 문법 > 의미론 > 어휘의 문맥적 의미	난이도 中 ㅣ 답 ①
		오답률 18%

출제의도 문맥에 맞는 단어를 찾아 정확하게 적을 수 있는지 평가한다.
핵심포인트 단어의 명확한 의미를 알고 정확하게 표기할 수 있어야 한다.

| 정답해설 | ① 82% '불고(不顧)하다'는 '돌아보지 않다'의 뜻이다. 문맥상 '얽매

여 거리끼지 않다.'의 뜻을 지닌 '불구(不拘)하고'로 쓰는 것이 옳다.

문 5	박스형 이해　현대 문학 > 현대 시	난이도 下 ㅣ 답 ①
		오답률 12%

출제의도 현대 시를 정확하게 이해할 수 있는지 평가한다.
핵심포인트 현대 시를 정확하게 이해할 수 있어야 한다.

| 정답해설 | ① 88% 자연물인 '낙엽'과 '길'을 각각 인공물인 '폴―란드 망명 정부의 지폐', '구겨진 넥타이'에 빗대어 풍경에 대한 화자의 느낌을 드러내고 있다.
| 오답해설 | ② 8% 이 작품은 '가을', '일광(日光)', '두 시' 등 시간을 나타내는 시어가 사용되기는 하지만, 그것을 통해 시간의 흐름을 보여 주고 있지는 않으며 유사한 문장 형태의 변주 또한 나타나지 않는다.
③ 2% '폴―란드', '자욱―한', '호올로' 등 의도적으로 변형한 시어가 나타나기는 하지만 이것을 통해 현실 극복 의지를 드러내는 것은 아니다.
④ 2% 추측을 나타내는 표현은 사용되지 않았다.

| 참고이론 | 김광균, 「추일서정」

- 성격: 회화적, 주지적, 감각적
- 특징:
  – 은유와 직유 등의 비유를 많이 사용함.
  – 시각적 이미지가 중심을 이룸.
  – 선경 후정의 방식으로 시상을 전개함.
- 주제: 가을날의 황량한 풍경과 고독감

문 6	박스형 이해　비문학 > 독해 비문학 > 주제 찾기	난이도 下 ㅣ 답 ④
		오답률 7%

출제의도 글쓴이의 궁극적인 주장을 파악할 수 있는지 평가한다.
핵심포인트 글을 읽고 글쓴이의 주장을 파악할 수 있어야 한다.

| 정답해설 | ④ 93% 제시된 글에서는 정치 문화의 유형을 제시하고 있다. 편협형 정치 문화와 신민형 정치 문화의 문제점을 지적하며 '참여형 정치 문화'가 현대의 바람직한 민주주의 사회상이라는 글쓴이의 생각을 미루어 짐작할 수 있다. 즉 국민은 정치에 적극 참여해야 한다고 글쓴이는 주장하고 있다.

문 7	박스형 이해　현대 문법 > 형태론 > 용언의 활용	난이도 中 ㅣ 답 ③
		오답률 25%

출제의도 불규칙 활용의 유형을 정확하게 구별할 수 있는지 평가한다.
핵심포인트 불규칙 활용의 종류를 알고 정확하게 적용할 수 있어야 한다.

| 정답해설 | ③ 75% '낫다'의 어간이 어미 '―아'와 결합하면 어간의 'ㅅ'이 탈락하여 '나아'와 같이 활용한다. 따라서 어간만 바뀌는 'ㅅ' 불규칙 활용에 해당한다.
| 오답해설 | ① 7% '푸르다'의 어간이 어미 '―어'와 결합하면 어미가 '―러'로 바뀌어 '푸르러'와 같이 활용한다. 따라서 어미만 바뀌는 '러' 불규칙 활용에 해당한다.
② 16% '커다랗다'의 어간이 어미 '―(으)니'와 결합하면 어간의 'ㅎ'만 탈락하여 '커다라니'와 같이 활용한다. 한편, 어미 '―아'와 결합하면 어간의 'ㅎ'이 탈락하고, 어미의 '―ㅏ'는 '―ㅐ'로 바뀌어 '커다래'와 같이 활용한다. 이 경우 선지의 설명처럼 어간과 어미가 모두 바뀌는 'ㅎ' 불규칙 활용에 해당한다.
④ 2% '한쪽으로 휘다'를 뜻하는 '굽다'는 '허리가 굽으시다', '활처럼 굽은 길'처럼 활용하는 규칙 활용 용언이다.

문 8	박스형 이해　한자와 한자어 > 한자 성어	난이도 中 ㅣ 답 ③
		오답률 30%

출제의도 글을 읽고 적절한 한자 성어를 찾을 수 있는지 평가한다.
핵심포인트 상황에 맞는 한자 성어를 찾을 수 있어야 한다.

| 정답해설 | ③ 70% 제시된 글에서 눈물을 흘리고 싶지만 이를 갈고 주먹을 쥔다는 것은 슬프지만 슬픔을 참겠다는 의지를 나타낸 것이다. 이러한 상황에는 '슬프지만 겉으로는 슬픔을 나타내지 아니함.'이라는 의미를 가진 '哀而不悲(애이불비)'가 적절하다.

| 오답해설 | ① 3% 遠禍召福(원화소복): '화를 물리치고 복을 불러들인다.'는 말이다.
② 12% 興盡悲來(흥진비래): '즐거운 일이 다하면 슬픈 일이 닥쳐온다.'는 뜻으로, 세상일은 순환되는 것임을 이르는 말이다.
④ 15% 塗炭之苦(도탄지고): '진구렁에 빠지고 숯불에 타는 괴로움'을 이르는 말이다.

| 문 9 | 박스형 이해 | 비문학 > 독해 비문학 > 추론 | 난이도 中 | 답 ② | 오답률 19% |

출제의도 글을 읽고 표제와 부제를 구성할 수 있는지 평가한다.
핵심포인트 글을 읽고 적절한 제목을 붙일 수 있어야 한다.

| 정답해설 | ② 81% 제시된 글은 어른과 다른 신생아의 호흡, 그리고 심장 구조를 적은 글이다. 따라서 표제는 '신생아의 놀라운 적응력', 부제는 '어른과 다른 호흡과 심장 구조의 변화'가 적절하다.

오답률 TOP 3

| 문 10 | 단답형 지식 | 한자와 한자어 > 한자어 | 난이도 中 | 답 ③ | 오답률 39% |

출제의도 문맥에 맞는 한자어를 쓸 수 있는지 평가한다.
핵심포인트 우리말에 해당하는 정확한 한자어를 알고 있어야 한다.

| 정답해설 | ③ 61% '提高(제고)'는 '쳐들어 높임, 정도(程度)를 높임, 돋위 올림' 등을 뜻하는 말이다.
| 오답해설 | ① 13% '交流(교류)'는 '문화나 사상 따위가 서로 통함.'을 뜻하므로 제시된 문장에서는 '서로 바꿈.'을 뜻하는 '交換(교환)'으로 바꿔 쓸 수 있다.
② 10% '擴散(확산)'은 '흩어져 널리 퍼짐.'을 뜻하므로 제시된 문장에서는 '범위, 규모, 세력 따위를 늘려서 넓힘.'을 뜻하는 '擴張(확장)'으로 바꿔 써야 한다.
④ 16% '順從(순종)'은 '순순히 따름.'을 뜻하므로 제시된 문장에서는 '남의 뒤를 따라서 좇음.'을 뜻하는 '追從(추종)'으로 바꿔 써야 한다.

오답률 TOP 1

| 문 11 | 박스형 이해 | 비문학 > 이론 비문학 > 퇴고 | 난이도 中 | 답 ② | 오답률 44% |

출제의도 글을 바르게 고쳐 쓸 수 있는지 평가한다.
핵심포인트 주제에 맞게 글을 다듬을 수 있어야 한다.

| 정답해설 | ② 56% ⓒ의 다음 문장에 술과 담배를 비교하는 내용이 나오므로 ⓒ이 통일성을 저해한다고 볼 수 없다. 삭제하면 도리어 전체 글의 흐름이 어색해질 수 있다.

| 문 12 | 박스형 이해 | 고전 문학 > 고전 산문 > 가전체 | 난이도 下 | 답 ④ | 오답률 15% |

출제의도 가전체 문학의 의인화 대상을 알고 있는지 평가한다.
핵심포인트 가전체 문학의 작가와 의인화 대상을 알고 있어야 한다.

| 정답해설 | ④ 85% 제시된 작품은 술을 의인화한 임춘의 「麴醇傳(국순전)」이다.

| 참고이론 | 임춘, 「국순전」

- 현대어 해석
麴醇(국순)의 字(자)는 子厚(자후)이다. 그 조상은 隴西(농서)사람이다. 90대조인 牟(모)가 后稷(후직)을 도와 뭇 백성들을 먹여 공이 있었다.
(중략)
醇(순)의 器局(기국)과 도량은 크고 깊었다. 출렁대고 넘실거림이 萬頃蒼波(만경창파)와 같아 맑지 않고, 흔들어도 흐리지 않으며, 자못 기운을 사람에게 더해 주었다.

| 문 13 | 단답형 지식 | 현대 문법 > 언어와 매체 > 매체 언어 | 난이도 中 | 답 ① | 오답률 17% |

출제의도 매체 언어의 종류를 알고 차이를 알고 있는지 평가한다.
핵심포인트 각 매체 언어의 특징을 이해하고 비교할 수 있어야 한다.

| 정답해설 | ① 83% 인쇄 매체는 주로 문자 언어로 내용을 전달하고, 복잡한 내용을 논리적으로 자세히 전달할 수 있다. 또 같은 내용을 많은 사람에게 전달할 수 있으며, 독자의 이해를 돕기 위해 보조 자료를 사용한다. 방송 매체는 음성 언어, 문자 언어, 영상을 함께 사용하여 내용을 전달한다. 또 본질적으로는 일시적이어서 녹화를 하지 않으면 방송과 동시에 사라진다. 디지털 통신 매체는 정보 생산자와 수용자 간에 쌍방향 의사소통이 이루어진다. 또 문자, 사진, 소리, 영상 등 다양한 수단을 이용하여 정보를 제공한다.

| 문 14 | 박스형 이해 | 고전 문학 > 고전 산문 > 내용 이해 | 난이도 下 | 답 ③ | 오답률 6% |

핵심포인트 극에 등장한 인물의 태도를 파악할 수 있어야 한다.

| 정답해설 | ③ 94% 돌모루집은 당시 여인으로는 드물게 당당하게 행동하고 있다. 따라서 당시 여인의 전형적인 인물로 보기 어렵다.
| 오답해설 | ① 2% 표생원이 말한 '작은집'을 꼭두각시는 '첩'이 아닌 '작은 집'으로 이해하고 있다.
② 2% 첩을 만들고도 표 생원은 "잔말 말고 주는 게나 먹고 지내지."라며 강압적인 태도로 꼭두각시를 무시하고 있다.
④ 2% 표생원의 마지막 말에서 알 수 있다.

| 참고이론 | 작자 미상, 「꼭두각시놀음」

- 갈래: 민속극, 인형극
- 성격: 희극적 풍자적
- 특징
  - 사투리, 비속어, 언어유희 등 해학적 표현이 자주 드러남.
  - 현전 유일의 민속 인형극
- 주제: 남성의 횡포와 그에 대한 풍자

| 문 15 | 박스형 이해 | 어문 규정 > 한글 맞춤법 > 띄어쓰기 | 난이도 下 | 답 ④ | 오답률 10% |

출제의도 띄어쓰기를 정확하게 할 수 있는지 평가한다.
핵심포인트 띄어쓰기를 정확하게 할 수 있어야 한다.

| 정답해설 | ⓒ '대로'는 '어떤 모양이나 상태와 같이.'라는 뜻의 의존 명사로 띄어 써야 한다.
ⓗ '까지'는 조사, '도' 역시 조사로 앞말에 붙여 쓴다.
ⓢ '등'은 '그 밖에도 같은 종류의 것이 더 있음.'을 나타내는 의존 명사로 띄어 써야 한다.
| 오답해설 | ㉠ '뿐'이 '남자뿐이다, 셋뿐이다'처럼 체언 뒤에 붙어서 한정의 뜻을 나타내는 경우는 조사이므로 붙여 쓴다. 따라서 '이것뿐이야'처럼 붙여 써야 한다.
ⓛ 조사가 둘 이상 연속될 경우에도 그 앞말에 붙여 써야 한다. 따라서 '학교에서만이라도'처럼 붙여 써야 한다.
ⓔ 한글 맞춤법 제45항에 따라 두 말을 이어 주는 '겸'은 앞뒤로 띄어 써야 한다. 따라서 '점심 겸 저녁'처럼 띄어 써야 한다.
ⓜ 단위를 나타내는 의존 명사는 하나의 단어로 인정되는 명사이므로 앞말과 띄어 써야 한다. 따라서 '고기 세 근'처럼 띄어 써야 한다.

| 문 16 | 박스형 이해 | 현대 문학 > 현대 소설 | 난이도 下 | 답 ④ | 오답률 6% |

출제의도 현대 소설을 정확하게 이해할 수 있는지 평가한다.
핵심포인트 현대 소설을 읽고 정확하게 감상할 수 있어야 한다.

| 정답해설 | ④ 94% 제시된 작품에서는 '나'가 아이를 낳을 때마다 보인 시어머니의 생명에 대한 경건한 태도를 '나'의 회상을 통해 서술하고 있다.

| 참고이론 | 박완서, 「해산 바가지」

- 시점: 1인칭 주인공 시점
- 배경
  - 시간적 배경: 1980년대
  - 공간적 배경: 도시
- 특징
  - 남아 선호 사상에 대한 인물의 의식과 태도를 대조하여 주제를 드러냄

– 과거를 회상하면서 주인공이 내적 변화를 일으킴.
– 이야기 안에 이야기가 들어 있는 액자 구성임.(뒷부분의 바깥 이야기는 없음.)
• 주제: 남아 선호 사상 비판, 생명 존중의 마음

문 17 | 박스형 이해 | 비문학 > 독해 비문학 > 추론 | 난이도 下 | 답 ③ | 오답률 8%

출제의도 글을 읽고 의문에 대한 답을 찾을 수 있는지 평가한다.
핵심포인트 글을 읽고 의문에 대한 정확한 답을 찾을 수 있어야 한다.

| 정답해설 | ③ 92% 둘째 단락의 "전기가 흐른다는 것은 각각 다른 전하로 대전된 두 물체가 중성 상태로 돌아가기 위해 전하가 이동하는 상태를 말한다. 물론 두 물체 사이에 도선이 있으면 전하가 쉽게 이동한다. 그러나 두 물체가 중성 상태로 돌아가려는 힘이 매우 강하면 도선이 없어도 전기가 흐를 수 있다."에서 밑줄 친 부분에 대한 답을 찾을 수 있다. 즉, 대전된 물체가 중성으로 돌아가려는 특성이 매우 강할 때 도선 없이도 전기가 흐를 수 있는 것이다.

문 18 | 박스형 이해 | 비문학 > 독해 비문학 > 글의 순서 배열 | 난이도 下 | 답 ① | 오답률 4%

출제의도 글의 흐름을 이해하고 제대로 배열할 수 있는지 평가한다.
핵심포인트 글의 순서를 정확하게 배열할 수 있어야 한다.

| 정답해설 | ① 96% 문장의 연결 고리인 '경쟁력'을 우선적으로 찾으면 된다.
• 세계화 시대 대응에 필요한 경쟁력(다) – 경쟁력을 갖추기 위한 방법(가) – 주의해야 할 점(나) – 주체적이고 능동적인 태도(마) – 결론(라)

문 19 | 박스형 이해 | 비문학 > 독해 비문학 > 내용 일치/불일치 | 난이도 下 | 답 ③ | 오답률 12%

출제의도 글의 내용을 제대로 이해하고 있는지 평가한다.
핵심포인트 글에 제시된 내용을 정확하게 찾을 수 있어야 한다.

| 정답해설 | ③ 88% 둘째 단락의 "압도적인 힘을 가진 패권 국가로부터 주권 국가로서의 독립과 자율성이 파괴되는 것을 방지하는 기능을 한다." 등을 고려할 때 단일한 패권 국가에 의한 힘의 지배 양상이 존재한다고 볼 수 있다.

문 20 | 박스형 이해 | 현대 문학 > 희곡 | 난이도 下 | 답 ③ | 오답률 12%

출제의도 극 문학을 정확하게 감상할 수 있는지 평가한다.
핵심포인트 가리키는 대상이 누구인지 정확하게 구별할 수 있어야 한다.

| 정답해설 | ③ 88% ㉠㉢㉤의 '덤'은 '남자'가 '여자'를 부르는 호칭어로 쓰이고 있다. 반면, ㉡과 ㉣의 '덤'은 '제 값어치 외에 거저로 조금 더 얹어 주는 일'을 뜻하는 단어로 쓰이고 있다.

| 참고이론 | 이강백, 「결혼」

• 성격: 풍자적, 희극적, 교훈적
• 특징
 – 특별한 무대 장치가 없음.
 – 관객을 극 중으로 끌어들임.
 – 이야기책의 내용을 극 중 현실로 바꿈.
• 주제: 소유의 본질과 진정한 사랑의 의미

9급공무원 공개경쟁채용 필기시험

회차	과목
②	영어

②회 난이도	中
②회 합격선	17개/20개

【SELF CHECK】

풀이 시간		/28분	맞힌 개수		/20개

②회차 핵심페이퍼

문번	정답	개념	꼭 짚고 넘어가야 하는 핵심포인트!	다시 볼 키워드!
문 1	③	어휘	형용사 'desolate'의 의미를 묻는 문제이다.	빈칸 완성
오답률 TOP 2 문 2	④	어휘	동사 'precipitate'와 'plunge'의 의미를 묻는 문제이다.	유의어 찾기
문 3	①	어휘	구동사 'beef up'의 의미를 묻는 문제이다.	유의어 찾기
문 4	③	어휘	동사 'muddle'과 'jumble'의 의미를 묻는 문제이다.	유의어 찾기
오답률 TOP 1 문 5	②	문법	소유격 관계대명사의 용법 및 구조를 묻는 문제이다.	관계사
문 6	④	어휘	관용표현 'throw the book at'의 의미를 묻는 문제이다.	유의어 찾기
문 7	④	문법	'half'와 명사의 어순을 묻는 문제이다.	형용사
문 8	①	문법	이중부정 여부를 묻는 문제이다.	강조와 도치
문 9	③	독해	연결사를 찾는 문제로 전체 내용뿐 아니라 빈칸 앞뒤 문장의 직접적 관련성에 유의하여 답을 찾아야 한다.	연결사
문 10	④	독해	주제 문장이 따로 없는 유형으로 글 전체 내용을 반영하는 선지를 선택해야 한다.	주제
문 11	①	생활영어	빈칸 이후의 대화에서 간접적 힌트를 찾아 대화문을 완성시키는 유형이다.	회화/관용표현
오답률 TOP 3 문 12	④	문법	per 뒤에 무관사 단수명사를 사용해야 한다.	관사
문 13	②	생활영어	속담인 'Better late than never.'의 의미를 묻는 문제이다.	회화/관용표현
문 14	②	독해	주제 문장이 없는 유형으로 전체 내용을 고려하여 가장 포괄적인 선지를 선택해야 하는 문제이다.	제목
문 15	③	독해	문장 삭제 문제로, 선지 이전의 문장들에서 글 전체의 내용을 우선 파악한 후, 각각의 선지들과 내용을 대조해서 풀어야 한다. 단순히 앞뒤 문장의 관련성만 봐서는 답을 찾기가 힘들다.	삭제
문 16	②	독해	글 전체의 논리를 잘 이해해야 하는 유형으로, 특히 빈칸이 포함된 문장이 'But'으로 시작함에 주목해야 한다.	빈칸 구 완성
문 17	③	독해	미괄식 구조의 글이다. 중반의 'However'에 주목해서 글의 요지를 파악해야 한다.	요지
문 18	③	독해	글의 흐름을 파악하는 유형으로 '부상 → 회복'의 순서로 글이 전개됨을 유의해야 한다.	배열
문 19	③	독해	제시 문장의 내용에서 앞의 내용을 예상한 후 글을 읽으며 알맞은 위치를 찾아야 한다.	삽입
문 20	③	독해	추상적 지문의 불일치 문제로 선지들을 지문의 내용과 대조해 답을 찾아야 한다.	내용일치/불일치

※ [오답률/선택률] 산정 기준: 2021.04.07. ~ 2022.02.28. 기간 동안 응시된 1초 합격예측 서비스의 누적 데이터
※ [오답률] TOP 1, 2, 3은 많은 응시생들이 헷갈린 문항이므로 꼭 확인하고 넘어가시기 바랍니다.

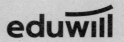

모의고사 》 2회 P. 8

문 1	③	문 2	④	문 3	①	문 4	③	문 5	②
문 6	④	문 7	④	문 8	①	문 9	③	문 10	④
문 11	①	문 12	④	문 13	②	문 14	②	문 15	③
문 16	②	문 17	④	문 18	③	문 19	③	문 20	③

※ 50% 는 선지별 선택률을 나타냅니다.

문 1 　빈칸형　어휘 > 빈칸 완성　｜난이도 中 | 답 ③｜　오답률 29%

핵심포인트 　형용사 'desolate'의 의미를 묻는 문제이다.

| 해석 | 황량한 황무지는 그가 더 우울함을 느끼도록 만들었지만, 그는 그의 여정을 계속했다. 그는 자신에게 곧 고향에 도달할 것이라는 것을 계속 상기시킴으로써 자신을 격려했다.

① 11% 원기 왕성한, 무성한 ② 8% 풍부한
③ 71% 황량한 ④ 10% 튼튼한, 확고한

| 정답해설 | 황무지가 그를 더 우울하게 만든다는 것으로 보아 'desolate'(황량한)이 문맥에 알맞다.

| 어휘 |
wilderness 황무지　　　　carry on ~을 계속하다
cheer up ~을 격려하다

오답률 TOP 2

문 2 　밑줄형　어휘 > 유의어 찾기　｜난이도 上 | 답 ④｜　오답률 70%

핵심포인트 　동사 'precipitate'와 'plunge'의 의미를 묻는 문제이다.

| 해석 | 양자 간의 갑작스러운 협상 결렬은 그 회사를 재정난으로 몰아넣었다.

① 13% 인접했다
② 52% 가속시켰다
③ 5% 숨겼다
④ 30% 빠지게 했다, 몰아넣었다, 급락했다

| 정답해설 | 밑줄 친 'precipitated'는 '몰아넣었다'는 뜻으로 선지들 중 'plunged'가 의미상 가장 유사하다.

| 어휘 |
party 당사자, 측, 편　　　　precipitate 몰아넣다, 재촉하다, 촉발시키다

문 3 　밑줄형　어휘 > 유의어 찾기　｜난이도 下 | 답 ①｜　오답률 7%

핵심포인트 　구동사 'beef up'의 의미를 묻는 문제이다.

| 해석 | 새로운 출입 시스템의 최근 설치는 보안을 강화하기 위한 조치들 중 하나이다.

① 93% 강화하다 ② 4% 돌보다
③ 0% 집어넣다 ④ 3% 막다

| 정답해설 | 밑줄 친 'beef up'은 '강화하다'는 뜻으로 선지들 중 'tighten up'과 의미상 가장 유사하다.

| 어휘 |
measure 조치　　　　beef up 강화하다

문 4 　밑줄형　어휘 > 유의어 찾기　｜난이도 上 | 답 ③｜　오답률 52%

핵심포인트 　동사 'muddle'과 'jumble'의 의미를 묻는 문제이다.

| 해석 | 모든 영수증들이 신발 상자 안에 한꺼번에 뒤죽박죽되어 있었기 때문에 경리는 경리부장에게 야단맞았다.

① 10% 정돈했다 ② 31% 억눌렀다
③ 48% 뒤섞었다 ④ 11% 전멸시켰다

| 정답해설 | 밑줄 친 'muddled'는 '뒤죽박죽으로 만들었다'는 뜻으로 선지들 중 'jumbled'가 의미상 가장 가깝다.

| 어휘 |
bookkeeper 경리　　　　chastise 꾸짖다, 야단치다
chief accountant 경리 부장　　muddle 뒤죽박죽으로 만들다
straighten 정돈하다　　　　stifle 억누르다
jumble 뒤섞다　　　　annihilate 전멸시키다

오답률 TOP 1

문 5 　문장형　문법 > Expansion > 관계사　｜난이도 上 | 답 ②｜　오답률 71%

핵심포인트 　소유격 관계대명사의 용법 및 구조를 묻는 문제이다.

| 해석 | ① 벽돌담으로 둘러싸인 그 안뜰은 TV 다큐가 방송되었던 이후로 엄청나게 유명해졌다.
② 그 구내식당은 그 재질이 20년을 넘게 견딜 정도로 충분히 내구성이 좋은 쟁반들을 사용해오고 있는 중이다.
③ 우리는 그 경주를 마치고 나서야 Leonard가 실격 당했음을 알게 되었다.
④ 그 교사는 겁먹은 학생들을 달래려고 시도했으나, 소용없었다.

| 정답해설 | ② 29% 선행사가 'trays'이며 뒤에 완전한 절(the material is durable)이 있으므로 소유격 관계대명사가 적합하게 쓰였다. '~ trays whose material is durable', '~ trays of which the material is durable', '~ trays the material of which is durable' 모두 사용 가능하다. 소유격 관계대명사(선행사가 사물일 경우)는 (1) whose 명사; (2) of which the 명사; (3) the 명사 of which의 세 가지 형태로 쓰인다.

| 오답해설 | ① 9% 동사 'enclose'의 분사가 명사 'courtyard'를 수식하려면 문맥상 '벽돌담으로 둘러싼 안뜰'의 수동의 의미가 적합하기 때문에 현재분사인 'enclosing'이 아니라 과거분사 'enclosed'가 쓰여야 한다.
③ 28% 'It was not until B that A'(B하고 나서야 A하다)에서 B가 도치될 이유가 없다. 따라서 'until did we finish'가 아닌 'until we finished'가 쓰여야 한다.
④ 34% 형용사 'afraid'는 서술적 용법(보어)으로만 사용 가능한 형용사로 뒤의 명사 'students'를 수식할 수 없다. 따라서 scared나 frightened 등을 사용해야 한다.

| 어휘 |
courtyard 안뜰　　　　enclose 둘러싸다
immensely 엄청나게　　　air 방송하다
tray 쟁반　　　　durable 내구성 좋은
withstand 견디다　　　disqualify 자격을 박탈하다, 실격시키다
soothe 달래다　　　　futile 헛된

문 6 　밑줄형　어휘 > 유의어 찾기　｜난이도 中 | 답 ④｜　오답률 24%

핵심포인트 　관용표현 'throw the book at'의 의미를 묻는 문제이다.

| 해석 | 구성원들은 배임죄로 고발된 이사를 위원회가 엄벌에 처해야 한다고 주장했다.

① 2% ~을 자신의 편으로 만들다
② 12% ~을 못 본 체하다
③ 10% 요리조리 빠져나가다
④ 76% ~을 엄벌에 처하다

| 정답해설 | 밑줄 친 'throw the book at'은 '~을 엄벌에 처하다'는 뜻으로 선지들 중 'impose severe punishment on'과 의미가 가장 유사하다.

| 어휘 |
throw the book at ~을 엄벌에 처하다
charge A with B B 때문에 A를 고발[고소/비난]하다
malfeasance in office 배임죄

문 7 [밑줄형] 문법 > Modifiers > 명사 | 난이도 中 | 답 ④ | 오답률 47%

[출제의도] '배수 (of) the (형용사) 명사'의 어순을 숙지해야 한다.

[핵심포인트] 'half'와 명사의 어순을 묻는 문제이다.

| 해석 | 증기는 좋은 하인이지만, 끔찍한 주인이다. 그것은 엄격한 통제하에 유지되어야만 한다. 보일러가 아무리 강력할지라도, 그것은 그것 속의 증기의 압력이 특정한 지점까지 올려진다면 폭발할 것이다; 따라서 그 지점에 도달하기 전 증기에게 자유로운 배출을 부여해줄 어떤 창치가 그것에 맞춰져야 한다. 이런 종류의 장치는 안전밸브라고 불린다. 그것은 대개 실험에 의해 보일러가 견딜 수 있다고 증명된 최대치의 절반보다 더 적은 압력에서 증기를 분출시킨다.

| 정답해설 | ④ [53%] 'half'가 관사와 함께 사용될 경우 'half (of) the (형용사) 명사'의 어순으로 쓰여야 한다. 따라서 'than the half greatest pressure'가 아닌 'than half (of) the greatest pressure'가 쓰여야 한다.

| 오답해설 | ① [5%] 복합관계부사 'However'가 이끄는 절이 'However 형/부 +S+V'의 어순으로 알맞게 쓰였다.

② [35%] 주어가 'the steam pressure'이므로 문맥에 맞게('증기 압력이 ~까지 올려지다') 수동태로 쓰였다.

③ [7%] 주어가 'A device'이므로 문맥에 적합하게 수동태('장치가 안전밸브로 불린다')로 사용되었다. 뒤의 명사 'a safety-valve'는 능동태 문장에서 목적격 보어였다.

| 어휘 |

servant 하인	strict 엄격한
device 장치	egress 배출(구)
blow off 분출시키다, 날리다	withstand 견디다

문 8 [문장형] 문법 > Balancing > 강조와 도치 | 난이도 中 | 답 ① | 오답률 43%

[핵심포인트] 이중부정 여부를 묻는 문제이다.

| 정답해설 | ① [57%] 'On no account'가 문두에 있어 뒤의 문장이 알맞게 도치가 되었으나 주어가 부정어를 포함하고 있어 이중부정이 된다. 따라서 'should no kids'를 'should any kids'로 바꿔야 한다.

| 오답해설 | ② [12%] 하산했던 시점인 과거보다 꼭대기에 도달하지 못했던 시점이 더 앞서므로(대과거) 전치사 'without' 뒤의 동명사가 완료형으로 알맞게 쓰였다.

③ [9%] 타동사 'inhabit'이 뒤에 목적어 'this wildlife sanctuary'를 적합하게 취하고 있다.

④ [22%] '~와 마찬가지로'의 의미인 as 도치가 적합하게 쓰였다.

| 어휘 |

on no account 무슨 일이 있어도 ~ 아니다	unattended 방치된
descend 내려가다	inclement 궂은, 나쁜
inhabit 서식하다	sanctuary 야생생물 보호구역
lukewarm 미지근한	

문 9 [빈칸형] 독해 > Logical Reading > 연결사 | 난이도 中 | 답 ③ | 오답률 29%

[핵심포인트] 연결사를 찾는 문제로 전체 내용뿐 아니라 빈칸 앞뒤 문장의 직접적 관련성에 유의하여 답을 찾아야 한다.

| 해석 | 증기 보일러의 경우 연소 에너지가 밀폐된 용기 내부의 물로 전달된다. 연료가 실제로 "작동 유체"에 닿지는 않는다. (A) <u>그에 반해서</u>, 가스 또는 석유 엔진에서는 연료가 작동 유체, 즉 공기에 접촉되고 섞인다. 그것은 갑자기 실린더 내의 공기와 합쳐지고, 열 에너지가 아주 빠르게 형성되어 그 작용은 폭발이라고 불린다. 석탄 가스, 석유, 알코올, 휘발유 등은 모두 수소와 탄소를 포함한다. 만약 산소를 공급하는 공기가 적당한 비율로 이것들 중 어느 것이든 첨가된다면, 그 혼합물은 상당한 폭발력을 지니게 된다. 불이 적용되는 순간, 산소와 탄소는 결합되고, 또한 수소와 산소도 결합하여 격렬한 열이 생성된다. (B) <u>결과적으로</u>, 이것은 그 혼합물을 담고 있는 용기 면들에 격렬한 분자들의 충격을 발생시킨다.

	(A)	(B)
①	그러나	당분간은
②	그렇게 함으로써	그렇긴 하지만
③	그에 반해서	결과적으로
④	상관없이	간단히 말해서

| 정답해설 | (A) 앞 문장에서는 연료가 작동 유체와 접촉을 이루지 않는 증기 보일러를 설명하고, 빈칸이 포함된 문장에서는 연료가 작동 유체와 접촉을 이루는 가스 기관 또는 석유 엔진을 설명하고 있다. 따라서 상반된 두 진술을 이어주는 'In contrast'가 적합하다.

(B) 앞 문장에서는 격렬한 열이 발생한다는 내용이, 빈칸이 포함된 문장에서는 격렬한 분자의 충돌이 일어난다는 내용이 제시되어 있으므로 인과관계에 적합한 'As a result'가 알맞다.

| 어휘 |

combustion 연소	transmit 전달하다
air-tight 밀폐된	vessel 용기
working fluid 작동 유체	bring into contact with ~와 접촉시키다
mineral oil 석유	petrol 휘발유
due 적당한	generate 발생시키다
thereby 그렇게 함으로써	that being said 그렇긴 하지만
regardless 상관없이, 개의치 않고	in a nutshell 간단히 말해서

문 10 [지문제시형] 독해 > Macro Reading > 주제 | 난이도 下 | 답 ④ | 오답률 18%

[핵심포인트] 주제 문장이 따로 없는 유형으로 글 전체 내용을 반영하는 선지를 선택해야 한다.

| 해석 | 나무들은 어느 정도 인간들처럼 호흡한다. 그것들은 산소를 흡수하고 이산화탄소를 발산한다. 공기는 나뭇잎과 껍질에 있는 작은 구멍들을 통해 나무로 들어오는데, 벚꽃나무와 자작나무들과 같은 나무들에서 쉽게 보여진다. 나무들은 계속 호흡하지만, 그것들은 오직 낮 동안과 빛이 있는 동안만 양분을 소화시키고 흡수한다. 소화와 흡수의 과정에서 그것들은 산소를 풍부하게 발산시키지만, 그것들은 대부분의 이산화탄소는 저장하는데, 이는 식물의 양분이며, 그것의 즉시 사용되지 않은 일부가 무엇이든 나무에 의해 저장되고 그것의 성장과 발달을 위해 사용된다. 나무들은 또한 나뭇잎과 껍질을 통해 그것들의 여분의 수분을 발산한다. 그렇지 않으면, 그것들은 물이 뿌리로부터 빠르게 상승하는 기간 동안에 물에 잠기게 될 것이다.

① 왜 나무들이 이산화탄소와 물이 필요한가

② 나무들은 어떻게 물을 섭취하는가

③ 햇빛의 역할은 무엇인가

④ 나무는 어떻게 호흡하고 양분을 얻는가

| 정답해설 | ④ [82%] 나무가 호흡할 때 어떤 것들을 들이쉬고 어떤 것들을 내쉬는지, 그리고 그 과정에서 양분을 어떻게 섭취하고 저장하는지를 설명하는 글이다. 따라서 ④ '나무는 어떻게 호흡하고 양분을 얻는가'가 글의 주제로 가장 적합하다.

| 오답해설 | ① [8%] 다섯 번째 문장에서 나무가 이산화탄소를 양분으로 삼는다는 내용은 있으나 지엽적인 내용이며 물의 필요성에 대한 내용은 글에서 다루지 않는다.

② [10%] 물의 섭취 방법은 글에 언급되어 있지 않다.

③ [0%] 네 번째 문장에서 햇빛이 있을 때 양분을 흡수한다는 내용이 언급되나 전체 내용을 반영하지는 않는다.

| 어휘 |

somewhat 어느 정도, 약간, 다소	take in 흡수하다
give off 발산하다	carbonic-acid gas 이산화탄소
opening 구멍	bark 나무껍질
birch 자작나무	digest 소화시키다
assimilate 흡수하다	in abundance 풍부하게, 많이
excess 여분의	waterlogged 물을 잔뜩 머금은, 물에 잠긴
ingest 섭취하다	respire 호흡하다

문 11　[빈칸형]　생활영어 > 회화/관용표현　난이도 中 | 답 ①　오답률 25%

핵심포인트 빈칸 이후의 대화에서 간접적 힌트를 찾아 대화문을 완성시키는 유형이다.

| 해석 | A: 그래서 재택근무 허가는 받았어?
B: 글쎄, 그런 셈이지.
A: 무슨 말이야?
B: ① 그들이 나에게 조건부 승인을 해줬어.
A: 그럼 너는 추가 업무를 해야 해?
B: 나는 일일 보고서를 제출해야 할 거야.

① 75% 그들이 나에게 조건부 승인을 해줬어.
② 8% 나는 집에서 일하도록 허가받지 못 했어.
③ 6% 나는 내 매니저에게 이야기해야 할 거야.
④ 11% 그들은 아직 그들의 결정을 내리지 않았어.

| 정답해설 | 빈칸 앞의 내용은 재택근무에 대한 승인을 얻었다는 것이고, 빈칸 이후의 내용은 추가적인 업무를 해야 한다는 것이다. 따라서 재택근무가 조건부로 승인되었음을 알 수 있다.

| 어휘 |
telecommute 재택근무하다　　　　kind of 그런 셈인, 약간, 어느 정도
conditional 조건부의

오답률 TOP 3

문 12　[문장형]　문법 > Structure Constituent > 관사　난이도 上 | 답 ④　오답률 62%

핵심포인트 per 뒤에 무관사 단수명사를 사용해야 한다.

| 정답해설 | ④ 38% 전치사 'per'는 뒤에 무관사 단수명사를 사용해야 한다. 따라서 'per a couple'이 아니라 'per couple'을 써야 한다. '~마다, ~당'은 (1) per 단수명사; (2) a(n) 단수명사의 두 가지 표현이 가능하다. 'per a(n) 단수명사'를 사용하지 않도록 유의한다.

| 오답해설 | ① 6% 'require A of B'(B에게 A를 요구하다)가 적합하게 사용되었다.
② 28% 'speak ill of'의 수동형인 'be ill spoken of'가 알맞게 쓰였다. 부사 'ill'이 과거분사 'spoken' 앞에 사용되어야 하는 것에 유의해야 한다.
③ 28% to부정사 관용표현인 'in order to'에 부정어와 의미상의 주어가 추가되어 'in order for 목적격 대명사 not to부정사'의 어순으로 바르게 쓰였다.

| 어휘 |
opening 일자리, 공석　　　　speak ill of ~을 욕하다
matrimonial 결혼의, 부부의　　　business card 명함

문 13　[문장형]　생활영어 > 회화/관용표현　난이도 中 | 답 ②　오답률 16%

핵심포인트 속담인 'Better late than never.'의 의미를 묻는 문제이다.

| 해석 | ① A: 너 휴가 계획 있니?
B: 각자 계산하는 건 어떨까?
② A: 난 하루 늦게 내 과제를 제출했어.
B: 안 하는 것보다는 늦게라도 하는 것이 좋지.
③ A: Mary를 위한 송별회에 너도 참석할래?
B: 둘러대지 마.
④ A: Steve의 급여가 인상됐어.
B: 참 안 됐군!

| 정답해설 | ② 84% 'Better late than never.'는 '하지 않는 것보다는 늦더라도 하는 것이 낫다.'는 뜻으로 늦게 과제를 제출한 A에게 하는 대답으로 적합하다.

| 오답해설 | ① 3% 'go Dutch'는 '각자 계산하다'는 의미로 휴가 계획을 묻는 질문의 답변으로 어색하다.
③ 6% 'beat around the bush'는 '변죽만 울리다'는 의미로 행사 참석 여부를 묻는 질문의 대답으로 부적합하다.
④ 7% 'What a shame!'은 '괘씸해!', '참 안 됐군!'의 뜻으로 좋은 일에 대한 대답으로는 어색하다.

| 어휘 |
go Dutch 각자 계산하다　　　　　　　　hand in 제출하다
better late than never 하지 않는 것보다는 늦더라도 하는 것이 낫다
farewell party 송별회
beat around the bush 둘러대다, 변죽만 울리다
get a raise 급여가 인상되다　　　　　What a shame! 괘씸하군!, 참 안 됐군!

문 14　[지문제시형]　독해 > Macro Reading > 제목　난이도 上 | 답 ②　오답률 52%

핵심포인트 주제 문장이 없는 유형으로 전체 내용을 고려하여 가장 포괄적인 선지를 선택해야 하는 문제이다.

| 해석 | 독일은 그것의 새로운 전쟁 무기들 중 하나, 혹은 아마 두 개에 대한 높은 기대를 가지고 1차 세계대전에 참전했다. 그것의 잠수함들은 바다에서의 영국의 우세를 상쇄시킬 수도 있었고, 4년 간의 상업 비행에서 능력을 증명했던 비행선들이 분명 영국 해협을 건너 정복왕 William 이후 어떠한 침략도 일어나지 않았던 그 섬으로 전쟁을 가져갈 수도 있었다. 독일을 제외한 어떤 국가도 비행선을 가지고 있지 않았다. 그리고 독일 국민들이 그들의 식량과 보급품의 생명선을 잘랐던 봉쇄의 압박을 약간 느끼기 시작했기 때문에, 그들은 영국을 벌하기 위한 이 무기들을 사용하도록 최고 사령부에 점점 증가하는 대중의 압력을 가했다. 그러나 그것들은 만들어지자마자 한 번에 몇 개씩만 보내졌고, 영국은 방어책들을 수립할 시간을 부여받았다. 이것들은 주로 높은 고도의 비행기, 멀리까지 범위가 이르는 대공포, 하늘을 뚫을 듯한 탐조등이었는데, 이것들이 합쳐져 침략자들을 최대 25,000피트의 높이에서 계속 비행하도록 만들었고, 이는 그에 상응하여 폭격 정확성을 희생시켰다. 그리고 프로펠러와 동시에 움직이는 기관총이 비행기 조종실에 설치되었고, 수소로 채워진 기구를 향해 불을 뿜는 듯한 총알들을 내뱉었고, 그것들을 불길에 휩싸인 채 격추시켰다.

① 1차 세계대전 동안 독일의 비행선의 주요 역할들
② 1차 세계대전에서 독일의 최신 무기들에 대한 헛된 기대
③ 비행선에 대한 방어 목적으로의 영국의 비행기 사용
④ 독일의 1차 세계대전 참전의 계기

| 정답해설 | ② 48% 독일이 비행선과 잠수함으로 1차 세계대전에서 영국보다 우위를 점할 것을 기대했으나 영국의 대응으로 좌절되었음을 설명하는 글이다. 따라서 ②가 제목으로 가장 적합하다.

| 오답해설 | ① 19% 다섯 번째와 여섯 번째 문장에 따르면 비행선은 영국의 대응으로 별다른 역할을 하지 못했다.
③ 23% 여섯 번째 문장에 언급되어 있으나 영국의 대응의 한 예시로 지엽적인 내용이다.
④ 10% 글에서 다루지 않는 내용이다.

| 어휘 |
as to ~에 관한　　　　　　　submarine 잠수함
offset 상쇄시키다　　　　　　Zeppelin 비행선
channel 해협　　　　　　　　the pinch 어려움, 난관, 시련
blockade 봉쇄, 차단　　　　　high command 최고 사령부
at a time 따로따로, 한 번에　　devise 고안하다
altitude 고도　　　　　　　　anti-aircraft gun 대공포
piercing 귀청을 찢는 듯한　　　searchlight 탐조등
corresponding 상응하는　　　machine gun 기관총
synchronize 동시에 움직이게 하다　mount 설치하다, 오르다
cockpit 조종석　　　　　　　spit 뱉다
inflammable 인화성의, 격양된　in flames 활활 타오르면서
vain 헛된　　　　　　　　　trigger 계기

문 15　[논리형]　독해 > Logical Reading > 삭제　난이도 下 | 답 ③　오답률 17%

핵심포인트 문장 삭제 문제로, 선지 이전의 문장들에서 글 전체의 내용을 우선 파악한 후, 각각의 선지들과 내용을 대조해서 풀어야 한다. 단순히 앞뒤 문장의 관련성만 봐서는 답을 찾기가 힘들다.

| 해석 | 박테리아만큼 자연에서 보편적으로 발견되는 식물이나 동물은 없다. 그것들은 지구 표면의 거의 모든 곳에 존재한다. 그것들은 토양 속, 특히 그것의 표

면에 있다. 그러나 그것들은 토양의 아주 깊은 곳까지 뻗어가지는 않아서, 토양의 4피트 아래에는 거의 존재하지 않는다. 표면에서는 그것들이 아주 풍부한데, 특히 토양이 축축하고 유기물질로 가득하면 그렇다. 수는 그램당 몇 백에서 1억에 이를 수도 있다. 그것들은 모든 수역에 있는데, 그 표면과 아래 모두에 있다. 그것들은 바다 속의 상당한 깊이에서 발견된다. 모든 담수 수역은 그것들을 담고 있는데, 그러한 수역의 모든 퇴적물은 박테리아로 가득 차 있다. ③ 박테리아가 상당한 기간 동안 성질을 일정하게 유지하는지에 관한 이 질문에 답하기는 어려웠고, 심지어 오늘날에도 우리는 최종적 답이 무엇인지를 거의 알지 못한다. 그것들은 괴어 있는 물보다는 흐르는 개울물에 훨씬 더 많이 있다. 이것은 단지 흐르는 개울물이 시골의 지표를 씻어 내려오는 물을 지속적으로 공급받고 따라서 모든 표면에 축적되어 있는 것을 가지고 오기 때문이다.

| 정답해설 | 글의 내용은 박테리아가 토양뿐 아니라 물에도 존재한다는 내용이다. ① 0%, ② 0%, ④ 17%는 모두 물(담수, 개울 등)에 박테리아가 존재한다는 내용인데, ③ 83%은 박테리아의 성질이 지속적인지에 관한 질문으로 글 전체의 내용과 관련이 없다.

| 어휘 |
abundant 풍부한
sediment 퇴적물
carry off 앗아가다
body of water 수역
standing water 괴어있는 물
accumulation 축적(물)

문 16 [빈칸형] 독해 > Reading for Writing > 빈칸 구 완성　난이도 中 | 답 ②
오답률 23%

핵심포인트 글 전체의 논리를 잘 이해해야 하는 유형으로, 특히 빈칸이 포함된 문장이 'But'으로 시작함에 주목해야 한다.

| 해석 | 나비와 나방은 둘 다 세 개의 뚜렷하고 윤곽이 분명한 부위들로 구성되어 있다. 앞쪽에는 머리가 있는데 그것의 크기는 비율상 다소 작다. 두 개의 매우 큰 눈들은 그것의 크기에서 더 큰 비중을 차지한다. 또한 나비가 나방의 눈보다는 비율상 훨씬 더 큰 눈을 가지고 있다는 것은 주목할 만하다. 그렇다면, 나비는 항상 낮에 날고, 일반적으로 말해, 나방은 야행성 곤충이기 때문에, 우리는 이 배열의 반대가 그 생물들에게 더 잘 적합했을 거라고 가정하는 데 이를 수도 있다; 작은 눈은 밝은 이미지를 형성하기 위해 낮에 충분한 빛을 모을 수 있고, 더 큰 수광 면적이 같은 목적을 위해 더 어두운 시간 동안에는 필요하다고 우리는 생각할 것이기 때문이다. 그러나 시력은 ② 눈의 크기 이외의 다른 조건들에 달렸음에 틀림없다.
① 각각의 생물이 가진 시신경들의 수
② 눈의 크기 이외의 다른 조건들
③ 다른 것들보다는 매일의 날씨 조건들
④ 각 곤충의 활동량

| 정답해설 | ② 77% 앞 문장들에서 눈의 크기가 빛의 수용 규모와 정비례하기 때문에 야행성인 나방의 눈이 주행성인 나비보다 커야 하지만 실제로는 반대라는 점이 지적된다. 따라서 빈칸에는 시력이 눈의 크기 이외의 다른 요인에 영향을 받는다는 진술이 적합하다.

| 오답해설 | ① 11% 시신경을 유추할 만한 내용은 글에 없다.
③ 2% 날씨의 영향은 글에서 다루지 않는다.
④ 10% 활동량에 관한 근거는 글에 없다.

| 어휘 |
distinct 뚜렷한, 분명한
make up 이루다, 구성하다
proportionately 비례하여
arrangement 배열, 배합
creature 생물
well-defined 윤곽이 분명한
bulk 크기, 대부분
nocturnal 야행성의
optic nerve 시신경

문 17 [지문제시형] 독해 > Macro Reading > 요지　난이도 中 | 답 ③
오답률 46%

핵심포인트 미괄식 구조의 글이다. 중반의 'However'에 주목해서 글의 요지를 파악해야 한다.

| 해석 | 현재 상태의 천체들이 기체 덩어리의 응축에 의해서라기보다는 유성 물질의 집합으로 인해 형성되었을지도 모른다는 생각은 새로운 것이 아니며, 그 자신이 지적하듯 Lockyer의 독창적인 생각도 아니다. 그러나, 그 이론의 채택과 옹

호, 그리고 그가 다른 상황에서 운석 조각에 의해 방출되는 빛에 대한 분광기 실험을 통해 그것에 가져온 증거가 그것에 지난 2년간 그러한 통용성을 부여하여 그의 이름은 항상 정당하게 그것과 연관될 것이다.
① 대부분의 사람들은 Lockyer를 천체가 유성 물질의 집합물이라는 생각을 최초로 한 사람으로 여기는 것을 꺼린다.
② 천체가 기체 덩어리가 아니라는 이론을 누가 최초로 생각했는지는 분명하지 않다.
③ Lockyer는 천체가 유성 물질로 형성되었다는 이론의 확립에 대한 공로를 인정받아야 한다.
④ Lockyer의 이론의 타당성을 확인할 방법이 전혀 없다.

| 정답해설 | ③ 54% 첫 문장에서는 Lockyer가 해당 이론의 최초 주창자가 아님을 인정하고, 두 번째 문장에서는 그 이론의 뒷받침 및 보급에 공이 있다는 내용이 제시되어 있다. 따라서 ③이 글의 요지로 가장 적합하다.

| 오답해설 | ① 17% 첫 문장에서 Lockyer가 최초 주창자가 아님을 인정하고 있다.
② 21% ④ 8% 글에서 다루지 않는 내용이다.

| 어휘 |
heavenly body 천체
meteoric 유성의
point out 지적하다
spectroscopic 분광기를 이용한
currency 통용, 보급
credit A with B B에 관한 공로를 A에게 돌리다
celestial body 천체
aggregation 집합, 집성
condensation 응축, 응결
advocacy 옹호
emit 방출하다
come up with ~을 생각해내다
validity 유효성

문 18 [논리형] 독해 > Logical Reading > 배열　난이도 中 | 답 ③
오답률 17%

핵심포인트 글의 흐름을 파악하는 유형으로 '부상 → 회복'의 순서로 글이 전개됨을 유의해야 한다.

| 해석 | 15세의 여학생 A. D.는 왼쪽 다리 바깥쪽을 맹렬한 호랑이뱀(tiger-snake)에게 물렸고, 그 뱀은 또한 잠시 동안 매달려 있었다. 물린 피부는 즉시 절단되었고, 또 다른 견고한 실이 묶여졌고, 위스키가 뿌려졌으며, 30마일 거리의 Thwaites 박사의 집으로 급하게 출발했고, 그녀는 사고 후 다섯 시간 후에 거기에 도착했다.
(C) 그때 그녀는 팔목에 맥박이 없었고, 얼음장처럼 차가웠으며, 동공은 불빛에 반응을 보이지 않았다. 나는 어떠한 호흡도 감지할 수 없었으나, 심장이 여전히 희미하게 뛰고 있음을 느꼈다. 그녀는 어느 모로 보나 사망 직전이었다.
(A) 나는 즉시 17미님의 액체 스트리크닌을 투여했다. 약 2분 후, 그녀는 한숨을 쉬었고, 그리고 나서 경련하듯 숨을 쉬기 시작했다. 약 10분 후, 내가 그녀의 머리카락을 당기자, 그녀는 눈을 떴고 주위를 둘러보았으나, 누구도 알아보지는 못 했다. 동공은 이제 빛의 자극에 반응했다. 잠시 후, 그녀는 말을 걸었을 때 말할 수 있었지만, 어떤 거리든 볼 수는 없었다.
(B) 그녀의 시력은 점진적으로 완전히 돌아왔다; 그녀는 계속 나아졌고, 한 번의 투여 후 네다섯 시간 뒤 그녀는 꽤 좋아 보였지만 다소 약했다. 나는 아침까지 약간의 흥분제를 줬고 다음 날 저녁까지는 그녀를 잠들지 못하게 했다. 그녀는 어떠한 재발도 겪지 않았고, 그녀의 회복은 완전했다.

| 정답해설 | 제시 문단에서 뱀에게 물린 환자가 의사에게 도달한 상황이 묘사되어 있다. (C)에는 환자의 위독한 상황이 묘사되어 있고, (A)에서는 약의 투여와 함께 약간의 차도를 설명하고, 마지막으로 (B)에서는 환자가 점점 나아져 마침내 완전히 회복되는 것이 설명되어 있다. 따라서 (C) – (A) – (B)가 글의 순서로 적합하다.

| 어휘 |
vigorous 강력한, 활기찬
excise 잘라내다
ligature (상처 부위나 혈관 등을 묶는데 쓰이는) 실
administer 주다, 운영하다
minim 미님 (액량의 단위)
jerky 경련하는
dose 투여량, 복용량
relapse 재발, 도짐
insensible 무감각한, 의식하지 못하는
faintly 희미하게
hold on 고수하다
inject 주입하다
sigh 한숨 쉬다
pupil 동공
stimulant 흥분제
pulseless 맥박이 없는
respiration 호흡
flutter 두근거리다, 펄럭이다

to all appearance(s) 어느 모로 보나, 언뜻 보기에는
on the point of ~하기 직전의

| 문 19 | 논리형 | 독해 > Logical Reading > 삽입 | 난이도 中 ｜ 답 ③ |
| | | | 오답률 30% |

핵심포인트 제시 문장의 내용에서 앞의 내용을 예상한 후 글을 읽으며 알맞은 위치를 찾아야 한다.

| 해석 | Wagner 이후로, 음악은 아주 많이 바뀌어 왔다. Wagner가 태어났을 때, 당시 쓰여지고 있던 많은 음악은 건축가가 집을 지을 때 특정한 패턴을 따르듯, 특정한 패턴 또는 모델을 따라야만 했다. 이제는 작곡가가 음악을 쓸 때는 그가 자신의 패턴을 만들 수 있다는 것을, 즉 Mozart, Bach, Haydn, 그리고 Handel과 같은 작곡가들을 방해했던 것들과 같은 엄격한 규칙들에 의해 억눌려지지 않는다는 것을 알기 때문에 훨씬 더 자유로움을 느낀다. 낡은 장벽들로부터 음악을 해방시키기 위해 많은 것들을 했던 이가 바로 Wagner이다. ③ 이것이 오늘날의 음악이 Haydn과 Mozart에 의해 쓰여졌던 음악보다 더 좋다는 것을 의미하지는 않는다. 실제로 그것은 종종 결코 더 좋지는 않지만, 더 자유롭고 규칙에 의해 덜 억압된다.

| 정답해설 | ③ 70% 제시 문장이 '이것이 Haydn과 Mozart에 의해 쓰여진 음악보다 오늘날의 음악이 더 낫다는 것을 의미하지는 않는다'는 뜻인데, ③의 앞 두 문장에서 이들의 음악이 규칙에 묶여있었다는 내용이 제시되고, ③의 뒤 문장에서는 제시 문장에 대한 부연설명(종종 오늘날의 음악이 좋지 않지만 더 자유롭다는 주장)이 뒤따른다. 따라서 제시 문장의 위치는 ③이 적합하다.

| 어휘 |
architect 건축가
hold in 억누르다
set free 해방시키다
hold down 억제하다, 억압하다
composer 작곡가
hold back 방해하다, 저지하다
barrier 장벽, 장애물

| 문 20 | 지문제시형 | 독해 > Micro Reading > 내용일치/불일치 | 난이도 中 ｜ 답 ③ |
| | | | 오답률 41% |

핵심포인트 추상적 지문의 불일치 문제로 선지들을 지문의 내용과 대조해 답을 찾아야 한다.

| 해석 | 두 가지 동기들이 인간을 전쟁으로 이끈다: 본능적 적개심과 적대적인 의도이다. 전쟁에 대한 우리의 정의에서, 우리는 이 요소들 중 후자를 그것의 특징으로 선택했는데, 그것이 가장 일반적이기 때문이다. 적대적 의도라는 생각을 그것과 결합하지 않고는 단순한 본능과 가까운, 가장 거친 묘사의 증오라는 감정을 상상하는 것은 불가능하다. 반면에, 적대적 의도는 어떠한, 혹은 아무튼 어떠한 극단적인 적개심과 수반되지 않고도 종종 존재할 수도 있다. 미개인들 사이에서 그 감정에서 발산되는 시각은, 문명국가들 사이에서 이해에서 발산되는 시각은 우세함을 지닌다; 그러나 이 차이는 수반되는 상황들, 기존의 제도들 등으로부터 발생하기 때문에, 그것이 대부분 만연해 있으나 모든 경우에 반드시 발견되는 것은 아니다. 요컨대, 심지어 가장 문명화된 국가들도 격렬한 증오로 서로를 태워버릴 수도 있다.

① 인간이 전쟁을 시작하도록 촉발시키는 두 가지 근본적 이유들이 있다.
② 적대적인 의도는 본능적 적개심보다 더 흔하다.
③ 적대적인 의도는 적개심이 없다면 타당해 보이지 않는다.
④ 격정적 증오에 의해 유발된 폭력은 심지어 개화된 사회에서도 가능하다.

| 정답해설 | ③ 59% 네 번째 문장에 따르면 적대적 의도는 증오심 없이도 존재할 수 있다.

| 오답해설 | ① 2% 첫 번째 문장에 따르면 전쟁으로 이르는 두 개의 동기가 있다.
② 16% 두 번째 문장에 언급되어 있다.
④ 23% 마지막 문장에 따르면 문명 국가에서도 격정적 증오로 서로 싸울 수도 있다.

| 어휘 |
hostility 적개감
the latter 후자
passion 감정, 열정
at all events 아무튼
hostile 적대적인
conceive 상상하다
border on ~에 접하다, 거의 ~와 같다
amongst ~ 사이에서

savage 미개인
predominance 우세, 우위
prevail 만연하다
implausible 받아들이기 어려운, 타당해 보이지 않는
enlightened 개화된, 계몽된
emanate 발산하다
attendant 수반되는
rationale 근본적 이유

9급공무원 공개경쟁채용 필기시험

회차	과목
②	한국사

②회 난이도	中
②회 합격선	18개/20개

【SELF CHECK】

풀이 시간	/12분	맞힌 개수	/20개

②회차 핵심페이퍼

문번	정답	개념	꼭 짚고 넘어가야 하는 핵심포인트!	다시 볼 키워드!
문 1	④	고대	진흥왕은 원화제를 폐지하고 화랑도를 시행하였다.	진흥왕, 화랑, 개국, 대창
문 2	②	근현대	대한민국 임시 정부의 제2대 대통령은 박은식이다.	『한국통사』, 박은식, 조선 광문회
문 3	③	중세	광종은 승과 제도인 교종선과 선종선을 실시하여 합격한 자에게는 법계를 주었다.	승과, 자·단·비·녹, 광종
오답률 TOP3 문 4	②	근현대	1913년 평양 숭의 여학교에서 송죽회가 결성되었다.	평양 숭의 여학교, 송죽회
문 5	②	단원 통합	창경궁은 성종 때 세 분의 대비를 모시기 위해 창건된 궁이다.	창경궁, 명정전
문 6	①	국가의 형성	옥저는 군장인 읍군, 삼로, 후(侯)가 자기 부족을 통치했던 군장 국가였다.	옥저, 민며느리제, 삼로·읍군
문 7	③	중세	별무반은 신기군(기병), 신보군(보병), 항마군(승병)으로 구성되었다.	신기군, 신보군, 항마군, 별무반, 여진
문 8	③	근세	명종 때 을사사화가 발생하였다.	윤임, 을사사화, 명종, 임꺽정
오답률 TOP2 문 9	②	고대	대가야의 이뇌왕과 신라 법흥왕은 결혼 동맹을 맺었다.	이뇌왕, 대가야, 결혼 동맹, 관산성 전투
오답률 TOP1 문 10	②	고대	대무예는 발해 무왕의 이름이다.	대무예, 성덕왕, 상원사 동종
문 11	②	근대 태동기	정약용은 농지 공동 소유, 노동량에 따른 차등 분배를 바탕으로 한 토지 개혁론인 여전론을 주장하였다.	정약용, 여전론, 『경세유표』
문 12	①	근현대	청에 영선사가 파견된 시기는 1881년이다.	영선사, 갑신정변, 거문도 사건
문 13	③	근세	『의방유취』는 세종 때에 편찬된 의학 서적이다.	의정부 서사제, 훈민정음, 세종, 『의방유취』
문 14	②	단원 통합	한양 도성은 유네스코 세계 유산 잠정 목록에 등재되어 있다.	석굴암, 안동 하회 마을, 소수 서원, 한양 도성
문 15	③	근현대	독립 협회의 이권 수호 운동은 반러 경향이 강했다.	독립 협회, 토론회 개최, 러시아 이권 침탈 반대
문 16	④	근현대	홍범도는 블라디보스토크에서 노동회를 조직하였다.	대한 독립군, 홍범도, 봉오동 전투
문 17	①	근현대	4·19 혁명 이후 민의원과 참의원으로 구성된 국회 조항이 있는 3차 개헌이 이루어졌다.	4·19 혁명, 3차 개헌, 내각 책임제, 양원제
문 18	②	중세	공민왕 때 홍건적의 2차 침입으로 개경이 함락되고 왕이 복주(안동)로 피신하였다.	공민왕, 홍건적 침입
문 19	①	근대 태동기	기사환국으로 송시열과 김수항 등 서인의 중심인물이 처형당하였다.	경신환국, 기사환국, 갑술환국
문 20	③	근현대	조선 건국 준비 위원회는 1945년 9월 6일에 조선 인민 공화국 수립을 선포하였다.	좌우 합작 7원칙, 조선 인민 공화국, 제주 4·3 사건, 제헌 국회

※ [오답률/선택률] 산정 기준: 2021.04.07. ~ 2022.02.28. 기간 동안 응시된 1초 합격예측 서비스의 누적 데이터
※ [오답률] TOP 1, 2, 3은 많은 응시생들이 헷갈린 문항이므로 꼭 확인하고 넘어가시기 바랍니다.

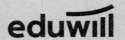

문 1	④	문 2	②	문 3	③	문 4	②	문 5	②
문 6	①	문 7	③	문 8	②	문 9	②	문 10	②
문 11	③	문 12	①	문 13	③	문 14	②	문 15	③
문 16	④	문 17	①	문 18	②	문 19	①	문 20	③

모의고사 》 2회 P. 13

※ 50% 는 선지별 선택률을 나타냅니다.

문 1 | 자료형 | 고대 > 삼국의 정치 > 진흥왕의 업적
난이도 中 | 답 ④
오답률 24%

핵심포인트 진흥왕은 원화제를 폐지하고 화랑도를 시행하였다.

| 정답해설 | 제시문은 화랑도와 관련된 내용으로 밑줄 친 '대왕'은 신라 진흥왕이다. 진흥왕은 원화제를 시행하다 폐지한 다음 본래 존재했던 풍월도를 일으켜 화랑도를 시행하였고, 이를 바탕으로 신라의 영토를 확장시켰다. 그는 백제 성왕과 함께 551년에 고구려를 공격해 한강 상류 지역을 차지하였고, 553년에 백제를 공격해 한강 하류 지역까지 확보하여 한강 유역 전체를 신라의 영토로 삼았다.
④ 76% 진흥왕은 '개국', '대창(태창)', '홍제'라는 연호를 사용하였다.

| 오답해설 | ① 10% 상대등 설치는 신라 법흥왕 때에 해당한다(531).
② 6% 신라 지증왕은 이사부를 보내 우산국을 복속하였다(512).
③ 8% 신라 진평왕은 경주 남산에 신성을 축조한 후 남산 신성비를 건립하였다(591).

문 2 | 자료형 | 근현대 > 일제 강점기 > 박은식
난이도 中 | 답 ②
오답률 29%

핵심포인트 대한민국 임시 정부의 제2대 대통령은 박은식이다.

| 정답해설 | 제시된 내용은 박은식의 활동이다.
② 71% 박은식은 최남선, 현채 등과 함께 고문헌의 보존과 반포 및 고문화를 널리 알릴 목적으로 1910년에 조선 광문회를 설립하였다. 조선 광문회는 『삼국사기』 등의 역사류, 『택리지』 등 지리류, 『용비어천가』·『산림경제』 등의 고전, 『율곡전서』·『이충무공전서』 등의 전집류를 간행하였다.

| 오답해설 | ① 4% 대한 독립 군단은 서일을 총재로 하여 조직되었다(1920. 12.).
③ 20% 『조선불교유신론』을 집필한 인물은 한용운이다.
④ 5% 신채호는 <대한매일신보>에 「독사신론」을 발표하여 민족주의 사학의 기반을 조성하였다(1908).

문 3 | 자료형 | 중세 > 정치 > 광종의 업적
난이도 中 | 답 ③
오답률 22%

핵심포인트 광종은 승과 제도인 교종선과 선종선을 실시하여 합격한 자에게는 법계를 주었다.

| 정답해설 | 제시된 내용은 고려 광종 때의 정책이다. 왕권이 불안정한 상황에서 즉위한 광종은 노비안검법을 시행하여 호족 세력을 약화시키고 국가의 재정 기반을 확대하였다. 이어서 과거제를 실시하여 유교적 교양을 갖춘 신진 인사를 등용하고 신구 세력을 교체하려 하였다. 또한 관리의 공복을 관등에 따라 자색·단색·비색·녹색으로 정함으로써 관료의 위계질서와 기강을 확립하였으며, '광덕'·'준풍'이라는 독자적 연호를 사용하고 황제를 칭하는 등 고려의 국가적 위상을 높이고 왕권을 과시하였다.
③ 78% 광종은 개경을 황도(皇都, 황제의 도시)로, 서경을 서도(西都)로 개칭하였다.

| 오답해설 | ① 7% 고려 태조 때 기인 제도를 시행하였다.
② 9% 고려 혜종 때 왕요(후에 정종)는 왕식렴(서경 세력)과 연합하여 왕규의 난을 진압하고 즉위하였다.
④ 6% 고려 경종 때 전시과 제도를 처음 실시하였다(시정 전시과, 976).

문 4 | 자료형 | 근현대 > 일제 강점기 > 송죽회
난이도 中 | 답 ②
오답률 45%

핵심포인트 1913년 평양 숭의 여학교에서 송죽회가 결성되었다.

| 정답해설 | ② 55% 제시문의 (가)는 송죽회로 1913년 평양 숭의 여학교의 교사 김경희와 황에스더, 졸업생인 안정석 등이 재학생 황신덕, 박현숙 등과 함께 조직한 여성 비밀 결사 조직이다. 송죽회는 망명지사의 가족을 돕고 독립군 자금을 지원하였으며, 회원들의 실력을 함양시키는 데 노력하였다.

| 오답해설 | ① 18% 1927년 비타협적 민족주의자와 사회주의자의 민족 협동 전선으로 신간회가 결성되자, 여성 운동 진영의 통합 단체로서 근우회가 결성되었다.
③ 16% 찬양회는 우리나라 최초의 여권 운동 단체로, 1898년 서울 북촌의 부인들이 중심이 되어 조직되었다.
④ 11% 조선 여자 교육회는 1920년 차미리사를 중심으로 결성된 여성 계몽 교육 단체로, 부녀자를 위한 토론회·강연회를 개최하고 야학을 설립하는 등 여성 계몽 운동을 전개하였다.

문 5 | 지식형 | 단원 통합 > 창경궁
난이도 中 | 답 ②
오답률 35%

핵심포인트 창경궁은 성종 때 세 분의 대비를 모시기 위해 창건된 궁이다.

| 정답해설 | ② 65% 창경궁은 1483년 성종 대에 세조 비 정희왕후, 덕종 비(추존왕) 소혜왕후, 예종 비 안순왕후 등 세 분의 대비를 모시기 위해 옛 수강궁 터에 창건한 궁이다. 임진왜란으로 창경궁의 모든 전각이 소실되었고, 광해군 때 재건되었으나 이괄의 난과 순조 대의 큰 화재로 인하여 내전이 소실되었다. 화재에서 살아남은 명정전, 명정문, 홍화문을 통해 17세기 조선 시대 건축 양식을 알 수 있는데, 그중 정전인 명정전은 조선 왕궁 법전 중에서 가장 오래된 건물이다.
그러나 일제는 1909년 창경궁 안에 동물원과 식물원을 만들었으며, 1911년에는 박물관을 짓고 창경궁을 '창경원'으로 격을 낮추어 불렀다.
이후 1983년에 원래의 명칭인 창경궁으로 환원하였으며, 1986년에 일제가 철거했던 문정전과 월랑 등을 복원하였다.

문 6 | 자료형 | 우리 역사의 기원과 형성 > 국가의 형성 > 옥저
난이도 下 | 답 ①
오답률 38%

핵심포인트 옥저는 군장인 읍군, 삼로, 후(侯)가 자기 부족을 통치했던 군장 국가였다.

| 정답해설 | 북쪽으로 읍루·부여와 인접한 지역적 위치와 "삼로"라는 군장의 명칭을 통해 제시된 사료와 관련된 나라가 옥저임을 알 수 있다. 옥저는 군장인 읍군·삼로·후(侯)가 자기 부족을 통치하는 군장 국가로, 고구려의 압력을 받아 연맹 왕국으로 성장하지 못하고 멸망하였다. 옥저는 오곡이나 소금, 어물 등 해산물이 풍부하고 토지가 비옥하여 농사가 잘되었으나 소금, 어물 등을 고구려에 공물로 납부하였다.
① 62% 옥저에서는 결혼을 전제로 어린 여자아이를 남자 집으로 데려와 키우다가 성인이 되면 남자가 여자 집에 지참금을 지불하고 혼인하는 일종의 매매혼인 민며느리제(예부제)가 있었다.

| 오답해설 | ② 4% 부여·고구려, ③ 2% 고구려, ④ 32% 동예에서 볼 수 있는 모습이다.

문 7 | 자료형 | 중세 > 정치 > 별무반
난이도 中 | 답 ③
오답률 36%

핵심포인트 별무반은 신기군(기병), 신보군(보병), 항마군(승병)으로 구성되었다.

| 정답해설 | 제시문의 '이 부대'는 별무반이다.
③ 64% 고려 숙종 때 기병을 주축으로 한 여진과의 전투에서 패한 후 윤관의 주장에 따라 별무반을 창설하였다(1104). 이후 예종 때 윤관은 별무반을 이끌고 여진을 정복한 후 동북 9성을 축조하였다(1107).

| 오답해설 | ① 18% 삼별초, ② 12% 주진군에 해당한다.
④ 6% 거란의 1차 침입 당시 서희의 외교 담판으로 거란으로부터 강동 6주를 획득하였다.

문 8 | 자료형 | 근세 > 정치 > 명종 대 사건 | 난이도 中 | 답 ③ | 오답률 18%

핵심포인트 명종 때 을사사화가 발생하였다.

| **정답해설** | 제시문은 <u>명종</u> 즉위년인 1545년에 윤원형 일파인 소윤(小尹)이 윤임 일파인 대윤(大尹)을 숙청한 <u>을사사화</u>에 대한 내용이다. 인종의 죽음 이후 명종이 12살의 나이로 즉위하자, 모후인 문정왕후가 수렴청정을 하였다. 이때 인종의 외척인 대윤과 명종의 외척인 소윤의 갈등이 발생하였다.

③ 82% 명종 시기에 백정 출신인 임꺽정이 경기도, 황해도 등지에서 난을 일으켰다.

| **오답해설** | ① 2% 조선 성종 때 어린 임금 즉위 시 재상들이 임금을 보좌하는 원상제가 폐지되었다.

② 7% 조선 선조 때 정철이 세자 책봉 문제(건저의)를 계기로 탄핵되었다.

④ 9% 조선 중종 때 조광조의 개혁으로 훈구와 사림이 대립하였다.

오답률 TOP 2
문 9 | 자료형 | 고대 > 삼국의 정치 > 대가야 | 난이도 上 | 답 ② | 오답률 52%

핵심포인트 대가야의 이뇌왕과 신라 법흥왕은 결혼 동맹을 맺었다.

| **정답해설** | 제시문은 대가야의 이뇌왕과 신라 법흥왕의 결혼 동맹에 대한 내용으로, 밑줄 친 '이 나라'는 대가야이다. 전기 가야 연맹이 해체된 후 5세기 후반에 새로운 맹주로 성장한 고령 지방의 대가야를 중심으로 후기 가야 연맹이 형성되었다.

② 48% 대가야는 왜와 함께 백제를 도와 관산성 전투에 참여했지만 신라에 크게 패하였다(554).

| **오답해설** | ① 4% 고구려는 소수림왕 때 삼국 중 최초로 불교를 공인하였다.

③ 40% 신라를 구원하러 온 고구려군의 공격을 받아 쇠퇴한 것은 금관가야이다.

④ 8% 백제 성왕 때 노리사치계가 일본에 최초로 불교 문화를 전해주었다.

오답률 TOP 1
문 10 | 자료형 | 고대 > 남북국 시대의 정치 > 8세기 통일 신라와 발해의 상황 | 난이도 上 | 답 ② | 오답률 57%

핵심포인트 대무예는 발해 무왕의 이름이다.

| **정답해설** | 제시문은 발해 무왕이 일본에 보낸 국서이다. 발해 무왕은 719년에서 737년까지 재위하였으며 당시 통일 신라는 성덕왕 대(702~737)에 해당한다. 성덕왕은 백성에게 정전을 지급하였으며, 당에 사신을 파견하여 문물을 교류하였고 숙위 학생과 구법승도 파견하여 학문과 제도를 수입하는 데 힘썼다.

② 43% 성덕왕은 725년에 상원사 동종을 주조하였다.

| **오답해설** | ① 24% 신문왕(689), ③ 24% 원성왕(788), ④ 9% 헌덕왕(822) 때의 일이다.

문 11 | 지식형 | 근대 태동기 > 문화 > 정약용의 저술 | 난이도 下 | 답 ② | 오답률 11%

핵심포인트 정약용은 농지 공동 소유. 노동량에 따른 차등 분배를 바탕으로 한 토지 개혁론인 여전론을 주장하였다.

| **정답해설** | 제시문은 <u>정약용</u>의 여전론에 대한 내용이다.

② 89% 『경세유표』는 정약용이 저술한 책으로 조선 사회의 개혁안에 대한 내용을 담고 있다. 『경세유표』에서 그는 주대의 정전제를 이상적인 토지 제도로 상정하고, 이를 통해 자영농을 육성하고 토지의 편중을 해결하고자 하였다. 또한 고대의 토지 제도를 조선 후기 사회에 맞게 실현시키기 위해 사전(私田)과 공전(公田)의 적절한 비율을 설정하는 등 구체적인 실현 방법을 제시하였다. 이와 함께 조선 후기의 신분제 해체와 관련하여 과거제 개혁안을 논하였고, 삼정(三政)으로 대표되는 부세 문제에 대해서도 개혁안을 제시하였다.

| **오답해설** | ① 2% 『곽우록』은 이익의 저술이다.

③ 9% 『임하경륜』은 홍대용의 저술이다.

④ 0% 『금석과안록』은 김정희의 저술이다.

문 12 | 순서형 | 근현대 > 개항기 > 1881~1884년 사이의 사건 | 난이도 中 | 답 ① | 오답률 28%

출제의도 영선사와 갑신정변의 발생 연도를 알아두어야 한다.
핵심포인트 청에 영선사가 파견된 시기는 1881년이다.

| **정답해설** | 김윤식이 이끄는 영선사는 <u>1881년</u> 9월에 무기 제조 기술을 배우기 위해 청에 파견되었으며, 갑신정변은 <u>1884년</u>에 발생하였다.

① 72% 영국에 의해 거문도 사건이 발발한 시기는 1885년이다.

| **오답해설** | ② 15% 1882년 11월에 기무처가 통리내무아문과 통리아문으로 분리되었다.

③ 8% 1883년에 조·일 통상 장정이 개정되어 최혜국 대우 조항이 삽입되었다.

④ 5% 1882년에 제3차 수신사가 일본에 파견되었다.

문 13 | 순서형 | 근세 > 정치 > 세종 시기의 사실 | 난이도 中 | 답 ③ | 오답률 23%

핵심포인트 『의방유취』는 세종 때에 편찬된 의학 서적이다.

| **정답해설** | 의정부 서사제는 <u>1436년</u>부터 실시되었으며, 훈민정음은 <u>1446년</u>에 반포되었다. 그러므로 (가)는 세종 때에 해당한다.

③ 77% 세종 때 국내외 의서를 참고하여 집현전의 김예몽·유성원 등과 의관인 전순의·김유지 등이 의학 백과사전인 『의방유취』를 편찬하였다(1445).

| **오답해설** | ① 16% 조선 태종 때 계미자를 주조하였다.

② 2% 조선 정종 때 의정부를 설치하였다.

④ 5% 조선 세조 때 이징옥의 난을 진압하였다.

문 14 | 지식형 | 단원 통합 > 유네스코 세계 문화유산 | 난이도 中 | 답 ② | 오답률 31%

핵심포인트 한양 도성은 유네스코 세계 유산 잠정 목록에 등재되어 있다.

| **정답해설** | ② 69% 한양 도성은 세계 유산 잠정 목록에 올랐으나 세계 문화유산으로 등재되지는 못하였다.

| **오답해설** | ① 4% 석굴암은 1995년 12월에 불국사와 함께 유네스코 세계 문화유산으로 등재되었다.

③ 23% 2019년 7월에 '한국의 서원'이라는 이름으로 한국의 서원 9곳이 유네스코 세계 문화유산으로 등재되었다. 소수 서원은 '한국의 서원' 9곳 중 한 곳이다.

④ 4% 2010년에 안동 하회 마을과 경주 양동 마을이 한국의 전통 생활 양식이 전승되고 있는 공간임을 인정받아 유네스코 세계 문화유산으로 등재되었다.

문 15 | 자료형 | 근현대 > 개항기 > 독립 협회 | 난이도 中 | 답 ③ | 오답률 22%

핵심포인트 독립 협회의 이권 수호 운동은 반러 경향이 강했다.

| **정답해설** | 제시문은 <u>독립 협회</u>가 주최한 토론회의 토론 주제 일부이다. 1896년에 설립된 독립 협회는 국민 계몽을 위해 회보를 발간하고, 만민 공동회 등 대규모 집회와 토론회를 열어 근대적 자주독립 국가의 건설을 목표로 자주 국권, 자강 개혁, 자유 민권 운동을 추진하였다.

③ 78% 독립 협회는 주로 러시아를 대상으로 외세 배척 운동을 전개하였다.

| **오답해설** | ① 9% 농광 회사는 1904년에 일본의 토지 침탈에 맞서 이도재 등이 개간 사업을 목적으로 하여 서울에서 설립한 근대적 농업 회사이다.

② 6% 1900년 동학의 잔여 조직 등이 모여 결성된 활빈당은 대한 사민 논설을 강령으로 삼았으며 토지 균등 분배, 금광 채굴 반대, 철도 부설권 양여 반대 등을 주장하였다.

④ 7% 비밀 결사인 신민회는 공화 정치 체제의 근대 국가 수립을 목표로 하였다.

문 16　[자료형]　근현대 > 일제 강점기 > 홍범도　난이도 中 | 답 ④　오답률 26%

핵심포인트　홍범도는 블라디보스토크에서 노동회를 조직하였다.

| 정답해설 | 제시문은 홍범도에 대한 내용이다. 홍범도는 1907년에 일제가 포수들의 총을 회수하자 차도선, 태양욱 등과 함께 산포대를 조직하여 의병 활동을 전개하였다. 1910년에는 간도로 건너갔으며, 1919년에는 간도에 거주하는 동포들이 결성한 간도 대한 국민회 산하의 대한 독립군 총사령관으로 취임하였다.
④ 74% 홍범도는 1920년에 최진동의 군무 도독부군, 안무의 국민회군과 합세하여 봉오동에서 일본군을 대파하였다. 1921년 자유시 참변 이후 고려중앙정청의 간부로 활동하다가 1943년에 카자흐스탄에서 사망하였다.

| 오답해설 | ① 9% 파리 강화 회의에 파견된 인물은 김규식이다.
② 5% 하얼빈역에서 이토 히로부미를 저격하여 사살한 인물은 안중근이다.
③ 12% 잡지 〈동광〉을 발간하고 수양 동우회를 설립한 인물은 안창호이다.

문 17　[자료형]　근현대 > 현대 > 3차 개헌　난이도 中 | 답 ①　오답률 18%

출제의도　4 · 19 혁명 이후 이루어진 내각 책임제 개헌을 알아두어야 한다.
핵심포인트　4 · 19 혁명 이후 민의원과 참의원으로 구성된 국회 조항이 있는 3차 개헌이 이루어졌다.

| 정답해설 | 제시문은 1960년 4 · 19 혁명 이후에 대한 내용으로, 밑줄 친 '헌법 개정'은 1960년 6월 15일에 이루어진 3차 헌법 개정이다.
① 82% 이승만의 하야 이후 허정 과도 정부는 내각 책임제와 참의원 · 민의원 구성의 양원제를 골자로 한 헌법으로 개정하였다.

| 오답해설 | ② 4% 헌법 공포 당시의 대통령에 한해 중임 제한을 철폐한다는 내용은 2차 개헌에 해당한다(1954. 11.).
③ 12% 3 · 15 부정 선거 관련자 및 반민주 행위자를 처벌하는 소급 입법 개헌은 4차 개헌에 해당한다(1960. 11.).
④ 2% 통일 주체 국민회의에서 간접 선거로 대통령을 선출하도록 한 것은 7차 개헌이다(유신 헌법, 1972).

문 18　[자료형]　중세 > 정치 > 공민왕 대 홍건적 침입 이후의 일　난이도 中 | 답 ②　오답률 19%

핵심포인트　공민왕 때 홍건적의 2차 침입으로 개경이 함락되고 왕이 복주(안동)로 피신하였다.

| 정답해설 | 왕이 남쪽을 피난하였다는 기록을 통해 공민왕 때 발생한 홍건적의 2차 침입(1361)에 대한 내용임을 알 수 있다.
② 81% 고려 창왕 때 박위는 쓰시마섬을 토벌하였다(1389).

| 오답해설 | ① 2% ③ 16% 귀주에서 강감찬이 거란을 물리치고(귀주 대첩, 거란의 3차 침입), 양규의 활약으로 흥화진 전투(거란의 2차 침입)에서 승리한 것은 고려 현종 때이다.
④ 1% 고려 원종 때 삼별초는 김통정의 지휘 아래 제주도에서 대몽 항쟁을 전개하였다(1270~1273).

문 19　[순서형]　근대 태동기 > 정치 > 숙종 대 환국　난이도 中 | 답 ①　오답률 16%

핵심포인트　기사환국으로 송시열과 김수항 등 서인의 중심인물이 처형당하였다.

| 정답해설 | (가)는 삼복의 변으로, 이를 계기로 남인들이 대거 관직에서 쫓겨나고 허적과 윤휴 등이 처형된 경신환국(숙종 6년, 1680)이 발생하였다. (나)의 결과로 남인이 몰락하고 서인이 재집권하는 갑술환국(숙종 20년, 1694)이 발생하였다.
① 84% 경신환국과 갑술환국 사이에 소의 장씨 아들(경종)의 원자 정호를 두고 기사환국(숙종 15년, 1689)이 발생하였다. 그 결과 세자 책봉에 반대하던 서인의 중심인물인 송시열이 제주도로 유배되었다가 사사되었으며, 서인 계열인 인현왕후도 폐출되면서 남인이 다시 정권을 장악하였다.

| 오답해설 | ② 1% 부산 두모포에 왜관을 재설치한 시기는 조선 선조 때이다(1607).
③ 8% 조선 인조 때 후금의 침입에 대비하기 위해 어영청을 설치하였다(1623).
④ 7% 왕과 노론을 제거하고 밀풍군을 왕으로 추대하고자 한 사건은 조선 영조 때 발생한 이인좌의 난이다(1728).

문 20　[순서형]　근현대 > 현대 > 대한민국 정부 수립 과정　난이도 下 | 답 ③　오답률 11%

핵심포인트　조선 건국 준비 위원회는 1945년 9월 6일에 조선 인민 공화국 수립을 선포하였다.

| 정답해설 | 제시된 사건의 순서는 다음과 같다.
(다) 조선 건국 준비 위원회의 조선 인민 공화국 선포(1945. 9. 6.)
(라) 좌우 합작 7원칙 합의 · 발표(1946. 10. 7.)
(가) 제주 4 · 3 사건(1948. 4. 3.)
(나) 제헌 국회 개원(1948. 5. 31.)과 제헌 헌법 제정(1948. 7. 17.)

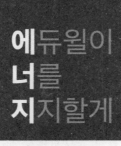

누구에게나 기회는 오지만 누구나 준비하지 않습니다.
기회를 바란다면 기회가 온 것처럼 준비하면 됩니다.

기회보다 언제나 준비가 먼저입니다.

– 조정민, 『인생은 선물이다』, 두란노

9급공무원 공개경쟁채용 필기시험

회차	과목
③	국어

③회 난이도	中
③회 합격선	18개/20개

【SELF CHECK】

풀이 시간	/20분	맞힌 개수	/20개

③회차 핵심페이퍼

문번	정답	개념	꼭 짚고 넘어가야 하는 핵심포인트!	다시 볼 키워드!
문 1	③	어문 규정	외래어를 정확하게 표기할 수 있어야 한다.	컨테이너, 도이칠란트, 에인절, 샐비어
문 2	②	현대 문법	규칙 활용과 불규칙 활용을 정확하게 이해해야 한다.	용언의 불규칙 활용
문 3	②	비문학	글의 순서를 바로잡을 수 있어야 한다.	글의 순서 배열
문 4	②	한자와 한자어	주요 한자의 표기를 알고 있어야 한다.	빈삭(頻數), 단사(簞食)
문 5	①	고전 문학	주요 시어를 정확하게 이해할 수 있어야 한다.	성현, 「장상사」
문 6	①	비문학	주요 구절의 의미를 정확하게 파악할 수 있어야 한다.	글의 문맥 파악
오답률 TOP 1 문 7	④	한자와 한자어	한자어를 읽고 그 의미를 정확하게 알고 있어야 한다.	변질(變質), 감화(感化), 개설(開設), 검열(檢閱)
문 8	④	비문학	글에서 주장하는 글쓴이의 의도를 파악할 수 있어야 한다.	글쓴이의 의도 파악
문 9	①	현대 문법	국어의 음운 현상을 정확하게 알고 적용할 수 있어야 한다.	국어의 음운 현상
문 10	④	어문 규정	맞춤법 규정에 따라 단어를 정확하게 표기할 수 있어야 한다.	알나리깔나리, 엉큼한, 통틀어, 오두방정
오답률 TOP 2 문 11	①	한자와 한자어	한자 성어의 의미를 알고 정확하게 적용할 수 있어야 한다.	진퇴유곡(進退維谷), 누란지위(累卵之危), 만사휴의(萬事休矣), 설상가상(雪上加霜)
문 12	④	비문학	글의 자료를 바탕으로 글의 개요를 완성할 수 있어야 한다.	글의 개요 작성
문 13	②	비문학	글의 흐름에 맞게 이어질 내용을 유추하여 글을 완성할 수 있어야 한다.	이어질 내용 유추
문 14	④	비문학	글에 나타난 글쓴이의 태도와 유사한 상황을 다른 갈래에서 찾을 수 있어야 한다.	글쓴이의 태도 파악
문 15	①	고전 문학	주요 가사 작품의 정서적 흐름을 알고 있어야 한다.	박인로, 「누항사」
오답률 TOP 3 문 16	④	비문학	전체 글의 흐름에 맞게 문맥의 의미를 파악할 수 있어야 한다.	글의 문맥 파악
문 17	②	현대 문학	현대 시에 나타난 화자의 정서와 태도를 파악할 수 있어야 한다.	서정주, 「추천사」
문 18	①	현대 문학	소설의 사건 전개를 정확하게 이해할 수 있어야 한다.	문순태, 「징 소리」
문 19	①	비문학	주요 어휘의 의미를 정확하게 파악할 수 있어야 한다.	문맥적 의미 파악
문 20	①	비문학	제시된 〈자료〉를 바탕으로 글의 내용을 비판할 수 있어야 한다.	비판적 독해

※ [오답률/선택률] 산정 기준: 2021.04.07. ~ 2022.02.28. 기간 동안 응시된 1초 합격예측 서비스의 누적 데이터
※ [오답률] TOP 1, 2, 3은 많은 응시생들이 헷갈린 문항이므로 꼭 확인하고 넘어가시기 바랍니다.

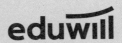

모의고사 》 3회 P. 2

문 1	③	문 2	②	문 3	②	문 4	②	문 5	①
문 6	①	문 7	④	문 8	④	문 9	①	문 10	④
문 11	①	문 12	④	문 13	②	문 14	④	문 15	①
문 16	④	문 17	②	문 18	②	문 19	①	문 20	①

※ 50% 는 선지별 선택률을 나타냅니다.

문 1 　단답형 지식　어문 규정 > 외래어 표기법　난이도 下 | 답 ③　오답률 15%

출제의도　외래어를 정확하게 표기할 수 있는지 평가한다.
핵심포인트　외래어를 정확하게 표기할 수 있어야 한다.

| 정답해설 | ③ 85% '컨테이너'는 올바르게 사용한 외래어 표기이다.
| 오답해설 | ① 3% '도이칠란트'로 써야 올바른 표기이다.
② 0% '에인절'로 써야 올바른 표기이다.
④ 12% '샐비어'로 써야 올바른 표기이다.

문 2 　단답형 지식　현대 문법 > 형태론 > 용언의 활용　난이도 下 | 답 ②　오답률 13%

출제의도　불규칙 용언의 활용을 정확하게 이해하는지 평가한다.
핵심포인트　규칙 활용과 불규칙 활용을 정확하게 이해해야 한다.

| 정답해설 | ② 87% '들르-+-어'는 '들러'로 활용한다. 'ㅡ' 탈락 현상으로 규칙 활용에 해당한다.
| 오답해설 | ① 5% '굽-+-어'는 '구워'로 활용되는 'ㅂ' 불규칙 활용에 해당한다.
③ 7% '푸르-+-어'는 '푸르러'로 활용되는 '러' 불규칙 활용에 해당한다.
④ 1% '걷-+-으니'는 '걸으니'로 활용되는 'ㄷ' 불규칙 활용에 해당한다.

문 3 　박스형 이해　비문학 > 독해 비문학 > 순서 배열　난이도 下 | 답 ②　오답률 12%

출제의도　글을 자연스러운 순서로 재배열할 수 있는지 평가한다.
핵심포인트　글의 순서를 바로 잡을 수 있어야 한다.

| 정답해설 | ② 88% 제시된 글은 현대인들의 스트레스를 풀어 주는 만화의 기능을 언급하고 있다.
㉣ 스트레스를 해소하는 기능의 구체화
㉠ 사회적 임무의 기능
㉢ 대중 타락의 역기능
㉡ 역기능이 되는 이유
위와 같은 순서로 기술해야 자연스러운 흐름을 유지할 수 있다.

문 4 　박스형 이해　한자와 한자어 > 한자어　난이도 中 | 답 ②　오답률 48%

출제의도　한자의 정확한 표기를 알고 있는지 평가한다.
핵심포인트　주요 한자의 표기를 알고 있어야 한다.

| 정답해설 | ② 52% '頻數(빈삭), 簞食(단사)로 적어야 한다.
㉠ 頻數(빈삭): '도수(度數)가 매우 잦음.'을 뜻한다.
㉡ 簞食(단사): '대나무로 만든 밥그릇에 담은 밥.'을 뜻한다.

문 5 　박스형 이해　고전 문학 > 고전 운문 > 한시　난이도 下 | 답 ①　오답률 15%

출제의도　한시를 정확하게 감상할 수 있는지 평가한다.
핵심포인트　주요 시어를 정확하게 이해할 수 있어야 한다.

| 정답해설 | 제시된 작품의 '바라건대 쌍쌍이 날아가는 새가 되어/임의 창 앞에 서고 싶구나'에서 '새'가 되어 임과 재회하고자 하는 화자의 모습이 드러난다. 따라서 '새'는 임을 그리워하는 화자의 모습을 보여 준다고 할 수 있다.

---

① 85% 화자는 '실솔의 넋'이 되어 '님의 방'에 들어가 임을 깨우고 싶어 한다. 따라서 '실솔의 넋' 역시 임을 그리워하는 화자의 모습을 보여 준다.
| 오답해설 | ② 12% '갈매기'는 화자의 외로운 감정을 간접적으로 드러내는 대상이다.
③ 2% '녹수'는 '임의 정(情)'을 빗댄 소재이다.
④ 1% '낙락장송(落落長松)'은 충신을 상징하는 소재이다.
| 참고이론 | 성현, 「장상사」
• 갈래: 한시
• 성격: 애상적, 비유적
• 특징
　- 여성 화자를 등장시켜 임에 대한 그리움을 형상화함.
　- 적절한 비유와 상징적인 소재를 사용하여 화자의 섬세한 내면을 드러냄.
• 주제: 임을 향한 그리움과 연모의 마음

문 6 　박스형 이해　비문학 > 독해 비문학 > 내용 이해　난이도 中 | 답 ①　오답률 27%

출제의도　글을 읽고 문맥의 의미를 파악할 수 있는지 평가한다.
핵심포인트　주요 구절의 의미를 정확하게 파악할 수 있어야 한다.

| 정답해설 | ① 73% 제시문에서는 생태계에는 소비자 집단의 다양한 공존 관계가 성립되어 있다는 것과 그중 '생물 농축'이라는 현상에 대해 설명할 뿐, '생물 농축'이 소비자 집단의 공존 관계에 기여한다는 내용은 확인할 수 없다.

오답률 TOP 1

문 7 　단답형 지식　한자와 한자어 > 한자어　난이도 上 | 답 ④　오답률 65%

출제의도　한자어의 정확한 의미를 알고 있는지 평가한다.
핵심포인트　한자어를 읽고 그 의미를 정확하게 알고 있어야 한다.

| 정답해설 | ④ 35% '성질이 달라지거나 물질의 질이 변하는 것'은 '變質(변질)'이다. '變節(변절)'은 '절개나 지조를 지키지 않고 바꿈.'의 뜻이다.
| 오답해설 | ① 27% 感化(감화): '좋은 영향을 받아 생각이나 감정 따위가 바람직하게 변화함.'을 이르는 말이다.
② 28% 開設(개설): '설비나 제도 따위를 새로 마련하고 그에 관한 일을 시작함.'을 이르는 말이다.
③ 10% 檢閱(검열): '언론, 출판, 보도, 연극, 영화, 우편물 따위의 내용을 사전에 심사하여 그 발표를 통제하는 일. 사상을 통제하거나 치안을 유지하기 위한 것'을 이르는 말이다.

문 8 　박스형 이해　비문학 > 독해 비문학 > 글쓴이의 의도 파악　난이도 下 | 답 ④　오답률 12%

출제의도　글을 읽고 글쓴이의 의도를 파악할 수 있는지 평가한다.
핵심포인트　글에서 주장하는 글쓴이의 의도를 파악할 수 있어야 한다.

| 정답해설 | ④ 88% 글의 마지막 문장인 "우리의 음악인 국악에는 우리 민족 특유의 색깔이 배어 있다."는 것이 글쓴이의 주장이다. 이는 오천 년 역사와 함께한 우리 국악에는 우리 민족의 삶이 반영되어 있다는 것을 암시한 것이다.

문 9 　박스형 이해　현대 문법 > 음운론 > 음운 현상　난이도 下 | 답 ①　오답률 13%

출제의도　국어의 음운 현상을 정확히 알고 있는지 평가한다.
핵심포인트　국어의 음운 현상을 정확하게 알고 적용할 수 있어야 한다.

| 정답해설 | ① 87% '밥물[밤물], 앞문[암문], 닫는[단는], 종로[종노], 국민[궁민]은 비음에 인접한 음운이 모두 비음으로 바뀐 '비음화 현상'에 해당한다.
| 오답해설 | ② 10% '종로[종노]'의 받침 'ㅇ'은 파열음이 아닌 비음이다. 따라서 '종로[종노]'는 '파열음이 인접한 비음의 영향을 받아 비음으로 동화되는 현상'에 해당하는 단어로 적절하지 않다.
③ 3% '종로, 국민'은 조음 위치가 다르다.
④ 0% 완전 동화는 '밥물[밤물]'의 'ㅂ'이 'ㅁ'의 영향을 받아 [ㅁ]으로 바뀌는 것처

럼 동화되는 음운이 동화시키는 음운과 동일하게 바뀌는 경우를 가리킨다. '종로[종노]'는 'ㄹ'이 'ㅇ'의 영향을 받아 [ㄴ]으로, '국민[국민]'은 'ㄱ'이 'ㅁ'의 영향을 받아 [ㅇ]으로 바뀌므로 불완전 동화 현상이다.

| 참고이론 | 국어의 자음 체계

소리 내는 방법	소리 내는 위치 / 소리의 세기		입술	허끝	센입천장	여린입천장	목청
안울림소리 [無聲音]	파열음 (破裂音)	예사소리	ㅂ	ㄷ		ㄱ	
		된소리	ㅃ	ㄸ		ㄲ	
		거센소리	ㅍ	ㅌ		ㅋ	
	파찰음 (破擦音)	예사소리			ㅈ		
		된소리			ㅉ		
		거센소리			ㅊ		
	마찰음 (摩擦音)	예사소리		ㅅ			ㅎ
		된소리		ㅆ			
울림소리 [有聲音]	비음 (鼻音)		ㅁ	ㄴ		ㅇ	
	유음 (流音)			ㄹ			

문 10 | 단답형 지식 | 어문 규정 > 한글 맞춤법 | 난이도 中 | 답 ④ | 오답률 25%

출제의도 단어를 정확하게 표기할 수 있는지 평가한다.
핵심포인트 맞춤법 규정에 따라 단어를 정확하게 표기할 수 있어야 한다.

| 정답해설 | ④ 75% '알나리깔나리'는 바르게 쓰인 표현이다.
| 오답해설 | ① 3% '엉큼한'으로 써야 올바른 표현이다.
② 10% '통틀어'로 써야 한다.
③ 12% '오두방정'이 올바른 표기이다.

오답률 TOP 2

문 11 | 박스형 이해 | 한자와 한자어 > 한자 성어 | 난이도 上 | 답 ① | 오답률 58%

출제의도 글을 읽고 그것에 맞는 한자 성어를 알 수 있는지 평가한다.
핵심포인트 한자 성어의 의미를 알고 정확하게 적용할 수 있어야 한다.

| 정답해설 | ① 42% 제시된 작품 속 놀보는 이러지도 저러지도 못하는 상황으로, '이러지도 저러지도 못하고 꼼짝할 수 없는 궁지.'를 뜻하는 '進退維谷(진퇴유곡)'이 놀보의 처지를 나타내는 말로 적절하다.
| 오답해설 | ② 33% 累卵之危(누란지위): '층층이 쌓아 놓은 알의 위태로움.'이라는 뜻으로, 몹시 아슬아슬한 위기를 비유적으로 이르는 말이다.
③ 3% 萬事休矣(만사휴의): '모든 것이 헛수고로 돌아감.'을 이르는 말이다.
④ 22% 雪上加霜(설상가상): '눈 위에 서리가 덮인다.'는 뜻으로, 난처한 일이나 불행한 일이 잇따라 일어남을 이르는 말이다.

문 12 | 박스형 이해 | 비문학 > 이론 비문학 > 개요 작성 | 난이도 下 | 답 ④ | 오답률 14%

출제의도 자료를 바탕으로 글의 개요를 완성할 수 있는지 평가한다.
핵심포인트 글의 자료를 바탕으로 글의 개요를 완성할 수 있어야 한다.

| 정답해설 | ④ 86% 〈본론 2〉에서 그동안의 대책을 비판적으로 검토했으므로 〈본론 3〉에서 다시 노인 문제에 대한 원인을 찾아본 것은 적절하지 않다. 또한 제시된 자료에서 끌어낼 수 있는 내용이 아니다.

문 13 | 박스형 이해 | 비문학 > 이론 비문학 > 이어질 내용 유추 | 난이도 下 | 답 ② | 오답률 8%

출제의도 글을 읽고 이어질 내용을 완성할 수 있는지 평가한다.
핵심포인트 글의 흐름에 맞게 이어질 내용을 유추하여 글을 완성할 수 있어야 한다.

| 정답해설 | ② 92% 우리나라 대학생은 지식과 상식을 바탕으로 한 사회 인지도만 높고 나머지는 기준 미달이라는 점을 제시하고 있다. 이것은 지식 교육에 치중한 우리 교육의 현실을 보여 준다고 볼 수 있으므로 관련된 내용이 이어질 수 있다.

문 14 | 박스형 이해 | 비문학 > 이론 비문학 > 글쓴이의 태도 파악 | 난이도 下 | 답 ④ | 오답률 15%

출제의도 글을 읽고 그 내용과 유사한 작품을 찾을 수 있는지 평가한다.
핵심포인트 글에 나타난 글쓴이의 태도와 유사한 상황을 다른 갈래에서 찾을 수 있어야 한다.

| 정답해설 | ④ 85% 제시된 글에서는 삶의 길을 자신 의사 결정에 따라 선택해야 한다는 자세가 드러나 있다. 따라서 자신에게 주어진 길을 묵묵히 걸어가겠다는 윤동주의 「서시」에서 가장 유사한 삶의 태도가 드러난다.
| 오답해설 | ① 10% '기침'을 하여 가슴에 고인 '가래'를 뱉어 내자는 부분에서 부정에 대한 저항 의지를 확인할 수 있다.
② 2% '내 가슴' 속에서 '구슬픈 샘물'이 솟아오른다고 표현하는 부분에서 삶의 비애를 나타내고 있음을 확인할 수 있다.
③ 3% '답답하고 고달프게 사는 것이 원통'하다는 부분에서 삶의 고달픔을 드러내고 있음을 확인할 수 있다.

문 15 | 박스형 이해 | 고전 문학 > 고전 운문 > 가사 | 난이도 下 | 답 ① | 오답률 8%

출제의도 작품을 읽고 정서적 흐름을 정확하게 파악할 수 있는지 평가한다.
핵심포인트 주요 가사 작품의 정서적 흐름을 알고 있어야 한다.

| 정답해설 | ① 92% 농사를 지을 수 없는 슬픔(비애) – 농사의 포기(체념) – 정신적으로 극복(달관)의 흐름으로 화자의 심리적 태도가 변화하고 있다.

| 참고이론 | 박인로, 「누항사」

- 갈래: 가사
- 성격: 전원적, 사색적, 사실적, 고백적
- 특징
  – 일상생활에 대한 생생한 묘사를 보여줌.
  – 화자의 운명론적 세계관을 나타냄.
  – 개인과 개인, 개인과 사회의 갈등 양상이 나타남.
  – 대화체를 사용하여 인간 세태의 단면을 구체적으로 드러냄.
  – 안빈낙도와 유교적 가치관으로 갈등을 극복하고자 함.
  – 설의적 표현을 사용함.
- 주제
  – 자연을 벗삼아 안빈낙도(安貧樂道)하고자 하는 선비의 궁핍한 생활상
  – 빈이무원(貧而無怨)하며 충효, 우애, 신의를 나누는 삶의 추구

오답률 TOP 3

문 16 | 박스형 이해 | 비문학 > 독해 비문학 > 문맥적 의미 | 난이도 上 | 답 ④ | 오답률 54%

출제의도 문맥의 의미를 알 수 있는지 평가한다.
핵심포인트 전체 글의 흐름에 맞게 문맥의 의미를 파악할 수 있어야 한다.

| 정답해설 | ④ 46% 우리 민족은 우리말을 기록하기 위해 한자를 빌려 쓰기는 했지만 기본적으로는 표음주의적 국어식 표기를 지향했다. 그런데 한자는 발음이 음절 단위로 이루어지기 때문에 '자(단자음, 겹자음) + 모(단모음, 이중 모음)'의 결합으로 이루어지는 국어의 음운들을 충분히 수용해 낼 수 없었다는 점이 한계였다.
| 오답해설 | ①②③ 32% 17% 5% 고립어인 한자어의 특징과 첨가어인 국어의 특징이 달라도 국어의 음운을 충분히 소화해 낼 수 있었다면 국어식의 한자 차용 표기가 오래 지속되었을 것이다.

문 17 | 박스형 이해 | 현대 문학 > 현대 시 > 화자의 정서와 태도 | 난이도 中 | 답 ② | 오답률 37%

출제의도 현대 시를 정확하게 감상할 수 있는지 평가한다.
핵심포인트 현대 시에 나타난 화자의 정서와 태도를 파악할 수 있어야 한다.

| 정답해설 | ② 63% 제시된 작품의 넷째 연에는 화자가 이상향을 꿈꾸지만 결코 거기에 도달할 수 없다는 인간 한계를 인식하고 있음이 나타난다. 개화의 순간 진리의 경계면에서 그냥 서 있을 수밖에 없는 한계를 나타낸 서정주의 「꽃밭의 독백」에 유사한 인식이 나타난다.

| 참고이론 | 서정주, 「추천사」

- 성격: 낭만적, 상징적, 초월적, 불교적
- 특징
  - 고전 소설을 모티프로 함.
  - 통사 구조의 반복을 통해 리듬감을 형성함.
  - 운율과 의미가 유기적 관계를 맺으며 시상이 전개됨.
- 주제: 초월적 세계로의 갈망

문 18　박스형 이해　현대 문학 > 현대 소설　난이도 中 | 답 ①
오답률 44%

출제의도　소설을 정확하게 감상할 수 있는지 평가한다.
핵심포인트　소설의 사건 전개를 정확하게 이해할 수 있어야 한다.

| 정답해설 | ① 56% 마을 사람들이 칠복이를 떠나보내는 상황이다. 내심 그러고 싶지 않지만 어쩔 수 없이 그렇게 할 수밖에 없는 모습이 나타난다. 자신들의 어떤 목적을 위해 칠복을 희생양으로 삼은 것은 아니다.

| 참고이론 | 문순태, 「징 소리」

- 시점: 전지적 작가 시점
- 배경
  - 시간적 배경: 산업화·도시화가 급속하게 이루어지던 1970년대
  - 공간적 배경: 전남 장성호 근처의 수몰된 마을
- 특징
  - 상징적 소재를 사용하여 주제 의식을 형상화함.
  - 현재와 과거의 시점을 교차하는 전개 방식이 나타남.
- 주제: 산업화 과정에서 소외된 농촌 실향민들의 고달픈 삶

문 19　박스형 이해　비문학 > 독해 비문학 > 문맥적 의미 파악　난이도 中 | 답 ①
오답률 42%

출제의도　글을 읽고 어휘의 의미를 구별할 수 있는지 평가한다.
핵심포인트　주요 어휘의 의미를 정확하게 파악할 수 있어야 한다.

| 정답해설 | ① 58% '소리' 중 인간이 사용하는 의사소통의 수단을 '말'이라고 한다. 즉 ㉠이 ㉡의 일부라 할 수 있다.

문 20　박스형 이해　비문학 > 독해 비문학 > 비판적 독해　난이도 中 | 답 ①
오답률 29%

출제의도　〈자료〉를 바탕으로 글을 비판할 수 있는지 평가한다.
핵심포인트　제시된 〈자료〉를 바탕으로 글의 내용을 비판할 수 있어야 한다.

| 정답해설 | ① 71% 제시된 글은 희귀종인 황금박쥐(붉은박쥐)의 발견을 보도함으로써 도리어 황금박쥐의 서식처가 훼손될 가능성이 있는 보도이다. 〈보기〉에서는 언론은 건전한 여론 형성에 이바지해야 한다고 언급하고 있으므로 이런 경우에는 보도를 자제하는 것이 올바른 언론 태도가 될 것이다.

2022년 ___월 ___일 시행
9급공무원 공개경쟁채용 필기시험

회차	과목
③	영어

③회 난이도	上
③회 합격선	14개/20개

【SELF CHECK】

풀이 시간	/30분	맞힌 개수	/20개

③회차 핵심페이퍼

문번	정답	개념	꼭 짚고 넘어가야 하는 핵심포인트!	다시 볼 키워드!
문 1	④	어휘	동사 'encompass'의 의미를 묻는 문제이다.	유의어 찾기
오답률 TOP1 문 2	②	어휘	형용사 'conducive'의 의미를 묻는 문제이다.	유의어 찾기
문 3	③	문법	대명사 관용표현 'anything but'과 'nothing but'의 의미 및 용법을 묻는 문제이다.	대명사
문 4	③	독해	비교적 초반에 글의 핵심 주장이 나오는 유형이다.	요지
문 5	②	어휘	구동사 'abide by'의 의미를 묻는 문제이다.	유의어 찾기
문 6	①	문법	비교구문 관용표현 'still more'와 'still less'의 용법을 묻는 문제이다.	비교
오답률 TOP2 문 7	②	문법	이중 소유격 '명사 of 소유대명사'의 용법을 묻는 문제이다.	대명사
문 8	④	독해	선지의 내용을 지문의 해당 문장과 대조하여 일치 또는 불일치 여부를 판단해야 한다.	내용일치/불일치
문 9	③	문법	that절이 목적어인 문장의 수동태 전환을 제대로 이해하고 있는지를 묻는 문제이다.	태
문 10	④	독해	빈칸 앞의 예시들을 통해 일반적 진술을 이끌어내야 하는 문제이다.	빈칸 구 완성
문 11	②	독해	드러나는 연결어가 없어서 사건의 시간 순서를 염두에 두고 풀어야 하는 유형이다.	배열
문 12	①	생활영어	관용표현이 포함된 대화문들이다.	회화/관용표현
문 13	①	생활영어	'수강을 취소하다'는 뜻의 동사 'drop'을 묻는 대화문이다.	회화/관용표현
문 14	①	문법	문장에 등위접속사가 포함되어 있다면 늘 병렬 구조를 염두에 둬야 한다.	일치
오답률 TOP3 문 15	③	문법	양보절의 문장 전환을 묻는 문제이다. 특히 as 이하의 어순을 반드시 숙지해야 한다.	접속사
문 16	②	독해	주제 문장이 따로 없는 지문으로 전체 내용을 고려하여 제목을 찾아야 한다.	제목
문 17	④	문법	5형식 동사 및 목적격 보어의 품사를 묻는 문제이다.	형용사
문 18	③	독해	지문의 내용과 선지들을 각각 대조하여 답을 찾아야 한다.	내용일치/불일치
문 19	②	독해	제시 문장의 내용을 통해 앞과 뒤의 내용을 예상할 수 있다. 특히 'On the other hand'를 염두에 두어야 한다.	삽입
문 20	①	독해	빈칸이 포함된 문장의 바로 앞 문장에 제시된 결정적 근거를 바탕으로 문제를 풀어야 한다.	빈칸 구 완성

※ [오답률/선택률] 산정 기준: 2021.04.07. ~ 2022.02.28. 기간 동안 응시된 1초 합격예측 서비스의 누적 데이터
※ [오답률] TOP 1, 2, 3은 많은 응시생들이 헷갈린 문항이므로 꼭 확인하고 넘어가시기 바랍니다.

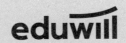

모의고사 》 3회 P. 8

문 1	④	문 2	②	문 3	③	문 4	③	문 5	②
문 6	①	문 7	②	문 8	④	문 9	③	문 10	④
문 11	③	문 12	①	문 13	①	문 14	①	문 15	③
문 16	②	문 17	④	문 18	③	문 19	③	문 20	①

※ 50% 는 선지별 선택률을 나타냅니다.

문 1 밑줄형 어휘 > 유의어 찾기 | 난이도 中 | 답 ④ 오답률 29%

핵심포인트 동사 'encompass'의 의미를 묻는 문제이다.

| 해석 | 새롭게 개발된 그 시험은 읽기, 쓰기, 말하기, 그리고 듣기와 같은 언어 구사력의 가능한 모든 섹션들을 <u>포함하고</u> 있다.

① 4% 포기하다   ② 3% 풀다, 해결하다
③ 22% 유지시키다, 옹호하다   ④ 71% 포함하다, 다루다

| 정답해설 | 밑줄 친 동사 'encompasses'는 '포함하다'는 뜻으로 선지들 중 'covers'와 의미가 가장 유사하다.

| 어휘 |
encompass 포함하다, 둘러싸다

오답률 TOP 1

문 2 밑줄형 어휘 > 유의어 찾기 | 난이도 上 | 답 ② 오답률 76%

핵심포인트 형용사 'conducive'의 의미를 묻는 문제이다.

| 해석 | Christine은 최대한 많은 햇빛을 들이고, 잡초를 제거하고, 그것에 정기적으로 물을 줌으로써 무성한 식물 성장에 <u>도움이 되는</u> 방식으로 그녀의 텃밭을 경작해냈다.

① 26% 손으로 만질 수 있는, 명백한   ② 24% 적절한, 알맞은
③ 21% 꾸며낸, 인위적인   ④ 29% 전도력 있는

| 정답해설 | 밑줄 친 'conducive'는 '도움이 되는'의 의미로 선지들 중 'opportune'과 의미가 가장 유사하다.

| 어휘 |
cultivate 경작하다   kitchen garden 텃밭
conducive 도움이 되는   luxuriant 무성한
let in 들어오게 하다   weed 잡초
on a regular basis 정기적으로

문 3 문장형 문법 > Structure Constituent > 대명사 | 난이도 中 | 답 ③ 오답률 34%

핵심포인트 대명사 관용표현 'anything but'과 'nothing but'의 의미 및 용법을 묻는 문제이다.

| 해석 | 호주는 방문되고 탐험되어야 할 세상의 마지막 지역이었다. Shakespeare의 시대였던 1600년에, 동인도 제도의 남쪽 지역은 여전히 예전처럼 거의 알려져 있지 않았다; 그 당시의 조잡한 지도들은 호주의 섬들이 위치하고 있었어야 할 거대한 공란만이 있었다. 대부분의 사람들은 세상의 그 지역에는 바다만 있었다고 생각했다; 그리고 항해가 위험하고 아직 길었기 때문에 − 그것의 완수에는 수년이 필요했다 − 사람들은 그것을 탐험하려는 위험을 감수하고 싶어 하지 않았다.

| 정답해설 | ③ 66% 'anything but'은 '결코 ~가 아닌'의 의미로 문맥상 어색하다. '오직'의 의미인 'nothing but'이 쓰여 '거기에는 오직 바다만 있었다고 생각했다'가 되어야 한다.

| 오답해설 | ① 5% 문장의 주어가 'Australia'이므로 문맥상 '방문되고 탐험되어야 할 지역'이 적합하다. 즉, to부정사가 문맥에 적합하게 수동형으로 사용되었다.

② 12% 앞에 선행사가 장소(a great blank)이며 뒤에 완전한 절(동사가 'should have been located'로 수동이므로 목적어나 보어 없이 완전함)이므로 관계부사 where가 적합하게 쓰였다.

④ 17% 밑줄 앞의 부사 'scarcely'가 부정어이므로 부정어 도치가 알맞게 적용되었다.

| 어휘 |
region 지역   rude 조잡한
blank 공란, 공백   anything but 결코 ~가 아닌(= never)
voyage 항해   scarcely 거의 ~ 않다
care to ~하고 싶어 하다, 애쓰다, 노력하다   run a risk of 위험을 무릅쓰고 ~하다

문 4 지문제시형 독해 > Macro Reading > 요지 | 난이도 中 | 답 ③ 오답률 26%

핵심포인트 비교적 초반에 글의 핵심 주장이 나오는 유형이다.

| 해석 | Michelangelo, Milton, Beethoven은 자주 비교되어 왔던 다른 예술 분야의 세 명의 위대한 마스터들이다. 그 사람들 자신들에 있어, 인격의 엄격한 강직함에 있어, 낮고 사소한 것들에 대한 경멸에 있어, 고귀한 이상주의에 있어 눈에 띄는 유사점들이 있다. 세 명 모두의 예술은 평범한 수준을 너무 크게 넘어서서 대중적이지 않다; 그것은 피상적인 사람들을 매료시키기에는 너무 많은 사고를 요한다. 시에서, 음악에서, 그리고 조각에서, 세 명 모두는 웅장하고 근엄한 조화에서 표현되는 인간 존재의 가장 심오한 진실들을 말한다.

① Michelangelo, Milton, Beethoven은 서로 자주 비교되는 동시대인들이다.
② Michelangelo, Milton, Beethoven은 그들의 이해하기 힘든 예술적 함축 때문에 인기가 없다.
③ Michelangelo, Milton, Beethoven은 그들의 상이한 분야에도 불구하고 공통점이 있다.
④ Michelangelo, Milton, Beethoven은 모두 절대적 진실을 표현하는 데 있어 그들의 엄격함을 보여준다.

| 정답해설 | ③ 74% 첫 문장에서 다른 예술 분야에서의 세 명의 위대한 예술가들을 언급하고, 두 번째 문장에서 그들이 공통점을 지녔음을 지적한다. 이후의 내용은 그들 사이의 공통점들의 예시를 나열하고 있으므로 ③이 글의 요지로 가장 적절하다.

| 오답해설 | ① 7% 첫 문장에서 그들이 자주 비교된다는 진술이 있으나 글의 주요 내용은 아니며 동시대 인물들이라는 것은 글에 언급되어 있지 않다.

② 10% 그들의 예술이 이해하기 힘든 함축(elusive artistic implication)을 지니고 있다는 내용은 글에 언급되어 있지 않다.

④ 9% 세 예술가들이 엄격함을 보인 것은 언급되었으나 글의 요지를 뒷받침하기 위한 하나의 예시이며, '절대적 진실'은 언급된 적 없다.

| 어휘 |
dissimilar 다른   striking 눈에 띄는, 두드러진
stern 엄격한   uprightness 강직함
character 인격   scorn 경멸
trivial 사소한   lofty 고귀한
superficial 피상적인   utter 말하다
grand 웅장한   solemn 근엄한
contemporary 동시대 사람   elusive 알기 힘든
implication 함축
have something in common 공통점을 지니다
austerity 엄격함

문 5 밑줄형 어휘 > 유의어 찾기 | 난이도 中 | 답 ② 오답률 50%

핵심포인트 구동사 'abide by'의 의미를 묻는 문제이다.

| 해석 | 새로운 조례의 어떤 조항이든 <u>준수하지</u> 못 하는 이들은 금고형 또는 벌금형의 대상이 될 것이다.

① 29% 예약하다, 비축하다   ② 50% 준수하다, 관찰하다
③ 12% 속이다   ④ 9% 소각하다

| 정답해설 | 밑줄 친 'abide by'는 '준수하다'는 뜻으로 선지들 중 'observe'와 의미가 가장 유사하다. 'observe'가 다의어임을 유의해야 한다.

| 어휘 |
abide by ~을 준수하다   provision 조항
ordinance 조례, 법령   be subject to ~의 대상이 되다
confinement 금고형, 구금   pecuniary 금전적인

문 6 | 문장형 | 문법 > Modifiers > 비교 | 난이도 上 | 답 ①

오답률 65%

핵심포인트 비교구문 관용표현 'still more'와 'still less'의 용법을 묻는 문제이다.

| 해석 | ① 수백만 달러의 투자와 광범위한 연구에도 불구하고, 정확히 무엇이 당뇨병을 발생시키는지를 알아내는 것에 대한 진전은 거의 없었으며, 하물며 그것을 어떻게 치료하는지는 더욱 아니다(진전이 없었다).

② 고객들로부터의 항의는 그 가게가 사과문을 게시하고 전액 환불을 지급해야 할 정도였다.

③ Richard가 다음 주에 부회장으로 승진될 때, 그는 Milton Corporation에서 25년간 일해오고 있는 중일 것이다.

④ 그 연구팀은 그 숲 속의 24개 연못들에서 희귀한 조류가 있었다는 것을 확인했다.

| 정답해설 | ① 35% 'still[much] more ~'는 긍정문에서 사용되어 '하물며 ~은 더욱 그렇다'는 뜻이다. 그러나 해당 문장은 부정문(little)이므로 'still[much] less'(하물며 ~은 더욱 아니다)가 쓰여야 한다.

| 오답해설 | ② 21% 'Such'가 문두로 이동해 주어와 동사가 도치된 바른 문장이다. 원래 문장은 'The complaints from patrons were such that ~'이다.

③ 11% 미래 시점(next week)에 25년이라는 근무 기간이 완료될 예정이므로 미래완료(will have p.p.) 또는 미래완료진행(will have been ~ing)이 쓰여야 한다. 해당 문장에서는 미래완료진행(will have been working)이 적합하게 쓰였다.

④ 33% 명사 'algae'는 복수명사(단수는 alga)이므로 복수동사 'were'가 알맞게 쓰였다. 또한 '기수＋단수 수 단위명사＋복수명사'(two dozen ponds)가 적합하게 쓰였다.

| 어휘 |

extensive 광범위한	diabetes 당뇨병
still more (긍정문) 하물며 ~은 더욱 그렇다	such that ~할 정도의
patron 이용객, 고객	post 게시하다
statement of apology 사과문	issue 지급하다, 발급하다
alga 조류, 해조	dozen 12개짜리 한 묶음

오답률 TOP 2

문 7 | 문장형 | 문법 > Structure Constituent > 대명사 | 난이도 上 | 답 ②

오답률 72%

출제의도 'be used to' 뒤에는 반드시 동명사가 쓰이는 반면, 'be accustomed to' 뒤에는 동명사와 동사원형 모두 사용 가능하다.

핵심포인트 이중 소유격 '명사 of 소유대명사'의 용법을 묻는 문제이다.

| 정답해설 | ② 28% 이중 소유격은 '명사 of 소유대명사'의 형태로 쓰여야 한다. 따라서 'another five technicians of us'가 아닌 'another five technicians of ours'가 적합하다.

| 오답해설 | ① 14% 'the number of 복수명사'는 단수 취급하므로 단수 동사인 'is'가 적합하게 쓰였다.

③ 3% 배수(four times)가 원급(as large as)과 함께 알맞게 사용되었고, 지시대명사 that이 앞서 언급된 단수명사 'the size of state-owned land'를 적합하게 대신하고 있다.

④ 55% 'be accustomed to'는 동명사와 동사원형 모두 함께 사용이 가능하다.

| 어휘 |

precaution 예방 조치	infectee 감염자
on the rise 상승 중인	dispatch 보내다, 파견하다
state-owned land 국유지	be accustomed to VR/~ing ~에 익숙하다

문 8 | 지문제시형 | 독해 > Micro Reading > 내용일치/불일치 | 난이도 中 | 답 ④

오답률 29%

핵심포인트 선지의 내용을 지문의 해당 문장과 대조하여 일치 또는 불일치 여부를 판단해야 한다.

| 해석 | 한쪽 팔을 잃은 채 전쟁에서 복귀한 Mr. Carr는 우체국장으로 임명되어, 열병이 중년이 된 그의 커리어를 종료시킬 때까지 적지만 어려운 경제 상황을 감안하면 적절한 수입을 얻을 정도로 운이 좋았다. Mr. Graham이 그 직책에 대한

경쟁 지원자였지만, Mr. Carr의 전쟁 복무 경력으로 그를 유리하다고 여겨 그가 그것을 얻어냈다. 그의 사망 후, Mrs. Carr가 임시 임명 상태에서 우체국을 계속했다. 그녀는 사업 수완이 뛰어난 여성이었고, 특히 거의 전체 업무가 그녀에게 맡겨졌던 그의 남편의 투병 동안 그녀의 남편을 도왔었기 때문에 우체국의 업무들에 이미 익숙했다. 대부분의 마을 사람들은 그녀가 일을 계속하는 것에 찬성했지만, Walsingham 지주와 그의 조카의 영향력이 아주 커서 후자에게 유리한 탄원서가 많은 서명을 얻었고, 이미 Washington의 부서에 서류로 올라갔고, 그 대지주의 정치적 친구였던 그 지역 국회의원에 의해 지지되었다. Mrs. Carr는 그녀의 해임을 위한 움직임이 그렇게 많이 진행되었는지 알지 못했다.

① Mr. Carr는 나중에 우체국에서 일하게 된 상이군인이었다.

② Mr. Carr의 신체적 장애는 다른 후보자보다 직업을 얻는 데 유리하게 작용했다.

③ 대부분의 지역 주민들은 그녀의 능력 때문에 Mrs. Carr가 우체국을 담당하는 것을 선호했다.

④ 그녀에게 불리한 탄원서에도 불구하고 Mrs. Carr는 우체국에서의 그녀의 일자리를 유지할 수 있었다.

| 정답해설 | ④ 71% 마지막 두 문장에서 Mrs. Carr에 불리한 탄원서가 검토 중임은 언급이 되나, 그것이 그녀를 해임시켰는지는 글에 언급이 없다.

| 오답해설 | ① 3% 첫 번째 문장에 언급되어 있다.

② 14% 두 번째 문장에 언급되어 있다.

③ 12% 네 번째 문장과 다섯 번째 문장에 언급되어 있다.

| 어휘 |

postmaster 우체국장	strict 긴축의, 엄격한
terminate 종료하다	service 복무
secure 확보하다, 얻다	carry on 계속하다
capacity 능력	devolve 양도하다, 맡기다
in favor of ~에 찬성하여	retain 유지하다
petition 탄원서, 진정서	on file 서류에 기록되어
back 지지하다	congressman 국회의원
squire 대지주	displacement 면직, 해임, 이동
disabled veteran 상이군인	in charge of ~을 담당하는
manage to ~을 해내다	

문 9 | 문장형 | 문법 > Main Structure > 태 | 난이도 上 | 답 ③

오답률 58%

핵심포인트 that절이 목적어인 문장의 수동태 전환을 제대로 이해하고 있는지를 묻는 문제이다.

| 해석 | ① 신입 인턴들은 마침내 회사 자료실에 출입하도록 허용되었다.

② 나는 멤버십 카드를 가지고 있기 때문에 많은 돈이 절약되었다.

③ 그 기상학자가 지난 목요일에 새로 생긴 운석 구덩이를 발견했다고 주장된다.

④ Paul이 표창을 받고 공군에서 제대했던 이후로 20년이 지났다.

| 정답해설 | ③ 42% 명사절(that절)이 목적어인 문장의 수동태 전환 문장이다. 원래 문장 'They allege that the meteorologist found a newly formed meteor crater last Thursday.'가 수동태 문장('It'은 가주어)인 'It is alleged that the meteorologist found a newly formed meteor crater last Thursday.'로 전환되고 that절의 주어인 'the meteorologist'가 문장의 주어로 바뀌면서 that절이 to부정사로 전환된 형태이다. that절의 시제(과거)가 주절의 시제(현재)보다 앞서기 때문에 완료형 to부정사가 사용되었다.

| 오답해설 | ① 17% 사역동사 'let'은 수동태로 사용할 수 없다. 비슷한 의미인 'allow'가 사용되어야 한다. 즉, 'were finally let'이 아닌 'were finally allowed'가 쓰여야 한다.

② 19% 4형식 동사 save는 IO만을 수동태 문장의 주어로 사용하며 DO(A lot of money)는 주어로 쓰일 수 없다. 따라서 'A lot of money was saved for me'가 아닌 'I was saved a lot of money'가 쓰여야 한다.

④ 22% 'since＋과거'가 있으므로 주절에는 현재완료가 쓰여야 한다. 즉 'It was two decades'가 아닌 'It has been two decades'가 쓰여야 한다. 혹은 비인칭 주어 it이 사용되는 경우에 한해서 현재완료 대신 현재를 사용하는 것도 가능하다. 즉, 'It is two decades'도 사용 가능하다.

| 어휘 |

have access to ~에 출입하다   archive 자료실, 기록물 보관소
meteorologist 기상학자   allege 주장하다
meteor crater 운석 구덩이   discharge 제대시키다
medal of commendation 훈장, 표창

문 10 [빈칸형] 독해 > Reading for Writing > 빈칸 구 완성
난이도 上 | 답 ④   오답률 62%

핵심포인트 빈칸 앞의 예시들을 통해 일반적 진술을 이끌어내야 하는 문제이다.

| 해석 | 양심의 기원은 쉽게 이해가 된다. 사람의 양심은 그의 습관이 형성됨에 따라 형성된다 – 그가 살고 있는 시간과 공간에 의해; 그것은 그의 교육, 습관, 그리고 믿음과 함께 자라난다. 대부분의 사람들에게 그것은 그들이 살고 있는 사회의 색을 띤다. 어떤 사람들에게는 돼지고기를 먹는 것은 그들의 양심에 타격을 준다; 다른 사람들에게는 어떠한 고기를 먹는 것도 그러하다; 어떤 사람들에게는 금요일에 고기를 먹는 것이 그렇고, 다른 이들에게는 돈을 걸고 운에 맡기는 게임을 하는 것이 그러하거나 일요일에 게임을 하는 것, 또는 술을 마시는 것이 그러하다. 양심은 ④ 순전히 환경, 교육, 그리고 기질의 문제이며, 습관이나 믿음이 그렇지 않듯 절대적인 것이 아니다. 자신의 양심을 따를지는 또 다른 문제이며, 양심이 행동에 대한 절대적 안내인지에 관한 질문과 혼동될 수 없다.

① 세상에 대한 우리의 이해를 위한 흥미로운 비유
② 우리의 식습관에 대한 상세한 안내
③ 인류의 절대적으로 불가해한 측면
④ 순전히 환경, 교육, 그리고 기질의 문제

| 정답해설 | ④ 38% 두 번째와 세 번째 문장에서 양심이 시대, 장소, 교육, 습관, 믿음에 의해 형성됨을 지적하며 이후의 문장들에서는 음식 섭취와 관련된 양심에 대한 예시들을 제시하고 있다. 따라서 빈칸에는 양심이 외부적 요인(환경, 교육, 기질)에 따라 형성된다는 진술이 가장 적절하다.

| 오답해설 | ① 10% 세상에 대한 이해를 위한 비유라는 내용은 글에서 다루고 있지 않다.
② 9% 식습관은 양심의 형성과 관련된 예시 중 하나이므로 부적합하다.
③ 43% 이해할 수 없는 면이라는 내용은 글과 관련이 없다.

| 어휘 |

conscience 양심   take on ~을 띠다
game of chance 운수에 맡기고 하는 게임   intoxicating 알코올이 든
no more A than B B가 아니듯 A도 아니다   infallible 절대 확실한
confound 혼동하다   metaphor 비유, 은유
inscrutable 불가해한   temperament 기질

문 11 [논리형] 독해 > Logical Reading > 배열
난이도 下 | 답 ②   오답률 16%

핵심포인트 드러나는 연결어가 없어서 사건의 시간 순서를 염두에 두고 풀어야 하는 유형이다.

| 해석 | 거기에 거대한 대륙이 있다고 확고하게 믿고 그것을 찾아 나서기를 갈망하는 열정적인 뱃사람이 있었다. 이 사람은 스페인 사람인 De Quiros였는데, 이미 유명한 항해자와 항해했던 적이 있고, 이제는 자신만의 원정을 착수하기를 원했다. 그는 이 남쪽의 대륙을 찾을 수 있도록 자신에게 배와 인력을 제공해달라고 스페인 왕에게 여러 해 동안 탄원을 했었다.

(B) Philip 왕은 오랫동안 그의 탄원에 주의를 기울이지 않았으나, 마침내 그의 끈질김에 졌고, De Quiros에게 그 자신은 그런 목적을 위한 돈이 없지만, 그가 Peru의 총독에게 필요한 배를 제공하도록 명령해주겠다고 말했다.

(A) De Quiros는 왕의 지시를 Peru로 가져갔고, 두 대의 배들이 곧 준비되었다. 그러고 나서, 그는 Peru에서 출발해서 태평양을 횡단하는 순조로운 항해를 시작했고, 가는 길에 많은 작은 섬들을 발견했다. 마침내(1606) 그는 해안가에 도달했고, De Quiros는 자신이 거대한 남쪽 대륙을 발견했다고 생각했다.

(C) 그는 그 장소를 'Tierra Australis del Espiritu Santo', 즉 '성령의 남쪽 땅'이라고 불렀다. 지금은 이것이 진짜 대륙이 아니라 단지 New Hebrides Islands들 중 하나일 뿐이고 본토에서 1,000마일 넘게 떨어져 있음이 알려져 있다.

| 정답해설 | 제시 문단에서 De Quiros가 원정을 위해 스페인 왕에게 탄원했다는 내용이 제시되어 있다. (B)에는 이에 대한 스페인 왕의 반응과 왕의 Peru 총독에 대한 지원 명령이 설명되어 있다. (A)에서는 De Quiros가 왕의 명령을 Peru 총독에게 전달하여 지원을 받는 내용이 제시되어 있으며 원정 도중에 새로운 땅을 발견하는 것이 설명되어 있다. 마지막으로 (C)에서 그 땅에 De Quiros가 이름을 붙이지만 실제로 그 땅은 그가 찾던 대륙이 아니었음이 지적되어 있다. 따라서 이어질 글의 순서로는 (B) – (A) – (C)가 적합하다.

| 어휘 |

seaman 뱃사람, 선원   long to 열망하다, 갈망하다
in search of ~을 찾아서   voyager 항해자, 여행자
set out on ~에 착수하다   expedition 탐험, 항해
beseech 간청하다   furnish 제공하다
set sail 출항하다   prosperous 순조로운, 번영하는
at length 마침내   entreaty 간청
be overcome by ~에 지다   perseverance 끈질김, 인내
vessel 선박   that is 즉
holy spirit 성령   mainland 본토

문 12 [문장형] 생활영어 > 회화/관용표현
난이도 中 | 답 ①   오답률 38%

핵심포인트 관용표현이 포함된 대화문들이다.

| 해석 | ① A: 이 열람실이 너무 붐빈다고 생각하지 않니?
B: 전적으로 동의해. 나는 여기 머물 거야.
② A: 너 그 일자리에 왜 지원 안 했니?
B: 네가 상관할 바 아니야.
③ A: 내가 대학 생활에 적응할 수 있을까? 너무 긴장돼.
B: 지레 걱정하지 마. 넌 심지어 입학 시험도 안 쳤어.
④ A: Jenny는 지난 2년 간 다섯 군데가 넘는 직장을 다녔어.
B: 구르는 돌에는 이끼가 끼지 않아. 걔는 아직도 금전 문제가 있어.

| 정답해설 | ① 62% 'cannot agree more'는 '전적으로 동의하다'는 의미로 B의 'I'll just stay here.'라는 말과는 맞지 않다.

| 오답해설 | ② 9% 'None of your business.'는 '네가 상관할 바가 아니야.'라는 뜻으로 문맥에 적합하게 쓰였다.
③ 10% 'cross a bridge before one comes to it'은 '지레 걱정하다'는 뜻으로 문맥에 알맞게 사용되었다.
④ 19% 'A rolling stone gathers no moss.'는 자주 옮겨 다니는 사람은 돈을 모으거나 친구를 사귀기 힘들다는 뜻으로 문맥에 적합하게 쓰였다.

| 어휘 |

reading room 열람실, 독서실   cannot agree more 전적으로 동의하다
opening 공석, 일자리
none of your business 네가 상관할 바 아니다
cross a bridge before one comes to it 지레 걱정하다
entrance exam 입학 시험
A rolling stone gathers no moss. 구르는 돌에는 이끼가 끼지 않는다.

문 13 [빈칸형] 생활영어 > 회화/관용표현
난이도 下 | 답 ①   오답률 10%

핵심포인트 '수강을 취소하다'는 뜻의 동사 'drop'을 묻는 대화문이다.

| 해석 | A: 안녕, Mandy? 너 김교수님의 새 화학 강의 등록했어?
B: 오, 안녕, Chris? 너 화학 305 말하는 거지? 그래, 난 등록했어.
A: 내가 괜찮을까? 왜냐하면 내가 들었던 유일한 화학 수업은 개론 수업이거든.
B: 음. 강의 설명서에는 그것이 아무나 들을 수 있다고는 되어 있지만, 내 생각엔 너 같은 초보자들에게는 너무 힘들 수도 있어.
A: 그럼 난 뭘 해야 할까?
B: 내 생각에는 ① 너는 그것을 수강 취소해야 해. 네가 들을 수 있는 다른 화학 강의들이 있다고 생각해.
① 너는 그것을 수강 취소해야 해
② 너는 그것을 고수해야 해

③ 너는 거기서 A 학점을 받을 거야

④ 너는 버티는 것이 좋아

| **정답해설** | ① 90% 동사 'drop'이 '(수강을) 취소하다'는 뜻으로 사용되어 뒤 문장(다른 수업을 들을 수 있다는 말)의 내용과 어울린다.

| **오답해설** | ② 5% 'stick to'는 '고수하다'는 뜻으로 뒤 문장과 어울리지 않는다.

③ 0% 'ace'는 'A 학점을 받다'는 뜻으로 뒤 문장과 어울리지 않는다.

④ 5% 'hang in there'는 '버티다'는 의미로 뒤 문장과 어울리지 않는다.

| **어휘** |

enroll in ~에 등록하다	introductory 개론의
course description 강의 설명서	drop (수강을) 취소하다
stick to ~을 고수하다	ace A 학점을 받다
hang in there 버티다	

| **문 14** | 문장형 | 문법 > Balancing > 병렬 구조 | 난이도 中 | 답 ① |
| | | | 오답률 36% |

핵심포인트 문장에 등위접속사가 포함되어 있다면 늘 병렬 구조를 염두에 둬야 한다.

| **정답해설** | ① 64% 'S+V' 형태의 절 4개가 병치되어 있는 구조이다. 세 번째 절에만 동사가 없으므로 틀린 문장이다. 분사 'trembling'을 'trembled'로 바꿔야 한다.

| **오답해설** | ② 14% 전치사 'by' 이하에 동명사구 3개가 적합한 형태로 병치되어 있다.

③ 14% 문맥상 선행사가 복수명사인 'means'가 아닌 단수명사 'The share'이므로 주격 관계대명사 뒤에 단수동사인 'is expected'가 알맞게 사용되었다. 또한 to부정사구 'to stay steady'에서 동사 stay가 2형식 동사로 뒤에 형용사 주격 보어를 적합하게 취하고 있다.

④ 8% 부분표현 'the rest'는 문맥상 '12명의 연구원들 중 나머지'(the rest of the twelve researchers)를 의미하므로 복수동사인 'were'가 적합하게 쓰였다.

| **어휘** |

tighten 팽팽해지다	tremble 떨리다
surge 치솟다	speech script 연설문
rephrase 바꾸어 말하다	share 비중, 몫, 공유
means 수단	paleontologist 고생물학자
entomology 곤충학	major 전공자

오답률 TOP 3

| **문 15** | 문장형 | 문법 > Expansion > 접속사 | 난이도 上 | 답 ③ |
| | | | 오답률 69% |

핵심포인트 양보절의 문장 전환을 묻는 문제이다. 특히 as 이하의 어순을 반드시 숙지해야 한다.

| **정답해설** | ③ 31% 양보절에서 주격 보어가 'a(n)+형용사+명사'일 경우 'As+형용사+a(n)+명사+as S+V'의 어순으로 바뀐다. 따라서 원래 문장 'Though Brenda was a fledgling artist'에서 'As fledgling an artist as Brenda was'로 적합하게 변경된 문장이다.

| **오답해설** | ① 23% 접속사 As는 보어 뒤에 있을 경우에만 양보의 의미로 사용될 수 있다.

② 24% 주절의 주어가 'her entry'이므로 동사는 능동태인 'has selected'가 아닌 수동태(was selected)로 쓰여야 한다.

④ 22% 양보의 부사절 접속사 뒤에는 주어와 동사를 도치시켜서는 안 된다.

| **어휘** |

fledgling 초보의, 풋내기의, 미숙한	entry 출품작

| **문 16** | 지문제시형 | 독해 > Macro Reading > 제목 | 난이도 中 | 답 ② |
| | | | 오답률 36% |

핵심포인트 주제 문장이 따로 없는 지문으로 전체 내용을 고려하여 제목을 찾아야 한다.

| **해석** | 다람쥐들은 동물의 세계에서 가장 근면한 숲의 동물이다. 매년 그들은 많은 양의 나무의 씨앗들을 비어있는 통나무 또는 숲 바닥의 이끼와 나뭇잎들에 숨겨진 비축물이나 은닉처에 매장한다. 새들 또한 여기저기와 숲의 도처에 그리고 주변 시골지역에 나무의 씨앗들을 퍼뜨린다. 흐르는 개울들과 강들은 수 마일 동

안 손상되지 않은 씨앗들을 운반하여 마침내 그것들이 싹이 나서 나무로 성장하는 장소들에 그것들을 놓는다. 많은 씨앗들은 바다의 흐름으로 먼 외국의 해안가까지 운반된다.

① 나무들은 씨앗에서 어떻게 번식하는가

② 나무의 씨앗들은 자연에서 어떻게 전파되는가

③ 나무의 씨앗들을 퍼뜨리는 데 있어 야생동물들의 역할들

④ 나무의 씨앗들이 퍼지는 가장 흔한 방법

| **정답해설** | ② 64% 나무의 씨앗이 숲의 동물들이나 물의 흐름으로 다른 지역으로 퍼져 번식할 수 있음을 설명하는 글이다. 따라서 '나무의 씨앗들은 자연에서 어떻게 전파되는가'가 글의 제목으로 가장 적합하다.

| **오답해설** | ① 4% 글의 주요 내용은 나무의 씨앗이 퍼지는 방식들에 대한 묘사이며, 그 씨앗으로부터 나무가 번식하는 것은 핵심 내용이 아니다.

③ 22% 글에는 야생동물들뿐 아니라 개울, 강, 바다의 조류 등도 씨앗의 전파 수단으로 제시되기 때문에 해당 선지는 글의 제목으로는 부적합하다.

④ 10% 나무의 씨앗이 퍼지는 가장 흔한 방법은 글에서 다루고 있지 않다.

| **어휘** |

squirrel 다람쥐	industrious 근면한
bury 파묻다, 매장하다	hoard 비축물, 저장물
cache 은닉처	hollow 텅빈
log 통나무	moss 이끼
scatter 뿌리다, 흩어지게 만들다	uninjured 손상되지 않은
deposit 놓다, 퇴적시키다, 침전시키다	sprout 싹이 나다, 발아하다
current 흐름, 해류	propagate 번식하다, 전파하다
disseminate 퍼뜨리다, 퍼지다	disperse 퍼뜨리다

| **문 17** | 밑줄형 | 문법 > Modifier > 형용사 | 난이도 中 | 답 ④ |
| | | | 오답률 49% |

핵심포인트 5형식 동사 및 목적격 보어의 품사를 묻는 문제이다.

| **해석** | 유대인들에게서 우리는 역사가 우리에게 알려지도록 만들었던 그 국민적 특성들 중 끈질김의 또 다른 예를 가진다. 유대인들은 남부 팔레스타인, 이집트, 그리고 그 사이의 사막들 전역을 방랑했던 한 무리의 유목 부족들로서 흐릿한 먼 과거에 처음으로 등장했다; 오늘날 우리는 전 세계에 흩어져 있는 그들을 여전히 집없이 '방랑하는 발과 지친 가슴을 지닌 부족'으로 여긴다.

| **정답해설** | ④ 51% 5형식 동사 'deem'은 목적격 보어로 형용사나 명사를 취한다. 따라서 부사인 'homelessly' 대신 형용사 'homeless'가 쓰여야 한다.

| **오답해설** | ① 5% 앞의 수량 형용사 'another' 뒤에 단수명사 'example'이 적합하게 사용되었다.

② 28% 선행사가 사물(persistence)이며 뒤에 목적어가 없는 불완전한 절이 있으므로 목적격 관계대명사 'which'가 알맞게 쓰였다.

③ 16% 분사구문으로 주절의 주어가 'The Jews'이므로 동사 wander와는 능동의 관계이다. 따라서 현재분사 'wandering'이 적합하게 사용되었다.

| **어휘** |

persistence 끈질김, 고집	dimness 흐릿함
nomad 유목하는	wander 방랑하다
intervening 사이에 있는	deem 여기다
scatter 흩어지게 만들다, 흩어지다	weary 지친, 피곤한

| **문 18** | 지문제시형 | 독해 > Micro Reading > 내용일치/불일치 | 난이도 上 | 답 ③ |
| | | | 오답률 67% |

핵심포인트 지문의 내용과 선지들을 각각 대조하여 답을 찾아야 한다.

| **해석** | 첫 해 이후, 나무들은 예전 싹들의 두께를 늘리면서 성장한다. 높이와 임관 밀도의 증가는 더 어린 잔가지들의 발달 때문이다. 나무의 새로운 성장은 그 식물 전체 부위에 걸쳐 나무와 껍질 간에 균등하게 퍼진다. 이 나무 생성의 과정은 세 개의 층을 가진 재료가 관여되는 공장을 닮았다. 이 연약한 첫 두 조직에서 나무가 실제로 만들어진다. 바깥 면이 껍질을 성장시키는 동안, 가운데 층의 안쪽 면이 새로운 나무를 만든다. 세 번째 층은 거친 외부 껍질의 생성을 책임진다. 해가 지날수록 나무의 새로운 층들은 첫 번째 층들 주변에 형성된다. 이 첫 번째 층이 최종적으로 심재로 성장하는데, 성장에 관해서라면, 이것은 죽은 물질이다. 그

것의 세포들은 완전히 막혀 수액의 흐름을 막는다. 그것은 나무를 지탱하는 것을 돕는다. 살아있는 변재가 심재를 둘러싼다. 매년 이 변재의 하나의 테가 생긴다. 이 성장의 과정은 나무의 수명에 따라 매년의 층이 50, 100 혹은 더 많은 수에 이른다.

① 나무의 성장은 그것의 부위에 따라 불균등하게 진행될 수도 있다.
② 나무는 그 속에 3개의 층을 가지는데, 그것들 모두는 기본적으로 같은 기능들을 수행한다.
③ 나무 속 첫 번째 층은 활동이 없는 것처럼 보이며, 수액은 그 안에서 순환될 수 없다.
④ 나무의 나이테는 그 나무가 살아있는 한 간헐적으로 형성된다.

| 정답해설 | ③ 33% 아홉 번째와 열 번째 문장에 의하면 첫 번째 층은 수액의 흐름이 완전히 막혀 있으며 죽은 물질이나 마찬가지이다.

| 오답해설 | ① 2% 세 번째 문장에 의하면 균등하게 성장한다.
② 11% 네 번째부터 일곱 번째 문장에 따르면 각각의 층은 다른 역할을 한다.
④ 54% 마지막 두 문장에 따르면 나이테는 매해 생겨난다.

| 어휘 |
bud 싹, 꽃봉오리   density 밀도
crown cover 임관   twig 잔가지
evenly 균등하게   bark 나무껍질
enterprise 기업, 회사   delicate 연약한
heartwood 심재
so[as] far as S be concerned ~에 관해서라면
block up 완전히 막다   sap 수액
sapwood 변재   amount to (총합이) ~에 이르다
disproportionately 불균등하게   dormant 활동을 중단한
intermittently 간헐적으로

문 19 논리형 독해 > Logical Reading > 삽입   난이도 中 | 답 ②   오답률 48%

핵심포인트 제시 문장의 내용을 통해 앞과 뒤의 내용을 예상할 수 있다. 특히 'On the other hand'를 염두에 두어야 한다.

| 해석 | 다른 포유류들과 새의 관계에 있어서는 의심이나 혼란의 여지가 전혀 없다. 각각은 지속적으로 그것의 일족을 따라 행동한다; 한 번 적대적이면 항상 적대적이다; 그리고 만약 한 번 해가 없다고 여겨지면, 영원히 신뢰된다고 여겨진다. 여우는 항상 두려워지고 혐오된다. 그것의 날카로운 코와 붉은 털과 같이 그것의 성향은 바뀌지 않는다; 고양이, 담비, 족제비 등도 마찬가지이다. ② 반면에, 초식 포유류들이 있는 데서는 새들은 어떠한 의심의 기색도 보이지 않는다. 그들은 크고 무시무시해 보이는 황소와 으르렁대는 수사슴부터 순한 눈을 지닌 겁 많은 토끼에 이르기까지 이 모든 다양한 생물들이 절대적으로 무해함을 안다. 목초지에서 소를 따라다니고 그들의 코 가까이에 머물며 풀 속에 숨어있는 작은 곤충들을 찾는 할미새와 다른 종들을 보는 것은 흔한 일이다. 비둘기들과 찌르레기들은 진드기와 다른 기생충들이 있는지 소와 양의 등을 뒤지고, 그것들의 방문이 환영받는다는 것은 명백하다. 여기 공통의 이익이 새와 짐승을 연합시킨다; 그것은 이 나라의 고등 척추동물들 간의 공생에 가장 가까운 것이다.

| 정답해설 | 52% 제시 문장에서 새들이 초식동물들은 경계하지 않는다는 내용이 'On the other hand'로 시작하므로 이전의 내용은 새들이 경계하는 동물에 관한 설명임을 예상할 수 있다. ②의 앞 문장들은 새들이 두려워하는 동물들의 예시들이 제시되고, ②의 뒤에는 해가 되지 않는(harmless) 동물들을 설명하므로 제시 문장의 위치로 ②가 적합하다.

| 어휘 |
in the presence of ~가 있는 데서   herbivorous 초식성의
mammal 포유류   consistently 지속적으로, 일관성 있게
hostile 적대적인   detest 혐오하다
disposition 기질, 성향   stoat 담비
weasel 족제비   creature 생물
formidable 무시무시한   roar 으르렁대다
stag 수사슴   timorous 겁 많은, 소심한
hare 토끼   wagtail 할미새
attend 따라가다, 수행하다   pasture 목초지
on the outlook for ~을 찾아서, ~을 감시하여
starling 찌르레기   tick 진드기

---

parasite 기생충   plain 분명한, 명백한
symbiosis 공생   vertebrate 척추동물

문 20 빈칸형 독해 > Reading for Writing > 빈칸 구 완성   난이도 上 | 답 ①   오답률 52%

핵심포인트 빈칸이 포함된 문장의 바로 앞 문장에 제시된 결정적 근거를 바탕으로 문제를 풀어야 한다.

| 해석 | 약탈적 본능에 관해서 일반적으로는 자연 상태에서 부를 획득하는 두 가지 방식들이 있다고 우리는 말할 수 있는데, 하나는 생산에 의한 것이고 나머지 다른 하나는 강탈에 의한 것이다. 우리의 기존 시스템하에서는, 강탈이라고 인정되는 것이 금지되지만, 그럼에도 불구하고 사회의 부에 기여하지 않고 부유해지는 많은 방법들이 있다. 토지 또는 자본에 대한 소유권은, 그것이 획득되었든 상속되었든, 영구적 수입에 대한 법적 권리를 부여한다. 대부분의 사람들은 살기 위해 생산해야 하지만, 특권을 지닌 소수는 어떤 것도 전혀 생산하지 않고도 사치스럽게 살 수 있다. 이들은 단지 가장 운이 좋을 뿐만 아니라 가장 존경받는 이들이기 때문에, 그들의 계층에 들어가고자 하는 전반적인 욕구가 있으며, 이런 방식에서 비롯된 수입에 대한 그 어떤 정당화도 없다는 사실에 직면하는 것에 대한 만연한 꺼림이 있다. 그리고 임대료와 이자에 대한 수동적 향유 외에도, 부를 얻는 방법들은 대개 약탈적이다. 사람들이 부를 축적하는 것은 일반적으로 유용한 발명들 또는 사회의 전반적 부를 증가시키는 그 어떤 행동에 의해서가 아니다; 그것은 훨씬 더 자주 ① 타인들을 착취하고 앞지르는 솜씨에 의해서이다.

① 타인들을 착취하고 앞지르는 솜씨
② 기회를 얻는 데 있어 순전한 운
③ 경제 활동에 대한 체계적인 접근
④ 끊임없는 어려움과 고생의 삶

| 정답해설 | ① 48% 자본과 토지를 소유한 이들은 사회에 대한 공헌 없이 재산을 축적한다는 주장으로 글쓴이는 이를 'predatory instincts'(약탈적 본능)이라고 칭한다. 따라서 이들이 부를 축적하는 방법을 묘사하는 빈칸에는 약탈적인 면이 반영되어야 한다. 따라서 선지들 중 ①이 가장 적합하다.

| 오답해설 | ② 28% ③ 17% ④ 7% 는 '약탈적 본능'과는 관련이 없는 수단들이다.

| 어휘 |
as to ~에 관해서   predatory 약탈적인, 포식성의
broadly speaking 일반적으로, 대체적으로   acquire 획득하다
riches 재물, 부   inherit 상속받다, 물려받다
privileged 특권을 가진   apart from ~ 이외에
passive 수동적인   as a rule 일반적으로, 대체적으로
by means of ~에 의한   amass 모으다, 축적하다
fortune 재산, 부   exploit 착취하다
circumvent 앞지르다, 둘러 가다   sheer 순전한
ceaseless 끊임없는   hardship 어려움
toil 고생

회차	과목
③	한국사

③회 난이도	中
③회 합격선	17개/20개

【SELF CHECK】

풀이 시간	/12분	맞힌 개수	/20개

③회차 핵심페이퍼

문번	정답	개념	꼭 짚고 넘어가야 하는 핵심포인트!	다시 볼 키워드!
문 1	④	국가의 형성	고구려 5부의 명칭은 연노부·절노부·순노부·관노부·계루부이다.	고구려, 고추가, 연노부, 절노부, 맥궁
문 2	②	고대	백제 무령왕은 중국 남조의 양나라에 사신을 파견하였다.	백제 무령왕, 22담로
오답률 TOP 3 문 3	②	단원 통합	정약용은 전라남도 강진에서 18년간 유배 생활을 하였다.	강진, 정약용, 요세, 백련 결사
문 4	②	근현대	아관 파천 이후 고종은 국명을 대한 제국으로 고치고, 법규교정소를 통해 대한국 국제를 반포하였다.	대한 제국, 법규교정소
오답률 TOP 1 문 5	③	중세	사천 매향비는 고려 우왕 때에 제작되었다.	우왕, 사천 매향비, 이인임
문 6	④	단원 통합	조선 세조 때 중앙군 조직이 5위로 개편되었다.	9서당, 광군, 5위, 5군영
문 7	①	근현대	광복단과 조선 국권 회복단이 통합하여 대한 광복회가 조직되었다.	대한 광복회, 대구
문 8	①	단원 통합	대화궁이 건립된 곳은 서경(평양)이다.	삼각산, 한강, 한양, 대화궁
문 9	④	근세	임진왜란과 정유재란의 전개 과정을 안다.	직산 전투, 노량 해전
문 10	①	근현대	1883년에 박문국에서 〈한성순보〉가 발행되었다.	박문국, 〈한성순보〉, 오경석
문 11	③	중세	『향약구급방』은 우리나라 최고(最古)의 의서이다.	『향약구급방』, 『마과회통』, 『동의보감』, 『향약채취월령』
오답률 TOP 2 문 12	②	근현대	순종은 1907년부터 1910년까지 재위하였다.	순종, 한·일 신협약
문 13	②	근현대	국가 보안법은 1948년 12월에 제정되었다.	6·25 전쟁, 국가 보안법
문 14	①	근대 태동기	조선 후기에는 밭농사 방식으로 견종법이 성행하였다.	조선 후기, 밭농사, 견종법
문 15	④	단원 통합	이상설은 서전서숙을 설립하고 초대 숙장을 맡았다.	이상설, 헤이그 특사, 서전서숙, 성명회, 권업회
문 16	③	중세	지눌이 정혜결사를 조직하였다.	지눌, 최승로, 혜심
문 17	④	근현대	1944년 대한민국 임시 정부가 주석·부주석 체제로 정부 체제를 전환하였다.	국민징용령, 주석·부주석 체제
문 18	①	고대	백제의 대야성 함락 이후 김춘추가 고구려에 군사를 청하러 갔다.	김춘추, 대야성 함락
문 19	④	중세	『고려도경』을 집필한 서긍은 중국 북송 사람이다.	거란, 초조대장경, 서긍, 『고려도경』
문 20	③	근현대	1995년 6월 27일에 지방 자치 단체장 선거가 실시되었다.	지방 자치제 전면 실시, 김영삼 정부

※ [오답률/선택률] 산정 기준: 2021.04.07. ~ 2022.02.28. 기간 동안 응시된 1초 합격예측 서비스의 누적 데이터
※ [오답률] TOP 1, 2, 3은 많은 응시생들이 헷갈린 문항이므로 꼭 확인하고 넘어가시기 바랍니다.

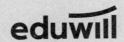

모의고사 》 3회 P. 13

문 1	④	문 2	②	문 3	②	문 4	②	문 5	③
문 6	④	문 7	①	문 8	①	문 9	④	문 10	①
문 11	③	문 12	②	문 13	②	문 14	①	문 15	④
문 16	③	문 17	②	문 18	②	문 19	④	문 20	③

※ 50% 는 선지별 선택률을 나타냅니다.

문 1 | 사료형 | 우리 역사의 기원과 형성 > 국가의 형성 > 고구려 | 난이도 下 | 답 ④ / 오답률 7%

핵심포인트 고구려 5부의 명칭은 연노부·절노부·순노부·관노부·계루부이다.

| 정답해설 | "고추가", "연노부", "절노부" 등의 명칭을 통해 제시문이 고구려에 대한 내용임을 알 수 있다. 고구려는 왕 아래에 상가, 고추가 등의 대가들이 있었고 이들은 각기 사자, 조의, 선인 등의 관리를 거느리며 독립된 세력을 유지하였다.
④ 93% 고구려의 특산물로는 쇠붙이나 동물의 뿔로 만든 맥궁이 있었다.

| 오답해설 | ① 4% 옥저, ② 0% 동예, ③ 3% 삼한에 대한 설명이다.

문 2 | 자료형 | 고대 > 삼국의 정치 > 백제 무령왕 | 난이도 下 | 답 ② / 오답률 10%

핵심포인트 백제 무령왕은 중국 남조의 양나라에 사신을 파견하였다.

| 정답해설 | 제시문은 백제 무령왕이 양나라에 사신을 보낸 내용이다. 무령왕은 중국 남조의 양나라에 두 차례에 걸쳐 사신을 파견하여 중국과의 외교 관계를 강화하였다.
② 90% 무령왕은 22담로에 왕족을 파견하여 지방 통제를 강화하였으며, 장성을 쌓아 외적의 침입에 대비하였다. 또한 고구려·말갈의 침입을 크게 물리치는 등 적극적인 북방 정책을 시행하였다.

| 오답해설 | ① 0% 백제 성왕은 겸익을 등용하여 불교를 진흥하였다.
③ 8% 백제 무왕은 익산 천도를 추진하여 왕권 중심의 정치 운영을 시도하였다.
④ 2% 백제 동성왕은 신라와의 결혼 동맹을 통해 결속을 강화하였다(493).

오답률 TOP3

문 3 | 자료형 | 단원 통합 > 전라남도 강진의 역사 | 난이도 中 | 답 ② / 오답률 45%

핵심포인트 정약용은 전라남도 강진에서 18년간 유배 생활을 하였다.

| 정답해설 | 제시문은 정약용에 대한 내용으로, 정약용은 1801년부터 1818년까지 (가) 전라남도 강진에 18년간 유배되었다.
② 55% 고려 때 승려인 요세는 법화 신앙을 강조하고, 강진 만덕사에서 백련 결사를 조직하였다.

| 오답해설 | ① 7% 정제두는 안산에서 '강화도'의 하곡(현 하일리)으로 이사하여 이 지역을 중심으로 양명학을 연구하는 학자들을 양성하였는데, 이들을 강화 학파라고 한다.
③ 22% 운요호 사건을 빌미로 일본이 조선 정부에 개항을 요구하자, 조선은 강화도에서 일본과 조·일 수호 조규(강화도 조약)를 맺어 문호를 개방하였다. 이는 우리나라 최초의 근대적 조약이자 불평등 조약이었다.
④ 16% '강화도'에서는 100여 기 이상의 고인돌이 확인되고 있는데, 특히 강화도 하점면 부근리에는 돌의 무게만 약 52톤에 달하는 우리나라에서 가장 큰 탁자식 고인돌이 있다.

문 4 | 자료형 | 근현대 > 개항기 > 대한 제국 | 난이도 中 | 답 ② / 오답률 32%

핵심포인트 아관 파천 이후 고종은 국명을 대한 제국으로 고치고, 법규교정소를 통해 대한국 국제를 반포하였다.

| 정답해설 | 제시문의 ㉠은 대한 제국의 성립을 의미한다. 대한 제국은 1897년에 수립되었다.
② 68% 고종은 1881년에 개화 정책의 일환으로 5군영을 무위영, 장어영의 2영으로 개편하였다.

| 오답해설 | ① 10% ③ 12% ④ 10% 고종은 1897년 대한 제국 성립 이후 1905년까지 광무개혁을 실시하였는데, 이 시기에 지방 행정 구역을 13도로 법제화하였으며, 양전 사업을 위해 양지아문과 지계아문을 설치하고 미국으로부터 측량 기계와 측량사를 들여와 토지 조사를 실시하였다. 그 후 지계아문을 통해 우리나라 최초의 토지 소유권 증명서인 지계를 발급하였으며, 도량형을 통일하기 위해 평식원을 설치하고 도량 기구 제조와 검사를 실시하였다.

오답률 TOP1

문 5 | 자료형 | 중세 > 정치 > 우왕 대의 일 | 난이도 上 | 답 ③ / 오답률 78%

핵심포인트 사천 매향비는 고려 우왕 때 제작되었다.

| 정답해설 | 제시문은 고려 우왕 때 만들어진 '사천 매향비'에 대한 내용이다.
③ 22% 고려 우왕 때의 대표적인 권문세족인 이인임은 우왕의 즉위에 공을 세워 전횡을 일삼았다. 이에 우왕은 최영·이성계와 협력하여 이인임과 그 일파들을 숙청하였다.

| 오답해설 | ① 24% 고려 충선왕 때 사림원을 설치하여 왕권을 강화하고 개혁을 실시하였다.
② 17% 고려 공민왕 때 2차 홍건적의 침입으로 개경이 함락되었다.
④ 37% 고려 공민왕 때 선발된 일부 재신과 추밀이 궁중에서 국가 중대사를 결정하게 하는 내재추제가 신설되었다.

문 6 | 순서형 | 단원 통합 > 시대별 군사 제도 | 난이도 下 | 답 ④ / 오답률 8%

핵심포인트 조선 세조 때 중앙군 조직이 5위로 개편되었다.

| 정답해설 | 제시된 군사 제도의 순서는 다음과 같다.
(나) 통일 신라 신문왕
(라) 고려 정종(947)
(가) 조선 전기 세조
(다) 조선 후기 숙종 때 5군영 완성

문 7 | 자료형 | 근현대 > 일제 강점기 > 대한 광복회 | 난이도 中 | 답 ① / 오답률 25%

핵심포인트 광복단과 조선 국권 회복단이 통합하여 대한 광복회가 조직되었다.

| 정답해설 | 제시문의 (가)는 대한 광복회이다. 대한 광복회는 1913년 경상북도 풍기에서 조직된 광복단과 1915년 대구에서 독립군을 지원하기 위해 조직된 조선 국권 회복단의 일부 인사가 통합하여 1915년 7월에 결성되었다.
① 75% 밀산부 한흥동은 이상설 등이 건설한 신한촌으로 대한 독립 군단이 조직된 지역이다.

| 오답해설 | ② 5% ③ 8% ④ 12% 대한 광복회는 군대식 조직을 갖추었고, 행형부를 두어 일인 고관이나 친일 반역자를 처단하였다. 또한 군자금을 마련하였으며, 국권 회복을 위해 간도에 무관 학교를 세우고 병사를 훈련하는 계획을 세웠다. 1918년 초 조직망이 발각되어 주요 인물이 검거되었지만, 일부 인사는 의열단 등에 가담하여 독립운동을 계속하였다.

문 8 | 자료형 | 단원 통합 > 한양의 역사 | 난이도 中 | 답 ① 오답률 29%

핵심포인트 대화궁이 건립된 곳은 서경(평양)이다.

| **정답해설** | 제시문의 "삼각산", "한강" 등을 통해 밑줄 친 '이곳'이 한양임을 알 수 있다. 조선 시대 한양 천도는 기존 세력의 근거지인 개경의 정치적 불안, 풍수지리설의 영향, 민심의 쇄신, 조세의 수상 운용과 군사·지리적 요건 등을 이유로 이루어졌다.

① 71% 대화궁은 고려 인종 때 묘청 등 서경 세력의 요청과 왕권 회복을 위해 서경(평양)에 지어진 궁이다.

| **오답해설** | ② 5% 조선 시대의 한양에는 중등 교육 기관으로 중학, 동학, 남학, 서학으로 구성된 4부 학당(4학, 부학)이 있었다.

③ 19% 풍수지리 사상의 영향을 받아 고려 문종 때 한양을 남경으로 승격시켰다.

④ 5% 한양 종로에는 비단, 무명, 명주, 종이, 건어물, 모시 등을 판매하는 육의전(六矣廛)이 존재하였다.

문 9 | 순서형 | 근세 > 정치 > 임진왜란, 정유재란 | 난이도 中 | 답 ④ 오답률 36%

핵심포인트 임진왜란과 정유재란의 전개 과정을 안다.

| **정답해설** | 제시된 주요 사건의 순서는 다음과 같다.
(다) 한산도 대첩(1592. 7.)
(가) 진주성 전투(1592. 10.)
(마) 행주 대첩(1593. 2.)
(나) 직산 전투(1597. 9.)
(라) 노량 해전(1598. 11.)

문 10 | 자료형 | 근현대 > 개항기 > 〈한성순보〉 창간 이전의 일 | 난이도 中 | 답 ① 오답률 24%

핵심포인트 1883년에 박문국에서 〈한성순보〉가 발행되었다.

| **정답해설** | 제시문의 밑줄 친 '이 신문'은 〈한성순보〉이다. 박문국은 1883년 박영효의 건의에 따라 설치한 출판 인쇄소로, 우리나라 최초의 근대적 신문인 〈한성순보〉를 발행하였다.

① 76% 역관이었던 오경석은 철종~고종 대인 1853~1875년에 여러 차례 청을 왕래하면서 『해국도지』, 『영환지략』 등의 책을 가져와 서양 문물을 소개하였다.

| **오답해설** | ② 5% 국한문 혼용으로 집필된 〈황성신문〉은 1898년부터 1910년까지 발행되었다.

③ 5% 신채호는 1908년 〈대한매일신보〉에 「독사신론」을 발표하였다.

④ 14% 「교육 입국 조서」는 1895년에 반포되었다.

문 11 | 지식형 | 중세 > 문화 > 『향약구급방』 | 난이도 中 | 답 ③ 오답률 20%

핵심포인트 『향약구급방』은 우리나라 최고(最古)의 의서이다.

| **정답해설** | ③ 80% 제시문의 밑줄 친 '이 의서'는 『향약구급방』이다. 13세기 고려 강화 천도 시기(최우 집권기)에 대장도감에서 간행된 우리나라 최고(最古)의 의학 서적이며, 질병 처방법과 국산 약재 180여 종을 소개하고 있다.

| **오답해설** | ① 0% 『마과회통』은 조선 정조 때 정약용이 마진(홍역)에 대한 연구를 진전시키고 이 분야의 의서를 종합하여 편찬한 것으로, 제너가 발명한 우두종두법이 처음으로 소개되기도 하였다(1798).

② 13% 『동의보감』은 조선 광해군 때 허준이 편찬한 의학서로, 조선과 중국의 의학을 집대성한 동양 최고의 의서이다(1610).

④ 7% 『향약채취월령』은 조선 세종 때 만들어진 약재 이론서로 우리나라의 자생 약재를 소개한 책이다(1431).

문 12 | 자료형 | 근현대 > 개항기 > 순종 재위 시기의 일 | 난이도 中 | 답 ② 오답률 48%

핵심포인트 순종은 1907년부터 1910년까지 재위하였다.

| **정답해설** | 제시문은 순종의 사망에 대한 내용이므로 (가)는 순종이다. 순종의 재위 기간은 1907년부터 1910년까지이며, 1926년에 사망하였다.

② 52% 해외에 주재하는 한국 공사가 철수된 것은 순종 재위 전인 1904년 8월에 맺어진 제1차 한·일 협약(한·일 협정서)의 결과이다.

| **오답해설** | ① 14% ③ 19% 순종 즉위 직후인 1907년 한·일 신협약의 체결로 차관 정치가 시행되었고 부칙으로 군대가 해산되었다.

④ 15% 1909년 9월 일본은 의병을 토벌하기 위해 남한 대토벌 작전을 실시하였다.

문 13 | 지식형 | 근현대 > 현대 > 6·25 전쟁 | 난이도 中 | 답 ② 오답률 30%

핵심포인트 국가 보안법은 1948년 12월에 제정되었다.

| **정답해설** | 1950년 6월 25일 북한군의 기습으로 시작된 6·25 전쟁은 1953년 7월 27일 정전 협정(휴전 협정) 체결로 마무리되었다.

② 70% 좌익 세력 색출을 목적으로 한 국가 보안법은 1948년 12월에 제정되었다.

| **오답해설** | ① 3% 1952년에 이승만이 대한민국 정부의 제2대 대통령으로 당선되었다.

③ 5% 1950년 9월 15일에 유엔군이 인천 상륙 작전을 통해 서울을 탈환하고 압록강까지 진격하였다.

④ 22% 1951년에 이범석은 민족 청년단을 중심으로 우익 단체들을 규합하여 자유당을 창당하였다.

문 14 | 지식형 | 근대 태동기 > 경제 > 조선 후기의 경제 | 난이도 中 | 답 ① 오답률 24%

핵심포인트 조선 후기에는 밭농사 방식으로 견종법이 성행하였다.

| **정답해설** | ① 76% 조선 후기 밭농사에서는 농종법을 대신하여 견종법이 보급되었다. 견종법은 밭고랑에 작물을 심는 방법이다.

| **오답해설** | ② 15% 조선 후기에 이앙법(모내기법)이 본격적으로 도입되자 이모작(벼, 보리)이 가능해졌고, 이를 바탕으로 단위 면적당 생산량이 증가하였다. 이를 통해 지주들은 물론 자작농과 일부 소작농도 더 많은 농토를 경작할 수 있었고(광작), 일부는 부농으로 성장하였다.

③ 7% 조선 후기에는 농민 계층의 탈 농촌화와 도시의 성장으로 주식인 쌀의 수요가 늘면서 밭을 논으로 바꾸는 현상이 발생하였다.

④ 2% 조선 후기에는 장시가 점차 증가하여 상품의 유통이 활발해짐에 따라 농민들은 목화, 채소, 담배, 약초 등 상품 작물을 재배하여 판매하였다.

문 15 | 자료형 | 단원 통합 > 이상설 | 난이도 下 | 답 ④ 오답률 14%

핵심포인트 이상설은 서전서숙을 설립하고 초대 숙장을 맡았다.

| **정답해설** | 자료에서 설명하는 인물은 이상설이다. 이상설은 민족의 교육을 위해 1906년 북간도 지역에 서전서숙을 설립하고 초대 숙장에 취임하였다. 학교의 운영은 이동녕, 정순만 등이 맡았고 이상설·여조현·김우용 등이 교사 일을 담당하였다. 1907년에는 고종의 밀명을 받아 네덜란드 헤이그에서 열리는 만국 평화 회의에 이준, 이위종과 함께 특사로 파견되었으며, 1910년에는 연해주 블라디보스토크에서 유인석 등과 함께 성명회를 조직하였다.

④ 86% 이상설은 1911년에 블라디보스토크에서 권업회를 조직하였다.

| **오답해설** | ① 4% 부민단을 조직한 인물은 이상룡이다.

② 5% 동제사는 신규식, 박은식, 조소앙 등이 조직하였다.

③ 5% 최재형은 폐간되었던 대동공보를 재발행하여 항일 논조를 강화하였다.

문 16 | 보기형 | 중세 > 문화 > 고려의 유교와 불교

난이도 中 | 답 ③
오답률 19%

핵심포인트 지눌이 정혜결사를 조직하였다.

| **정답해설** | (가)는 지눌의 정혜결사, (나)는 최승로의 연등회와 팔관회에 대한 비판, (다)는 혜심의 유·불 일치설에 대한 내용이다.

(가) 수선사(정혜결사)를 창립한 지눌은 선과 교학을 나란히 수행하되 선을 중심으로 교학을 포용하자는 정혜쌍수와 '내가 곧 부처'라는 깨달음을 얻은 뒤 꾸준히 수행할 것을 강조하는 돈오점수를 주장하였다.

(나) 최승로는 성종에게 '시무 28조'를 제출하여 유교를 진흥하고 불교 행사를 억제할 것과 ㄴ. 각 지방에 외관을 파견할 것을 제안하였다.

(다) 지눌의 뒤를 이은 혜심은 유교와 불교의 통합을 시도하여 유·불 일치설을 주장하였다. 이를 통해 ㄷ. 성리학 수용의 사상적 토대가 마련되었다.

| **오답해설** | ㄱ. 법화 신앙을 중심으로 천태종 신앙 결사를 만든 것은 요세이다.

문 17 | 보기형 | 근현대 > 일제 강점기 > 1940년대 초의 사실

난이도 中 | 답 ④
오답률 27%

핵심포인트 1944년 대한민국 임시 정부가 주석·부주석 체제로 정부 체제를 전환하였다.

| **정답해설** | (가) 일본이 국민징용령을 발표하여 한인 노동력을 착취하기 시작한 시기는 1939년이다.

(나) 대한민국 임시 정부가 정부 체제를 주석·부주석 체제로 전환한 시기는 1944년이다.

ㄷ. 제4차 조선 교육령의 발표로 일본이 한국어 학습을 금지한 시기는 1943년이다.

ㄹ. 조선 의용대가 화북으로 이동하여 조선 의용대 화북지대로 개편된 시기는 1941년이다.

| **오답해설** | ㄱ. 국가 총동원법이 제정된 시기는 1938년 4월이다.

ㄴ. 김원봉의 주도로 민족 혁명당이 창당된 시기는 1935년이다.

문 18 | 자료형 | 고대 > 삼국의 정치 > 7세기 삼국의 상황

난이도 中 | 답 ①
오답률 32%

핵심포인트 백제의 대야성 함락 이후 김춘추가 고구려에 군사를 청하러 갔다.

| **정답해설** | ① 68% 제시문은 신라 선덕 여왕 때 백제 의자왕이 신라의 대야성을 함락(642)한 이후의 일이다. 백제 장군 윤충은 신라의 지휘 본부인 대야성을 함락시켰고, 이에 김춘추는 대야 성주였던 사위와 딸의 죽음에 분노하여 고구려에 군사를 요청하러 갔지만 억류되고 말았다.

| **오답해설** | ② 19% 신라가 당나라와 동맹을 결성한 것은 648년이다.

③ 13% 고구려에 원정을 청하는 걸사표를 보낸 시기는 신라 진평왕(579~632) 때이다.

④ 0% 백제 성왕에 이어 즉위한 위덕왕(554~598)은 관산성 패전 직후의 위기를 수습하고 중국 남북조와의 외교 관계를 강화하였다.

문 19 | 자료형 | 중세 > 정치 > 고려와 거란의 관계

난이도 中 | 답 ④
오답률 22%

핵심포인트 『고려도경』을 집필한 서긍은 중국 북송 사람이다.

| **정답해설** | 지도의 (가)는 거란(요)이다.

④ 78% 『고려도경』은 중국 북송 사람인 서긍이 고려 인종 때 사신으로 와서 견문한 고려의 여러 가지 실정을 글과 그림으로 저술한 책이다.

| **오답해설** | ① 3% 고려 현종 때 거란의 성종이 강조의 정변(1009)을 구실로 강동 6주를 넘겨줄 것을 요구하며 40만 대군을 이끌고 침입하였다(거란의 2차 침입).

② 7% 고려 태조는 고구려 계통의 발해를 멸망시킨 거란을 적대시하여 고구려 계승의 정통성을 확보하였다.

③ 12% 고려 현종은 불력(佛力)으로 거란을 물리치기 위해 초조대장경을 조판하였다(선종 때 완성).

문 20 | 순서형 | 근현대 > 현대 > 지방 자치제 전면 실시 시기

난이도 中 | 답 ③
오답률 19%

핵심포인트 1995년 6월 27일에 지방 자치 단체장 선거가 실시되었다.

| **정답해설** | 제시문은 1995년 6·27 지방 선거에 대한 기사 내용이다. 1995년 6월 27일 김영삼 정부는 지방 자치 단체장 선거를 실시하여 그동안 유보되었던 지방 자치제를 전면적으로 실시하였다.

③ 81% 남북 학생 회담 요구 집회(1961) – (가) – 7·4 남북 공동 성명(1972) – (나) – 한민족 공동체 통일 방안(1989) – (다) – 6·15 남북 공동 선언(2000) – (라) – 제2차 남북 정상 회담(2007)이므로, 제시된 담화는 (다) 시기에 해당한다.

2022년 ____월 ____일 시행
9급공무원 공개경쟁채용 필기시험

회차	과목
④	국어

④회 난이도	中
④회 합격선	18개/20개

【SELF CHECK】

풀이 시간	/20분	맞힌 개수	/20개

④회차 핵심페이퍼

문번	정답	개념	꼭 짚고 넘어가야 하는 핵심포인트!	다시 볼 키워드!
문 1	②	현대 문법	'어떻게'의 의미가 사전적 의미 외에 특정 기능을 수행하고 있는 의문사임을 알고 있어야 한다.	'어떻게'의 의미
문 2	②	비문학	제시된 자료를 작성 방안의 주제와 목적에 부합되도록 글을 구성할 수 있어야 한다.	작문
문 3	③	어문 규정	최근 표준어로 인정된 단어 목록을 암기하고 있어야 한다.	삐지다, 삐치다
문 4	④	비문학	설명 대상을 파악하고, 어떤 방법을 활용하여 그 대상을 설명하고 있는지 확인한다.	글의 전개 방식
문 5	④	비문학	제시된 글을 읽고 문맥의 의미를 정확하게 파악하여 추론할 수 있어야 한다.	추론
문 6	③	비문학	글의 내용을 바탕으로 감춰진 의미를 바르게 파악할 수 있어야 한다.	추론
문 7	①	한자와 한자어	글의 전체적인 내용을 파악하고, 이와 어울리는 한자 성어를 찾을 수 있어야 한다.	본말전도(本末顚倒)
문 8	②	현대 문법	문장에서 높여야 할 대상을 정확하게 파악해야 한다.	높임법
문 9	①	어문 규정	띄어쓰기에서는 접미사, 접두사 등에 해당하는 말이 무엇인지 알아야 하며 이는 앞, 뒷말과 붙여 써야 한다.	한 푼어치
오답률 TOP 3 문 10	①	고전 문학	「누항사」에서 시적 화자가 겪고 있는 상황이 어떠한지 알고 있어야 한다.	박인로, 「누항사」
문 11	④	현대 문학	희곡을 감상하고 논리적 오류와 의미를 찾을 수 있어야 한다.	오류의 유형
오답률 TOP 1 문 12	②	한자와 한자어	'分(분)'과 관련된 한자어의 뜻을 구별할 수 있어야 한다.	분리(分離), 분양(分讓), 분할(分轄)
문 13	④	비문학	글에 나타난 정보, 맥락을 고려하여 적절한 주장의 근거를 파악해야 한다.	글의 구성
문 14	②	현대 문학	시의 표현상 특징, 정서, 어조 등을 종합적으로 파악해야 한다.	황동규, 「조그만 사랑 노래」
문 15	②	비문학	문단의 개략적인 내용을 파악하고, 관련된 선지를 찾을 수 있어야 한다.	내용 이해
오답률 TOP 2 문 16	④	비문학	단락의 구성 원리인 통일성을 이해하고 적용할 수 있어야 한다.	통일성
문 17	③	현대 문학	소설의 구성상 특징을 이해할 수 있어야 한다.	전상국, 「하늘 아래 그 자리」
문 18	③	언어 예절과 바른 표현	문장의 호응 관계를 확인하여 자연스러운 문장을 골라낼 수 있어야 한다.	문장 성분 간 호응
문 19	③	비문학 한자와 한자어	문맥의 의미를 정확하게 이해하고 적절한 한문 구절을 찾을 수 있어야 한다.	종심소욕불유구(從心所慾不踰矩)
문 20	③	비문학	글에 제시된 내용을 중심으로 일치하는 내용을 찾을 수 있어야 한다.	내용 일치/불일치

※ [오답률/선택률] 산정 기준: 2021.04.07. ~ 2022.02.28. 기간 동안 응시된 1초 합격예측 서비스의 누적 데이터
※ [오답률] TOP 1, 2, 3은 많은 응시생들이 헷갈린 문항이므로 꼭 확인하고 넘어가시기 바랍니다.

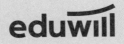

문 1	②	문 2	②	문 3	③	문 4	④	문 5	④
문 6	③	문 7	①	문 8	②	문 9	①	문 10	①
문 11	④	문 12	②	문 13	④	문 14	②	문 15	②
문 16	④	문 17	④	문 18	④	문 19	③	문 20	③

모의고사 》》 4회 P. 2

※ 50% 는 선지별 선택률을 나타냅니다.

문 1

박스형 이해	현대 문법 > 의미론 > 어휘의 문맥적 의미	난이도 下	답 ②
		오답률 3%

출제의도 문맥에 맞는 의문사를 찾을 수 있는지 평가한다.
핵심포인트 '어떻게'의 의미가 사전적 의미 외에 특정 기능을 수행하고 있는 의문사임을 알고 있어야 한다.

| **정답해설** | ② 97% 우리말의 의문사는 의문사 본래의 고유한 의미로 쓰일 수도 있고 화자의 특정 감정을 드러낼 수도 있다. 이 문맥에서 '어떻게'는 '의견, 성질, 형편, 상태 따위가 어찌 되어 있다.'를 의미하는 '어떻게'의 의미라기보다는 '네가 나한테 그렇게 하다니, 어이가 없다.'는 다분히 화자의 감정을 드러내는 것으로 쓰이고 있다.
| **오답해설** | '의문의 초점이 되는 사물이나 사태를 지시하는 말.'을 뜻하는 ①③④는 의문사 고유의 의미, 즉 '언제, 왜, 누가'의 의미로 쓰이고 있다.

문 2

박스형 이해	비문학 > 이론 비문학 > 작문	난이도 中	답 ②
		오답률 16%

출제의도 제시된 글감으로 글을 구성할 수 있는지 평가한다.
핵심포인트 제시된 자료를 작성 방안의 주제와 목적에 부합되도록 글을 구성할 수 있어야 한다.

| **정답해설** | ② 84% ㉡에서는 '사관 학교에 여성이 수석 입학하는 시대'라며 여성이 '전투기 조종사'나 '장군'이 된 경우도 있다고 언급하고 있다. 따라서 ㉡을 활용하려면 여성에게 한계나 제한이 있는 직업은 없다는 방향으로 논지를 전개하는 것이 옳다. '여성에게 특화된 직업'을 개발해야 한다는 것은 옳지 않다.

문 3

단답형 지식	어문 규정 > 한글 맞춤법	난이도 中	답 ③
		오답률 35%

출제의도 한글 맞춤법과 표준어를 정확하게 이해하고 있는지 평가한다.
핵심포인트 최근 표준어로 인정된 단어 목록을 암기하고 있어야 한다.

| **정답해설** | ③ 65% '성나거나 못마땅해서 마음이 토라지다.'의 뜻을 나타내는 '삐지다'와 '삐치다' 모두 표준어이다. 참고로, '삐지다'는 원래 '삐치다'의 비표준어였으나, 2014년에 표준어로 인정되었다.
| **오답해설** | ① 15% 학생예요(×) → 학생이에요(○), 학생이어요(○)
체언 다음에는 서술격 조사 '이'가 결합하여 '-이에요', '-이어요'가 되는데, 받침이 없는 체언에 붙을 때는 '-예요', '-여요'로 줄어든다. 그러나 받침이 있는 체언(인명 제외) 다음에서는 '-이에요', '-이어요'가 '-예요', '-여요'로 축약되지는 않는다. 따라서 '학생이에요', '학생이어요'로 고치는 것이 적절하다.
② 5% 비키다(×) → 비추다(○)
'비키다'는 '무엇을 피하여 있던 곳에서 한쪽으로 자리를 조금 옮기다.'를 의미하므로 문맥에 맞지 않다. 따라서 '빛을 내는 대상이 다른 대상에 빛을 보내어 밝게 하다.'를 의미하는 '비추다'로 고치는 것이 적절하다.
④ 15% 깊숙히(×) → 깊숙이(○)
'위에서 밑바닥까지, 또는 겉에서 속까지의 거리가 멀고 으슥하게'는 '깊숙이'로 써야 한다. '깊숙히'는 잘못된 표기이다.

문 4

박스형 이해	비문학 > 이론 비문학 > 글의 전개 방식	난이도 中	답 ④
		오답률 18%

출제의도 제시된 글에 사용된 전개 방식을 이해할 수 있는지 평가한다.
핵심포인트 설명 대상을 파악하고, 어떤 방법을 활용하여 그 대상을 설명하고 있는지 확인한다.

| **정답해설** | ④ 82% 글쓴이는 미국의 인류학자 마빈 해리스의 견해를 들어 서양인들이 자기 문화를 기준으로 다른 문화인 인도인의 암소 숭배를 평가하는 것을 일종의 편견과 고정 관념으로 생각하며 이를 비판하고 있다.

문 5

박스형 이해	비문학 > 독해 비문학 > 추론	난이도 下	답 ④
		오답률 14%

출제의도 문맥에 맞는 내용을 추론할 수 있는지 평가한다.
핵심포인트 제시된 글을 읽고 문맥의 의미를 정확하게 파악하여 추론할 수 있어야 한다.

| **정답해설** | ④ 86% 참가자에게 실험 목적을 거짓으로 설명한 것은 주변 상황에 대한 인지적 판단을 원천적으로 차단한 것이다. 즉, 이것은 피실험자의 맥락 해석에 영향을 끼치게 될 요인을 차단한 것이다.

문 6

박스형 이해	비문학 > 독해 비문학 > 추론	난이도 中	답 ③
		오답률 23%

출제의도 제시된 글을 읽고 내용을 정확하게 파악할 수 있는지 평가한다.
핵심포인트 글의 내용을 바탕으로 감춰진 의미를 바르게 파악할 수 있어야 한다.

| **정답해설** | ③ 77% 사회를 움직이는 주체인 국가, 시장, 시민 사회의 세 요소 중 언제나 국가의 힘은 유지되었다. 그런데 시민 사회의 역량이 대기업 등으로 대표되는 시장의 역량을 따라가지 못할 때, 시민은 거버넌스에서 소외되는 것이다. 이것은 곧 시장의 강화로 이어진다.

문 7

박스형 이해	한자와 한자어 > 한자 성어	난이도 中	답 ①
		오답률 28%

출제의도 한자 성어의 뜻을 정확하게 알고 있는지 평가한다.
핵심포인트 글의 전체적인 내용을 파악하고, 이와 어울리는 한자 성어를 찾을 수 있어야 한다.

| **정답해설** | ① 72% 제시된 글은 진정한 의미의 공양을 이해하지 못하고, 형식적인 것에 얽매여 있는 상황을 비판한 것이다. 따라서 '일의 근본(根本) 줄기는 잊고 사소한 부분에만 사로잡힘.'을 의미하는 '本末顚倒(본말전도)'가 글의 내용과 부합한다.
| **오답해설** | ② 9% 前人未踏(전인미답): '이제까지 그 누구도 가 보지 못함.', '이제까지 그 누구도 손을 대어 본 일이 없음.'을 이르는 말.
③ 5% 衆口難防(중구난방): 여러 사람의 말을 막기가 어렵다는 뜻으로, 막기 어려울 정도로 여럿이 마구 지껄임을 이르는 말.
④ 14% 辟邪進慶(벽사진경): 사귀(邪鬼)를 쫓고 경사(慶事)로운 일을 맞이함.

문 8

단답형 지식	현대 문법 > 통사론 > 높임법	난이도 下	답 ②
		오답률 14%

출제의도 언어 예절에 맞게 높임법을 사용할 수 있는지 평가한다.
핵심포인트 문장에서 높여야 할 대상을 정확하게 파악해야 한다.

| **정답해설** | ② 86% 부러지셨어요(×) → 부러졌어요(○)
제시된 문장에서 높여야 할 대상은 '할아버지'이다. 그런데 서술어를 '부러지셨어요'처럼 표현하면 불필요하게 '지팡이'를 높이는 것이므로 적절하지 않다. 따라서 '부러졌어요'로 고치는 것이 적절하다.
| **오답해설** | ① 2% 서술어 '언짢다'의 주체인 '명희 어머님'을 선어말 어미 '-으시-'를 붙여 '언짢으시다'와 같이 높이고 있다.
③ 1% ④ 11% 특수 어휘인 '계시다, 잡수시다, 주무시다, 드시다, 편찮다' 등을 사용하여 문장의 주체를 높일 수 있다.

문 9 | 단답형 지식 | 어문 규정 > 한글 맞춤법 > 띄어쓰기 | 난이도 中 | 답 ①
오답률 27%

출제의도 국어의 띄어쓰기 규정을 정확하게 알고 있는지 평가한다.

핵심포인트 띄어쓰기에서는 접미사, 접두사 등에 해당하는 말이 무엇인지 알아야 하며 이는 앞, 뒷말과 붙여 써야 한다.

| 정답해설 | ① 73% 한 푼 어치(×) → 한 푼어치(○)

'-어치'는 '그 값에 해당하는 분량.'의 뜻을 더하는 접미사이므로 앞말과 붙여 써야 한다. 따라서 '한∨푼∨어치'는 '한∨푼어치'로 고치는 것이 적절하다.

| 오답해설 | ② 20% '듯하다'는 보조 용언으로, 한글 맞춤법 제47항에 따라 띄어 씀을 원칙으로 하되, 경우에 따라 붙여 쓸 수 있다.

③ 2% '안됐구나'는 '근심이나 병 따위로 얼굴이 많이 상하다.'를 뜻하는 한 단어인 '안되다'의 활용형으로, 붙여 쓰는 것이 옳다.

④ 5% '나가버렸다'와 같이 '나가다'에 보조 용언 '버리다'가 결합한 경우 '나가 버리다'처럼 본용언이 2음절인 경우에 해당하여 본용언과 보조 용언을 붙여 쓰는 것도 허용한다.

오답률 TOP3
문 10 | 박스형 이해 | 고전 문학 > 고전 운문 > 종합적 감상 | 난이도 中 | 답 ①
오답률 42%

출제의도 작품의 중심 내용을 정확하게 풀이할 수 있는지 평가한다.

핵심포인트 「누항사」에서 시적 화자가 겪고 있는 상황이 어떠한지 알고 있어야 한다.

| 정답해설 | ① 58% 제시된 작품은 박인로 「누항사」의 일부이다. '생애(生涯) 이러하다 장부(丈夫) 뜻을 옮길넌가 / 안빈일념(安貧一念)을 적을망정 품고 이셔 / 수의(隨宜)로 살려 하니 날로조차 저어(齟齬)하다.(살림살이가 이렇게 구차하다고 한들 대장부의 뜻을 바꿀 것인가. 안빈낙도하겠다는 한 가지 생각을 적을망정 품고 있어서 옳은 일을 좇아 살려 하니 날이 갈수록 뜻대로 되지 않는다.)'를 통해 이상적 삶과 가난한 현실의 괴리감을 느낄 수 있다.

| 참고이론 | 박인로, 「누항사」

- 갈래: 가사
- 성격: 전원적, 사색적, 사실적, 고백적
- 특징
  - 일상생활에 대한 생생한 묘사를 보여줌.
  - 화자의 운명론적 세계관을 나타냄.
  - 개인과 개인, 개인과 사회의 갈등 양상이 나타남.
  - 대화체를 사용하여 인간 세태의 단면을 구체적으로 드러냄.
  - 안빈낙도와 유교적 가치관으로 갈등을 극복하고자 함.
  - 설의적 표현을 사용함.
- 주제
  - 자연을 벗삼아 안빈낙도(安貧樂道)하고자 하는 선비의 궁핍한 생활상
  - 빈이무원(貧而無怨)하며 충효, 우애, 신의를 나누는 삶의 추구

문 11 | 박스형 이해 | 현대 문학 > 희곡 > 작품 감상 및 오류의 유형 | 난이도 下 | 답 ④
오답률 13%

출제의도 희곡을 감상하고 오류의 유형을 판단할 수 있는지 평가한다.

핵심포인트 희곡을 감상하고 논리적 오류와 의미를 찾을 수 있어야 한다.

| 정답해설 | ④ 87% ㉠에 나타난 논리적 오류는 의도하지 않은 결과를 원래 의도가 있었다고 판단하여 생기는 '의도 확대의 오류'이다. 상대방의 말이나 행동의 본래 의도를 결과 중심으로 확대 해석하거나 정당화할 때 생긴다. ④도 이러한 오류를 범하고 있다.

| 오답해설 | ① 8% 원천 봉쇄의 오류: 자신의 주장에 대한 반론을 미리 비판함으로써, 상대방의 반론 제기 가능성을 봉쇄하는 오류이다. '정상적인 사람이라면 ~'을 통해 반론의 가능성이 있는 요소를 원천적으로 비난하여 봉쇄하고 있다.

② 3% 순환 논증의 오류: 증명해야 할 명제를 다른 말로 증명하지 않고, 결론에서 주장한 내용을 근거로 삼아 주장하는 오류이다. '모범상을 수여했으므로 모범적인 학생이다.'라고 하여 논증의 결론 자체를 전제의 일부로 사용하고 있다.

③ 2% 발생학적 오류: 기원의 속성을 어떤 대상이 그대로 지니고 있을 것이라고 추론하는 오류이다. 원시 종합 예술이 주술성을 가지고 있다고 하여 여기에서 파생된 연극 또한 주술성을 가지고 있다는 오류를 나타내고 있다.

오답률 TOP1
문 12 | 박스형 이해 | 한자와 한자어 > 한자어 표기 | 난이도 上 | 답 ②
오답률 51%

출제의도 문맥에 맞는 정확한 어휘를 선택할 수 있는지 평가한다.

핵심포인트 '分(분)'과 관련된 한자어의 뜻을 구별할 수 있어야 한다.

| 정답해설 | ② 49% • 분리(分離): 서로 나뉘어 떨어짐. 또는 그렇게 되게 함.

• 분양(分讓): 전체를 여러 부분으로 갈라서 여럿에게 나누어 줌.

• 분할(分轄): 나누어서 관할함.

문 13 | 박스형 이해 | 비문학 > 이론 비문학 > 글의 구성 | 난이도 下 | 답 ④
오답률 5%

출제의도 글을 통일성의 흐름에 맞게 구성할 수 있는지 평가한다.

핵심포인트 글에 나타난 정보, 맥락을 고려하여 적절한 주장의 근거를 파악해야 한다.

| 정답해설 | ④ 95% 인터넷 댓글을 규제하는 것이 세대 간의 정보 활용 능력의 격차를 심화시킨다는 내용은 '반론'인 '개인의 자유로운 댓글을 규제하는 것은 바람직하지 않다.'의 근거로 보기에 적절하지 않다.

| 오답해설 | ① 2% ② 2% '정도를 넘어선 댓글'이 가져오는 폐해를 지적하고 있으므로 주장에 대한 근거로 적절하다.

③ 1% 주장에 대한 반대적 관점이므로 반론으로 적절하다.

문 14 | 박스형 이해 | 현대 문학 > 현대 시 > 종합적 감상 | 난이도 下 | 답 ②
오답률 10%

출제의도 현대 시를 정확하게 감상할 수 있는지 평가한다.

핵심포인트 시의 표현상 특징, 정서, 어조 등을 종합적으로 파악해야 한다.

| 정답해설 | ② 90% 제시된 작품은 시적 화자가 그대와의 단절로 인해 방황하며 아픔을 느끼고 있는 것으로 냉소적인 어조는 보이지 않는다. 보이지 않는 미래에 대한 불안감만이 보일 뿐이다.

| 오답해설 | ① 7% '사랑한다'의 반복을 통해 화자의 감정을 직접 드러내었다.

③ 2% '몇 송이 눈'이라는 명사형으로 시를 끝맺음으로써 여운을 주고 있다.

④ 1% 마침표를 비롯한 쉼표 등의 구두점이 거의 보이지 않는다. 또한 3, 4행의 '길', 8행의 '추위', 10행의 '눈' 등 곳곳에서 조사의 생략이 보인다.

| 참고이론 | 황동규, 「조그만 사랑 노래」

- 성격: 현실 참여적, 서정적, 상징적, 감상적, 애상적
- 특징
  - 비약과 압축을 통해 시적 모호성을 추구함.
  - 서경을 통해 화자의 서정을 드러냄.
  - 상실과 소멸의 이미지를 통해 주제를 형상화함.
- 주제: 사랑의 상실로 인한 슬픔, 암울한 시대 상황에 대한 안타까움과 절망

문 15 | 박스형 이해 | 비문학 > 독해 비문학 > 내용 이해 | 난이도 下 | 답 ②
오답률 3%

출제의도 제시된 글의 내용을 정확하게 파악할 수 있는지 평가한다.

핵심포인트 문단의 개략적인 내용을 파악하고, 관련된 선지를 찾을 수 있어야 한다.

| 정답해설 | ② 97% 어떠한 일에 대해서 판단을 하기에 애매할 경우에 다른 사람의 행동을 보고 그대로 따라 하려는 경향이 '사회적 증거의 법칙'이다. '제노비스 사건'을 접한 사람들은 누구도 적극적으로 도와주지 않는 상황이 벌어졌고 사람들은 이런 상황을 그대로 따른 것이다. 따라서 많은 사람들은 판단이 애매할 때 적극적으로 개입하지 않는 경향이 있다는 내용이 적절하다.

오답률 TOP2
문 16 | 박스형 이해 | 비문학 > 이론 비문학 > 퇴고 | 난이도 中 | 답 ④
오답률 48%

출제의도 글의 통일성을 고려해 글을 다듬을 수 있는지 평가한다.

핵심포인트 단락의 구성 원리인 통일성을 이해하고 적용할 수 있어야 한다.

| 정답해설 | ④ 52% 제시된 글은 국립대의 역할을 '시장 실패의 위험이 높지만 교육적으로 필요한 영역'을 담당해야 한다는 점을 근거로 사립대와 국립대 간의

교육 및 학문 분야를 나눔으로써 사립대와 국립대 간의 기능 분화가 이루어져야 한다는 점을 역설하고 있다. 이때 법대가 '학벌의 상징'이기 때문에 사립대로 이전되어야 한다는 ㉣은 글의 맥락과 맞지 않다.

문 17	박스형 이해　현대 문학 > 현대 소설 > 내용 파악	난이도 中 | 답 ③
		오답률 39%

출제의도 소설을 종합적으로 감상할 수 있는지 평가한다.
핵심포인트 소설의 구성상 특징을 이해할 수 있어야 한다.

| **정답해설** | ③ 61% 제시된 글은 전상국의 「하늘 아래 그 자리」이다. 이 글은 중심적인 사건인 '장수 노인의 장례를 둘러싼 두 마을의 대립'을 다루고 있다. (가)는 상암리의 형성 배경을 설명하고, 두 마을 사이의 해묵은 대립을 서술함으로써 사건을 이해하기 위한 배경지식이 되는 전사(前史)를 서술하고 있다. (나)의 경우, 특히 상암리 사람들의 관점을 중심으로 하여 사건의 전개를 요약적으로 서술하고 있다.

| **참고이론** | 전상국, 「하늘 아래 그 자리」

- 갈래: 현대 소설
- 성격: 회고적
- 특징: 두 마을의 해묵은 대립을 그림.
- 주제: 장수 노인을 둘러싼 두 마을의 갈등

문 18	단답형 지식　언어 예절과 바른 표현 > 바른 표현	난이도 中 | 답 ③
		오답률 31%

출제의도 국어 규범에 맞는 문장을 구성할 수 있는지 평가한다.
핵심포인트 문장의 호응 관계를 확인하여 자연스러운 문장을 골라낼 수 있어야 한다.

| **정답해설** | ③ 69% 주어와 서술어의 호응이 적절한 문장이다.
| **오답해설** | ① 15% '주택'이 취득세를 낼 수는 없으므로, 주어와 서술어의 호응이 어색하다. 따라서 '앞으로 다가구 주택을 소유한 사람도 취득세를 내게 되었다.'로 고치는 것이 적절하다.
② 6% '일출'이란 '해가 뜸.'을 의미하는 단어로, 이 문장에서 '일출'은 의미 전달에 불필요한 군더더기 표현에 해당한다. 따라서 '예상 시간이 지났는데도 아직 해는 떠오르지 않았다.'로 고치는 것이 적절하다.
④ 10% 주어와 서술어의 호응이 어색하다. 따라서 "'요람에서 무덤까지'라는 말은 현대 국가가 지향하는 이상향을 표현한 것이다." 정도로 고치는 것이 적절하다.

문 19	박스형 이해　비문학 > 독해 비문학 > 내용 이해 한자와 한자어 > 한문 구절	난이도 中 | 답 ③
		오답률 37%

출제의도 문맥에 맞는 한문 구절을 찾을 수 있는지 평가한다.
핵심포인트 문맥의 의미를 정확하게 이해하고 적절한 한문 구절을 찾을 수 있어야 한다.

| **정답해설** | ③ 63% '종심소욕불유구(從心所慾不踰矩)'란 '마음이 하고자 하는 대로 해도 정도를 넘지 않는다.'의 의미이다. 따라서 '우리의 시나위 음악은 각각의 선율이 취향대로 가고 싶은 길을 가게 해도 일정한 한계를 벗어나는 법이 없다.'는 ㉠에 대한 반응으로 적절하다.
| **오답해설** | ① 29% 별유천지비인간(別有天地非人間): 인간 세상이 아닌 또 다른 신선 세계.
② 6% 청출어람청어람(青出於藍青於藍): 제자가 스승보다 더 나음을 비유.
④ 2% 금강산(金剛山)도 식후경(食後景): 아무리 재미있는 일이라도 배가 불러야 흥이 나지 배가 고파서는 아무 일도 할 수 없음을 비유하는 말.

문 20	박스형 이해　비문학 > 독해 비문학 > 내용 일치/불 일치	난이도 下 | 답 ③
		오답률 8%

출제의도 글에 제시된 내용을 파악할 수 있는지 평가한다.
핵심포인트 글에 제시된 내용을 중심으로 일치하는 내용을 찾을 수 있어야 한다.

| **정답해설** | ③ 92% 글의 중간 부분에서 '피에 젖은 천은 제거하지 않고 새 천을 그 위에 덮어서 사용한다.'라고 했으므로 적절하지 않다.

| **오답해설** | ① 1% 셋째 줄에서 처치자는 의료용 장갑을 끼며, 불가피한 경우를 제외하고는 맨손으로 상처 부위를 만지지 말아야 한다고 제시하고 있다.
② 2% 글의 마지막 부분에서 부상자의 출혈이 멈추었을 경우 압박 붕대를 사용하여 상처 부위에 댄 거즈나 천을 고정시켜야 한다고 제시하고 있다.
④ 5% 글의 중간 부분에서 상처 부위를 소독 거즈나 깨끗한 천 등으로 완전히 덮고 손가락이나 손바닥으로 압박하되, 너무 약하게 누르지 말고 같은 힘으로 계속하여 압박해야 한다고 제시하고 있다.

9급공무원 공개경쟁채용 필기시험

회차	과목
④	영어

④회 난이도	下
④회 합격선	18개/20개

【SELF CHECK】

풀이 시간	/26분	맞힌 개수	/20개

④회차 핵심페이퍼

문번	정답	개념	꼭 짚고 넘어가야 하는 핵심포인트!	다시 볼 키워드!
문 1	①	어휘	'prevalent'와 'pervasive'가 유의어 관계인 것을 파악한다.	유의어 찾기
문 2	③	어휘	'ephemeral'과 'fleeting'이 유의어 관계인 것을 파악한다.	유의어 찾기
문 3	①	생활영어	'see off'와 'accompany'의 의미를 묻는 문제이다.	회화/관용표현
문 4	③	생활영어	대화를 통해 주어진 상황을 파악하고 B가 할 말을 유추할 수 있어야 한다.	회화/관용표현
문 5	③	문법	자동사는 수동태로 쓸 수 없다는 점을 명심해야 한다.	태
오답률 TOP 3 문 6	④	문법	조동사 'should'가 생략되는 경우를 아는지 묻는 문제이다.	조동사
문 7	③	독해	각 문단의 연결 포인트를 정확히 파악해야 한다.	배열
문 8	②	독해	추상적인 내용인 만큼 선지들의 근거를 지문과 정확히 대조해야 한다.	내용일치/불일치
문 9	①	독해	지문 중반부 'However' 이하에서 본론이 나옴에 유의해야 한다.	주제
문 10	③	독해	앞뒤 문장들의 관계뿐만 아니라 글 전체의 주제도 염두에 두고 접근해야 한다.	삭제
문 11	①	어휘	관용표현 'scratch the surface of'의 의미를 묻는 문제이다.	유의어 찾기
문 12	③	어휘	관용표현 'know one's way around'의 의미를 묻는 문제이다.	유의어 찾기
문 13	④	독해	문맥뿐 아니라 관용표현 'refer to'를 알고 있는지 묻는 문제이다.	빈칸 구 완성
문 14	③	독해	연결사를 묻는 문제로, 바로 앞뒤 문장의 논리적 연결을 생각해야 한다.	연결사
문 15	③	독해	제시 문장에서 연결포인트를 찾은 후 미리 예측을 하고 지문을 읽어나가야 한다.	삽입
문 16	④	문법	'affect'가 타동사임을 알아야 한다.	동사
문 17	②	독해	Titanic호의 침몰에 대한 지문 내용을 선지와 대조한다.	내용일치/불일치
오답률 TOP 2 문 18	③	독해	우주론적 과정과 윤리적 과정에 대한 지문의 내용을 자세히 파악해야 한다.	내용일치/불일치
문 19	①	독해	해당 문장의 앞뒤 내용을 확인한 후 빈칸에 들어갈 내용을 정해야 한다.	빈칸 절 완성
오답률 TOP 1 문 20	①	독해	추상적 내용의 지문인 만큼 글쓴이의 의도를 정확히 파악해야 한다.	빈칸 구 완성

※ [오답률/선택률] 산정 기준: 2021.04.07. ~ 2022.02.28. 기간 동안 응시된 1초 합격예측 서비스의 누적 데이터
※ [오답률] TOP 1, 2, 3은 많은 응시생들이 헷갈린 문항이므로 꼭 확인하고 넘어가시기 바랍니다.

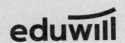

모의고사 》》 4회 P. 8

문 1	①	문 2	③	문 3	①	문 4	③	문 5	③
문 6	④	문 7	③	문 8	②	문 9	①	문 10	①
문 11	①	문 12	③	문 13	④	문 14	③	문 15	①
문 16	④	문 17	③	문 18	④	문 19	①	문 20	①

※ 50% 는 선지별 선택률을 나타냅니다.

문 1　밑줄형　어휘 > 유의어 찾기　난이도 中 | 답 ①　오답률 31%

핵심포인트　'prevalent'와 'pervasive'가 유의어 관계인 것을 파악한다.

| 해석 | 매니저의 제안에 반대하는 것이 부서 내의 일반적인 견해인 것처럼 보인다.

① 69% 퍼지는, 만연하는　　② 16% 가식적인
③ 9% 전능한　　④ 6% 불가분한

| 정답해설 | 밑줄 친 형용사 'prevalent'는 '일반적인, 널리 퍼진'의 의미로 선지들 중 'pervasive'와 가장 유사하다.

| 어휘 |
object to ~에 반대하다　　prevalent 일반적인, 널리 퍼진

문 2　밑줄형　어휘 > 유의어 찾기　난이도 中 | 답 ③　오답률 44%

핵심포인트　'ephemeral'과 'fleeting'이 유의어 관계인 것을 파악한다.

| 해석 | Charles Lloyd는 우리 협회의 가장 전도유망한 일원들 중 하나였다. 그러나, 그가 길고 성공적인 커리어를 가질 것이라는 우리의 예상과는 달리, 그는 과학자로서 오직 짧은 명성만을 즐겼을 뿐이다.

① 10% 보통의　　② 28% 실질적인
③ 56% 잠깐 동안의　　④ 6% 감각의

| 정답해설 | 밑줄 친 'ephemeral'은 '수명이 짧은'의 뜻으로 선지들 중 'fleeting'과 가장 유사하다.

| 어휘 |
promising 전도유망한　　unlike ~와는 달리
ephemeral 수명이 짧은　　fame 명성

문 3　문장형　생활영어 > 회화/관용표현　난이도 下 | 답 ①　오답률 14%

핵심포인트　'see off'와 'accompany'의 의미를 묻는 문제이다.

| 해석 | ① 86% A: 이봐, 내가 너를 배웅하지 못해서 미안해.
B: 공항까지 나와 동행해줄 수 있어?
② 0% A: Mary는 이번 학기에 휴학할 계획이니?
B: 모르겠어. 그건 아직 결정되지 않았어.
③ 0% A: 얼마나 오래 나를 기다렸어?
B: 20분 정도 되었어.
④ 14% A: 회장의 연설은 인상적이었어. 넌 왜 거기 없었니?
B: 아, 나는 내 보고서를 처리해야 했어.

| 정답해설 | ①에서 A가 상대방을 배웅하지 못한 점을 사과하는데 B가 공항까지 동행해달라고 요청하는 문장이 오는 것은 어색하다.

| 어휘 |
see off 배웅하다　　accompany 동반하다, 동행하다
address 연설　　impressive 인상적인

문 4　빈칸형　생활영어 > 회화/관용표현　난이도 下 | 답 ③　오답률 0%

핵심포인트　대화를 통해 주어진 상황을 파악하고 B가 할 말을 유추할 수 있어야 한다.

| 해석 | A: Ben, 다음 달에 시작하는 생물학 필수 과목 등록했니?

B: 아니, 못 했어. 너는?
A: 했어. 금요일 수업에 들어갈 수 있었어.
B: 오, 잘됐네. 그런데 나는 등록할 수 없었어.
A: 걱정하지 마. 내가 듣기로는 토요일에 또 다른 수업이 있어.
B: 오, 정말?
A: 그래, 그런데 넌 빨리 움직이는 게 좋을 거야. 등록할 수 있는 자리가 몇 개밖에 없어.
B: 그렇다면, ③ 서둘러서 최대한 빨리 등록하는 게 좋겠어.
A: 그래, 그렇게 해야 해. 알다시피, 등록은 선착순이야.

① 0% 이번에는 다음을 기약하는 편이 낫겠어
② 0% 나는 차례로 수업을 들었어야 했어
③ 100% 서둘러서 최대한 빨리 등록하는 게 좋겠어
④ 0% 나는 내 계획을 다시 고려하고 싶을지도 모르겠어

| 정답해설 | 빈칸 앞 문장에서 A가 등록 가능한 자리가 얼마 없다고 말했고, 빈칸 다음에는 등록이 선착순이라고 말하는 것으로 보아, B가 '서둘러 등록해야겠다'고 말하는 것이 내용상 가장 적합하다.

| 어휘 |
enroll in ~에 등록하다　　manage to ~을 해내다
on a first-come, first-served basis 선착순으로
take a rain check 다음을 기약하다　　take turns ~ing 교대로 ~하다

문 5　밑줄형　문법 > Main Structure > 태　난이도 下 | 답 ③　오답률 13%

핵심포인트　자동사는 수동태로 쓸 수 없다는 점을 명심해야 한다.

| 해석 | 가장 널리 알려진 금속 중독의 형태들 중 하나는 수은에 대한 노출로 인해 유발되는 수은 중독이다. 그것은 신장, 위장, 그리고 신경 체계들에 부정적으로 영향을 준다고 보통 믿어진다. 수은 중독은 섭취, 주입, 피부를 통한 흡수, 그리고 증기의 흡입으로부터 기인할 수 있다. 그것의 가장 흔한 합병증에는 지적 능력 감소와 신장 약화가 포함된다.

| 정답해설 | ③ 87% 구동사 'result from(~로부터 기인하다)'은 자동사로, 수동태로 사용할 수 없다. 따라서 능동태인 'can result from'으로 사용해야 한다.

| 오답해설 | ① 0% 앞의 명사 'mercury poisoning'을 수식하므로 문맥상 수동(유발되는 수은 중독)의 의미인 과거분사가 알맞게 쓰였다.
② 2% 주어인 'It'이 문맥상 '수은 중독'을 지칭하므로 수동태 형태의 동사 'is believed'가 적합하게 쓰였다.
④ 11% 문맥상 '수은 중독의'라는 의미이므로 3인칭 단수의 소유격인 'its'가 제대로 사용되었다.

| 어휘 |
mercury 수은　　renal 신장의
gastrointestinal 위장의　　neurological 신경(학)의
result from ~에서 기인하다[비롯되다]　　ingestion 섭취
injection 주입　　inhalation 흡입
vapor 증기　　complication 합병증
intelligence 지능, 지적 능력　　kidney 신장

오답률 TOP 3

문 6　문장형　문법 > Main Structure > 조동사　난이도 上 | 답 ④　오답률 48%

출제의도　'lest' 이외에도 'should'가 생략되는 경우를 알고 있어야 한다.
핵심포인트　조동사 'should'가 생략되는 경우를 아는지 묻는 문제이다.

| 해석 | ① 사고를 예방하는 것이 보안 사무소에서 우리의 최우선 사항들 중 하나이다.
② 위원회는 조사 중에 몇몇 부적격 컨설턴트들을 채용한 것 때문에 그 연맹을 혹독하게 비난했다.
③ 우리 행사 장소를 위한 가능한 대안은 그 대학 강당을 예약하는 것이다.
④ 새 식물원을 위한 꽃들은 아이들에게 알러지 반응을 유발시키지 않도록 꼼꼼하게 선택되어야 했다.

| 정답해설 | ④ 52% 접속사 'lest' 뒤에 조동사 'should'가 생략되어 동사원형인 'be provoked'가 적합하게 사용되었다.

| **오답해설** | ① [25%] 'one of the' 뒤에는 복수명사가 쓰여야 한다. 따라서 'priority' 대신 'priorities'가 알맞다.

② [17%] 전치사 'of' 뒤에 동사원형인 'hire'가 올 수 없다. 전치사 뒤에 쓰이며 목적어(some unqualified consultants)를 취할 수 있는 동명사 'hiring'이 쓰여야 한다.

③ [6%] 2형식 동사 'would be' 뒤에서 주격보어로 쓰이며 목적어(the college auditorium)를 취할 수 있는 to부정사 'to reserve' 또는 동명사 'reserving'이 쓰여야 한다.

| **어휘** |

rigorously 혹독하게, 엄격하게
auditorium 강당
opt for ~을 선택하다
lest ~하지 않도록, ~할까 두려워

accuse A of B B 때문에 A를 비난[고소]하다
botanic garden 식물원
meticulously 꼼꼼하게
provoke 자극하다, 유발시키다

문 7 | 논리형 독해 > Logical Reading > 배열 | 난이도 中 | 답 ③ / 오답률 30%

출제의도 지시대명사와 같이 사소해서 놓치기 쉬운 연결 포인트를 잘 파악해야 한다.
핵심포인트 각 문단의 연결 포인트를 정확히 파악해야 한다.

| **해석** | 인류가 경험해왔고 관찰해온 가장 오래된 과정들 중 하나는 거의 틀림없이 시간 생물학, 즉 시간의 단기 리듬들과 그것들의 생물에 대한 영향을 연구하는 과학의 분야이다. 많은 예들이 우리 주변에서 발견될 수 있다.

(C) 많은 동물들은 태양이나 달의 위치에 따라 활동적이거나 비활동적이다; 예를 들면, 우리 인간들은 보통 주행성인데, 이는 일광시간 동안 활동함을 의미한다. 대조적으로, 부엉이, 주머니쥐, 그리고 너구리와 같은 야행성 동물들은 밤에 나오는 경향이 있다.

(A) 세 번째 유형이 있다. 어두컴컴할 때 활동하는 동물들은 새벽과 땅거미 질 무렵에 돌아다니는 것을 좋아한다. 과학자들은 생물학적 주기 리듬, 즉 내부 신체 시계를 연구한다. 그것은 우리의 신체가 24시간의 기간 동안 거치는 전체 사이클이다.

(B) 이것은 혈압, 체온, 낮 동안 깨어있음, 그리고 밤에 잠듦을 포함한 우리의 신체적 변화와 밀접하게 관련되어 있다. 현대의 기술 발전들이 인위적으로 내부 신체 시계를 리셋할 수 있는 것처럼 보이지만, 장기적으로는 우리의 신체에 악영향을 미칠 수 있다.

| **정답해설** | 제시 문단의 마지막 문장에서 시간 생물학과 관련된 예시(a number of examples)가 있음을 언급한다. 아래의 문단들 중 (C)가 예시(주행성 동물과 야행성 동물)를 제시하므로 제시 문단 바로 다음에 위치해야 한다. 그리고 (A)에서는 주행성과 야행성 이외의 세 번째 유형(a third type)이 있음을 언급하며 생체 시계의 정의를 제시한다. 마지막으로 (B)에서 이 생체 시계가 'This'로 지칭되고 있다.

| **어휘** |

arguably 거의 틀림없이
crepuscular 어두컴컴할 때 활동하는
alert 깨어있는, 기민한
diurnal 주행성의
possum 주머니쥐

chronobiology 시간 생물학
circadian 생물학적 주기의
in the long run 장기적으로
nocturnal 야행성의

문 8 | 지문제시형 독해 > Micro Reading > 내용일치/불일치 | 난이도 中 | 답 ② / 오답률 17%

핵심포인트 추상적인 내용인 만큼 선지들의 근거를 지문과 정확히 대조해야 한다.

| **해석** | 다른 동물들에 대한 인간의 지배는 인간들과 그들의 동물 라이벌들 간의 오랜 기간의 대립 이후에야 가능했다. 물론, 사냥과 같은 폭력적 활동들만이 유일한 방법은 아니었다. 인간들은 또한 가축화와 같은 다른 방법들을 통해서도 그들의 통제력을 유지해왔다. 따라서 앞서 언급된 그 두 무리들 간의 다툼이 지속되었음을 고려해볼 때, 종 자체 내부에서는 거의 충돌이 없었다는 것은 놀라울 수밖에 없다. 우리에게 알려져 있는 같은 무리의 구성원들은 지속적으로 자연에 맞서 싸우는 반면, 서로 간에 전쟁을 벌이는 경우는 거의 없다. 그러나 일단 인간들이 동물들에 대한 승리를 선포한 후에, 그리고 인간의 인구가 다른 이들의 생활공간, 영토, 그리고 식량 공급을 침해할 수 있을 정도로 충분히 많아지자 전쟁이라고 불

리는 인간 무리 내의 충돌이 발생하기 시작했고 이는 인간 본성의 일부가 되었다.

① 인간의 역사는 인간들 간의 대립과 전쟁으로 가득 차있다.
② 인간들 간의 전쟁은 그들이 다른 동물들에 대한 그들의 우위를 얻어낸 후에 시작되었다.
③ 인간의 인구가 적어질수록, 전쟁이 발생할 가능성이 높아진다.
④ 인간들은 오직 수많은 전쟁들을 통해서만 영구적 평화를 이룰 수 있다.

| **정답해설** | ② [83%] 마지막 문장에서 '인간들이 동물들에 대한 승리를 선포한 후, 인간 무리 내에서의 충돌이 발생하기 시작했다'고 언급되어 있다.

| **오답해설** | ① [9%] 'there has been little conflict within the species itself'에 따르면 같은 종족, 즉 인간들 간의 다툼은 거의 없었던 때가 있음을 알 수 있다.

③ [3%] 마지막 문장에서 전쟁은 인구가 늘어나면서 발생했음이 언급되어 있다.

④ [5%] 평화를 이루는 방법에 대해서는 언급되지 않았다.

| **어휘** |

domination 지배
confrontation 대립
considering ~을 고려해볼 때
consistently 지속적으로, 끊임없이
territory 영토
human nature 인간 본성

following ~ 후에
domestication 가축화, 길들임
aforementioned 앞서 언급된
impinge on ~을 침해하다
break out 발생하다, 발발하다

문 9 | 지문제시형 독해 > Macro Reading > 주제 | 난이도 中 | 답 ① / 오답률 41%

핵심포인트 지문 중반부 'However' 이하에서 본론이 나옴에 유의해야 한다.

| **해석** | 많은 영화들 속에서—그리고 나는 당신이 꽤 많은 영화들을 봤음에 틀림없다고 믿는다—우리는 다중인격 장애를 가진 등장인물이나 등장인물들을 발견할 수 있는데, 이는 한 개인이 두 개 이상의 분리되며 뚜렷한 인격들을 가지는 것처럼 보이는 정신질환이다. 그 등장인물들은 상당히 극적인 방식들로 묘사되는 경향이 있으며, 우리는 그들을 비정상적이라고 여길 가능성이 높다. 그러나, 어떤 의미에서 다중인격은 정상이다. 우리가 속해 있는 사회와, 우리가 우리들 자신을 발견하는 상황에 대해 보통은 잘 구성된 완전한 자아의 구조가 있다. 물론, 사회 속에서 우리가 현재의 사람들과 살든, 과거의 사람들과 살고 있든, 혹은 우리들 자신의 상상의 사람들과 살든, 각 개인에 따라 사회의 종류도 다양하다. 전반적으로 우리가 속해 있는 사회의 종류 내에서는 보통은 통합된 자아가 있지만, 그 자아는 분리될 수도 있다. 꽤 불안정하고 분열의 조짐이 있는 사람에게는 특정한 활동들이 어려워진다. 그리고 그 활동들은 자아를 분할하여 또 다른 자아로 발전시킨다. 두 개의 분리된 자아들이 나타나는데, 그것이 인격이 분리되는 조건이다.

① 자아가 두 개 이상의 인격들로 발전하는 것은 드물지 않다.
② 두 개의 뚜렷한 자아들은 특정한 조건하에서 통합되는 경향이 있다.
③ 다중인격은 사회가 큰 영향을 미치는 정신질환이다.
④ 통합된 자아는 오직 특정한 활동들을 통해서만 가능할 수 있다.

| **정답해설** | ① [59%] 'However, a multiple personality is normal in a certain sense.'에서 다중인격이 어떤 의미에서는 정상이라고 진술했고, 그 이후의 문장에서 어떤 조건에서 다중인격이 생겨나는지를 설명하고 있다.

| **오답해설** | ② [18%] 이 글은 하나의 자아가 분열하는 것에 관한 내용을 다루고 있고, 두 개의 자아가 통합되는 내용에 관해서는 언급하지 않았다.

③ [20%] 첫 문장에서 다중인격이 정신질환(a mental disorder)이라는 점은 언급했지만, 사회가 이에 큰 영향을 준다는 내용은 이 글에 언급되어 있지 않다.

④ [3%] 통합된 자아가 가능해지는 조건은 언급하지 않았다.

| **어휘** |

distinct 뚜렷한, 분명한
in reference to ~에 관하여
unmanageable 힘든
emerge 나타나다, 출현하다

abnormal 비정상적인
unified 통일된, 통합된
disunion 분열
split 분리하다, 쪼개다; 분리된, 쪼개진

문 10 　[논리형] 독해 > Logical Reading > 삭제

난이도 下 | 답 ③
오답률 5%

핵심포인트 앞뒤 문장들의 관계뿐만 아니라 글 전체의 주제도 염두에 두고 접근해야 한다.

| 해석 | 토네이도는 지표면 그리고 적란운과 접촉하는 강력한 회전 공기의 기둥이며, 그것의 최대 속도는 시속 500킬로미터 이상에 쉽게 도달한다. 많은 사람들이 회오리바람이라고도 부르는 토네이도는, 형성되기 위해서 몇 가지 요소들이 필요하다. 그것들은 상층부 대기에서는 건조하고 쌀쌀한 바람을 필요로 한다; 하층부 대기에서는 습하고 따뜻한 바람이 필요하다. ③ 기상학자들은 실용 위성들을 이용하여 이 따뜻한 바람들이 보통 편서풍 기후에서 기인함을 발견했다. 이 두 종류의 다른 바람들이 뇌우의 상승기류가 존재하는 상태에서 서로 충돌할 때, 토네이도가 만들어진다. 이 충돌은 근처의 공기가 수직축을 따라 빠르게 회전하도록 촉발시키며, 그것은 훨씬 더 사나운 바람과 깔대기 모양의 구름을 만들어낸다.

| 정답해설 | ③ [95%] 첫 문장에서 토네이도의 전반적 속성(형태, 속도 등)을 설명하고 있고, 이후의 문장들은 토네이도의 형성 과정들을 상술한다. 그러나 ③ 문장은 따뜻한 바람의 발생 원인을 설명하고 있으므로 전체 흐름에 부적합하다. 또한 ② 문장에서 언급되는 두 종류의 바람들이 ④ 문장에서 'these two different sorts of winds'로 연결되고 있다.

| 오답해설 | ① [2%] 토네이도가 형성되려면 몇 가지 요소들이 필요하다고 설명한다.
② [1%] 그 요소들이 무엇(두 가지 종류의 바람)인지 구체적으로 설명하고 있다.
④ [2%] 그 두 바람의 충돌로 토네이도가 형성됨을 설명한다.

| 어휘 |
column 기둥 　　　　　　　　　　　rotate 돌리다, 회전시키다
in contact with ~와 접촉한 　　　　cumulonimbus 적란운
arid 건조한 　　　　　　　　　　　meteorologist 기상학자
westerlies 편서풍 　　　　　　　　application satellite 실용위성
updraft 상승기류 　　　　　　　　thundershower 뇌우
collision 충돌 　　　　　　　　　　prompt 촉발시키다
perpendicular 수직의 　　　　　　axis 축
funnel 깔대기

문 11 　[밑줄형] 어휘 > 유의어 찾기

난이도 中 | 답 ①
오답률 17%

출제의도 해당 관용표현을 모른다면 문맥으로 그 뜻을 유추해야 한다.
핵심포인트 관용표현 'scratch the surface of'의 의미를 묻는 문제이다.

| 해석 | Ben은 대부분의 질문에 답하지 못했는데, 그가 그 책의 겉만 핥았기 때문이다.
① [83%] 피상적으로 다뤘다
② [3%] 붙잡았다
③ [12%] 정곡을 찔렀다
④ [2%] 적극적으로 끝까지 했다

| 정답해설 | 'scratch the surface of'는 '~의 겉만 핥다'라는 의미로, 선지들 중 'superficially deal with(~을 피상적으로 다루다)'와 의미가 가장 유사하다.

| 어휘 |
scratch the surface of ~의 겉만 핥다 　　superficially 피상적으로

문 12 　[밑줄형] 어휘 > 유의어 찾기

난이도 下 | 답 ③
오답률 5%

핵심포인트 관용표현 'know one's way around'의 의미를 묻는 문제이다.

| 해석 | Cindy가 이번 주 우리의 여행 가이드 역할을 할 것이다. 그녀의 가족이 이 마을에서 여러 세대 동안 살아오고 있기 때문에, 그녀는 이곳 지리에 밝다.
① [0%] 그 장소를 멀리하다
② [3%] 그 장소와 보조를 맞추다
③ [95%] 그 장소에 익숙하다
④ [2%] 그 장소로 오는 중이다

| 정답해설 | 'know one's way around'는 '~의 지리에 밝다'는 뜻으로 선지들 중

에서 'is familiar with the place(장소에 익숙하다)'와 가장 유사하다.

문 13 　[빈칸형] 독해 > Reading for Writing > 빈칸 구 완성

난이도 下 | 답 ④
오답률 10%

핵심포인트 문맥뿐 아니라 관용표현 'refer to'를 알고 있는지 묻는 문제이다.

| 해석 | 물론 이제는 그것이 모든 곳에 있지만, 횡단보도는 언제 발명이 되었을까? 최초의 현대식 횡단보도는 1950년대 중반 영국에서 도입되었다. 이것은 최초로 자동차보다 보행자에게 (A) 우선권이 주어지기 시작했음을 의미한다. 그보다 반세기도 더 전에 자동차들이 거리를 차지했음을 고려해볼 때 이것은 꽤 놀라울지도 모른다. '횡단보도'가 유일한 용어는 아니다. 그것은 국가마다 다른 이름들도 가지고 있다. 예를 들면, 호주인들은 그것을 'wombat crossing'이라고 (B) 부른다.

　　(A) 　　　　　　　(B)
① 명성 　　　　　　　~에 도착하다
② 근접 　　　　　　　~에 의지하다
③ 편리함 　　　　　　~을 이용하다
④ 우선권 　　　　　　부르다

| 정답해설 | (A) 횡단보도로 인해 자동차보다 보행자에게 주어진 것은 '우선권', 즉 횡단보도에서는 차보다 사람이 우선함을 유추할 수 있다.
(B) 빈칸 뒤에 목적어 'it'이 있으며 그 뒤에 'as'가 있으므로, 앞 문장에서 언급한 횡단보도의 다른 이름으로 'wombat crossing'을 '칭한다'는 것을 알 수 있다.

| 어휘 |
crosswalk 횡단보도 　　　　　　　pedestrian 보행자
take up 차지하다 　　　　　　　　term 용어

문 14 　[빈칸형] 독해 > Logical Reading > 연결사

난이도 中 | 답 ③
오답률 20%

핵심포인트 연결사를 묻는 문제로, 바로 앞뒤 문장의 논리적 연결을 생각해야 한다.

| 해석 | 학기 말이었다. 생물 교사가 10학년 반의 20명 학생들 앞에 서서 기말고사를 나눠줄 참이었다. "이 시험지를 나눠줄 텐데, 그전에, 훌륭한 한 학기였고 너희들과 함께 공부한 것이 즐거웠다고 말하고 싶구나. 너희들 모두가 아주 열심히 공부해온 걸 잘 알고 있어. 그래서 너희들에게 솔깃한 제안을 하고 싶어. (A) 만약 너희들이 오늘 이 시험을 보지 않기로 결정한다면, 나는 너희들에게 'B' 학점을 줄 거야."라고 교사가 말했다. 일부 학생들은 약간 당황한 것처럼 보였지만, 대부분 학생들의 얼굴에는 환한 미소가 확 지나갔다. 학생들은 일어나서 교실을 걸어 나가기 시작했다. 그러나, 여전히 몇몇 학생들은 그들의 자리에 남아 있었다. "이게 다야? 다른 사람 없어? 또 다른 기회는 없을 거야."라고 교사가 말했다. (B) 그럼에도 불구하고, 그들의 얼굴은 시험을 치르겠다고 단단히 결심한 것처럼 보였다. 그들은 남기로 한 것이 틀림없었다. "너희들이 스스로를 믿는 것을 보니 기쁘구나. 너희들 모두에게 A학점을 주겠다."

　　(A) 　　　　　　　(B)
① 만약 　　　　　　　마찬가지로
② ~일지라도 　　　　대조적으로
③ 만약 　　　　　　　그럼에도 불구하고
④ ~일지라도 　　　　그에 비해

| 정답해설 | (A) 뒤 문장에서 학생들이 시험을 치르지 않고 교실을 나가는 것으로 보아, 교사가 한 제안이 '시험을 치르지 않기로 결정하면 B학점을 주는' 가정의 상황임을 알 수 있다.
(B) 빈칸 앞 문장에서 더 이상 기회가 없다고 했는데, 빈칸 뒤에서는 여전히 시험을 치르려는 학생들이 있었다고 했으므로 그 사이에는 '그럼에도 불구하고'가 적합하다.

| 어휘 |
hand out 나눠주다, 배포하다 　　　　inviting 솔깃한
opt out of ~에 참여하지 않기로 하다 　bewildered 당황한
radiant 환한 　　　　　　　　　　　flash across 확 지나가다
determined 단호한

문 15

논리형	독해 > Logical Reading > 삽입	난이도 中	답 ③
		오답률 39%

핵심포인트 제시 문장에서 연결포인트를 찾은 후 미리 예측을 하고 지문을 읽어나가야 한다.

| 해석 | 피라미드는 그들의 파라오의 무덤으로 고대 이집트인들에 의해 건립되었다. 그러나, 그것들은 그냥 무덤이 아니었다. 그들은 피라미드가 그들의 왕들을 내세로 보내주는 수단이라고 믿었다. 피라미드는 그들 자신의 죽음을 운명에 저항하려는 이집트인들의 노력과 죽음을 물리치려는 그들의 헛된 분투를 나타낸다. ③ 사실, 모든 종류의 종교는 내세, 그리고 우리가 현세에서 우리 자신과 다른 이들을 어떻게 평가하는지와 관련이 있다. 역사 전반에 걸쳐 전 세계적으로 종교는 그들의 종교의식에서뿐만 아니라 자신들을 확인하기 위해, 일상생활에서도 가장 오래 가는 상징들을 만들어서 사용해왔다. 그것들의 단순한 디자인은 기독교의 십자가, 무슬림의 초승달, 그리고 다윗의 별과 같은 이미지들이 쉽게 인식되고 가장 효과적인 상징물이 되는 것을 가능하게 했다.

| 정답해설 | ③ 61% 제시 문장이 'In fact'로 시작하므로, 앞의 내용을 상술함을 알 수 있다. 또한 모든 종교가 내세와 관련 있다는 진술로 보아 지문 세 번째 문장에서 언급되는 'afterlife'를 지칭함을 알 수 있다. 네 번째 문장까지는 피라미드와 관련된 이야기이며, 그 이후의 문장들이 종교 전반에 관한 내용들이므로 제시 문장은 ③에 들어가는 것이 가장 적합하다.

| 어휘 |
have something to do with ~와 관련 있다   afterworld 내세, 사후세계
grave 무덤   tomb 무덤
means 수단   afterlife 내세, 사후세계
mortality 죽을 운명, 죽음을 피할 수 없음   vain 헛된
hold off 미루다, 물리치다   straightforward 단순함
crescent 초승달

문 16

문장형	문법 > Main Structure > 동사	난이도 中	답 ④
		오답률 34%

출제의도 자동사로 착각하기 쉬운 타동사는 자주 출제되는 포인트로 반드시 숙지해 둔다.

핵심포인트 'affect'가 타동사임을 알아야 한다.

| 정답해설 | ④ 66% 동사 'affect'는 타동사이므로 뒤에 전치사를 사용하지 않는다. 따라서 'on'을 삭제해야 한다.

| 오답해설 | ① 4% 동명사 관용표현 'spend 시간 ~ing(~하는 데 시간을 쓰다)'가 적합하게 사용되었다.

② 14% 'as soon as'가 시간의 접속사이므로 미래시제 대신 현재시제 'arrives'가 알맞게 쓰였다.

③ 16% 'to read'가 to부정사의 형용사적 용법으로 쓰여 명사인 'booklets'를 수식하고 있고, to부정사 앞의 'for new employees'가 의미상의 주어로 적합하게 쓰였다.

| 어휘 |
booklet 소책자

문 17

지문제시형	독해 > Micro Reading > 내용일치/불일치	난이도 中	답 ②
		오답률 35%

핵심포인트 Titanic호의 침몰에 대한 지문 내용을 선지와 대조한다.

| 해석 | 거의 틀림없이 가장 잘 알려진 원양 정기선인 왕립 우편 기선 Titanic호는 1912년에 건조되었다. 그 당시 가장 큰 증기선들 중 하나였던 Titanic호는 수많은 현대적 설계 요소들과 호화로운 기능들을 갖추고 있었다. 그것은 2,300명이 넘는 승객과 선원을 태우고 1912년 4월 10일에 첫 항해를 시작했다. 그 배는 영국 Southampton을 출발하여, 프랑스 Cherbough와 아일랜드 Queenstown을 경유하여 New York시로 갈 예정이었다. 일부 부유하고 유명한 사회의 일원들 역시 탑승했지만, 대부분의 승객은 가난한 이들이었고, 그들 중 많은 사람들은 미국으로 이민을 가던 중이었다. 항해한 지 겨우 며칠이 지난 4월 14일 늦은 밤, 배는 북대서양에서 빙산에 충돌했다. Titanic호의 무전기사들이 도움을 요청했음에도 불구하고, 폭포처럼 쏟아져 들어오는 바닷물과 폭발하는 보일러들 사이에서 그 배

는 희망이 없었다. 배가 빙산을 강타한 후 물 아래로 가라앉는 데는 겨우 2시간 40분이 걸렸다.
① 배에는 유명인들이 일부 있었다.
② 선원들은 배가 빙산에 충돌했을 때 어떤 조치도 취할 수 없었다.
③ 많은 승객들은 가난했고 미국에 정착할 의도였다.
④ Titanic호는 많은 최신 장비를 자랑했다.

| 정답해설 | ② 65% 글 후반부의 'Although radiomen on the Titanic called for help' 부분을 보면 선원들이 가능한 조치를 취했음을 알 수 있다.

| 오답해설 | ① 10% 글 중반부의 'while some wealthy and eminent members of society were on board as well.'에 유명인들이 있었다고 언급되어 있다.

③ 15% 글 중반부의 'Most passengers on the ship were impoverished people, many of whom were immigrating to the United States'에 대부분이 가난했고 미국으로 이민을 가던 중이었음이 언급되어 있다.

④ 10% 두 번째 문장의 'equipped with numerous modern design elements'에 최신 장비를 갖췄다고 언급되어 있다.

| 어휘 |
RMS 왕립 우편 기선(Royal Mail Ship)   arguably 거의 틀림없이
ocean liner 원양 정기선   steamship 증기선
be equipped with ~을 갖추다   extravagant 호화로운
voyage 항해   aboard(= on board) 탑승한
via ~을 경유하여   impoverished 빈곤한
eminent 유명한, 저명한   collide with ~와 충돌하다
radioman 무전기사   cascade 폭포처럼 쏟아지다
settle down 정착하다   boast 자랑할만한 ~을 갖추고 있다, 자랑하다
up-to-date 최신의

오답률 TOP 2

문 18

지문제시형	독해 > Micro Reading > 내용일치/불일치	난이도 上	답 ③
		오답률 52%

핵심포인트 우주론적 과정과 윤리적 과정에 대한 지문의 내용을 자세히 파악해야 한다.

| 해석 | 사회 내의 인간들은 의심의 여지 없이 우주론적 과정의 대상이다. 다른 동물들 사이에서처럼, 번식은 중단 없이 계속되고, 부양 수단을 놓고 치열한 경쟁이 따른다. 존재를 위한 분투는 자신들을 자신들이 존재하는 환경에 적응시키는 데 덜 적합한 것들을 제거하는 경향이 있다. 가장 강하고 가장 자신만만한 것들이 약한 것들을 짓밟는 경향이 있다. 그러나 우주론적 과정의 영향이 사회의 진화에 더 클수록, 그 문명화는 더 원시적이다. 사회적 진보는 모든 단계에서의 우주론적 과정에 대한 저지이며 윤리적 과정이라고 불리기도 하는 다른 것에 의한 그것의 대체를 의미한다; 그것의 끝은 획득하는 조건들의 전체에 대하여 우연히 가장 적합한 것들의 생존이 아니라, 윤리적으로 가장 뛰어난 것들의 생존이다.
① 우주론적 과정이 인간들에게 영향을 미침은 틀림없다.
② 윤리적 과정은 우주론적 과정을 억제한다.
③ 우주론적 과정은 윤리적인 사람들의 생존을 가능하게 해준다.
④ 적자생존의 법칙은 사회가 더 원시적일수록 만연한다.

| 정답해설 | ③ 48% 마지막 문장에 따르면 윤리적으로 가장 뛰어난 이들의 생존(but of those who are ethically the best)을 가능하게 하는 것은 'cosmic process'가 아니라 'social progress'이다.

| 오답해설 | ① 3% 첫 문장에서 인간은 의심의 여지 없이 우주론적 과정의 대상이라고 언급했다.

② 14% 마지막 문장에서 'a checking of the cosmic process(우주론적 과정에 대한 저지)'로 언급되어 있다.

④ 35% 지문 중반(But the greater the influence ~)에 따르면 우주론적 영향이 강할수록 사회는 더 원시적(the more rudimentary its civilization is)이라고 언급되어 있다.

| 어휘 |
be subject to ~의 대상이 되다, ~의 영향을 받기 쉽다
multiplication 번식   cessation 중단
self-assertive 자신만만한   tread down 짓밟다
rudimentary 원시적인, 미발달의   checking 저지
hold ~ in check ~을 억제하다   survival of the fittest 적자생존
prevalent 만연한   primitive 원시적인

| 문 19 | 빈칸형 독해 > Reading for Writing > 빈칸 절 완성 | 난이도 中 | 답 ① |
| | | 오답률 28% |

핵심포인트 해당 문장의 앞뒤 내용을 확인한 후 빈칸에 들어갈 내용을 정해야 한다.

| 해석 | 한참 전에 행해졌어야 할 투표권이 드디어 목요일에 수정헌법 제19조의 비준이 선포됨에 따라 법으로 제정되었다. 국무장관 Colby가 수정헌법 제19조의 비준을 선언했던 목요일에 여성들의 투표권은 공식적으로 미국 헌법의 일부가 되었다. 주지사 Roberts로부터 Tennessee 주 입법부가 그 수정헌법을 비준했다는 증서가 수신된 오전 8시에 Colby의 집에서 ① 투표권 수정헌법이 비준되었다고 공식적으로 발표하는 선언서에 서명이 되었다. Colby는 나중에 그가 사무실에 도착하자마자 그의 조치를 발표했다. 국무부에 있던 한 무리의 여성들이 그 발표에 환호한 것은 말할 것도 없었다.

① 투표권 수정헌법이 비준되었다
② 그 제안은 연방정부에 의해 거부되었다
③ 그 결정은 주에 의해 재고되는 중이었다
④ 투표권은 여전히 보류 중이었다

| 정답해설 | ① 72% 첫 문장에서 여성들의 투표권리가 헌법의 일부가 되었다는 것에서 'suffrage'가 투표권임을 알 수 있다. 빈칸 앞에는 공식적으로 발표된다는 (announcing officially) 내용이 있으므로 선지들 중 투표권이 비준되었다는 내용의 ①이 적합하다.

| 오답해설 | ② 7% ③ 14% ④ 7% 투표권의 법제화와는 반대되는 내용이다.

| 어휘 |

suffrage 투표권	ratification 비준, 승인
amendment 수정헌법	proclaim 선언하다
ballot (비밀)투표	constitution 헌법
Secretary of State 국무장관	certificate 증서
governor 주지사	legislature 입법부
cheer 환호하다	

오답률 TOP 1

| 문 20 | 빈칸형 독해 > Reading for Writing > 빈칸 구 완성 | 난이도 上 | 답 ① |
| | | 오답률 75% |

핵심포인트 추상적 내용의 지문인 만큼 글쓴이의 의도를 정확히 파악해야 한다.

| 해석 | 맨 처음부터 동물 사이에서 순전한 개인적인 분투란 없었다. 아마도 명백히 멸종 상태로 가고 있는 몇몇 고립된 종에 있어서를 제외한다면, 개별적 동물이 혼자서 분투한다는 점에서 자연 그 어디서도 순수한 개인주의는 존재하지 않는다. 그러한 원시적인 개인의 분투라는 가정은 ① 인간 사회에 대한 많은 잘못된 시각들의 토대가 되어왔다. 주된 대립은 종들 사이에서 일어난다. 그러나, 2차적 대립은 항상 같은 종의 구성원들 간에 벌어진다. 보통 이런 종들 내부의 대립은 집단 간의 경쟁이다. 인류가 정확히 이런 진술들을 예증한다.

① 인간 사회에 대한 많은 잘못된 시각들
② 중요한 역사적 사건들에 대한 정확한 해석들
③ 복잡한 사회적 현상들에 대한 훌륭한 통찰
④ 인류 역사에 대한 타당한 설명들

| 정답해설 | ① 25% 첫 문장에 주제가 제시되어 있다. 동물이 단독으로 분투한다는 것은 잘못된 것(there has been no such thing as unmitigated individual struggle among animals.)이라고 주장한다. 따라서 빈칸 문장의 주어인 '원시적인 개인의 분투라는 가정'은 잘못된 것이므로 그 가정의 결론도 잘못된 것이어야 문맥에 맞다. 또한, 'The human species exactly illustrates these statements.'를 통해, 인간과 관련된 내용이 빈칸에 와야 한다는 것을 알 수 있다.

| 어휘 |

unmitigated 순전한, 완전한	in the sense that ~라는 점에서
solitary 혼자의, 단독의	on the way to ~로 가는 중에
extinction 멸종	primitive 원시적인
illustrate 예증하다	erroneous 잘못된
insight 통찰력	plausible 타당한, 그럴듯한

2022년 ____월 ____일 시행
9급공무원 공개경쟁채용 필기시험

회차	과목
④	한국사

④회 난이도	上
④회 합격선	16개/20개

【SELF CHECK】

풀이 시간	/15분	맞힌 개수	/20개

④회차 핵심페이퍼

문번	정답	개념	꼭 짚고 넘어가야 하는 핵심포인트!	다시 볼 키워드!
문 1	④	고대	지증왕은 국호를 '신라'로 확정하였다.	지증왕, 국호 '신라', 상복법
문 2	③	중세	충선왕은 원나라에 만권당을 설치하였다.	충선왕, 만권당, 사림원, 소금 전매제
문 3	②	근현대	1884년 급진 개화파가 갑신정변을 일으켰다.	갑신정변, 급진 개화파, 한성 조약
오답률 TOP3 문 4	①	근현대	1907년 안창호, 이승훈 등이 비밀 결사로 신민회를 조직하였다.	신민회, 조선 광문회
문 5	③	고대	신라 하대 귀족들은 금입택, 사절유택 등을 지어 사치스러운 생활을 하였다.	신라 하대, 귀족의 사치
문 6	①	중세	성리학은 충렬왕 때 안향에 의해 도입되었다.	성리학, 충렬왕, 안향
문 7	①	단원 통합	과전법은 경기도 지방에 한해서 실시되었다.	과전법, 직전법, 관수관급제
문 8	②	단원 통합	안창호는 신민회에 참여하였고, 평양에 대성 학교를 설립하였다.	안창호, 신민회, 대성 학교
문 9	④	근현대	대한 제국은 1900년 만국 우편 연합에 가입하였다.	갑오개혁, 만국 우편 연합
문 10	②	근세	사림은 도덕과 의리를 바탕으로 하는 왕도 정치를 강조하였다.	훈구, 사림, 왕도 정치
문 11	④	단원 통합	고려의 지방군은 주현군과 주진군으로 편성되었다.	주진군, 진관 체제, 제승방략 체제, 속오군
문 12	③	중세	광종은 자·단·비·녹색의 공복을 규정하였다.	광종, 노비안검법, 공복 제정
문 13	③	근현대	조선 독립 동맹의 산하 부대는 조선 의용군이다.	한국 독립군, 조선 혁명군, 조선 의용군
문 14	①	근세	김일손이 김종직의 「조의제문」을 사초에 실으려고 한 것이 발단이 되어 무오사화가 일어났다.	「조의제문」, 무오사화
문 15	①	근대 태동기	정조 때 국영 농장인 대유둔전이 설치되었다.	정조, 규장각, 대유둔전
오답률 TOP2 문 16	②	근현대	1948년 9월 제헌 국회는 반민족 행위 처벌법을 제정하였다.	제헌 국회, 반민족 행위 처벌법
문 17	④	근현대	1883년 최초의 근대 사립 교육 기관인 원산 학사가 설립되었다.	원산 학사, 육영 공원, 교육 입국 조서
오답률 TOP1 문 18	④	고대	영양왕 때 이문진이 「신집」 5권을 저술하였다(600).	영양왕, 「신집」, 담징
문 19	②	근현대	1925년에 치안 유지법이 제정되었다.	문화 통치, 치안 유지법
문 20	③	국가의 형성	「삼국유사」에 단군 신화가 기술되어 있다.	「삼국유사」, 단군 신화

※ [오답률/선택률] 산정 기준: 2021.04.07. ~ 2022.02.28. 기간 동안 응시된 1초 합격예측 서비스의 누적 데이터
※ [오답률] TOP 1, 2, 3은 많은 응시생들이 헷갈린 문항이므로 꼭 확인하고 넘어가시기 바랍니다.

모의고사 》》 4회 P. 14

문 1	④	문 2	③	문 3	②	문 4	①	문 5	③
문 6	①	문 7	①	문 8	②	문 9	④	문 10	②
문 11	④	문 12	③	문 13	②	문 14	①	문 15	①
문 16	②	문 17	④	문 18	②	문 19	①	문 20	③

※ 50% 는 선지별 선택률을 나타냅니다.

문 1 | 사료형 | 고대 > 삼국의 정치 > 지증왕의 업적
난이도 中 | 답 ④
오답률 48%

핵심포인트 지증왕은 국호를 '신라'로 확정하였다.

| **정답해설** | 제시문은 6세기 신라 지증왕에 대한 사료이다. 지증왕은 '신라'라는 국호를 확정하고, 왕의 칭호도 마립간에서 중국식 왕호인 '왕'으로 바꾸는 등 왕권을 강화하고자 하였다.
④ 52% 지증왕 5년에 상복법(상중에 입는 옷에 관한 예법)을 정하여 실시하였다.
| **오답해설** | ① 4% 법흥왕 때 '건원'의 연호를 사용하였다.
② 13% 내물 마립간 때 전진에 사신 위두를 파견하였다.
③ 31% 소지 마립간 때 6촌을 6부로 개편하였다.

문 2 | 자료형 | 중세 > 정치 > 충선왕의 업적
난이도 中 | 답 ③
오답률 20%

출제의도 고려 후기 왕의 업적을 비교해서 알아두어야 한다.
핵심포인트 충선왕은 원나라에 만권당을 설치하였다.

| **정답해설** | 제시된 자료는 충선왕의 복위 교서로, 왕실 동성 혼인(친족 간의 혼인) 금지에 대한 내용이다. 충렬왕의 죽음으로 1308년 다시 왕위에 오른 충선왕은 기강 확립, 인재 등용의 개방, 종친과 문무 관리의 동성 혼인 금지, 귀족의 횡포 엄단 등을 내세운 복위 교서를 발표하였다.
③ 80% 편민조례추변도감은 충혜왕 때 토지와 노비를 조사하기 위해 설치된 기구이다.
| **오답해설** | ① 5% ② 11% ④ 4% 충선왕은 국가 재정을 확대하기 위해 소금을 전매하고, 왕명 출납을 담당하는 사림원을 설치하여 신진 학자들을 등용하였다. 또한 왕위에서 물러난 뒤 원의 연경에 만권당을 설립하여 학문 연구를 지원하기도 하였다.

문 3 | 자료형 | 근현대 > 개항기 > 갑신정변
난이도 中 | 답 ②
오답률 18%

핵심포인트 1884년 급진 개화파가 갑신정변을 일으켰다.

| **정답해설** | 제시문은 갑신정변 때 발표된 14개조 개혁 정강의 일부이다. 갑신정변은 1884년 김옥균, 박영효, 홍영식 등 급진 개화파가 중심이 되어 일으킨 정변으로, 14개조 정강을 발표하며 개혁 작업에 착수했지만 청군이 개입하여 3일 만에 진압되었다.
② 82% 갑신정변 이후 조선은 일본과 한성 조약을 체결하여 일본에 배상금을 지불하고, 일본 공사관 신축 비용을 부담하게 되었다.
| **오답해설** | ① 7% 1881년 조사 시찰단이 일본에 파견되었다.
③ 3% 1882년 임오군란의 결과 마젠창과 묄렌도르프가 고문으로 파견되었다.
④ 8% 1880년대 초 『조선책략』의 유포를 반대하면서 이만손을 중심으로 영남 유생들이 상소 운동을 전개하였다(영남 만인소).

문 4 | 오답률 TOP 3 | 자료형 | 근현대 > 개항기 > 신민회
난이도 上 | 답 ①
오답률 49%

출제의도 신민회의 활동은 자주 출제되는 주제이다.
핵심포인트 1907년 안창호, 이승훈 등이 비밀 결사로 신민회를 조직하였다.

| **정답해설** | 제시문은 신민회의 4대 강령이다. 신민회는 1907년 비밀 결사로 조직되었고, 국내에서는 교육과 산업 부흥, 국외에서는 무장 독립운동 기지 건설에 앞장섰다.
① 51% 조선 광문회는 박은식, 최남선이 민족 고전을 연구하는 단체로, 신민회의 지원을 받았다.
| **오답해설** | ② 12% 신민회는 공화 정체를 지향하였다.
③ 24% 1927년 민족 유일당 운동의 일환으로 신간회가 결성되었다.
④ 13% 대한 자강회는 고종의 강제 퇴위에 반대하는 운동을 전개하다가 통감부에 의해 해산되었다.

문 5 | 자료형 | 고대 > 남북국 시대의 정치 > 통일 신라
난이도 中 | 답 ③
오답률 19%

핵심포인트 신라 하대 귀족들은 금입택, 사절유택 등을 지어 사치스러운 생활을 하였다.

| **정답해설** | 제시된 자료는 신라 하대 진골 귀족들의 사치를 보여 준다. 당시 귀족들은 국가로부터 지급받은 녹읍 이외에도 토지와 노비를 소유하여 여유로운 생활을 하였다.
③ 81% 신라 하대 원성왕은 유교 경전의 이해 수준에 따라 관리를 채용하는 독서삼품과를 실시하였다.
| **오답해설** | ① 5% 조운제는 고려 시대에 처음 실시되었다.
② 10% 고려 시대에 관료에게 전지와 시지를 분급하는 전시과 제도를 실시하였다.
④ 4% 사헌부는 조선 시대의 관리 감찰 기구이다.

문 6 | 지식형 | 중세 > 문화 > 성리학
난이도 下 | 답 ①
오답률 24%

핵심포인트 성리학은 충렬왕 때 안향에 의해 도입되었다.

| **정답해설** | ① 76% 성리학은 충렬왕 때 안향이 『주자전서』를 도입하면서 고려에 소개되었으며, 성리학 소개 이후 백이정은 직접 원에 건너가 성리학의 이해를 심화시켰다. 이제현은 만권당에서 원의 학자들과 교류하였으며, 공민왕 때 이색은 성균관을 중심으로 성리학을 확산시켰는데 그의 문하에서 정몽주, 정도전, 권근과 같은 성리학자들이 많이 배출되었다.

문 7 | 지식형 | 단원 통합 > 고려와 조선의 토지 제도
난이도 中 | 답 ①
오답률 47%

출제의도 조선의 토지 제도 변화와 특징을 알아야 한다.
핵심포인트 과전법은 경기도 지방에 한해서 실시되었다.

| **정답해설** | ① 53% (가) 과전법은 고려 말 공양왕 때 국가 재정 확충과 신진 사대부의 경제적 기반 마련을 위해 실시되었으며, 경기 지방에 한정하여 과전을 분급하였다.
| **오답해설** | ② 3% 수신전, 휼양전 등으로 관료에게 지급할 토지가 부족해지자 조선 세조는 (나) 직전법을 실시하여 현직 관료에게만 수조권을 지급하고 수신전과 휼양전을 폐지하였다.
③ 30% (다) 관수관급제는 국가가 직접 농민으로부터 세금을 수취한 뒤 관리에게 지급한 제도이다. 이로써 국가의 토지 지배력이 강화되었고, 지주들은 더 이상 수조권을 남용하여 이익을 취할 수 없게 되었다. 이로 인해 지주들은 토지를 사유화하는 데 집착하여 농장을 확대하기 시작하였다.
④ 14% 명종 때 대농장이 확대되자 (라) 직전법을 폐지하고 관리에게 녹봉만을 지급하였다.

문 8	자료형 단원 통합 > 안창호	난이도 中	답 ②
		오답률 30%

핵심포인트 안창호는 신민회에 참여하였고, 평양에 대성 학교를 설립하였다.

| **정답해설** | 제시문은 <u>안창호</u>의 활동 내역이다.

② 70% 안창호는 1907년 신민회를 조직하였고, 민족 교육을 위해 1908년 평양에 대성 학교를 설립하였다.

| **오답해설** | ① 4% 박은식은 1915년 『한국통사』를 편찬하였다.

③ 19% 안창호는 상하이 임시 정부에서 내무총장직을 맡았다.

④ 7% 박은식과 최남선은 조선 광문회를 설립하여 민족 고전을 연구하였다.

문 9	지식형 근현대 > 개항기 > 갑오개혁	난이도 中	답 ④
		오답률 17%

핵심포인트 대한 제국은 1900년 만국 우편 연합에 가입하였다.

| **정답해설** | 동학 농민 운동 당시 조선에 주둔한 일본은 병력 철수를 거부하고 경복궁을 점령한 뒤 개혁을 강요하였다. 또한 흥선 대원군을 앞세워 김홍집 내각을 수립하였고, 군국기무처를 설립하여 1894년 제1차 갑오개혁을 추진하였다. 이후 청·일 전쟁에서 승세를 잡은 일본이 적극적으로 조선에 간섭하면서 김홍집·박영효 연립 내각이 구성되어 제2차 갑오개혁이 추진되었다.

④ 83% 대한 제국은 1900년 만국 우편 연합에 가입하였고, 이를 통해 외국과 우편물을 교환하기 시작하였다.

| **오답해설** | ① 7% 제2차 갑오개혁 때 8아문이 7부로 개편되었다.

② 5% 제2차 갑오개혁 때 사법권을 행정부에서 독립시키고 신식 재판소를 설립하였다.

③ 5% 제1차 갑오개혁 때 신식 화폐 발행 장정이 반포되어 은 본위 화폐제와 일본 화폐 유통이 시행되었다.

문 10	자료형 근세 > 정치 > 조선의 사림	난이도 中	답 ②
		오답률 25%

출제의도 훈구와 사림의 주장을 구분하여야 한다.

핵심포인트 사림은 도덕과 의리를 바탕으로 하는 왕도 정치를 강조하였다.

| **정답해설** | 제시문은 이이의 『기자실기』 내용 중 일부이다. 조선의 <u>사림</u>은 기자를 추앙하였는데, 이는 사림파의 존화주의적 역사관을 보여 준다.

② 75% 사림은 왕도 정치를 강조하였고, 이에 따라 예치(禮治)와 예학을 강조하였다.

| **오답해설** | ① 10% 훈구는 대토지를 소유한 지주층이었다.

③ 7% 훈구는 대외 무역에 관여하며 농업 생산력 발달로 인한 부와 상공업의 이익을 독점하였다.

④ 8% 훈구는 중앙 집권 체제의 강화를 추구하였다.

문 11	순서형 단원 통합 > 고려와 조선의 지방군	난이도 下	답 ④
		오답률 12%

핵심포인트 고려의 지방군은 주현군과 주진군으로 편성되었다.

| **정답해설** | 제시된 지방 군사 제도의 시대 순서는 다음과 같다.

ㄷ. 고려의 지방군은 5도에 주현군, 양계에 양계 주민과 경군 등으로 구성된 주진군으로 편성되었다.

ㄹ. 조선 세조 때 군현 단위의 방어 체계인 진관 체제가 시행되었다.

ㄱ. 조선 명종 때 을묘왜변을 거치면서 제승방략 체제가 실시되었다.

ㄴ. 조선 선조 때 발생한 임진왜란 중의 휴전 협상 기간에 양반부터 노비까지 편제된 속오군이 조직되었다.

문 12	사료형 중세 > 정치 > 광종의 업적	난이도 下	답 ③
		오답률 12%

핵심포인트 광종은 자·단·비·녹색의 공복을 규정하였다.

| **정답해설** | 제시문의 밑줄 친 '왕'은 고려의 <u>광종</u>이다. 광종은 노비안검법을 시행하고 과거제를 실시하여 왕권을 강화하였다.

③ 88% 광종은 공복을 제정하고 관등에 따라 자·단·비·녹색의 복색을 규정하여 지배층의 위계질서를 확립하고자 하였다.

| **오답해설** | ① 7% 고려 공민왕은 권문세족의 경제 기반을 억제하기 위해 전민변정도감을 설치하였다.

② 4% 고려 태조는 사심관 제도와 기인 제도를 통하여 호족을 견제하였다.

④ 1% 고려 성종은 최승로의 건의로 지방 주요 지역에 12목을 설치하고 지방관을 파견하였다.

문 13	지식형 근현대 > 일제 강점기 > 1930~1940년대의 무장 독립 투쟁	난이도 下	답 ③
		오답률 8%

핵심포인트 조선 독립 동맹의 산하 부대는 조선 의용군이다.

| **정답해설** | ③ 92% ㉠ <u>조선 혁명군</u>, ㉡ <u>조선 의용군</u>, ㉢ <u>한국 독립군</u>에 해당한다. 1920년대 후반 만주에서는 3부 통합 운동으로 북만주에 혁신 의회, 남만주에 국민부가 신설되었고, 산하 부대로 북만주에 한국 독립군, 남만주에 조선 혁명군을 두어 항일 투쟁에 앞장섰다. 조선 의용군은 1942년 김두봉 등을 중심으로 한 조선 독립 동맹의 산하 부대로 조직되었으며, 해방 이후 북한의 인민군으로 편입되었다.

문 14	자료형 근세 > 정치 > 무오사화	난이도 中	답 ①
		오답률 27%

핵심포인트 김일손이 김종직의 「조의제문」을 「사초」에 실으려고 한 것이 발단이 되어 무오사화가 일어났다.

| **정답해설** | 제시된 자료는 연산군 때 일어난 <u>무오사화</u>와 관련된 내용이다. 무오사화는 김일손이 김종직의 「조의제문」을 「사초」에 실으려고 한 것이 발단이 되어 사림 세력이 정계에서 축출된 사건이다.

① 73% 무오사화로 김종직은 부관참시되었고, 김일손은 처형당했으며, 김굉필과 정여창은 유배되었다.

| **오답해설** | ② 2% 연산군의 생모인 폐비 윤씨 사사 사건을 계기로 갑자사화가 일어났다.

③ 7% ④ 18% 중종 때 일어난 기묘사화에 대한 설명으로, 기묘사화는 훈구 세력이 조광조 일파의 개혁 정치에 반발하여 일어났다.

문 15	보기형 근대 태동기 > 정치 > 정조의 업적	난이도 中	답 ①
		오답률 25%

핵심포인트 정조 때 국영 농장인 대유둔전이 설치되었다.

| **정답해설** | 밑줄 친 '왕'은 정조이다. 정조는 규장각을 설치하고, 검서관에 유득공·이덕무·박제가 등 서얼을 등용하여 학문을 연구하도록 하였다.

ㄱ. 정조는 대유둔전이라는 국영 농장을 설치하여 화성 건설 경비 등을 충당하였다.

ㄷ. 정조 때 수령이 향약을 직접 주관하게 하였다.

| **오답해설** | ㄴ. 영조 때 신문고 제도가 부활하였다.

ㄹ. 숙종은 의주에 강감찬 사당을 건립하였고, 이순신에게 현충이라는 시호를 내렸다.

문 16

오답률 TOP 2

자료형	근현대 > 현대 > 반민족 행위 처벌법	난이도 上 | 답 ②
		오답률 59%

핵심포인트 1948년 9월 제헌 국회는 반민족 행위 처벌법을 제정하였다.

| 정답해설 | 제시된 자료는 반민족 행위 처벌법의 내용 중 일부이다. 이 법은 친일파에 대한 처벌을 목적으로 1948년 9월에 제정되었고, 조사를 위해 국회의원 10인으로 구성된 반민족 행위 특별 조사 위원회(반민 특위)도 조직되었다. 또한 대법원에 특별 재판부를 두어 관련 재판을 담당하도록 하였다. 하지만 이승만 정부의 미온적 태도와 공소 시효의 단축, 일부 경찰들에 의한 반민 특위 사무소 습격, 국회 프락치 사건 등으로 친일 청산은 좌절되었다.
② 41% 2005년 친일 재산 귀속법이 제정되어 친일 반민족 행위로 취득한 재산에 대한 조사가 이루어졌다.
| 오답해설 | ① 5% 반민족 행위를 조사하기 위해 국회의원 10인으로 구성된 특별 조사 위원회를 두고 특별 감찰부에 조사 보고서를 올리게 하였다.
③ 42% 재판은 단심제로 하고 공소 시효를 법률 공포일로부터 2년으로 하였으나, 법률이 개정되어 공소 시효가 1950년 6월에서 1949년 8월로 앞당겨졌다.
④ 12% 대법원에 특별 재판부를 두어 반민족 행위 사범을 재판하도록 하였다.

문 17

보기형	근현대 > 개항기 > 근대 교육	난이도 中 | 답 ④
		오답률 25%

핵심포인트 1883년 최초의 근대 사립 교육 기관인 원산 학사가 설립되었다.

| 정답해설 | ㄴ. 1886년 근대 교육 시설인 육영 공원이 만들어졌고, 헐버트를 비롯한 미국인 교사를 초빙하여 상류층 자제와 현직 관료들을 가르쳤다.
ㄷ. 교육 입국 조서의 반포로 한성 사범 학교 등의 관립 학교가 설립되었다.
ㄹ. 개신교 선교사들에 의해 경신 학교, 숭실 학교, 배재 학당, 이화 학당 등이 설립되었다.
| 오답해설 | ㄱ. 원산 학사는 함경도 덕원 주민들이 세웠으며, 평민 자제들도 입학이 가능하였다.

문 18

오답률 TOP 1

순서형	고대 > 삼국의 정치 > 고구려의 역사	난이도 上 | 답 ④
		오답률 60%

핵심포인트 영양왕 때 이문진이 『신집』 5권을 저술하였다(600).

| 정답해설 | 제시된 사건의 순서는 다음과 같다.
ㄴ. 4세기 소수림왕 때 전진의 순도가 불교를 전하였고, 초문사가 창건되었다.
ㄹ. 5세기 장수왕 때 죽령 일대로부터 남양만에 이르는 영토를 확보하여 한강 전 지역을 차지하였다.
ㄷ. 영양왕 11년(600)에 태학박사 이문진이 『신집』 5권을 편찬하였다.
ㄱ. 영양왕 21년(610)에 담징이 종이와 먹의 제조법을 일본에 전해 주었다.

문 19

지식형	근현대 > 일제 강점기 > 문화 통치	난이도 中 | 답 ②
		오답률 18%

핵심포인트 1925년에 치안 유지법이 제정되었다.

| 정답해설 | 1919년 3·1 운동 이후 일제는 이른바 문화 통치를 실시하였는데, 이 시기에 헌병 경찰제를 보통 경찰제로 바꾸고 〈동아일보〉나 〈조선일보〉 등의 민족 언론 발행을 허가하기도 하였다.
② 82% 일제는 1925년에 치안 유지법을 제정하여 독립운동과 관련된 조직과 단체를 탄압하였다.
| 오답해설 | ① 5% 1941년 국민학교령이 반포되어 '황국 신민을 양성한다.'라는 일제 강점기의 초등 교육 정책에 따라 소학교의 명칭을 '국민학교'로 바꾸었다.
③ 9% 문화 통치 시기에도 문관 총독의 임명은 이루어지지 않았다.
④ 4% 1941년 조선 사상범 예방 구금령이 시행되었다.

문 20

자료형	우리 역사의 기원과 형성 > 국가의 형성 > 고조선	난이도 中 | 답 ③
		오답률 19%

핵심포인트 『삼국유사』에 단군 신화가 기술되어 있다.

| 정답해설 | 제시된 자료는 고조선의 건국 신화인 단군 신화의 내용 중 일부이다.
③ 81% 『삼국사기』가 아닌 『삼국유사』에 따르면 고조선은 중국의 전설상에 등장하는 요(堯) 임금 시기에 건국되었다고 한다. 유교적 합리주의 사관에 따라 서술된 『삼국사기』에는 단군 신화와 관련된 내용이 전하지 않는다.
| 오답해설 | ① 8% ② 9% ④ 2% 고조선과 관련된 내용은 중국 춘추·전국 시대 사서인 『관자』에도 기록되어 있으며, 단군 신화는 충렬왕 때 편찬된 『삼국유사』와 『제왕운기』에 수록되어 있다. 고조선은 기원전 4세기 요서 지방을 경계로 연나라와 대립했으며, 왕 밑에 상, 대부, 장군과 같은 직책을 두기도 하였다.

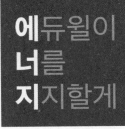

에너지

ENERGY

자신의 능력을 믿어야 한다.
그리고 끝까지 굳세게 밀고 나가라.

– 엘리너 로절린 스미스 카터(Eleanor Rosalynn Smith carter)

2022년 ____월 ____일 시행
9급공무원 공개경쟁채용 필기시험

회차	과목
⑤	국어

⑤회 난이도	中
⑤회 합격선	17개/20개

【SELF CHECK】

풀이 시간	/20분	맞힌 개수	/20개

⑤회차 핵심페이퍼

문번	정답	개념	꼭 짚고 넘어가야 하는 핵심포인트!	다시 볼 키워드!
오답률 TOP 1 문 1	③	어문 규정	합성 동사와 보조 용언이 결합할 때는 보조 용언을 띄어 써야 한다.	띄어쓰기
문 2	③	어문 규정	문맥을 읽고 적절한 표준어를 사용할 수 있어야 한다.	받치다, 달이다, 맞히다, 붙이다
오답률 TOP 2 문 3	②	어문 규정	맞춤법의 원리를 이해하고 정확하게 구사할 수 있어야 한다.	면구스럽다, 우레, 어리바리, 진작에
문 4	③	비문학	제시된 글과 선지에 제시된 내용을 비교하여 내용이 일치하는지 파악할 수 있어야 한다.	내용 일치/불일치
문 5	②	현대 문법	앞 음절의 자음이 뒤 음절로 넘어가는 경우, 탈락이 아님을 알아야 한다.	음운의 변동
문 6	④	비문학	제시된 논지 전개 방식을 확인하고, 글의 흐름에 맞게 문장을 재배열할 수 있어야 한다.	논지 전개 방식
문 7	③	현대 문학	제시된 시에 나타난 시어의 의미가 무엇인지 정확하게 알고 있어야 한다.	김광규, 「저녁 길」, 신동집, 「포스터 속의 비둘기」
문 8	②	한자와 한자어	'間於齊楚(간어제초)'의 뜻을 해석할 수 있어야 한다.	간어제초(間於齊楚)
문 9	④	비문학	글을 읽고 자연스럽게 다듬을 수 있어야 한다.	퇴고
문 10	④	비문학	대화를 정확하게 이해하고 실제 예에 적용할 수 있어야 한다.	내용 일치/불일치
문 11	②	현대 문법	문맥에 따라 달라지는 유의어를 익히고 있어야 한다.	'먹다'의 다양한 의미
문 12	④	어문 규정	맞춤법의 원리를 이해하고 정확한 표기를 할 수 있어야 한다.	몸져눕다, 굼닐다, 움큼, 닦달하다
오답률 TOP 3 문 13	①	비문학	논리의 오류를 이해하고 적용할 수 있어야 한다.	논리의 오류
문 14	②	언어 예절과 바른 표현	문장 성분 간의 호응을 파악할 수 있어야 한다.	문장 성분 간 호응
문 15	②	현대 문법	피동사와 능동사의 종류를 구별할 수 있어야 한다.	피동 표현
문 16	④	현대 문법	안은문장의 개념을 알고 실제로 적용할 수 있어야 한다.	안은문장
문 17	①	현대 문학	현진건의 「빈처」는 1인칭 시점으로 '나'가 등장인물들의 대화와 행동에서 느낀 감정들을 서술하고 있다.	현진건, 「빈처」
문 18	①	비문학	글에 나타난 정보와 맥락 등을 통해 글의 중심 내용을 파악한 후, 선지의 내용과 일치하는지의 여부를 확인한다.	내용 일치/불일치
문 19	④	현대 문학	시상 전개 방식, 화자의 정서 표현 등을 파악하며 작품을 이해해야 한다.	최두석, 「성에꽃」
문 20	③	비문학	문맥의 의미를 알고 실제 예에 적용할 수 있어야 한다.	내용 일치/불일치

※ [오답률/선택률] 산정 기준: 2021.04.07. ~ 2022.02.28. 기간 동안 응시된 1초 합격예측 서비스의 누적 데이터
※ [오답률] TOP 1, 2, 3은 많은 응시생들이 헷갈린 문항이므로 꼭 확인하고 넘어가시기 바랍니다.

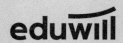

모의고사 ≫ 5회 P. 2

문 1	③	문 2	③	문 3	②	문 4	③	문 5	②
문 6	④	문 7	③	문 8	②	문 9	④	문 10	④
문 11	②	문 12	④	문 13	①	문 14	⑤	문 15	②
문 16	④	문 17	①	문 18	①	문 19	④	문 20	③

※ 50% 는 선지별 선택률을 나타냅니다.

오답률 TOP 1

| 문 1 | 단답형 지식 | 어문 규정 > 한글 맞춤법 > 띄어쓰기 | 난이도 上 | 답 ③ |
| | | | | 오답률 59% |

출제의도 본용언과 보조 용언의 띄어쓰기를 이해하고 있는지 평가한다.
핵심포인트 합성 동사와 보조 용언이 결합할 때는 보조 용언을 띄어 써야 한다.

| 정답해설 | ③ 41% 잡아매두고(×) → 잡아매 두고(○)
보조 용언과 본용언은 띄어 쓰는 것이 원칙이지만 붙여 쓰는 것도 허용한다. 그러나 보조 용언이 2개 이상 붙어 있을 때는 마지막 보조 용언을 띄어 쓰고, '합성 동사 + 보조 용언'일 때는 보조 용언을 띄어 써야 한다. 따라서 '잡아매다'가 합성 동사라서 보조 용언인 '두다'와 띄어 써야 하므로, '잡아매∨두고'로 고치는 것이 옳다.

| 오답해설 | ① 7% '사흘 만에 돌아왔다'와 같이 동안이 얼마간 계속되었음을 나타낼 때 쓰는 '만'은 의존 명사이므로 앞말과 띄어 써야 한다.
② 15% '삼 년이 되도록'과 같이 수와 의존 명사는 띄어 써야 한다. 단, 아라비아 숫자와 함께 쓰일 때는 '3년'과 같이 붙여 쓴다.
④ 37% '새로에'는 조사 '는', '은' 뒤에 붙어 '고사하고', '그만두고', '커녕'의 뜻을 나타내는 보조사로, '남과 시비하는 일은새로에, 골내는 것을 한 번도 본 일이 없었다.'와 같이 붙여 쓴다.

| 문 2 | 단답형 지식 | 어문 규정 > 한글 맞춤법 | 난이도 中 | 답 ③ |
| | | | | 오답률 25% |

출제의도 헷갈리는 표준어를 정확하게 이해하고 있는지 평가한다.
핵심포인트 문맥을 읽고 적절한 표준어를 사용할 수 있어야 한다.

| 정답해설 | ③ 75% 제시된 문장에서 '받치다'는 '단단한 곳에 닿아 몸의 일부분이 아프게 느껴지다.'라는 의미로, 올바르게 쓰였다.

| 오답해설 | ① 2% 다리다(×) → 달이다(○)
'다리다'는 '다리미로 문지르다.'의 뜻이므로 '액체 따위를 끓여서 진하게 만들다.' 또는 '액체 따위에 물을 부어 끓여서 우러나게 하다.'를 뜻하는 '달이다'로 고치는 것이 적절하다.
② 9% 맞추다(×) → 맞히다(○)
'맞추다'는 '서로 일치하도록 하거나 서로 마주 대어 붙이다.'를 뜻하므로 '문제에 대한 답을 틀리지 않게 하다.'를 의미하는 '맞히다'로 고치는 것이 적절하다.
④ 14% 부치다(×) → 붙이다(○)
'말을 걸거나 치근대며 가까이 다가서다.'를 의미하는 단어는 '붙이다'이다. '부치다'는 '편지나 물건 따위를 일정한 수단이나 방법을 써서 상대에게로 보내다.'의 의미이다.

오답률 TOP 2

| 문 3 | 단답형 지식 | 어문 규정 > 한글 맞춤법 | 난이도 上 | 답 ② |
| | | | | 오답률 54% |

출제의도 한글 맞춤법을 정확하게 이해하고 있는지 평가한다.
핵심포인트 맞춤법의 원리를 이해하고 정확하게 구사할 수 있어야 한다.

| 정답해설 | ② 46% 밍구스럽기도(×) → 면구스럽기도(○)
'낯을 들고 대하기에 부끄러운 데가 있다.'라는 뜻의 단어는 '면구스럽다'이다. 비슷한 말로 '민망스럽다'가 있다. '밍구스럽다'는 잘못된 표현이다.

| 오답해설 | ① 1% 우레: '우레'는 '뇌성과 번개를 동반하는 대기 중의 방전 현상'을 뜻하는 말이다. 한때 '우뢰(雨雷)'로 쓰기도 하였으나, 이는 우리말 '우레'를 한자어로 잘못 인식하여 적은 것이다. 따라서 '우레'라고 표기하는 것이 바르다. 우뢰(×)
③ 34% 어리바리: 정신이 또렷하지 못하거나 기운이 없어 몸을 제대로 놀리지 못하고 있는 모양을 뜻하는 말이다. 어리버리(×)

---

④ 19% 진작에: '과거의 어느 때에 이미.'라는 뜻으로, '진즉에'와 동의어이다.

| 문 4 | 박스형 이해 | 비문학 > 독해 비문학 > 내용 일치/불일치 | 난이도 下 | 답 ③ |
| | | | | 오답률 5% |

출제의도 제시된 글의 중심 내용을 파악할 수 있는지 평가한다.
핵심포인트 제시된 글과 선지에 제시된 내용을 비교하여 내용이 일치하는지 파악할 수 있어야 한다.

| 정답해설 | ③ 95% 제시된 글에 기반하여 정답을 찾아야 한다. 이 글에서는 육신을 고단하게 부려야 생명력이 유지된다는 말은 찾을 수 없다.

| 오답해설 | ① 1% 불의 연기가 혼기라고 했으므로 불은 생명이 되는 것이다. 이를 통해 불을 사람의 생명에 비유했음을 알 수 있다.
② 3% 혼백이 합하여 사는 것이므로, 이것이 분리되면 죽는 것이다. 즉, 혼기와 체백이 분리되지 않은 상태가 곧 생명이 유지되는 상태인 것이다.
④ 1% 아홉 번째 줄에서 '불이 다 꺼지면~'을 통해 불이 꺼져 연기가 올라가고 재가 떨어지는 것에 육신이 땅에 묻히는 것을 비유했음을 알 수 있다.

| 문 5 | 단답형 지식 | 현대 문법 > 음운론 > 음운의 변동 | 난이도 下 | 답 ② |
| | | | | 오답률 4% |

출제의도 국어에서 나타나는 음운 현상을 정확하게 이해하고 있는지 평가한다.
핵심포인트 앞 음절의 자음이 뒤 음절로 넘어가는 경우, 탈락이 아님을 알아야 한다.

| 정답해설 | ② 96% 겹받침이 모음으로 시작하는 형식 형태소를 만나면 자음은 다음 음절의 첫소리로 옮겨 발음한다. 'ㄹ' 뒤에 모음으로 시작되는 조사가 연결될 때는 'ㄹ'은 그대로 받침의 소리로 발음하고 'ㄱ'을 뒤 음절의 첫소리로 옮겨 발음하는 것이다. 이는 음운이 사라진 것이 아니므로 탈락이 아니다.

| 오답해설 | ① 0% 역린[영닌]: [역닌]('ㄱ' 받침 뒤에 'ㄹ'은 'ㄴ'으로 발음) → [영닌](비음화 현상)으로 발음한다. 교체가 2번 일어난다.
③ 2% 콩엿[콩녇]: 사잇소리 현상으로 'ㄴ'이 첨가되었고, 음절의 끝소리 규칙이 일어났다. 첨가와 교체가 일어났다.
④ 2% 법학[버팍]: 'ㅂ'과 'ㅎ'이 'ㅍ'으로 축약되었다.

| 참고이론 | 음운 변동의 양상

- 교체: 한 음운이 다른 음운으로 바뀌는 현상
- 탈락: 한 음운이 없어지는 현상
- 첨가: 없던 음운이 생기는 현상
- 축약: 두 음운이 합쳐져서 또 다른 음운 하나로 바뀌는 현상
- 도치: 두 음운의 위치가 서로 바뀌는 현상

| 문 6 | 박스형 이해 | 비문학 > 이론 비문학 > 논지 전개 방식 | 난이도 下 | 답 ④ |
| | | | | 오답률 1% |

출제의도 주어진 글을 정확하게 구성할 수 있는지 평가한다.
핵심포인트 제시된 논지 전개 방식을 확인하고, 글의 흐름에 맞게 문장을 재배열할 수 있어야 한다.

| 정답해설 | ④ 99% 제시된 글의 논지 전개 방식을 살펴보면 다음과 같다.
• (나) 서구 문물이 밀려오는 현재 상황 – (마) 무분별한 외래문화 수용으로 인한 예상 전망 – (가) 현실적 문제 – (다) 해결 방향 – (라) 구체적인 방안

| 문 7 | 박스형 이해 | 현대 문학 > 현대 시 > 종합적 감상 | 난이도 中 | 답 ③ |
| | | | | 오답률 43% |

출제의도 현대 시를 정확하게 감상할 수 있는지 평가한다.
핵심포인트 제시된 시에 나타난 시어의 의미가 무엇인지 정확하게 알고 있어야 한다.

| 정답해설 | ③ 57% '지붕마루'는 비어 있고 '하늘'은 날아 볼 수 없기에, 두 시어는 이 시에서 희망이 사라진 황폐한 현대의 모습을 의미하고 있다.

| 참고이론 | 작품 분석

(1) 김광규, 「저녁 길」
- 성격: 회의적, 비판적
- 특징: 유사한 성격의 소재를 활용하여 의미를 강조함.

- 주제: 무기력한 현대 도시인의 삶 비판
(2) 신동집, 「포스터 속의 비둘기」
- 성격: 문명 비판적, 우의적, 상징적
- 특징: 대상을 통해 현대인의 모습을 형상화함.
- 주제: 자유와 순수를 잃은 현대인의 비애

문 8 ｜ 단답형 지식 ｜ 한자와 한자어 > 한자 성어 / 관용 표현 > 속담 ｜ 난이도 中 ｜ 답 ② ｜ 오답률 19%

출제의도 비슷한 의미의 한자 성어와 속담을 알고 있는지 평가한다.
핵심포인트 '間於齊楚(간어제초)'의 뜻을 해석할 수 있어야 한다.

| 정답해설 | ② 81% '間於齊楚(간어제초)'는 '약자가 강자들 틈에 끼어서 괴로움을 겪음을 이르는 말.'을 뜻하므로, 우리말 관용어 '고래 싸움에 새우 등 터진다.'와 대응된다. '말 타면 경마 잡히고 싶다'는 '사람의 욕심은 끝이 없음.'을 뜻하는 '騎馬欲率奴(기마욕솔노)'와 대응된다.
| 오답해설 | ① 10% 角者無齒(각자무치): 한 사람이 여러 가지 재주나 복을 다 가질 수 없음을 이르는 말. ≒ 뿔 있는 호랑이는 뿔이 없다
③ 5% 我田引水(아전인수): 자기에게만 유리하게 해석하고 행동하는 태도를 이르는 말. ≒ 자기 논에 물 대기
④ 4% 見蚊拔劍(견문발검): 보잘것없는 작은 일에 지나치게 큰 대책을 세움을 이르는 말. ≒ 모기를 보고 칼 뺀다

문 9 ｜ 박스형 이해 ｜ 비문학 > 이론 비문학 > 퇴고 ｜ 난이도 中 ｜ 답 ④ ｜ 오답률 26%

출제의도 글을 문맥에 맞게 퇴고할 수 있는지 평가한다.
핵심포인트 글을 읽고 자연스럽게 다듬을 수 있어야 한다.

| 정답해설 | ④ 74% ㉣의 주어는 '성범죄'가 아니라 '성범죄의 위험'이기 때문에 '저질러지다'라는 서술어를 사용하는 것은 적절하지 않다.

문 10 ｜ 박스형 이해 ｜ 비문학 > 독해 비문학 > 내용 일치/불일치 ｜ 난이도 下 ｜ 답 ④ ｜ 오답률 11%

출제의도 대화를 이해하고 적용할 수 있는지 파악한다.
핵심포인트 대화를 정확하게 이해하고 실제 예에 적용할 수 있어야 한다.

| 정답해설 | ④ 89% 김 선수는 오늘 6 언더파를 쳤기 때문에, 김 선수가 이번 경기에서 공을 친 횟수는 기준 타수인 72타에 −6을 한 66번이 된다. 골프에서는 자신이 기록한 점수가 곧 공을 친 횟수에 해당한다고 제시되어 있다.
| 오답해설 | ① 2% 김 선수는 6 언더를 기록했기 때문에 점수는 −6으로 기록된다.
② 3% 김 선수는 17번 홀에서 홀인원을 하며 2타를 줄였고 18번 홀은 파로 마무리하며 타수를 줄이지 못했으므로 16번 홀을 마쳤을 때의 기록은 4 언더이다.
③ 6% 홀인원을 하는 홀은 기준 타수가 3개이다.

문 11 ｜ 박스형 이해 ｜ 현대 문법 > 의미론 > 어휘의 의미 관계 ｜ 난이도 中 ｜ 답 ② ｜ 오답률 26%

출제의도 단어의 관계를 파악할 수 있는지 평가한다.
핵심포인트 문맥에 따라 달라지는 유의어를 익히고 있어야 한다.

| 정답해설 | ② 74% • A: 두 번째 문장인 '도시물을 먹다'에서 '먹다'는 '경험하여 몸에 배다.'의 의미이다. 유의어로는 '경험하다, 맛보다' 등이 있다.
• B: '사람이 어떤 생각이나 감정 따위를 마음속으로 가지다.'의 의미를 가진 '품다'와 유의어 관계에 있는 '먹다'가 포함된 문장인, '마음을 굳게 먹고 열심히 공부했다.'가 적절하다.
• C: 마지막 문장에서 '욕을 먹다'의 '먹다'는 '꾸지람·욕·핀잔 따위를 듣다.'의 의미이므로, 유의어로는 '듣다'가 적절하다.

문 12 ｜ 단답형 지식 ｜ 어문 규정 > 한글 맞춤법 ｜ 난이도 中 ｜ 답 ④ ｜ 오답률 35%

출제의도 한글 맞춤법을 정확하게 이해하고 있는지 평가한다.
핵심포인트 맞춤법의 원리를 이해하고 정확한 표기를 할 수 있어야 한다.

| 정답해설 | ④ 65% '몸져눕다'는 '병이나 고통이 심하여 몸을 가누지 못하고 누워 있다.'라는 뜻의 단어로, 옳은 표기이다.
| 오답해설 | ① 2% 굽니는(×) → 굼니는(○)
'몸이 굽어졌다 일어섰다 하거나 몸을 굽혔다 일으켰다 하다.'를 의미하는 단어는 '굼닐다'이다.
② 24% 웅큼(×) → 움큼(○)
'손으로 한 줌 움켜쥘 만한 분량을 세는 단위.'를 의미하는 단어는 '움큼'이다. '웅큼'은 잘못된 표기이다.
③ 9% 닥달하는(×) → 닦달하는(○)
'남을 단단히 윽박질러서 혼을 내다.'를 의미하는 단어는 '닦달하다'이다.

오답률 TOP.3

문 13 ｜ 박스형 이해 ｜ 비문학 > 이론 비문학 > 논리의 오류 ｜ 난이도 上 ｜ 답 ① ｜ 오답률 53%

출제의도 논리 영역 중 오류를 이해하고 적용할 수 있는지 평가한다.
핵심포인트 논리의 오류를 이해하고 적용할 수 있어야 한다.

| 정답해설 | ① 47% 제시된 글에서는 유명한 개신교 신학자들이 과학자를 평가하였다. 이것은 부적합한 권위의 오류를 범한 것이다. 이는 판소리의 대가가 화가를 평한 것과 유사한 오류이다.
| 오답해설 | ② 19% 귀신이 있다는 주장에 대한 근거로 귀신이 없다고 증명한 사람이 없기 때문임을 제시하고 있다. 이는 전제가 참으로 증명되어 있지 않은 것을 근거로 거짓인 것을 주장하는 '무지에 호소하는 오류'에 해당한다.
③ 12% 사고를 낼 의도는 없었지만 사고의 원인이 된 사람을 살인자라고 칭하며 풀어 주면 안 된다고 주장하고 있다. 이는 의도하지 않은 결과를 원래 의도가 있었다고 판단하여 생기는 '의도 확대의 오류'에 해당한다. 상대방의 말이나 행동의 본래 의도를 결과 중심으로 확대 해석하거나 정당화할 때 생긴다.
④ 22% 베이컨의 철학을 믿을 수 없다는 주장에 대한 근거로 사안과 무관한 베이컨의 뇌물 수수 혐의 이력을 제시하고 있다. 이는 상대방의 인격을 손상하면서 그의 주장을 꺾으려고 할 때 범하게 되는 '인신공격의 오류'에 해당한다.

문 14 ｜ 단답형 지식 ｜ 언어 예절과 바른 표현 > 바른 표현 ｜ 난이도 中 ｜ 답 ② ｜ 오답률 31%

출제의도 자연스러운 문장을 구별할 수 있는지 평가한다.
핵심포인트 문장 성분 간의 호응을 파악할 수 있어야 한다.

| 정답해설 | ② 69% 부사어인 '모름지기'는 당위를 나타내므로, 서술어로 '~어야 한다' 또는 '~이어야 한다'가 오는 것이 적절하다. 따라서 '모름지기 교통 법규를 지켜야 한다.' 정도로 고쳐야 한다.

문 15 ｜ 박스형 이해 ｜ 현대 문법 > 통사론 > 피동 표현 ｜ 난이도 中 ｜ 답 ② ｜ 오답률 44%

출제의도 피동의 의미를 정확하게 알고 있는지 평가한다.
핵심포인트 피동사와 능동사의 종류를 구별할 수 있어야 한다.

| 정답해설 | ② 56% 선지 중 '의미는 피동이지만 형태상 능동이므로 피동사로 볼 수 없는 동사'가 사용된 것을 찾으면 된다. 이 문장에서 '지지를 자신이 만든 것'이 아니라 다른 주체인 '대의원들이 지지한 것'이므로 의미는 피동이지만, '받다'는 능동사이므로 피동으로 볼 수 없다.

문 16

| 박스형 이해 | 현대 문법 > 통사론 > 안은문장 | 난이도 中 ┃ 답 ④ |
| 오답률 34% |

출제의도 겹문장의 종류를 이해하고 있는지 평가한다.

핵심포인트 안은문장의 개념을 알고 실제로 적용할 수 있어야 한다.

┃ **정답해설** ┃ ④ 66% • 나: ㄱ과 ㄴ 모두 관형사형 어미를 통해 실현되는 관형절을 안은 문장이다.

• 라: ㄱ과 ㄴ 모두 안긴 절의 목적어가 생략되어 있다.

┃ **오답해설** ┃ • 가: ㄱ에서 안은문장의 주어는 '아버지께서'이고, 안긴 절의 주어는 '우리가'로 서로 다르다.

• 다: 안은문장의 목적어에 쓰인 명사를 수식한다.

문 17

| 박스형 이해 | 현대 문학 > 현대 소설 > 서술상의 특징 | 난이도 下 ┃ 답 ① |
| 오답률 3% |

출제의도 소설의 시점을 파악할 수 있는지 평가한다.

핵심포인트 현진건의 「빈처」는 1인칭 시점으로 '나'가 등장인물들의 대화와 행동에서 느낀 감정들을 서술하고 있다.

┃ **정답해설** ┃ ① 97% 제시된 작품에서 서술자는 작품 속에 등장하는 1인칭인 '나'로, '나'는 자신이 경험한 이야기를 들려주고 있다. 따라서 작중 인물이 서술자가 되어 자신이 경험한 이야기를 들려주고 있다.

┃ **오답해설** ┃ ② 0% 작가 관찰자 시점(3인칭 관찰자 시점)에 관한 설명이다.

③ 3% '나'의 생각을 배제한 채 아내를 관찰만 하고 있는 시점은 아니다. '나'의 생각(심리)과 판단이 더 중요하게 작용한다.

④ 0% 전지적 작가 시점에 관한 설명이다.

┃ **참고이론** ┃ 현진건, 「빈처」

• 성격: 자전적
• 특징: 자전적 이야기를 객관적이고 치밀하게 묘사함.
• 주제: 식민지 시대의 경제적 빈궁과 정신적 고뇌의 삶

문 18

| 박스형 이해 | 비문학 > 독해 비문학 > 내용 일치/불일치 | 난이도 下 ┃ 답 ① |
| 오답률 4% |

출제의도 제시된 글의 내용을 정확히 파악할 수 있는지 평가한다.

핵심포인트 글에 나타난 정보와 맥락 등을 통해 글의 중심 내용을 파악한 후, 선지의 내용과 일치하는지의 여부를 확인한다.

┃ **정답해설** ┃ ① 96% 마지막 문장에서 주택 가격이 동일한 경우에 가입자의 나이가 많을수록 연금 수령액이 높아짐을 알 수 있다.

┃ **오답해설** ┃ ② 1% "주택 연금은 만 60세 이상으로 시가 9억 원 이하의 주택을 1채 또는 보유 주택 합산 가격이 9억 원 이하인 다주택 소유자"인 경우 가입이 가능하다고 했으므로, 67세의 매매가 4억 원짜리 주택 1채 보유자는 주택 연금에 가입할 수 있다.

③ 1% 둘째 단락 첫째 줄에서 "주택 연금은 가입 시 최초 결정된 연금을 죽을 때까지 또는 사전에 약속한 기간 동안 계속 지급하여 주택 가격이 떨어졌을 때 연금이 줄어들지 않을까 걱정할 필요가 없다"고 하였다.

④ 2% 첫째 단락에서 "주택을 판 돈이 받은 연금과 이자보다 많다면 해당 차액은 법적 상속인에게 귀속된다"는 것에서 확인할 수 있다.

문 19

| 박스형 이해 | 현대 문학 > 현대 시 > 종합적 감상 | 난이도 中 ┃ 답 ④ |
| 오답률 18% |

출제의도 작품에 대한 올바른 감상 태도를 평가한다.

핵심포인트 시상 전개 방식, 화자의 정서 표현 등을 파악하며 작품을 이해해야 한다.

┃ **정답해설** ┃ ④ 82% 제시된 시는 차분한 어조로 일관하고 있다. 따라서 생동감이나 역동적인 형상화와는 거리가 멀다.

┃ **오답해설** ┃ ① 8% 화자는 민중의 숨결이 만들어 낸 서민들의 삶의 애환이 담긴 '성에꽃'에서 서민들의 삶의 아름다움을 느끼고 있다.

② 1% 일상생활에서 흔히 볼 수 있는 새벽 시내버스의 '성에꽃'을 연상의 매개체로 활용하고 있다.

③ 9% 덜컹거리는 버스에서 면회마저 금지된 친구를 생각하며 여운을 주고 있다.

┃ **참고이론** ┃ 최두석, 「성에꽃」

• 갈래: 자유시, 참여시
• 성격: 사회 비판적, 현실 참여적, 회화적
• 특징: 서민들의 삶의 애환을 자연물로 형상화함.
• 주제: 서민들의 삶에 대한 애정

문 20

| 박스형 이해 | 비문학 > 독해 비문학 > 내용 일치/불일치 | 난이도 中 ┃ 답 ③ |
| 오답률 20% |

출제의도 문맥에 맞는 근거를 찾을 수 있는지 평가한다.

핵심포인트 문맥의 의미를 알고 실제 예에 적용할 수 있어야 한다.

┃ **정답해설** ┃ ③ 80% 제시된 글은 언어를 통해 세상을 인식한다는 '언어 우위론'의 관점이다. 즉, 밑줄 친 부분과 같이 우리는 언어를 통해 사고를 할 수 있다는 것이다. 따라서 일본 식민지의 영향으로 일본어를 사용하게 되었다는 내용은 밑줄 친 부분의 근거로 적절하지 않다.

9급공무원 공개경쟁채용 필기시험

회차	과목
⑤	영어

⑤회 난이도	中
⑤회 합격선	17개/20개

【SELF CHECK】

풀이 시간	/28분	맞힌 개수	/20개

⑤회차 핵심페이퍼

문번	정답	개념	꼭 짚고 넘어가야 하는 핵심포인트!	다시 볼 키워드!
문 1	①	어휘	동사 'humiliate'와 'demean'의 의미가 유사한 점을 알아야 한다.	유의어 찾기
문 2	③	어휘	관용표현 'drop the ball'의 의미를 알고 있는지 묻는 문제이다.	유의어 찾기
문 3	①	문법	'what'이 선행사를 포함하고 있는 관계대명사임을 알아야 한다.	관계사
문 4	②	문법	분사구문에서 주절과의 주어 일치 여부는 늘 확인해야 한다.	분사
문 5	③	어휘	'uncanny'와 'odd'가 같은 의미임을 묻는 문제이다.	유의어 찾기
문 6	①	어휘	문맥 전체를 파악하는 동시에 관용표현 'shy away from'도 숙지하고 있어야 한다.	빈칸 완성
문 7	④	문법	가정법 과거완료의 도치를 묻는 문제이다.	가정법
문 8	④	문법	빈출 「타동사 + 부사」를 숙지해 둔다.	부사
문 9	③	독해	첫 문장에 제시된 주제와 각 선지들을 대조하는 문제이다.	삭제
오답률 TOP 2 문 10	④	독해	어렵지 않은 지문이지만 추상적인 내용이므로 주의해야 한다.	제목
문 11	②	생활영어	전체적 문맥뿐 아니라 빈칸 뒤의 조동사 관련 표현 'should have p.p.'도 숙지해야 한다.	회화/관용표현
문 12	①	독해	지문의 내용 파악은 쉬우나 선지에 제시된 단어를 모르면 풀기 어려운 유형이다.	문맥상 다양한 추론
문 13	②	독해	각 문단의 연결포인트를 정확히 찾는 것이 관건이다.	배열
문 14	③	생활영어	뒤에 나오는 내용을 통해서 빈칸에 들어갈 내용을 유추할 수 있다.	회화/관용표현
문 15	①	독해	빈칸 뒤의 내용들을 통해 빈칸에 들어갈 문장을 유추할 수 있다.	빈칸 절 완성
오답률 TOP 3 문 16	④	독해	특정한 주제 문장이 없는 글인 만큼 전체 내용을 바탕으로 유추해야 한다.	제목
문 17	④	독해	연결사 문제는 빈칸 바로 앞뒤의 내용 파악이 가장 중요하다.	연결사
문 18	①	독해	수면과 관련된 각 선지를 지문의 내용과 대조하면서 풀어가야 한다.	내용일치/불일치
문 19	②	독해	제시 문장에서 먼저 힌트를 찾아 미리 앞뒤 내용을 예상하고 지문을 읽어야 한다.	삽입
오답률 TOP 1 문 20	②	독해	빈칸의 뒤 문장에 힌트가 있으나 추상적 내용인 만큼 주의해야 한다.	빈칸 구 완성

※ [오답률/선택률] 산정 기준: 2021.04.07. ~ 2022.02.28. 기간 동안 응시된 1초 합격예측 서비스의 누적 데이터
※ [오답률] TOP 1, 2, 3은 많은 응시생들이 헷갈린 문항이므로 꼭 확인하고 넘어가시기 바랍니다.

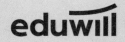

모의고사 》 5회 P. 8

문 1	①	문 2	③	문 3	①	문 4	②	문 5	③
문 6	①	문 7	④	문 8	③	문 9	③	문 10	④
문 11	②	문 12	①	문 13	②	문 14	③	문 15	①
문 16	④	문 17	④	문 18	①	문 19	②	문 20	①

※ 50% 는 선지별 선택률을 나타냅니다.

문 1　밑줄형　어휘 > 유의어 찾기
난이도 中 | 답 ①
오답률 30%

핵심포인트　동사 'humiliate'와 'demean'의 의미가 유사한 점을 알아야 한다.

| 해석 | 그 감독관은 다른 사람들 앞에서 Nathan을 **망신준 것**으로 비판을 받아왔고, 이는 직원들 사이에서 사기 저하를 초래했다.

① 70% 위신을 떨어뜨리는 것　　② 9% 개선시키는 것
③ 6% 달래는 것　　④ 15% 칭송하는 것

| 정답해설 | 'humiliating'은 '망신을 준 것'의 뜻으로 선지들 중 'demeaning(위신을 떨어뜨리는 것)'과 가장 유사하다.

| 어휘 |
humiliate 망신을 주다, 모욕하다　　morale 사기

문 2　밑줄형　어휘 > 유의어 찾기
난이도 下 | 답 ③
오답률 2%

핵심포인트　관용표현 'drop the ball'의 의미를 알고 있는지 묻는 문제이다.

| 해석 | 그 재단의 대부분의 위원들은 Lora가 잠재적 후원자들에게 발표하는 동안 계속해서 **실수를 했기** 때문에 실망했다.

① 2% 필기했다　　② 0% 의미가 통했다
③ 98% 실수를 했다　　④ 0% ~인 척했다

| 정답해설 | 'dropped the ball'은 '실수를 했다, 실수로 망쳤다'라는 뜻으로 선지들 중 'made a mistake'가 가장 유사하다.

| 어휘 |
drop the ball 실수하다, 실수로 망치다

문 3　밑줄형　문법 > Expansion > 관계사
난이도 中 | 답 ①
오답률 15%

출제의도　'what'과 'that'의 구분은 빈출이므로 차이점을 잘 숙지해둔다.
핵심포인트　'what'이 선행사를 포함하고 있는 관계대명사임을 알아야 한다.

| 해석 | 이 질병이 가지는 가장 눈에 띄고 해로운 합병증들 중 하나는 기억력 저하이다. 국립 보건원은 지난 5년 동안 전국적으로 50개가 넘는 종합병원들에 등록된 2,000명 이상의 환자들을 조사해왔고 그들 중 대략 65%가 기억력 감소로 고통을 겪고 있음을 발견했다. 치매와 같은 다른 질병들과 관련된 기억력 저하와는 달리, 이 응답자들은 만성과 급성의 기억력 저하 둘 다 보고되었다.

| 정답해설 | ① 85% 'what'은 선행사를 포함하는 관계대명사로, 선행사(complications)가 있는 경우 사용할 수 없다. 'what'이 명사절 접속사로 사용되었다고 하더라도, 명사절 앞에는 명사(complications)가 올 수 없기 때문에 역시 부적합하다. 따라서 'that'으로 고쳐야 한다. 선행사가 최상급을 포함하고 있으므로 'which'는 사용할 수 없다.

| 오답해설 | ② 9% 'registered'는 과거분사로 앞의 명사인 'patients'를 후치수식하며, 해석상 수동의 의미인 '등록된 환자들'로 적합하게 쓰였다.
③ 1% 기간을 나타내는 전치사 'for(~ 동안)'와 뒤에 기간을 의미하는 명사(the past five years)가 바르게 사용되었다.
④ 5% 밑줄 앞의 'related'는 관용적으로 전치사 'to'와 사용하며, 수량형용사 'other' 뒤에 복수명사인 'diseases'가 알맞게 사용되었다.

| 어휘 |
notable 주목할 만한, 눈에 띄는　　complication 합병증
memory loss 기억력 저하　　general hospital 종합병원

---

senile dementia 치매　　respondent 응답자
chronic 만성적인　　acute 급성의

문 4　문장형　문법 > Modifiers > 분사
난이도 中 | 답 ②
오답률 30%

핵심포인트　분사구문에서 주절과의 주어 일치 여부는 항상 확인해야 한다.

| 정답해설 | ② 70% 분사구문의 주어와 주절의 주어(she)가 불일치하기 때문에 부사절을 사용하여 'Because it was too heavy ~.'로 사용해야 한다. 또는 주어인 it을 남겨서 'It being too heavy ~'도 가능하다.

| 오답해설 | ① 6% 'when' 이하의 방문한 시점이 과거(visited)이며, 주절의 식사를 마친 시점은 그 이전, 즉 과거보다 더 이전이기 때문에 대과거(과거완료)인 had finished가 적합하게 쓰였다.
③ 4% 부분 표현인 'most'의 수는 'of' 이하의 명사의 수가 결정한다. 이 문장에서는 복수명사 'guests'가 사용되었으므로 복수동사인 'are'가 알맞게 사용되었다.
④ 20% '~했었어야 하는데'의 의미로 'should have p.p.'와 동일한 의미인 'ought to have p.p.'가 적합하게 쓰였다.

| 어휘 |
technician 기술자　　part 부품

문 5　밑줄형　어휘 > 유의어 찾기
난이도 中 | 답 ③
오답률 16%

핵심포인트　'uncanny'와 'odd'가 같은 의미임을 묻는 문제이다.

| 해석 | 그것이 그곳에 대한 우리의 첫 방문이었기 때문에, 우리는 그 항구에 대한 **이상한** 친숙함을 설명할 수 없었다.

① 6% 토착의　　② 4% 투명한
③ 84% 이상한, 묘한　　④ 6% 어리석은

| 정답해설 | 형용사 'uncanny'는 '이상한, 묘한'이라는 뜻으로 선지들 중 'odd'와 가장 유사하다.

문 6　빈칸형　어휘 > 빈칸 완성
난이도 下 | 답 ①
오답률 8%

핵심포인트　문맥 전체를 파악하는 동시에 관용표현 'shy away from'도 숙지하고 있어야 한다.

| 해석 | 그녀의 소심한 성격과 피부 문제는 그녀가 거의 모든 야외활동들을 ① **피하도록** 강제했다.

① 92% 피하다
② 3% 계속하다, 차지하다
③ 3% 밝히다, 분명히 하다
④ 2% ~와 어울리다, ~에 맞다

| 정답해설 | 주어에서 소심한 성격과 피부 문제를 언급했으므로 야외활동을 피하려 했음을 알 수 있다.

| 어휘 |
timid 소심한　　personality 성격

문 7　문장형　문법 > Main Structure > 가정법
난이도 中 | 답 ④
오답률 18%

핵심포인트　가정법 과거완료의 도치를 묻는 문제이다.

| 해석 | ① Ben이 그의 엄마에게 덜 자주 전화할수록, 그녀는 그에게 더 자주 연락하려고 시도한다.
② 그 사무소는 잠재 투자자들에 관한 우리 지점의 영업 보고서들을 기다리는 중이다.
③ 그 기자는 장래 계획을 묻기 위해 조심스럽게 그 정치인에게 접근했다.
④ 당신의 재단으로부터 보조금이 없었다면, 나는 내 서점을 문닫았을 것이다.

| 정답해설 | ④ 82% 원래 문장인 'If it had not been for ~(= Without 가정법)'에서 접속사 'If'가 생략되고 주어와 동사가 도치된 가정법 과거완료 도치 문장

이다.

| **오답해설** | ① 4% 「the 비교급 ~, the 비교급 ....」 구문이므로 최상급인 'least'가 아닌 'less'가 쓰여야 한다.

② 10% 관계사절의 선행사가 문맥상 'sales reports'이므로 주격관계대명사 'which' 뒤의 동사도 단수동사 'is'가 아닌 복수동사 'are'가 사용되어야 한다.

③ 4% 동사 'approach'는 타동사이므로 뒤에 전치사 'to'를 사용할 수 없다.

| **어휘** |

branch 지점	with care 조심스럽게, 신중하게
grant 보조금	foundation 재단

| **문 8** | 문장형 | 문법 > Modifiers > 부사 | 난이도 中 | 답 ④ 오답률 39% |

핵심포인트 빈출 「타동사 + 부사」를 숙지해 둔다.

| **정답해설** | ④ 61% 동사 'volunteer'는 to부정사를 목적어로 취하며, 'show out'은 '배웅하다'라는 뜻으로 「타동사 + 부사」의 구동사이므로 목적어를 가운데 위치시키거나 뒤에 위치시키는 것이 모두 가능하다.

| **오답해설** | ① 8% 동사 'find'가 5형식 동사이며, 'to hold' 이하가 목적어이므로 가목적어 'it'이 추가되어야 한다. 즉, 'The principal found it absurd to hold ~'로 써야 한다.

② 12% 'be dedicated to'는 '~에 전념[헌신]하다'라는 뜻으로 뒤에 동명사(~ing)를 취한다. 즉, to부정사의 to가 아닌 전치사 to이다. 따라서 동사원형 'write'이 아닌 'writing'이 적합하다.

③ 19% 'spend 시간 ~ing'는 맞게 쓰였지만, 사물인 대명사 'something'을 수식하는 감정분사는 과거분사가 아닌 현재분사, 즉 'boring'으로 고쳐야 한다.

| **어휘** |

absurd 터무니없는	fundraising event 모금행사
upon ~ing ~하자마자	show out 배웅하다

| **문 9** | 논리형 | 독해 > Logical Reading > 삭제 | 난이도 下 | 답 ③ 오답률 10% |

핵심포인트 첫 문장에 제시된 주제와 각 선지들을 대조하는 문제이다.

| **해석** | 미국에서 노예제가 폐지된 지 이미 거의 한 세기가 지났지만, 1950년대에도 인종들 간의 심각한 긴장과 흑인들에 대한 차별이 여전히 만연했다. 사람들을 분리시키고 백인과 흑인을 위한 시설을 분리 운영하는 관행을 의미하는 인종 차별 정책은 일반적인 것이었다. 예를 들면, 흑인들은 백인들과 같은 교육기관에 다니고, 같은 장소에 거주하거나, 같은 공간에서 일하는 것이 허용되지 않았다. ③ 한때 식민지였던 그 나라는 다른 인종들이 조화롭게 뒤섞이게 되는 진정한 용광로가 되는 중이었다. 대립과 긴장은 마침내 정점에 도달했다. 미국 역사에서 민권 운동이라고 불리는 시대는 1950년대와 1960년대 사이였고, 그때 흑인들과 시민 운동가들은 평화로운 시위를 통해 인종분리를 끝내고 인권의 주춧돌을 놓았다.

| **정답해설** | ③ 90% 지문은 인종 차별과 인종 간 갈등이 심해져서 민권 운동이 벌어졌다는 내용인데, ③은 정반대로 인종들이 조화롭게(accordingly) 지낸다는 용광로 이론(melting pot)을 설명하고 있다.

| **오답해설** | ① 1% 흑인들이 인종 차별을 당했다는 내용의 문장으로 주제 문장과 일치하는 내용이다.

② 2% 인종 차별의 예시들을 제시하는 문장으로 주제문에 부합되는 내용이다.

④ 7% 정점에 달한 인종 간 대립과 긴장을 진술하는 문장으로 주제문과 일치하는 내용이다.

| **어휘** |

rampant 만연한, 걷잡을 수 없는	segregation (인종이나 종교 등으로 인한) 분리
practice 관행	keep apart 분리시키다
Caucasian 백인	melting pot 용광로
accordingly 조화롭게, 일치하여	Civil Rights Movement 민권 운동
cornerstone 초석, 주춧돌	demonstration 시위

| **문 10** | 지문제시형 | 독해 > Macro Reading > 제목 | 난이도 上 | 답 ④ 오답률 56% |

핵심포인트 어렵지 않은 지문이지만 추상적인 내용이므로 주의해야 한다.

| **해석** | 우리는 부를 축적하는 것을 막는 무의식적 방해물을 가진 많은 이들을 본다. 의식적으로는, 그들이 목적을 성취하기 위해 최선을 다하고 있다고 생각할 수도 있다. 그러나, 그들은 속으로는 그들이 원하는 것을 얻을 수 없다는 믿음을 가지고 있을 수도 있다. 자신도 모르는 부분이 더 간과될수록, 그들은 목표에 대한 방해물들에 더 많이 직면할 것이다. 두 번째 문제는 그들이 이미 가지고 있는 것과 더 높은 지점으로 가기 위해 그것으로 무엇을 해야 하는지에 집중하는 대신, 그들이 가지고 있지 않은 것에 자주 집착한다는 것이다. 그들이 그들의 상황에 분개하거나 화를 내는 지점에서 흥미로운 패턴들이 전개된다. 결국, 이것이 그들이 할 수 있는 것에 있어 그들을 제한할 가능성이 있다. 따라서, 그들이 침착한 마음의 상태를 유지하는 것이 중요하다.

① 우리는 어떻게 침착함을 유지할 수 있나?

② 왜 무의식이 의식보다 더 중요한가?

③ 우리는 어떻게 건강한 방식으로 우리의 분노를 표현할 수 있나?

④ 금전적으로 성공하는 데 있어 무엇이 사람들을 막는가?

| **정답해설** | ④ 44% 첫 문장에서 '무의식적 방해물(unconscious obstacles)'이 부의 축적을 막는다'는 주제가 제시되어 있다. 따라서 ④가 제목으로 가장 적합하다.

| **오답해설** | ① 14% 마지막 문장에 침착함이 중요하다고 언급되었지만 침착함을 유지하는 방법은 설명하지 않았다.

② 39% 무의식의 문제를 언급할 뿐, 의식보다 더 중요하다는 언급은 전혀 없다.

③ 3% 분노는 글의 내용과 무관하다.

| **어휘** |

unconscious 무의식적인	obstacle 방해물
amass 모으다, 축적하다	affluence 부
at bottom 속으로는	unwitting 자신도 모르는
get[be] obsessed with ~에 사로잡히다[집착하다]	
intriguing 흥미로운	resentful 분개하는
in turn 결국, 차례차례	composed 침착한

| **문 11** | 빈칸형 | 생활영어 > 회화/관용표현 | 난이도 下 | 답 ② 오답률 15% |

핵심포인트 전체적 문맥뿐 아니라 빈칸 뒤의 조동사 관련 표현 'should have p.p.'도 숙지해야 한다.

| **해석** | A: 저기 소방서가 보여, 그러니까 우리가 호수에 더 가까워지는 것 같은데.

B: Bill, 봐! Canton Street 표지판이 있어.

A: 좋아. 그럼, 우리는 거의 도착했어, 그렇지?

B: 여기서 2킬로미터 정도일 거야. 계속 가보자.

A: 좋아. 아, 저기 봐! 저게 그 호수임이 틀림없어.

B: 그런 것 같아. 저거 Jack의 차 아니야? 걔들이 우리보다 먼저 도착했어.

A: 그럴 줄은 예상 못했어.

B: ② Jack과 Tom은 해뜨기 전에 출발했음이 틀림없어.

A: 우리도 더 일찍 떠났어야 했는데.

① 거기 도착하는 데 얼마나 걸릴 것 같아?

② Jack과 Tom은 해뜨기 전에 출발했음이 틀림없어.

③ 내 생각엔 걔들은 지금 짐을 푸느라 바쁠 거야.

④ Jack과 Tom은 우리한테 여기 머물면서 전화하라고 했어.

| **정답해설** | ② 85% 빈칸 뒤의 문장에서 A가 '우리도 더 일찍 떠났어야 했는데.'라고 말하는 것으로 보아 빈칸에는 'Jack과 Tom이 일찍 출발했다'는 말이 적합하다.

| **어휘** |

unpack 짐을 풀다

문 12 　[논리형] 독해 > Logical Reading > 문맥상 다양한 추론 　난이도 下 | 답 ①　오답률 12%

[핵심포인트] 지문의 내용 파악은 쉬우나 선지에 제시된 단어를 모르면 풀기 어려운 유형이다.

| 해석 | 마침내 자정에 Lisa와 Monica는 터미널에 도착했다. 그들은 개찰구에서 작별인사를 했다. 그들은 같은 반이었지만 친구라고 말하기는 어려웠다. Lisa는 여자 친구들이 없었다. 그녀는 남자들과 어울리는 것이 더 재미있다고 생각했다. 반면에, Monica는 자신과 Lisa가 친밀한 친구가 되기를 희망했다. 그녀는 서로 비밀을 공유할 수 있게 되기를 고대하고 있었다. 친한 여자 친구를 두는 것은 그녀의 인생에서 매우 중요한 부분이었다. 그녀의 바람에도 불구하고, 그녀는 Lisa가 꽤 냉정하다고 느꼈다. Monica가 Lisa와 이야기를 나누는 것은 완전 모르는 사람에게 이야기하는 것만큼 어려웠다.

① 어색하고 불편한
② 호기심 있고 아주 기쁜
③ 지루하고 산만해진
④ 겁먹고 단절된

| 정답해설 | ① 88% Lisa와 친해지고 싶지만 Lisa의 냉정함 때문에 그럴 수 없는 Monica의 상황이므로 '어색하고 불편한' 심경이 가장 적합하다.

| 어휘 |
turnstile 회전식 개찰구, 회전문　　　intimate 친밀한
aloof 냉담한, 무심한

문 13 　[논리형] 독해 > Logical Reading > 배열 　난이도 中 | 답 ②　오답률 16%

[핵심포인트] 각 문단의 연결포인트를 정확히 찾는 것이 관건이다.

| 해석 | 산업혁명은 1800년대 후반에 말 그대로 사회의 모든 면, 특히 그 당시의 노동자 계층의 삶에 긍정적 방식뿐 아니라 부정적 방식으로 영향을 미쳤다.
(C) 아동 노동은 그 당시에 흔했고, 아동이 이르면 7살의 나이에 노동을 시작했다. 급여는 엄청나게 낮았고, 그들을 위험하고 유해한 근무 조건에서 지켜줄 정부의 규제도 없었다.
(B) 기업들이 돈을 절약하기 위해 여성들도 고용되었다. 그들은 같은 일을 하는 남자들보다 훨씬 적은 급여를 받았다. 그러나 그들의 노동 강도는 꽤 높았다. 예를 들면 철도 노동자나 기계 운전자와 같은 중노동에 종사하는 여성들도 있었다.
(A) 사망과 부상의 수가 무시할 수 없는 지점(1900년까지 매해 사망 35,000건과 부상 500,000건)에 도달하자 정부는 필요한 조치를 취하기 시작했다. 일부 주는 노동 시간을 제한하는 노동법을 통과시켰고, 다른 주들도 뒤를 따랐다.

| 정답해설 | 제시 문장에서 산업혁명이 당시 노동자들에게 미쳤던 부정적 영향이 있다고 언급한다. (C) 아동들의 열악한 노동 조건이 설명되므로 제시 문장 다음에 적합하다. (B) 첫 문장에 '여성들도 고용(Women were also hired)되었다'고 했으므로 이전에 다른 노동자 계층, 즉 (C)의 아동들에 대한 내용이 먼저 언급된 후 위치해야 한다. (A) 죽음과 부상의 수가 늘어나서야 정부가 규제하는 법률을 통과하기 시작했다는 내용이고 해로운 노동조건이 아직 언급되지 않았기 때문에 제시 문장 다음으로는 부적합하다. (B)와 (C)에서 여성과 아동의 열악한 노동조건 뒤에 위치하는 것이 알맞다.

| 어휘 |
literally 문자 그대로　　　adverse 부정적인
unignorable 무시할 수 없는　　measures 조치
counterpart 상대방[편]　　　intensity 강도
engage in ~에 종사하다　　　heavy labor 중노동
outrageously 엄청나게, 터무니없이

문 14 　[빈칸형] 생활영어 > 회화/관용표현 　난이도 中 | 답 ③　오답률 19%

[핵심포인트] 뒤에 나오는 내용을 통해서 빈칸에 들어갈 내용을 유추할 수 있다.

| 해석 | A: 너 오늘 식료품점에 간다고 하지 않았어?
B: 아니, 오늘 아니고 내일을 말한 거였어. 왜? 너 뭐 필요한 것 있어?
A: ③ 아냐, 신경 쓰지 마. 내가 직접 갈게.

B: 집에 돌아오는 길에 내가 가게에 들를 수 있어.
① 그래, 난 약속이 있어.
② 그렇게 해주면 고맙겠어.
③ 아냐, 신경쓰지 마.
④ 우유 좀 사다 줄래?

| 정답해설 | ③ 81% 빈칸 바로 뒤의 문장에서 자신이 직접 가게에 가겠다고 하는 것으로 보아 앞서 했던 요청을 철회하는 내용이 빈칸에 적합하다. 따라서 신경 쓰지 말라는 의미인 ③이 들어가야 알맞다.

| 오답해설 | ① 14% 앞 문장에서 필요한 것이 있느냐고 물었는데 약속이 있다는 답변은 적합하지 않다.
② 2% 요청을 들어주면 고맙겠다는 문장으로 빈칸 뒤의 직접 가겠다는 내용과는 맞지 않는다.
④ 3% 우유를 사다 달라고 요청하는 것은 빈칸 뒤의 직접 가겠다는 내용과 맞지 않는다.

| 어휘 |
stop by 들르다　　　　　　　mind 꺼리다

문 15 　[빈칸형] 독해 > Reading for Writing > 빈칸 절 완성 　난이도 中 | 답 ①　오답률 29%

[핵심포인트] 빈칸 뒤의 내용들을 통해 빈칸에 들어갈 문장을 유추할 수 있다.

| 해석 | 가장 흔하고 인기 있는 오락 수단은 처음에는 책과 신문이었다. 그러고 나서 라디오가 주요 오락 수단이 되었다. 그리고 그 다음이 TV였다. TV는 모든 종류의 오락이 제공될 수 있는 완전히 새로운 방식이었다. John L. Baird는 1925년에 최초로 이미지를 전송하는 데 성공했다. 1927년에, 첫 TV 시스템이 Philo Farnsworth에 의해 소개되었다. ① 초기의 TV는 매우 미완성이었다. 화질과 음질은 아무리 잘 해도 거칠었다. 심지어 뉴스 앵커가 지도 위의 위치들을 보여주기 위해 포인터를 사용하고 있을 때도, TV에서는 거의 보이지 않았다. 미국에서는 NBC(National Broadcasting Company)가 첫 전국 TV 방송국이었고, CBS(Columbia Broadcasting System)와 ABC(American Broadcasting Company)가 그 뒤를 이었다.

① 초기의 TV는 매우 미완성이었다
② TV 수상기는 잘 팔리기 시작했다
③ TV는 모든 면에서 라디오보다 우월했다
④ 사업가들은 TV 산업에 투자하기 시작했다

| 정답해설 | ① 71% 빈칸 뒤의 문장에서 초창기 TV의 화질과 음질이 조악했다는 내용으로 보아 초기의 TV는 미완성이었다고 말할 수 있다.

| 오답해설 | ② 4% TV의 판매량과 관련된 내용은 글에 언급되지 않았다.
③ 21% 두 번째 문장에서 TV 이전에 라디오가 주요 오락 수단이었음이 언급될 뿐, 빈칸에 들어갈 부분은 다른 매체와의 비교와 관련이 없다.
④ 4% TV 산업의 수익성과 관련된 내용 역시 글에 언급되지 않았다.

| 어휘 |
transmit 전송하다　　　　　　coarse 거친
at best 아무리 잘 해도, 기껏해야　rudimentary 미완성의, 원시적인, 기초적인
superior to ~보다 우월[월등]한　aspect 측면, 양상

[오답률 TOP 3]

문 16 　[지문제시형] 독해 > Macro Reading > 제목 　난이도 上 | 답 ④　오답률 45%

[핵심포인트] 특정한 주제 문장이 없는 글인 만큼 전체 내용을 바탕으로 유추해야 한다.

| 해석 | 이 동물은 북극 툰드라에 집을 짓고 사는 몇 안 되는 동물들 중 하나이다. 그것은 먹잇감의 동굴을 급습하기 전에 공중으로 높이 점프하는 것으로 알려진 포유동물이다. 몇 초간 격렬하게 땅을 판 후, 그것의 맛있는 식사인 레밍을 가지고 땅에서 튀어 올라온다. 무슨 동물이 그렇게 환상적인 움직임과 사냥 기술들을 보여줄까? 바로 북극여우이다. 북극여우는 북극의 북부 전역에 서식하며, 놀랍게도, 동면을 하지 않는다. 겨울이 오면 북극여우는 최대한 게걸스럽게 먹어 치움으로써 자신의 체지방을 증가시키기 시작한다. 그것은 겨울을 견디기 위한 추가적인 에너지와 단열기능을 제공한다. 북극여우는 무엇을 먹을까? 잡식동물이므로, 그것은 레밍, 조류, 어류와 같은 동물과 해초, 베리와 같은 식물들을 모두 먹는다.

스스로 식량을 찾기 힘들 때는, 늑대나 북극곰이 남긴 음식을 먹는다.
① 북극여우의 사냥 기술
② 북극여우의 약삭빠른 성질
③ 북극 툰드라에서 겨울을 견디는 전략들
④ 북극여우: 흥미로운 사냥꾼

| 정답해설 | ④ 55% 글 전체의 내용은 북극여우의 특성들, 특히 사냥 방식과 먹이의 종류를 주로 설명하므로 '사냥꾼'이라는 특징이 글에서 가장 중요한 포인트이다.

| 오답해설 | ① 5% 사냥 기술은 글의 초반에만 언급되므로 글 전체의 내용을 대표하기는 부족하다.
② 25% 약삭빠른 성질에 관한 내용은 글에 언급되지 않았다.
③ 15% 겨울을 견디는 점은 글 중반에 잠시 언급될 뿐 전체 내용으로는 지엽적인 부분이며, 지문의 핵심 소재인 북극여우가 빠져 있으므로 오답이다.

| 어휘 |
make one's home in ~에 집을 짓고 살다 　Arctic 북극의
mammal 포유류 　raid 급습하다
burrow 땅굴 　ardent 열렬한
inhabit 서식하다, 거주하다 　hibernate 동면하다
devour 게걸스럽게 먹어 치우다 　insulation 단열, 방음, 절연
omnivore 잡식동물 　seaweed 해초류
on one's own 스스로, 혼자 힘으로 　leftover 남은 음식
astute 약삭빠른

문 17 빈칸형 독해 > Logical Reading > 연결사 　난이도 中 | 답 ④ 　오답률 31%

출제의도 선지에 나온 어휘들의 뜻을 정확히 숙지하고 있어야 한다.
핵심포인트 연결사 문제는 빈칸 바로 앞뒤의 내용 파악이 가장 중요하다.

| 해석 | Martin Luther King Jr.는 민권 운동에서 가장 영향력 있는 인물이었다. 침례교 목사였던 King은 평화로운 비폭력 시위의 필요성을 역설했다. 그는 1965년 Alabama에서의 Selma 투표권 운동을 포함한 수많은 시위와 행진들을 조직하고 중요한 역할을 했다. 민권 운동가들은 Alabama의 Selma에서 Montgomery까지 행진했는데 (A) 그렇게 함으로써 투표할 수 있는 헌법상의 권리를 행사하려는 흑인들의 바람을 표현했다. 그 당시, 인종차별 정책으로 알려진 Jim Crow 법이 만연했고 백인 경찰들은 흑인에게 폭력을 사용하는 것을 꺼리지 않았다. 그들은 흑인들을 공공연하게 체포하고, 부상 입히거나 심지어 죽이기도 했다. (B) 그러나 민권 운동과 비폭력 시민 저항에 대한 King의 공헌은 널리 인정받았고, 이것은 결국 그에게 노벨 평화상을 가져다 주었다.

　　(A) 　　　　(B)
① 그렇게 함으로써 　　그렇게 해서
② ~일지라도 　　　마찬가지로
③ ~일지라도 　　　그러므로
④ 그렇게 함으로써 　　그러나

| 정답해설 | (A) 빈칸 앞의 문장에서 행진이 언급되고, 빈칸 뒤에서 희망을 표현한 것은 행진의 결과로 볼 수 있다. 따라서 'thereby'가 적합하다. 'though'의 경우 문맥에도 맞지 않으며, 부사절 접속사이기 때문에 뒤에 절이 와야 한다.
(B) 빈칸 앞의 문장에서 흑인들이 경찰에 의해 억압을 받는 내용이 나오고, 빈칸 뒤에는 민권 운동에 대한 King 목사의 공헌이 인정받았다는 내용이 나오므로 역접의 부사인 'However'가 알맞다.

| 어휘 |
figure 인물, 인사 　Civil Rights Movement 민권 운동
Baptist 침례교의 　minister 목사, 장관
urge 촉구하다 　exercise 행사하다
constitutional 헌법의 　segregation (종교나 인종으로 인한) 분리
pervasive 만연한, 스며드는
resort to ~에 기대다[의지하다], ~을 이용하다
openly 공공연히

문 18 지문제시형 독해 > Micro Reading > 내용일치/불일치 　난이도 上 | 답 ① 　오답률 44%

핵심포인트 수면과 관련된 각 선지를 지문의 내용과 대조하면서 풀어가야 한다.

| 해석 | 아침은 비타민을 먹기에 적절한 시간으로 여겨진다. 보충제의 흡수가 시간에 구애를 받지는 않지만, 어떤 연구는 오전의 추가적인 영양 보충은 사람들이 하루의 남은 시간 동안 에너지를 얻을 수 있게 돕는다는 것을 보여준다. 어떤 문화에서는, 저녁 식사 후 에스프레소를 마시는 것이 일종의 삶의 방식이 되었지만, 밤에 숙면을 취하기 위한 준비를 하기 위해서는 이르면 오후 3시에는 카페인 섭취를 중단하는 것이 더 좋다. 당신이 잠에 들기 전까지 당신의 신체에서 카페인의 모든 흔적을 없애는 것이 중요하다. 어떤 전문가들은 오후 5시 이후의 탄수화물 섭취 중단은 시간 생물학적 요구사항이라기보다는 미신이라고 주장한다. 이는 그것이 우리 신체에서 필수적인 에너지 필요량을 빼앗기 때문이다. 우리의 소화 기관이 밤에는 매우 천천히 작동하는 경향이 있지만, 적은 양의 음식을 먹는 것은 당신의 적절한 에너지 레벨을 유지시키는 것을 도울 수 있다.
① 체내 소량의 카페인은 당신의 숙면에 영향을 주지 않을 것이다.
② 오후 5시 이후에 탄수화물을 먹는 것이 반드시 우리의 내부 신체 시계에 나쁜 것은 아니다.
③ 우리 신체에서 카페인을 제거하는 것은 우리의 야간 수면에 좋다.
④ 아침에 추가적인 영양을 섭취하는 것은 당신의 신체에 활기를 줄 수 있다.

| 정답해설 | ① 56% 'It is important that your body remove all traces of caffeine by the time you go to bed.'에 의하면, 카페인의 모든 흔적이 없어야 숙면이 가능하다고 했다.

| 오답해설 | ② 26% 'a carbohydrate-fast after 5:00 P.M. is more of a myth' 부분에서 오후 5시 이후의 음식 섭취 금지 주장은 틀린 주장일 수도 있다고 언급했다.
③ 12% 'It is important that your body remove all traces of caffeine by the time you go to bed.'에서 카페인의 흔적을 제거하는 것이 숙면에 필요하다고 언급했다.
④ 6% 'the additional boost in the morning helps people to get energized'에서 추가적인 영양분 섭취가 에너지를 공급할 수 있다고 언급했다.

| 어휘 |
opportune 시의적절한 　break out ~을 먹을 준비가 되다; 발발하다
supplement 보충제 　temporal 시간의, 현세의
better off ~ing ~하는 편이 더 낫다 　decent 좋은, 괜찮은; 품위 있는
by the time ~까지 　carbohydrate 탄수화물
fast 단식 　chronobiological 시간 생물학의
deprive A of B A에게서 B를 빼앗다 　digestive organ 소화 기관
be apt to ~하는 경향이 있다 　paucity 소량, 부족
starch 탄수화물, 녹말 　vitalize 활기를 불어넣다

문 19 논리형 독해 > Logical Reading > 삽입 　난이도 中 | 답 ② 　오답률 18%

핵심포인트 제시 문장에서 먼저 힌트를 찾아 미리 앞뒤 내용을 예상하고 지문을 읽어야 한다.

| 해석 | 관습은 특정 사회나 특정 환경에서 오랫동안 자리잡아 온 전통들을 의미한다. 그리고 그것은 공간적 경계선에 의해 쉽게 제한받을 수 있기 때문에, 다른 국가들(혹은 같은 국가 내의 다른 지역들)이 같은 명절을 다른 방식으로 지내는 것이 드물지는 않다. ② 예를 들어 에티오피아에서는 그들이 옛날 그레고리력이라는 다른 기념법을 사용하기 때문에, 성탄절을 12월 25일이 아닌 1월 7일에 기념한다. 자메이카에서는 성탄절 이브가 Grand Market이라고 불린다: 사람들이 낮 동안에는 광적으로 쇼핑을 하고, 밤에는 노점상에서 다양한 음식을 산다. 또한 한국과 일본은 서로 지리적으로 아주 가까움에도 불구하고, 성탄절을 기념하는 방식은 꽤 다르다. 한국의 성탄절과는 달리 일본의 성탄절은 기독교인 인구가 적어서 심지어 휴일도 아니다. 서양 사람들의 시각에서 한국에서 성탄절에 케이크를 먹는 전통은 이상해 보일 수도 있는데 이는 현지화의 놀라운 예시이다.

| 정답해설 | ② 82%의 앞 문장들은 지역에 따라 같은 명절도 다르게 기념될 수 있다는 일반적인 진술들이며, ②의 뒤에 나오는 문장들은 각 국가별 예시를 제시하고 있다. 주어진 문장 또한 에티오피아의 예시인데, 이 문장에 'for instance'가

언급되므로 예시들 중 맨 먼저 위치함을 알 수 있다.

| 어휘 |

Gregorian calendar 그레고리력　　　long-established 오랫동안 자리잡아 온
spatial 공간적인　　　　　　　　　observe a holiday 명절을 보내다
shopping spree 광적인 쇼핑　　　　vendor 상인
localization 현지화, 지역화

오답률 TOP 1

문 20　　[빈칸형] 독해 > Reading for Writing > 빈칸 구 완성　　난이도 上 | 답 ②

오답률 72%

핵심포인트　빈칸의 뒤 문장에 힌트가 있으나 추상적 내용인 만큼 주의해야 한다.

| 해석 | 창의력이 성공적인 사업에 가장 중요한 요인들 중 하나임에는 틀림없다. 당신은 창의력이 선천적인 능력, 즉 당신이 가지고 태어나는 무언가라고 생각할 수도 있지만, 많은 연구들은 정교하고 체계적인 훈련을 통해 창의력을 얻을 수도 있음을 보여준다. 즉, 창의력은 사람의 후천적 성질일 수도 있다. 이는 업체들이 직원들을 교육시키고 직원들이 혁신적인 아이디어를 생각해내도록 영감을 주는 데 상당한 자원을 투자하는 이유이기도 하다. 안타깝게도, 회사로부터의 충분한 예산과 지원을 받지 못하는 일부 사람들도 성공적으로 혁신을 하는 반면, 최신 시설들과 편리한 장치들이 항상 직원들의 창의력을 보장해주지 않는 경우도 볼 수 있다. 애리조나 주립대학의 심리학 교수인 Robert B. Cialdini는 비즈니스 리더들이 창의력은 ② 채용에서부터 시작한다는 것을 유념해야 한다고 말한다. 특히, 직원이 자신과 회사의 가치들이 일치한다는 것을 더 일찍 발견할수록, 그 직원이 회사에 공헌하게 될 가능성은 높아진다. 하버드 비즈니스 스쿨의 연구는 타고난 창의력에 상관없이 올바른 환경이 거의 모든 사람들로부터 독창성을 이끌어낸다는 것을 암시한다.

① 경험으로 개선한다
② 채용에서부터 시작된다
③ 효율을 의미한다
④ 성격과 거의 관련이 없다

| 정답해설 | ② [28%] 빈칸 바로 뒤의 문장에서 직원이 더 일찍 자신과 기업의 가치가 일치하는 것을 발견할수록(the earlier an employee find his or her values in accordance with those of the company) 기업에 대한 직원의 기여 가능성이 높아진다(the more likely the employee can contribute to the company)고 했으므로 창의력은 입사 초기, 즉 채용과 함께 시작한다는 내용이 적합함을 알 수 있다.

| 오답해설 | ① [36%] ③ [13%] ④ [23%] 글에 언급되지 않은 내용이다.

| 어휘 |

innate 타고난, 선천적인　　　　　postnatal 후천적인, 출생 후의
cutting-edge 최첨단의　　　　　　keep in mind 유념하다
in accordance with ~와 일치하여　　derive 끌어내다
regardless of ~에 상관없이　　　　refer to ~을 의미하다
have little to do with ~와 거의 관련이 없다

9급공무원 공개경쟁채용 필기시험

회차	과목
⑤	한국사

⑤회 난이도	中
⑤회 합격선	17개/20개

【SELF CHECK】

풀이 시간	/12분	맞힌 개수	/20개

⑤회차 핵심페이퍼

문번	정답	개념	꼭 짚고 넘어가야 하는 핵심포인트!	다시 볼 키워드!
문 1	③	중세	『삼국사기』는 본기 – 지 – 표 – 열전으로 구성되어 있다.	김부식, 『삼국사기』, 기전체
문 2	②	중세	공민왕은 기철 등 부원 세력을 숙청하였다.	공민왕, 내재추제
문 3	④	국가의 형성	마한에는 토실(土室)이 있었다.	마한, 토실, 철제 농기구
문 4	②	근현대	모스크바 3국 외상 회의에서 최고 5년간의 신탁 통치 실시가 결정되었다.	모스크바 3국 외상 회의, 신탁 통치, 미·소 공동 위원회
문 5 (오답률 TOP 3)	①	근현대	갑신정변이 일어나자 고종은 경우궁으로 거처를 옮겼다.	갑신정변, 고종, 경우궁
문 6	②	선사 시대	농포동 유적에서 출토된 여성 조각품은 신석기 시대 유물이다.	신석기 시대, 함북 청진 농포동 유적, 웅기 굴포리 서포항 유적
문 7 (오답률 TOP 2)	①	고대	백제 최대 사찰인 미륵사는 무왕 시기에 창건되었다.	침류왕, 미륵사, 무왕
문 8	①	중세	고려 시대에는 공장안을 바탕으로 관영 수공업을 전개하였다.	공장안, 관영 수공업
문 9	①	근세	임진왜란의 주요 대첩은 한산도 대첩 – 진주 대첩 – 행주 대첩 순으로 전개되었다.	사천포 해전, 진주 대첩, 평양성 탈환, 행주 대첩
문 10	④	근대 태동기	숙종 때 대동법이 전국적으로 확대되었다.	숙종, 대동법, 잉류 지역
문 11	①	고대	642년 백제의 공격으로 대야성이 함락되었다.	선덕 여왕, 대야성 함락
문 12	②	근대 태동기	양명학은 불우한 종친과 재야 소론 학자들이 주로 연구하였다.	양명학, 소론, 강화 학파
문 13 (오답률 TOP 1)	④	근현대	대한민국 임시 정부는 상하이 프랑스 조계지에서 수립되었다.	대한민국 임시 정부, 〈독립신문〉
문 14	②	근세	조선의 종6품은 지방관으로 임명되는 최하 품계였다.	18품 30계, 행수 제도
문 15	①	근현대	1925년 김소월의 시집 『진달래꽃』이 발간되었다.	『진달래꽃』, 『님의 침묵』, 『아리랑』
문 16	③	근현대	이인직은 〈만세보〉를 인수하여 〈대한신문〉을 간행하였다.	이인직, 〈만세보〉, 〈대한신문〉
문 17	①	단원 통합	신라 하대 도선이 풍수지리 사상 확산에 기여하였다.	도선, 풍수지리 사상
문 18	②	중세	고려 문종 때의 경정 전시과에서는 현직 관료에게만 토지를 지급하였다.	문종, 경정 전시과
문 19	①	국가의 형성	『제왕운기』에는 단군 신화가 수록되어 있다.	고조선, 8조법, 『제왕운기』
문 20	③	근현대	토지 조사 사업으로 총독부의 지세 수입은 증가하였다.	토지 조사 사업, 동양 척식 주식회사

※ [오답률/선택률] 산정 기준: 2021.04.07. ~ 2022.02.28. 기간 동안 응시된 1초 합격예측 서비스의 누적 데이터
※ [오답률] TOP 1, 2, 3은 많은 응시생들이 헷갈린 문항이므로 꼭 확인하고 넘어가시기 바랍니다.

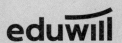

모의고사 》 5회 P. 13

문 1	③	문 2	②	문 3	④	문 4	②	문 5	①
문 6	②	문 7	①	문 8	①	문 9	①	문 10	①
문 11	①	문 12	②	문 13	④	문 14	②	문 15	①
문 16	③	문 17	①	문 18	④	문 19	①	문 20	③

※ 50% 는 선지별 선택률을 나타냅니다.

문 1　| 자료형 | 중세 > 문화 > 『삼국사기』　난이도 中 | 답 ③　오답률 19%

핵심포인트 『삼국사기』는 본기 – 지 – 표 – 열전으로 구성되어 있다.

| 정답해설 | 제시된 자료는 김부식이 『삼국사기』를 인종에게 바치면서 올린 글이다. 『삼국사기』는 고려 인종 때 왕명을 받아 김부식 등이 편찬한 것으로, 『구삼국사』를 기본으로 하여 유교적 합리주의 사관에 따라 편찬되었다. 우리나라에 현존하는 최고(最古)의 역사서로서 신라 계승 의식이 반영되었다.

③ 81% 『삼국사기』는 본기 – 지 – 표 – 열전으로 구성된 기전체 사서로서 열전을 중시한 중국의 기전체 사서와는 달리 본기에 큰 비중을 두고 있다.

| 오답해설 | ① 8% 일연의 『삼국유사』에 단군 신화가 최초로 수록되었다.
② 4% 충숙왕 시기에 민지가 편찬한 『본조편년강목』에 대한 설명이다.
④ 7% 이승휴의 『제왕운기』에서 발해를 고구려 계승 국가라 평가하며, 처음으로 발해사를 우리 역사에 포함시켰다.

문 2　| 자료형 | 중세 > 정치 > 공민왕의 업적　난이도 中 | 답 ②　오답률 43%

출제의도 공민왕의 왕권 강화 정책을 파악해야 한다.
핵심포인트 공민왕은 기철 등 부원 세력을 숙청하였다.

| 정답해설 | 제시된 자료의 "기철 등이 처형되었고"를 통해 친원 세력을 숙청한 공민왕 시기임을 알 수 있다. 공민왕 때에는 반원 개혁을 위해 고려의 내정을 간섭하던 정동행성 이문소를 폐지하고 기철 등의 친원 세력을 숙청하였다. 또한 쌍성총관부를 공격하여 철령 이북 지역을 회복하였고, 왕실 호칭과 관제를 복구하고 몽골풍을 금지하였다.

② 57% 공민왕은 내재추제를 설치하였는데, 이는 중서문하성의 일부 재신과 추밀이 국가 중대사를 논의하던 변칙적인 기구였다. 공민왕은 도평의사사의 권한을 축소시켜 개혁에 소극적인 기득권 세력을 견제하고 왕권을 강화하기 위해 내재추제를 설치하였다.

| 오답해설 | ① 11% 충선왕은 정방을 폐지하고 왕권 강화를 위해 사림원을 설치하였다.
③ 4% 충선왕은 왕위에서 물러난 후 원나라 수도 연경에 만권당을 설치하였다.
④ 28% 충선왕은 토지와 노비를 조사하기 위해 전농사를 설치하였다.

문 3　| 사료형 | 우리 역사의 기원과 형성 > 국가의 형성 > 삼한　난이도 中 | 답 ④　오답률 27%

핵심포인트 마한에는 토실(土室)이 있었다.

| 정답해설 | 제시된 자료의 "짚으로 지붕을 덮은 흙집에 사는데, 그 모양이 마치 무덤과 같으며"를 통해 삼한 중 마한의 토실에 대한 내용임을 알 수 있다.

④ 73% 삼한에서는 철제 농기구의 사용으로 농경이 발달하였고 벼농사를 지었다. 또한 벼농사의 발달과 함께 수로, 보, 저수지 등이 축조되었는데, 대표적인 저수지로 제천 의림지, 밀양 수산제 등이 있다.

| 오답해설 | ① 5% 부여는 쑹화강 유역에 위치하였으며 반농반목의 산업을 발전시켰다.
② 12% 고구려에는 10월에 동맹이라는 제천 행사가 있었다.
③ 10% 부여에는 순장의 풍속이 있었다.

문 4　| 자료형 | 근현대 > 현대 > 모스크바 3국 외상 회의　난이도 中 | 답 ②　오답률 17%

핵심포인트 모스크바 3국 외상 회의에서 최고 5년간의 신탁 통치 실시가 결정되었다.

| 정답해설 | 제시된 자료는 미국, 영국, 소련의 외상들이 참여한 모스크바 3국 외상 회의 결정문이다.

② 83% 모스크바 3국 외상 회의에서는 임시 민주 정부 수립과 미·소 공동 위원회 설치를 협의했으며, 미국·영국·소련·중국 4개국에 의한 최고 5년간의 신탁 통치 실시가 결정되었다. 이에 근거하여 1946년 3월에 '제1차 미·소 공동 위원회'가 개최되었으나, 임시 정부에 참여할 단체를 놓고 미국과 소련의 의견이 대립하여 결렬되었다. 이후 1947년 5월 '제2차 미·소 공동 위원회'가 개최되었으나, 협의 대상 단체에 대한 대립으로 또다시 결렬되었다. 결국 미국은 한반도 문제를 국제 연합에 이관하였다.

| 오답해설 | ① 12% 모스크바 3국 외상 회의에는 미국, 영국, 소련의 외상(외무장관)들이 참여하였다.
③ 4% 모스크바 3국 외상 회의의 신탁 통치 결정에 대해 우익 세력은 반탁 운동을 전개하였다. 좌익 세력은 초기에는 반대 입장이었으나, 이후 임시 민주 정부 수립을 최우선 과제로 인정하고 총체적 지지로 입장을 바꾸었다.
④ 1% 1969년에 발표된 닉슨 독트린은 냉전 체제 완화에 기여하였다.

오답률 TOP 3

문 5　| 자료형 | 근현대 > 개항기 > 갑신정변　난이도 上 | 답 ①　오답률 55%

핵심포인트 갑신정변이 일어나자 고종은 경우궁으로 거처를 옮겼다.

| 정답해설 | 밑줄 친 '이 사건'은 갑신정변이다. 갑신정변은 김옥균, 박영효, 홍영식, 서광범 등을 중심으로 한 급진 개화파가 우정총국의 개국 축하연에서 단행한 정변이다.

① 45% 고종은 갑신정변이 일어나자 김옥균 등을 따라 경우궁으로 거처를 옮기고, 14개조 개혁 정강을 승인하였다.

| 오답해설 | ② 10% 차관 도입의 실패는 갑신정변의 결과가 아닌 원인이다. 또한 수신사는 차관 도입과 관련이 없다.
③ 42% 임오군란 이후에 일본과 체결한 제물포 조약에 대한 설명이다.
④ 3% 일본군의 경복궁 점령은 동학 농민 운동과 관련 있다.

문 6　| 자료형 | 우리 역사의 기원과 형성 > 선사 시대 > 신석기 시대　난이도 中 | 답 ②　오답률 37%

핵심포인트 농포동 유적에서 출토된 여성 조각품은 신석기 시대 유물이다.

| 정답해설 | 함경북도 청진시 농포동 유적은 신석기 시대의 유적지로, 이곳에서는 흙으로 빚은 여성 조각품이 출토되었다. 또한 웅기 굴포리 서포항 역시 신석기 시대의 유적지로, 시체의 머리를 동쪽으로 하고 얼굴을 위로 향하게 한 무덤이 출토되어 당시 사후 세계에 대한 인식이 있었음을 추론할 수 있다.

② 63% 신석기 시대에는 농경이 시작되었고, 돌로 만든 농기구가 사용되었다.

| 오답해설 | ① 23% 구석기 시대에는 긁개와 밀개를 조리 도구로 사용하였다.
③ 9% 청동기 시대에 직사각형 모양의 움집을 짓고 벼농사를 시작하였다.
④ 5% 철기 시대에 만들어진 검은 간 토기에 대한 설명이다.

오답률 TOP 2

문 7　| 순서형 | 고대 > 삼국의 정치 > 백제의 역사　난이도 上 | 답 ①　오답률 58%

핵심포인트 백제 최대 사찰인 미륵사는 무왕 시기에 창건되었다.

| 정답해설 | ① 42% 백제는 4세기 침류왕 때 중국 동진의 마라난타로부터 불교를 수용하였다. 하지만 미륵사는 7세기인 백제 무왕 때 창건되었다.

| 오답해설 | ② 28% 백제 웅진 시기에 동성왕은 탐라국을 복속시켰다(498).
③ 20% 6세기에 성왕은 사비로 천도하고 노리사치계를 일본에 파견하여 불교를 전파하였다.
④ 10% 백제 멸망 이후 복신과 도침이 백제 부흥 운동을 전개하였지만 실패하였다.

문 8 지식형 중세 > 경제 > 고려의 경제 상황
난이도 中 | 답 ①
오답률 41%

핵심포인트 고려 시대에는 공장안을 바탕으로 관영 수공업을 전개하였다.

| 정답해설 | ① 59% 고려 시대에는 중앙과 지방 관청에서 장인들을 공장안에 등록시켜 관영 수공업에 참여시켰다.
| 오답해설 | ② 5% 고려 시대에는 시전의 매점매석 감독 기관으로 경시서를 설치하였다. 상평창은 물가 조절 기구였다.
③ 20% 문익점이 원에서 목화씨를 들여온 것은 공민왕 시기의 일이다.
④ 16% 고려 후기에는 사원 수공업과 민간 수공업이 발달하였다.

문 9 순서형 근세 > 정치 > 임진왜란
난이도 下 | 답 ①
오답률 20%

출제의도 임진왜란의 전개 과정을 알아두어야 한다.
핵심포인트 임진왜란의 주요 대첩은 한산도 대첩 – 진주 대첩 – 행주 대첩 순으로 전개되었다.

| 정답해설 | 제시된 전투의 순서는 다음과 같다.
ㄱ. 사천포 해전(1592. 5.): 처음으로 거북선이 실전에 투입되었다.
ㄴ. 진주 대첩(1592. 10.): 김시민의 항전으로 승리했으나 김시민은 전사하였다.
ㄷ. 평양성 탈환(1593. 1.): 조·명 연합군의 활약으로 평양성을 탈환하였다.
ㄹ. 행주 대첩(1593. 2.): 권율의 행주 대첩 승리 직후 한양까지 탈환하였다.

문 10 자료형 근대 태동기 > 경제 > 대동법
난이도 下 | 답 ④
오답률 15%

핵심포인트 숙종 때 대동법이 전국적으로 확대되었다.

| 정답해설 | 밑줄 친 '이 법'은 대동법이다.
④ 85% 대동법은 평안도와 함경도, 제주도를 제외한 전국에서 실시되었다.
| 오답해설 | ① 7% ② 4% ③ 4% 대동법은 광해군 때 경기도에서 처음 실시되었으며, 숙종 때 전국으로 확대되었다. 공납의 부과 대상이 호(戶)에서 토지로 변화하였고, 부과 액수는 대체로 토지 1결당 쌀 12두였다. 대동법의 시행으로 왕실과 관청에서 필요한 물품을 구해 납품하는 공인이 등장하였고, 상품 수요의 증가로 상품 화폐 경제가 발달하였다. 또한 토지 결수를 기준으로 징수하였기 때문에 많은 농지를 소유한 양반 지주의 부담이 증가한 반면, 농지가 없거나 적게 소유한 농민의 부담은 경감되었고 국가 재정이 증대되었다. 그러나 별공과 진상 등 현물 징수가 여전히 남아 있었으며, 운영 과정에서 대동세가 소작인들에게 전가되는 문제가 발생하였다.

문 11 자료형 고대 > 삼국의 정치 > 신라 선덕 여왕
난이도 中 | 답 ①
오답률 25%

핵심포인트 642년 백제의 공격으로 대야성이 함락되었다.

| 정답해설 | 제시문은 당 태종이 보낸 모란꽃 그림에 관한 일화로 신라의 선덕 여왕과 관련 있다.
① 75% 선덕 여왕 시기에 의자왕의 공격으로 대야성이 함락되었다(642). 이에 김춘추가 고구려에 도움을 요청하기도 하였다.
| 오답해설 | ② 9% 진평왕은 원광법사의 도움으로 수와 연결을 시도하였다.
③ 14% 진덕 여왕은 당 태종에게 「태평송」을 지어 바쳤다.
④ 2% 진지왕은 정치를 혼란하게 하고 음란하다는 이유로 화백 회의의 결정에 따라 폐위되었다.

문 12 자료형 근대 태동기 > 문화 > 양명학
난이도 中 | 답 ②
오답률 28%

핵심포인트 양명학은 불우한 종친과 재야 소론 학자들이 주로 연구하였다.

| 정답해설 | 제시된 자료의 '이 학문'은 양명학이다.
② 72% 양명학은 소론 계열의 학자 집안을 중심으로 그 학맥이 유지되었다.
| 오답해설 | ① 9% ③ 14% ④ 5% 양명학은 성리학의 비현실성을 비판하면서 심즉리, 치양지, 지행합일을 내세우며 실천을 강조하였다. 16세기 초 양명학의 경전인 『전습록』이 전래되자, 이황은 『전습록변』을 지어 양명학을 비판하였다. 이후 18세기 초 소론 출신의 정제두가 양명학을 체계적으로 연구하여 강화 학파로 발전시켰고, 정권에서 소외된 소론을 중심으로 가학 형태로 계승되었다.

오답률 TOP 1
문 13 자료형 근현대 > 일제 강점기 > 대한민국 임시 정부
난이도 上 | 답 ④
오답률 61%

핵심포인트 대한민국 임시 정부는 상하이 프랑스 조계지에서 수립되었다.

| 정답해설 | 제시문은 대한민국 임시 정부와 관련된 내용이다. 대한민국 임시 정부는 상하이 프랑스 조계지에서 수립되었다.
④ 39% 임시 정부는 국내와의 연락 기구인 교통국과 연통제를 두었고 국한문 혼용체의 〈독립신문〉을 기관지로 하며, 사료 편찬소에서 『한일 관계 사료집』을 편찬하기도 하였다.
| 오답해설 | ① 17% 국민부는 1929년 3부 통합 운동으로 결성된 항일 단체이다.
② 12% 조선 혁명 간부 학교는 의열단이 주도하여 1932년에 세워졌다.
③ 32% 대한인 국민회는 1910년 미주 지역에서 결성된 항일 단체이다.

문 14 지식형 근세 > 정치 > 조선의 관계(官階)
난이도 中 | 답 ②
오답률 23%

핵심포인트 조선의 종6품은 지방관으로 임명되는 최하 품계였다.

| 정답해설 | 조선의 관직은 9품에 정(正)과 종(從)이 있어 18품으로 나뉘었으며, 30계(30등급)로 구성되었다.
② 77% 지방관인 수령에 임명되는 최하 품계는 종6품이었다.
| 오답해설 | ① 6% 조선 시대 관품은 정1품~종9품까지 18품 30계로 구성되었다.
③ 9% 행수 제도는 품계가 높고 관직이 낮을 때 '행', 품계가 낮고 관직이 높을 때 '수'를 붙여 품계와 관직이 불일치되는 것을 보완하였다.
④ 8% 당상관은 정3품 상계 이상으로 통정대부(문관)와 절충장군(무관) 이상을 말한다.

문 15 자료형 근현대 > 일제 강점기 > 1920년대 문화
난이도 中 | 답 ①
오답률 43%

핵심포인트 1925년 김소월의 시집 『진달래꽃』이 발간되었다.

| 정답해설 | 제시문의 『진달래꽃』은 1925년, 『님의 침묵』은 1926년에 발간되었다.
① 57% 나운규의 「아리랑」은 우리나라 최초의 영화로 1926년에 상영되었다.
| 오답해설 | ② 11% 원각사는 1908년 만들어진 신극 공연장으로 「은세계」, 「치악산」이 공연되었다.
③ 9% 이해조의 『자유종』은 1910년에 발표된 신소설이다.
④ 23% 1940년대 활동한 친일 문학 작가로 노천명, 이광수, 김활란, 서정주 등이 있다.

문 16 지식형 근현대 > 개항기 > 근대 신문
난이도 中 | 답 ③
오답률 21%

핵심포인트 이인직은 〈만세보〉를 인수하여 〈대한신문〉을 간행하였다.

| 정답해설 | ③ 79% 이인직이 재정난에 봉착한 천도교 기관지 〈만세보〉를 인수한 것은 맞지만 매국 행위를 비판하지는 않았다. 이인직은 〈만세보〉를 인수한 이후 이를 〈대한신문〉으로 개칭했는데 이는 친일 신문이었다.

문 17	자료형 단원 통합 > 풍수지리 사상	난이도 下	답 ①
		오답률 7%

핵심포인트 신라 하대 도선은 풍수지리 사상의 확산에 기여하였다.

| **정답해설** | 제시문의 밑줄 친 '이 사상'은 풍수지리 사상이다.

① 93% 현세구복적인 성격을 가지며, 왕실과 민간에서 초제를 거행한 것은 도교이다.

| **오답해설** | ② 2% 묘청의 서경 천도 운동은 풍수지리 사상을 기반으로 하여 일어났다.

③ 4% 남경개창도감은 고려 숙종 시기에 김위제의 주장으로 남경을 창건하기 위해 설치된 임시 기구이다.

④ 1% 경주 중심의 신라 정부의 권위를 약화시키고, 송악의 호족이었던 왕건이 후삼국을 통일할 수 있도록 하는 유리한 사상적 기반이 풍수지리 사상이었다.

문 18	지식형 중세 > 경제 > 경정 전시과	난이도 下	답 ②
		오답률 15%

핵심포인트 고려 문종 때의 경정 전시과에서는 현직 관료에게만 토지를 지급하였다.

| **정답해설** | 고려 문종 때에는 경정 전시과가 실시되었다.

② 85% 경정 전시과에서는 산관이 분급 대상에서 제외되었고 현직 관료에게만 토지를 지급하였다. 또한 한외과가 폐지되고 무관에 대한 대우가 상승하였다.

| **오답해설** | ① 6% 경종 때 실시된 시정 전시과는 공복과 인품을 기준으로 수조권을 분급하였다.

③ 5% 목종 시기의 개정 전시과에서는 군인전이 지급되었으며 한외과가 법제화되었다.

④ 4% 태조 때 역분전이 실시되어 논공행상에 따라 토지를 지급하였다.

문 19	자료형 우리 역사의 기원과 형성 > 국가의 형성 > 고조선	난이도 中	답 ①
		오답률 34%

핵심포인트 『제왕운기』에는 단군 신화가 수록되어 있다.

| **정답해설** | 제시된 자료는 고조선의 8조법 중 일부이다. 고조선에는 사회 질서를 유지하기 위한 8조법이 있었는데, 그중 3개조가 전해진다. 이를 통해 고조선이 노비가 존재한 계급 사회였고 개인의 생명과 노동력을 중시했으며, 사유 재산 개념이 존재했음을 알 수 있다. 또한 가부장적 가족 사회였음을 짐작할 수 있다.

① 66% 고조선에 관한 기록은 고려 충렬왕 때 편찬된 이승휴의 『제왕운기』에서 찾아볼 수 있다.

| **오답해설** | ② 12% 고조선은 상, 대부, 장군, 박사와 같은 관직을 두었다. 사자, 조의, 선인은 고구려의 관직이다.

③ 6% 동예에는 책화의 풍속이 있었다.

④ 16% 부여에는 대가들이 관할하는 사출도가 있었다.

문 20	지식형 근현대 > 일제 강점기 > 토지 조사 사업	난이도 中	답 ③
		오답률 33%

핵심포인트 토지 조사 사업으로 총독부의 지세 수입은 증가하였다.

| **정답해설** | 토지 조사 사업은 1910년 일제의 토지 약탈과 총독부의 재정 수입 확대, 그리고 일본 상업 자본이 토지를 점유하여 지주로 성장할 수 있는 기반을 만들기 위해 실시되었다.

③ 67% 동양 척식 주식회사는 토지 조사 사업이 시행되기 이전인 1908년에 설립되었다.

9급공무원 공개경쟁채용 필기시험

회차	과목
⑥	국어

⑥회 난이도	中
⑥회 합격선	17개/20개

【SELF CHECK】

풀이 시간	/20분	맞힌 개수	/20개

⑥회차 핵심페이퍼

문번	정답	개념	꼭 짚고 넘어가야 하는 핵심포인트!	다시 볼 키워드!
문 1	②	어문 규정	'은연중'은 한 단어로 붙여 써야 한다.	은연중
문 2	④	어문 규정	맞춤법의 원리를 정확하게 이해하고 적용할 수 있어야 한다.	파래서, 급랭하여, 시청률, 자랑스러운
문 3	②	어문 규정	현재 쓰이지 않는 고어의 종류에는 어떤 것이 있는지 파악해야 한다.	애달프다, 박달나무, 자두나무, 잎담배
문 4	③	어문 규정	사이시옷의 발음을 정확하게 이해하고 활용할 수 있어야 한다.	사이시옷
문 5	③	언어 예절과 바른 표현	주어와 서술어의 호응을 파악하여 올바른 문장을 고를 수 있어야 한다.	문장 성분 간 호응
문 6	③	고전 문학	주요 고전 작품을 정확하게 이해할 수 있어야 한다.	작자 미상, 「상사별곡」, 정서, 「정과정」
문 7	②	고전 문학	작품 속 화자의 태도를 이해하고 이와 비슷한 작품을 고를 수 있어야 한다.	김득연, 「산중잡곡」
오답률 TOP 2 문 8	②	비문학	글쓴이의 중심 주장을 정확하게 파악할 수 있어야 한다.	추론
문 9	①	현대 문학	소설의 서술상 특징을 이해할 수 있어야 한다.	황순원, 「목넘이 마을의 개」
문 10	③	비문학	글을 통일성 있게 구성하고 고칠 수 있어야 한다.	퇴고
오답률 TOP 3 문 11	②	관용 표현	문맥에서 관용구를 적절하게 활용할 수 있어야 한다.	진을 치다
문 12	②	현대 문학	제시된 시에서 내재적 감상 요소가 무엇인지 이해하고, 이를 작품 감상에 활용할 수 있어야 한다.	김기림, 「길」
오답률 TOP 1 문 13	④	비문학	글의 목적, 숨겨진 주제 등을 통해 글쓴이의 의도를 파악해야 한다.	글쓴이의 의도 파악
문 14	③	언어 예절과 바른 표현	가족 호칭은 일상생활에서도 숙지하여 올바르게 사용해야 한다.	진외가, 종질
문 15	②	한자와 한자어	한자는 뜻과 의미에 따라 그 표기가 다를 수 있으므로 혼동하지 않아야 한다.	수뢰(受賂)
문 16	③	비문학	글의 중심 내용을 찾고, 통일성에서 어긋나는 문장을 고를 수 있어야 한다.	작문
문 17	④	고전 문학	작품 안에서 인물 간의 대화를 통해 태도를 추론할 수 있어야 한다.	조위한, 「최척전」
문 18	①	현대 문학	서술자가 작품 외부에 있으면 3인칭 시점이며, 이는 작가 관찰자 시점과 전지적 작가 시점으로 구분한다.	성석제, 「황만근은 이렇게 말했다」
문 19	④	한자와 한자어	문맥 안에서 올바르게 한자 성어를 사용할 수 있어야 한다.	전전반측(輾轉反側), 전전긍긍(戰戰兢兢)
문 20	①	현대 문법	어미 또는 어휘를 통해 상대, 주체, 객체 높임법을 구별할 수 있어야 한다.	높임법

※ [오답률/선택률] 산정 기준: 2021.04.07. ~ 2022.02.28. 기간 동안 응시된 1초 합격예측 서비스의 누적 데이터
※ [오답률] TOP 1, 2, 3은 많은 응시생들이 헷갈린 문항이므로 꼭 확인하고 넘어가시기 바랍니다.

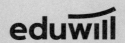

모의고사 》 6회 P. 2

문 1	②	문 2	④	문 3	②	문 4	③	문 5	③
문 6	③	문 7	②	문 8	②	문 9	①	문 10	③
문 11	②	문 12	②	문 13	④	문 14	③	문 15	②
문 16	③	문 17	④	문 18	①	문 19	④	문 20	①

※ 50% 는 선지별 선택률을 나타냅니다.

문 1 | 단답형 지식 | 어문 규정 > 한글 맞춤법 > 띄어쓰기 　 난이도 下 | 답 ②　오답률 15%

출제의도 띄어쓰기를 정확하게 이해하고 있는지 평가한다.
핵심포인트 '은연중'은 한 단어로 붙여 써야 한다.

| 정답해설 | ② 85% 은연 중(×) → 은연중(○)
'은연중(隱然中)'은 '남이 모르는 가운데.'라는 뜻의 한 단어이므로 띄어 쓰면 안 된다.

| 오답해설 | ① 3% '기회 있는 어떤 때에.'를 뜻하는 단어인 '한번'은 붙여 쓰는 것이 옳다. '번'이 차례나 일의 횟수를 나타내는 경우에는 '한 번', '두 번' 등과 같이 띄어 써야 한다.
③ 2% '비록 그러하지만 그러나' 또는 '비록 그러하다 하여도 그러나'와 같은 의미를 가진 '-을망정'은 앞 절의 사실을 인정하고 뒤 절에 그와 대립되는 다른 사실을 이어 말할 때 쓰는 연결 어미로 붙여 써야 한다. 따라서 '죽-' 뒤에 붙어 '죽을망정'으로 쓰는 것이 옳다.
④ 10% '걸어가는 데'에서 '데'는 '일'이나 '것'의 뜻을 나타내는 의존 명사로 앞말과 띄어 쓰는 것이 옳다.

문 2 | 단답형 지식 | 어문 규정 > 한글 맞춤법 　 난이도 中 | 답 ④　오답률 21%

출제의도 한글 맞춤법을 정확하게 숙지하고 있는지 평가한다.
핵심포인트 맞춤법의 원리를 정확하게 이해하고 적용할 수 있어야 한다.

| 정답해설 | ④ 79% 파래서(○)
'ㅎ' 불규칙 활용의 경우로, 어간과 어미가 모두 바뀌는 경우이다. 어간 '파랗-'에 어미 '-아'가 결합하면 불규칙 활용을 하므로 '파래'와 같은 형태가 된다.

| 오답해설 | ① 14% 급냉하여(×) → 급랭하여(○)
한자음 '라, 래, 로, 뢰, 르'가 단어의 첫머리에 올 적에는 두음 법칙에 따라 '나, 내, 노, 뇌, 느'로 적는다. 다만, 단어의 첫머리 이외의 경우에는 본음대로 적는다.
② 1% 시청율(×) → 시청률(○)
'-률'은 'ㄴ' 받침을 제외한 일부 명사 뒤에 붙는 접미사로 '시청률'과 같이 쓰는 것이 옳다. 모음이나 'ㄴ' 받침 뒤에 이어지는 '렬, 률'은 '열, 율'로 적는다.
③ 6% 자랑스런(×) → 자랑스러운(○)
'자랑스럽다'는 'ㅂ' 불규칙 활용을 하기 때문에, 어간 '자랑스럽-' 뒤에 어미 '-은'이 붙으면 '자랑스러운'과 같이 활용된다.

문 3 | 단답형 지식 | 어문 규정 > 한글 맞춤법 　 난이도 中 | 답 ②　오답률 22%

출제의도 표준어를 정확하게 이해하고 있는지 평가한다.
핵심포인트 현재 쓰이지 않는 고어의 종류에는 어떤 것이 있는지 파악해야 한다.

| 정답해설 | ② 78% 애달프다(○)
'마음이 안타깝거나 쓰라리다.'의 뜻으로, '애닯다'로 적지 않도록 주의해야 한다.

| 오답해설 | ① 4% 배달나무(×) → 박달나무(○)
언어의 형태, 발음, 의미는 시간에 따라 변화하기 마련이다. 고유어 계열의 단어가 널리 쓰이고 그에 대응하는 한자어 계열의 단어가 용도를 잃게 된 것은 고유어 계열의 단어만을 표준어로 삼는 원칙에 따라 '박달나무'만 표준어로 삼고, '배달나무'는 버린다.
③ 14% 오얏나무(×) → 자두나무(○)
'오얏' 역시 사어(死語)가 되어 거의 쓰이지 않게 되었으므로, 현재 널리 사용되

는 '자두'만 표준어로 삼는다.
④ 4% 잎초(×) → 잎담배(○)
'잎초'는 거의 쓰이지 않아 비표준어로 삼고 '잎담배'를 표준어로 삼는다. '잎담배'는 '썰지 아니하고 잎사귀 그대로 말린 담배.'를 의미하는 단어이다.

문 4 | 박스형 이해 | 어문 규정 > 표준 발음법 > 사이시옷 　 난이도 下 | 답 ③　오답률 8%

출제의도 표준 발음법을 정확하게 이해하고 있는지 평가한다.
핵심포인트 사이시옷의 발음을 정확하게 이해하고 활용할 수 있어야 한다.

| 정답해설 | ③ 92% 윗니: [윋니](×) → [윈니](○)
사이시옷 뒤에 'ㄴ, ㅁ'이 결합되는 경우에는 [ㄴ]으로 발음한다는 원칙에 따라, [윋니] → [윈니]로 발음한다.

| 오답해설 | ① 5% ② 2% 1번 항목에 따라 '냇가'는 [내:까/낻:까]로, '뱃속'은 [배쏙/밷쏙]으로 발음한다.
④ 1% 3번 항목에 따라 '나뭇잎'은 [나묻닙] → [나문닙]으로 발음한다.

문 5 | 단답형 지식 | 언어 예절과 바른 표현 > 바른 표현 　 난이도 中 | 답 ③　오답률 29%

출제의도 자연스러운 문장을 찾을 수 있는지 평가한다.
핵심포인트 주어와 서술어의 호응을 파악하여 올바른 문장을 고를 수 있어야 한다.

| 정답해설 | ③ 71% '친구야말로'는 주어인 '친구는'을 강조한 표현이므로, 이 문장은 주어(친구야말로)와 서술어(동반자야)의 호응이 자연스럽게 이루어진 문장이다. 또한 서술어에 체언(동반자)이 포함되어 있고, 그 앞에서 관형절이 꾸며 주는 구조이므로 어법에도 어긋나지 않는다.

| 오답해설 | ① 11% 경어법에 어긋나는 문장이다. 직장에서는 압존법을 사용하지 않으므로 상대방의 직급에 상관없이 모두를 높여 표현해야 한다. 따라서 '사장님, 김 과장님은 우체국에 가셨습니다.'로 써야 한다.
② 2% 부사어와 서술어의 호응 관계가 잘못된 문장이다. '반드시'는 긍정적인 서술어와 호응하므로, 이 문장에서는 부정적인 서술어와 호응하는 '절대로'를 넣어 주어야 한다.
④ 16% 쉼표의 위치에 따라 '한결같이'가 꾸며 주는 말이 달라져서 의미 해석이 바뀔 수 있는 중의적 문장이다. '한결같이'가 '어려운'을 꾸며 주는 경우에는 '어려운' 다음에 쉼표를, '돕는'을 꾸며 주는 경우에는 '어려운' 앞에 쉼표를 넣어 주어야 한다.

문 6 | 박스형 이해 | 고전 문학 > 고전 운문 > 종합적 감상 　 난이도 中 | 답 ③　오답률 23%

출제의도 고전 문학을 정확하게 감상할 수 있는지 평가한다.
핵심포인트 주요 고전 작품을 정확하게 이해할 수 있어야 한다.

| 정답해설 | ③ 77% 제시된 작품의 마지막 행 '녯 정(情)이 잇거든 다시 보게 삼기소셔'와 〈보기〉의 마지막 행 '아소 님하, 도람 드르샤 괴오쇼셔'에서 각각 재회에 대한 소망과 임에 대한 애원을 통한 미래에 대한 소망이 드러나 있음을 알 수 있다. 그러므로 두 시 모두 현재의 상황에 대한 괴로움과 미래에 대한 소망이 함께 표출되어 있다고 할 수 있다.

| 오답해설 | ① 12% 이 시는 반복과 대구를 통해 주제를 강화하고 있으나, 〈보기〉에는 고려 가요의 특징인 분장 또는 분연이나 후렴구가 나타나지 않고 있다.
② 2% 이 시에서는 임에 대한 그리움을 슬픈 정서로 표현하고 있으나, 〈보기〉에서는 임금에 대한 충절을 나타내고 있다.
④ 9% 이 시의 '산계야목'은 잡기 어려운 임을 비유한 표현이고, 〈보기〉의 '산 접동새'는 임으로부터 버림을 받아 외롭고 쓸쓸한 날을 보내고 있는 자신을 비유한 것이다.

| 참고이론 | 작품 분석
(1) 작자 미상, 「상사별곡(相思別曲)」
　• 성격: 비애적, 애상적
　• 특징: 자연의 요소를 활용하여 화자의 정서를 형상화함.
　• 주제: 임에 대한 그리움

(2) 정서, 「정과정(鄭瓜亭)」
  • 성격: 연군가
  • 특징: 객관적 상관물에 감정을 이입하며, 후렴구가 없음.
  • 주제: 임금에 대한 충절

문 7 박스형 이해 고전 문학 > 고전 운문 > 화자의 태도 | 난이도 下 | 답 ②
오답률 11%

출제의도 화자의 태도를 이해하고 있는지 평가한다.
핵심포인트 작품 속 화자의 태도를 이해하고 이와 비슷한 작품을 고를 수 있어야 한다.

| 정답해설 | ② 89% 제시된 작품은 김득연의 「산중잡곡」의 일부로, 화자는 자연에 묻혀 사는 즐거움과 만족감을 나타내며 자연 친화적인 태도를 보이고 있다. 이와 비슷한 태도를 보이는 작품은 자연에 묻혀 사는 즐거움을 노래한 송순의 시조이다.
| 오답해설 | ① 11% 이방원의 「하여가」로, 세상과 타협할 것을 권유하고 있다.
③ 0% 안민영의 「매화사」로, 매화에 대해 예찬하고 있다.
④ 0% 이조년의 「이화에 월백하고」로, 봄밤의 서정을 노래하고 있다.
| 참고이론 | 김득연, 「산중잡곡(山中雜曲)」

  • 성격: 전원적, 풍류적
  • 특징: 대구적 표현을 사용하여 운율을 형성하고 자연 속에서의 생활 모습을 구체적으로 묘사함.
  • 주제: 자연 속에서 사는 삶에 대한 즐거움과 만족감

오답률 TOP 2

문 8 박스형 이해 비문학 > 독해 비문학 > 추론하기 | 난이도 上 | 답 ②
오답률 57%

출제의도 글을 읽고 글쓴이의 주장을 추론할 수 있는지 평가한다.
핵심포인트 글쓴이의 중심 주장을 정확하게 파악할 수 있어야 한다.

| 정답해설 | ② 43% 제시된 글을 살펴보면 전통 성리학자들의 태도인 인간 본성인 성선의 회복을 주장하기 위한 논쟁으로 '호론'과 '낙론'이 있었다는 것을 알 수 있다. 그러므로 호론이 전통 성리학자들의 본성론과 상반된다는 것을 옳지 않다.

문 9 박스형 이해 현대 문학 > 현대 소설 > 서술상 특징 | 난이도 中 | 답 ①
오답률 17%

출제의도 소설 전개의 장치를 정확하게 이해하고 있는지 평가한다.
핵심포인트 소설의 서술상 특징을 이해할 수 있어야 한다.

| 정답해설 | ① 83% [A] 부분은 지금까지의 신둥이 개에 대한 이야기가 '나'의 외가가 있는 목넘이 마을에서 전해 들은 이야기임을 밝히는 대목이다. 따라서 이 부분은 목넘이 마을의 개에 대한 이야기를 독자들이 보다 신뢰할 수 있게 하는 역할을 한다.
| 참고이론 | 황순원, 「목넘이 마을의 개」

  • 성격: 암시적, 상징적
  • 특징: '신둥이'라는 개를 통해 우리 민족의 강인한 생명력을 형상화함.
  • 주제: 우리 민족의 강인한 생명력

문 10 박스형 이해 비문학 > 이론 비문학 > 퇴고 | 난이도 下 | 답 ③
오답률 11%

출제의도 글을 정확하게 퇴고할 수 있는지 평가한다.
핵심포인트 글을 통일성 있게 구성하고 고칠 수 있어야 한다.

| 정답해설 | ③ 89% '그렇지만'은 앞뒤의 내용이 대립적일 경우에 쓰이는 접속어이므로 ⓒ에 오기에는 적절하지 않다. 제시문에서는 앞의 내용이 뒤에 나오는 내용의 이유, 근거가 되므로 ⓒ에는 '따라서'가 적절하다.

오답률 TOP 3

문 11 단답형 지식 관용 표현 > 관용구 | 난이도 上 | 답 ②
오답률 55%

출제의도 관용구의 의미를 알고 있는지 평가한다.
핵심포인트 문맥에서 관용구를 적절하게 활용할 수 있어야 한다.

| 정답해설 | ② 45% '진을 치다'는 '자리를 차지하다.', '오랫동안 자리를 잡고 머무르다.'라는 뜻이다.

문 12 박스형 이해 현대 문학 > 현대 시 > 종합적 감상 | 난이도 下 | 답 ②
오답률 12%

출제의도 시를 정확히 이해하고 있는지 평가한다.
핵심포인트 제시된 시에서 내재적 감상 요소가 무엇인지 이해하고, 이를 작품 감상에 활용할 수 있어야 한다.

| 정답해설 | ② 88% '이미지, 시적 화자, 시어의 상징적 의미, 감각적 표현' 등에 집중하여 작품을 감상하는 것은 내재적 접근 방법이다. 그런데 '작가 개인의 감정, 의식' 등에 주목하여 작품을 감상하는 것은 외재적 접근 방법에 해당한다.
| 참고이론 | 김기림, 「길」

  • 성격: 애상적, 회고적
  • 특징: '길'을 통해 화자의 정서를 드러내며 애상을 형상화함.
  • 주제: 길을 따라 잃어버린 어린 시절의 추억에 대한 그리움

오답률 TOP 1

문 13 박스형 이해 비문학 > 독해 비문학 > 글쓴이의 의도 파악 | 난이도 上 | 답 ④
오답률 61%

출제의도 글쓴이의 중심 견해를 파악하여 글의 의도를 찾을 수 있는지 평가한다.
핵심포인트 글의 목적, 숨겨진 주제 등을 통해 글쓴이의 의도를 파악해야 한다.

| 정답해설 | ④ 39% 제시문 중간에 제시되어 있는 "이렇게 보면 충과 효를 동일한 맥락에서 파악하는 것은 그릇된 것임을 쉽게 알 수 있다."를 참조하면 된다. 즉 글쓴이는 충과 효를 하나로 보는 것을 옳지 않다고 보고 있다. 즉, 충보다는 효가 근본적이라는 것으로 효에 대한 일반인들의 잘못된 인식을 바로잡으려 했다고 할 수 있다.

문 14 단답형 지식 언어 예절과 바른 표현 > 언어 예절 > 가족 호칭 | 난이도 中 | 답 ③
오답률 24%

출제의도 호칭어와 지칭어를 정확하게 알고 있는지 평가한다.
핵심포인트 가족 호칭은 일상생활에서도 숙지하여 올바르게 사용해야 한다.

| 오답해설 | ③ 76% ⓛ '진외가'는 '아버지의 외가.'를 의미한다. 어머니의 외가는 '외외가'이다.
ⓒ '종질'은 '사촌 형제의 아들.'을 의미한다. 육촌 형제의 아들은 '재종질'이다.

문 15 단답형 지식 한자와 한자어 > 한자어 표기 | 난이도 上 | 답 ②
오답률 52%

출제의도 한자의 정확한 표기를 알고 있는지 평가한다.
핵심포인트 한자는 뜻과 의미에 따라 그 표기가 다를 수 있으므로 혼동하지 않아야 한다.

| 정답해설 | ② 48% '수뢰(受賂)'는 '뇌물을 받음.'을 뜻하는 단어로 옳게 쓰였다.
| 오답해설 | ① 18% '병을 그릇되게 진단하는 일.'을 의미하는 단어는 '誤診(오진)'으로 표기한다. '誤謬(오류)'는 '그릇되어 이치에 맞지 않는 일.'을 의미한다.
③ 16% '필요 이상의 돈이나 물건을 쓰거나 분수에 지나친 생활을 함.'을 의미하는 단어는 '奢侈(사치)'로 표기한다.
④ 18% '일정한 학과를 다 배워 끝냄.'을 의미하는 단어는 '修了(수료)'로 표기한다.

문 16　박스형 이해　비문학 > 이론 비문학 > 작문

난이도 下 | 답 ③
오답률 8%

출제의도 글의 긴밀성을 이해하고 있는지 평가한다.

핵심포인트 글의 중심 내용을 찾고, 통일성에서 어긋나는 문장을 고를 수 있어야 한다.

| **정답해설** | ③ 92% 제시된 글은 '나무 목(木)'과 '나무 수(樹)'의 어원을 바탕으로 용례와 의미의 차이를 분석한 글로, ㉠은 '수(樹)'의 어원, ㉡과 ㉣은 '수(樹)'와 '목(木)'의 용례에 대한 문장이다. ㉢의 경우 '수목원'의 명칭을 순화해야 한다는 내용으로 글의 통일성을 해치고 있다.

문 17　박스형 이해　고전 문학 > 고전 산문 > 인물의 태도

난이도 中 | 답 ④
오답률 17%

출제의도 인물의 태도를 추론할 수 있는지 평가한다.

핵심포인트 작품 안에서 인물 간의 대화를 통해 태도를 추론할 수 있어야 한다.

| **정답해설** | ④ 83% [B]의 제1구인 '아득히 옥으로 만든 집에 새벽 구름 붉게 물들고'라는 표현에서, '새벽 구름'은 '옥으로 만든 집'의 아름다운 풍경을 묘사하기 위한 소재로 볼 수는 있어도, 암울한 상황을 암시하는 소재로 볼 근거가 없다는 점에서 적절하지 않다.

| **오답해설** | ① 12% [A]에서 '낭군'이 부는 '피리' 소리를 '달도 내려와 들으려' 한다고 표현한 것은, '피리'와 '달'의 조응을 통해 아름다운 분위기를 드러낸 것으로 볼 수 있다. 따라서 옥영은 최척과 함께 있는 현재의 상황에 대해 긍정적으로 생각한다고 추론할 수 있다.

② 3% [B]의 제4구 '뜰에 드리운 꽃 그림자는 향기로운 바람에 날리네'라는 표현을 통해 최척도 현재의 상황에 만족하고 있음을 알 수 있다.

③ 2% [A]의 제4구에서는 "안개와 놀이 가득하여 봉도(蓬島) 가는 길을 찾을 수 없네."라고 표현하고 있다. 여기서 '봉도'는 신선이 살고 불로초와 불사약이 있는 신령스러운 산이다. 그런데 '안개와 놀'이 가득하기 때문에 '봉도'로 가는 길을 찾을 수가 없다는 것이다. 따라서 이 부분에서는 미래에 대한 옥영의 불안감을 추론할 수 있다.

| **참고이론** | 조위한, 「최척전」

- 성격: 사실적, 우연적
- 특징: 구체적인 시·공간을 배경으로 하여 현실성을 높임.
- 주제: 전란으로 인한 가족의 이산과 재회

문 18　박스형 이해　현대 문학 > 현대 소설 > 서술상 특징

난이도 下 | 답 ①
오답률 12%

출제의도 현대 소설의 서술상의 특징을 파악할 수 있는지 평가한다.

핵심포인트 서술자가 작품 외부에 있으면 3인칭 시점이며, 이는 작가 관찰자 시점과 전지적 작가 시점으로 구분한다.

| **정답해설** | ① 88% 제시된 부분은 실종된 지 일주일 만에 황만근의 유해가 돌아온 후, 황만근의 삶을 평가하고 있는 부분이다. 서술자는 사건 밖에 위치하면서 사건 속의 인물인 황만근의 삶을 긍정적으로 평가하고 있는데, 이를 통해 선량하고 이타적인 인물인 황만근에 대한 작가의 애정과 신뢰가 잘 드러난다.

| **오답해설** | ② 4% 둘째, 셋째 단락에서 인물의 성격을 직접적으로 서술하였다.

③ 8% 황만근이 사고를 당하게 된 상황을 과거형 어미를 사용하여 전개하였다.

④ 0% 서술자의 심경 변화를 통해 주제 의식을 드러내지는 않았다.

| **참고이론** | 성석제, 「황만근은 이렇게 말했다」

- 성격: 해학적, 풍자적, 향토적
- 특징
  - 선량한 인물인 황만근과 이해타산적인 마을 사람들을 대조적으로 제시함으로써 주제 의식을 부각시킴.
  - 한 인물의 일생을 시간의 순서에 따라 서술하는 '전(傳)'의 양식을 따름.
- 주제: 황만근의 생애와 그의 행적

문 19　단답형 지식　한자와 한자어 > 한자 성어

난이도 上 | 답 ④
오답률 52%

출제의도 한자 성어의 뜻을 정확하게 알고 있는지 평가한다.

핵심포인트 문맥 안에서 올바르게 한자 성어를 사용할 수 있어야 한다.

| **정답해설** | ④ 48% '輾轉反側(전전반측)'은 '누워서 몸을 이리저리 뒤척이며 잠을 이루지 못함.'을 의미하므로, '몹시 두려워서 벌벌 떨며 조심함.'을 의미하는 '戰戰兢兢(전전긍긍)'으로 고치는 것이 적절하다.

| **오답해설** | ① 8% 矯角殺牛(교각살우): 소의 뿔을 바로잡으려다가 소를 죽인다는 뜻으로, 잘못된 점을 고치려다가 그 방법이나 정도가 지나쳐 오히려 일을 그르침을 이르는 말.

② 16% 亡羊補牢(망양보뢰): 양을 잃고 우리를 고친다는 뜻으로, 이미 어떤 일을 실패한 뒤에 뉘우쳐도 아무 소용이 없음을 이르는 말.

③ 28% 百年河淸(백년하청): 중국의 황허강(黃河江)이 늘 흐려 맑을 때가 없다는 뜻으로, 아무리 오랜 시일이 지나도 어떤 일이 이루어지기 어려움을 이르는 말.

문 20　단답형 지식　현대 문법 > 통사론 > 높임법

난이도 下 | 답 ①
오답률 7%

출제의도 언어 예절에 맞는 표현을 구별할 수 있는지 평가한다.

핵심포인트 어미 또는 어휘를 통해 상대, 주체, 객체 높임법을 구별할 수 있어야 한다.

| **정답해설** | ① 93% '주문하신 신발은 품절이십니다'는 손님을 존대하는 것이 아닌 '신발'을 높이는 표현이다. 이는 간접 높임의 대상이 아니므로 높여서 표현할 수 없다. 따라서 '손님, 주문하신 신발은 품절입니다.' 정도로 수정해야 한다.

9급공무원 공개경쟁채용 필기시험

회차	과목
⑥	영어

⑥회 난이도	下
⑥회 합격선	18개/20개

【SELF CHECK】

풀이 시간	/26분	맞힌 개수	/20개

⑥회차 핵심페이퍼

문번	정답	개념	꼭 짚고 넘어가야 하는 핵심포인트!	다시 볼 키워드!
문 1	④	생활영어	문맥뿐 아니라 선지의 관용표현들도 알아야 정답을 찾을 수 있다.	회화/관용표현
문 2	①	생활영어	앞뒤 문맥 파악으로 쉽게 풀 수 있는 문제이다.	회화/관용표현
문 3 **오답률 TOP2**	②	어휘	'thrust'와 'gist'가 같은 의미임을 묻는 문제이다.	유의어 찾기
문 4	③	어휘	'down-to-earth'와 'practical'이 같은 의미임을 묻는 문제이다.	유의어 찾기
문 5	③	어휘	'by leaps and bounds'와 'rapidly'가 유사한 의미임을 묻는 문제이다.	유의어 찾기
문 6	④	문법	명사절 접속사 'that'과 'what'의 용법을 묻는 문제이다.	접속사
문 7	②	문법	보어 도치를 정확히 알고 있는지를 묻는 문제이다.	강조와 도치
문 8	②	독해	중반의 예시에서 Darwin의 진화론의 논리를 이해하는지를 묻는 문제이다.	내용일치/불일치
문 9	②	독해	주제 문장이 없는 지문이므로 각 문장의 앞뒤의 흐름을 확인하여 정답을 찾아야 한다.	삭제
문 10	③	독해	지문 내에서 각 선지의 근거를 찾아야 한다.	내용일치/불일치
문 11	③	독해	제시 문장을 미리 읽고 앞뒤의 내용을 예상한 후 지문을 읽어야 한다.	삽입
문 12	④	독해	첫 문장이 주제 문장이다.	제목
문 13	①	문법	조동사 관용표현 내의 병치를 정확히 이해하는지를 요구하는 문제이다.	조동사
문 14	②	문법	기본적인 문법규칙인 「the + 형용사」를 묻는다.	관사
문 15	②	어휘	문법의 이해와 더불어 선지에 제시된 형용사들의 의미도 알아야 풀 수 있는 문제이다.	빈칸 완성
문 16 **오답률 TOP3**	④	독해	지문의 내용이 추상적이고 선지의 어휘들이 어려워, 꼼꼼한 독해가 요구된다.	빈칸 구 완성
문 17 **오답률 TOP1**	①	독해	제시 문단을 읽고 앞으로 전개될 내용을 미리 예상한 후, 선지들의 연결 포인트를 정확히 확인하면서 문제를 풀어야 한다.	배열
문 18	④	독해	어려운 지문은 아니나 주제가 전체 지문에 분산되어 있다.	요지
문 19	④	독해	생물과 관련된 어려운 어휘들이 포함된 지문으로, 특히 후반부의 전반적인 내용을 이해해야 풀 수 있는 문제이다.	빈칸 절 완성
문 20	③	독해	빈칸에 들어갈 문장의 근거가 되는 문장을 찾아서 논리적으로 풀어야 한다.	빈칸 구 완성

※ [오답률/선택률] 산정 기준: 2021.04.07. ~ 2022.02.28. 기간 동안 응시된 1초 합격예측 서비스의 누적 데이터
※ [오답률] TOP 1, 2, 3은 많은 응시생들이 헷갈린 문항이므로 꼭 확인하고 넘어가시기 바랍니다.

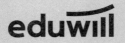

모의고사 》 6회 P. 8

문 1	④	문 2	①	문 3	②	문 4	③	문 5	③
문 6	④	문 7	②	문 8	②	문 9	②	문 10	③
문 11	③	문 12	④	문 13	①	문 14	②	문 15	②
문 16	④	문 17	①	문 18	④	문 19	④	문 20	③

※ 50% 는 선지별 선택률을 나타냅니다.

문 1　빈칸형　생활영어 > 회화/관용표현
난이도 中 | 답 ④ | 오답률 21%

핵심포인트 문맥뿐 아니라 선지의 관용표현들도 알아야 정답을 찾을 수 있다.

| 해석 | A: 혹시 Peter가 여기 있어?
B: 응, 방금 그에게 이야기했었어. 그런데 걔는 왜 ④ 우울해 보여?
A: 전혀 모르겠는데.
B: 나는 걔가 기분이 좋을 거라고 생각했는데.
A: 나도 그랬어. 걔가 다음 달에 승진할 거라는 사실을 생각하면.
B: 그럼 아마 가족과 관련된 걱정이 있나 봐.
① 0% 본론으로 바로 들어가다
② 3% 조심하다
③ 18% 멋진 수를 쓰다
④ 79% 우울해 보이다

| 정답해설 | 마지막 문장에서 B가 가족과 관련된 걱정이 있는 것 같다고 추정하는 것으로 보아, 왜 우울해 보이는지를 묻는 것이 빈칸에 적합하다.

| 어휘 |
have no clue 전혀 모르다　　　　in a good mood 기분이 좋은

문 2　빈칸형　생활영어 > 회화/관용표현
난이도 中 | 답 ① | 오답률 30%

핵심포인트 앞뒤 문맥 파악으로 쉽게 풀 수 있는 문제이다.

| 해석 | A: 일본에서 오는 여행 즐거우셨나요?
B: 네, 즐거웠지만, 여기 오는 데 10시간 넘게 걸렸어요.
A: 분명 피곤하시겠군요.
B: ① 그것이 나를 아주 힘들게 하지는 않았어요.
A: 그럼, 지점으로 바로 가실까요? 지부장님이 당신을 기다리고 계세요.
① 70% 그것이 나를 아주 힘들게 하지는 않았어요.
② 22% 난 좀 쉬는 것이 좋겠어요.
③ 5% 제가 당신에게 그렇게 말했어야 했어요.
④ 3% 다음을 기약해도 될까요?

| 정답해설 | 빈칸 뒤 문장에서 지점으로 바로 가자고 하는 것으로 보아 B가 피곤하지 않았음을 알 수 있다.

| 어휘 |
exhausted 아주 피곤한　　　　take a rain check 다음을 기약하다

오답률 TOP 2

문 3　밑줄형　어휘 > 유의어 찾기
난이도 上 | 답 ② | 오답률 47%

핵심포인트 'thrust'와 'gist'가 같은 의미임을 묻는 문제이다.

| 정답해설 | 그녀가 구체적인 설명을 제공하지 않기 때문에 그녀 이론의 요지를 이해할 수 있는 사람이 거의 없다는 것은 놀랍지 않다.
① 14% 결점
② 53% 요점, 요지
③ 22% 독창성
④ 11% 이유, 근거

| 정답해설 | 명사 'thrust'는 '요지'라는 뜻으로 선지들 중 'gist'와 의미가 같다.

| 어휘 |
apprehend 이해하다　　　　specific 구체적인

문 4　밑줄형　어휘 > 유의어 찾기
난이도 中 | 답 ③ | 오답률 19%

핵심포인트 'down-to-earth'와 'practical'이 같은 의미임을 묻는 문제이다.

| 정답해설 | Kelly는 항상 현실적이기 때문에 그녀의 동료들로부터 매우 존중받고 신뢰받는다.
① 10% 집요한
② 4% 달래는, 회유하는
③ 81% 현실적인, 실용적인
④ 5% 전도유망한

| 정답해설 | 'down-to-earth'는 '현실적인, 세상물정에 밝은'의 뜻으로 선지들 중 'practical'과 가장 유사하다.

| 어휘 |
regard 존중하다, 존경하다　　　　coworker 동료

문 5　밑줄형　어휘 > 유의어 찾기
난이도 下 | 답 ③ | 오답률 14%

핵심포인트 'by leaps and bounds'와 'rapidly'가 유사한 의미임을 묻는 문제이다.

| 해석 | 놀라운 수익성 덕분에, 그 회사의 투자자 수가 급속히 증가해오고 있다.
① 1% 과시적으로
② 3% 한쪽으로 기울어
③ 86% 빨리
④ 10% 사실상

| 정답해설 | 'by leaps and bounds'는 '급속히, 대폭'의 의미로 선지들 중 'rapidly'와 가장 유사하다.

| 어휘 |
profitability 수익성　　　　on the rise 상승하는

문 6　문장형　문법 > Expansion > 접속사
난이도 中 | 답 ④ | 오답률 25%

출제의도 문장에 주어진 'that'이 명사절 접속사인지 관계대명사인지를 먼저 구별해야 한다.
핵심포인트 명사절 접속사 'that'과 'what'의 용법을 묻는 문제이다.

| 해석 | ① Peter는 서류작업을 불완전한 상태로 남겨둔 것으로 비판받았다.
② 자신의 건강에 대한 걱정들은 그가 그의 어머니를 방문하는 것을 막지 못했다.
③ Kenny는 흡연을 그만두라는 말을 들었지만, 신경 쓰는 것 같지 않다.
④ 석유 수입에 대한 새로운 해외정책은 우리 회사가 가장 예상하지 않았던 것이다.

| 정답해설 | ④ 75% be동사(was) 뒤의 절은 주격보어 역할을 하는 명사절이다. 명사절 접속사 'that'의 경우 뒤에 완전한 절이 와야 하지만 이 문장의 경우 타동사 'expected'의 목적어가 없는 불완전한 절이다. 따라서 불완전한 절을 취하는 명사절 접속사 'what'이 쓰여야 한다. 'least'는 부사이므로 혼동하지 않도록 한다.

| 오답해설 | ① 12% 동사 'leave(남겨두다)'가 5형식 동사로 사용되어 뒤에 '목적어+형용사 목적격보어'를 알맞게 취하고 있다.
② 5% 'keep A from ~ing(A가 ~하는 것을 막다)'가 알맞게 쓰였다.
③ 8% 동사 'quit'은 동명사를 목적어로 취하며, 동사 'seem'은 to부정사를 주격보어로 취할 수 있다.

| 어휘 |
paperwork 서류작업　　　　incomplete 불완전한

문 7　문장형　문법 > Balancing > 강조와 도치
난이도 中 | 답 ② | 오답률 25%

핵심포인트 보어 도치를 정확히 알고 있는지를 묻는 문제이다.

| 해석 | ① 몇몇 지역 자선단체들은 빈곤을 퇴치하려는 그 계획을 지원해왔다.
② 그 학위를 위한 8명의 후보자들의 최종 명단이 이 편지에 동봉되어 있다.
③ 그 다큐멘터리는 지금까지 드러난 적 없는 독특한 삶의 방식들을 보여준다.
④ 안타깝게도, 파고가 너무 높아 우리의 항해를 진행할 수 없었다.

| 정답해설 | ② 75% 보어 도치이다. 원래 문장 'The shortlist of eight candidates for the degree is enclosed in this letter.'에서 보어인 'enclosed in this letter'가 문두로 가고 주어와 동사가 적합하게 도치되었다.

| 오답해설 | ① 5% 문장에 목적어 'the initiative'가 있으므로 동사는 능동인

'have supported'가 쓰여야 한다.

③ 13% 문맥상 선행사는 복수명사인 'unique ways'이므로 주격관계대명사 'that' 뒤의 동사는 복수동사인 'have'가 맞다.

④ 7% 주격보어 뒤에 to부정사가 있으므로 주격보어를 수식하는 부사는 'so'가 아닌 'too'가 적합하다.

| 어휘 |

initiative 계획	combat 방지하다, 싸우다
enclose 동봉하다	shortlist 최종 후보자 명단
degree 학위	reveal 드러내다
proceed with 진행하다	voyage 항해

문 8 | 지문제시형 | 독해 > Micro Reading > 내용일치/불일치 | 난이도 中 | 답 ② | 오답률 30%

핵심포인트 중반의 예시에서 Darwin의 진화론의 논리를 이해하는지를 묻는 문제이다.

| 해석 | 전이화석은 조상과 후손 사이의 중간 단계의 화석인데, 양쪽의 특징들, 혹은 걸으로 보기에 관련 없는 두 생물 간에 공유된 특징을 보여줄 수도 있다. 이것은 진화가 직선 방식으로 발생한다는 오해를 만들었다; 각 생물은 그것의 현재 형태로 단계별로 진화해왔다. 그러나 Darwin은 그의 모델을 나무로 묘사했고, 각 가지는 하나의 동물을 나타낸다. 고양이, 사자, 호랑이, 그리고 퓨마를 포함한 고양이속을 생각해보라. 그들은 공통적인 조상을 공유하지만, 고양이가 호랑이로 바뀌지는 않을 것이다. 많은 전이화석들이 발견되고 기록되어왔다. 한두 개 전이화석의 부재가 진화라는 생각 자체를 부정할 수는 없다. 몇몇 빠진 조각이 있는 퍼즐을 생각해보라. 당신은 여전히 전체 그림이 보여주는 것을 알 수 있다.

① 전이화석은 유사 과학에 의해 조작된 근거 없는 믿음이다.

② 진화는 일부 잃어버린 연결고리에도 불구하고 타당하다.

③ 고양이는 호랑이로 진화할 수도 있으며, 그것은 전이화석들에 의해 증명되어 왔다.

④ Darwin의 진화모델은 다소 직선형으로 보인다.

| 정답해설 | ② 70% 7번째 문장에서 한두 개 전이화석의 부재(The absence of one or another transitional fossil)가 진화를 부정할 수 없다(cannot negate the idea of evolution)고 언급되어 있다. '한두 개 전이화석의 부재'는 'a few missing links'로, '진화를 부정할 수 없음'은 'plausible'로 각각 언급하였다.

| 오답해설 | ① 6% 'Plenty of transitional fossils have been found and recorded.'에서 전이화석은 존재한다고 언급했다.

③ 8% 'but a cat will not turn into a tiger.'에서 고양이가 호랑이로 진화하는 것은 아니라고 언급되어 있다.

④ 16% 'the misconception that evolution comes about in a linear manner'에 따르면 직선형의 진화는 오해라는 것을 알 수 있다.

| 어휘 |

transitional fossil 전이화석	intermediate 중간 단계의
descendant 후손	seemingly 걸으로 보기에
come about 발생하다	linear 선형의, 직선모양의
Felis 고양이속	negate 부정하다
fabricate 조작하다	pseudo-science 유사 과학
plausible 타당한, 그럴듯한	

문 9 | 논리형 | 독해 > Logical Reading > 삭제 | 난이도 下 | 답 ② | 오답률 12%

핵심포인트 주제 문장이 없는 지문이므로 각 문장의 앞뒤의 흐름을 확인하여 정답을 찾아야 한다.

| 해석 | 독일의 엑스레이 우주 관측 장치인 Roentgen Satellite(ROSAT)은 1999년 2월에 공식적으로 폐합 처리되었다. 이것은 직사광선에 의해 손상된 내장 카메라 고장으로 인한 것이었다. ROSAT에서 나온 파편들이 지구로 떨어질 것이고 그것으로 인한 사람들의 부상 및 재산의 손상 가능성이 있었기 때문에 일부 사람들은 걱정하기 시작했다. ② 독일은 정부의 계획에 맞춰 많은 항공우주 엔지니어들을 육성해오고 있다. 그러나 독일 관계자들은 가능성이 상당히 희박하다고 그들을 안심시켰다. 지구 주변에는 많은 인공위성들이 있어왔기 때문에 이런 종류의 걱정이 처음은 아니다. 그러나 지금까지 인공위성에서 떨어지는 잔해들과 관련된

어떤 사고도 난 적이 없다.

| 정답해설 | ② 88% 인공위성의 잔해가 떨어지는 것에 대한 걱정과 그 희박한 가능성에 대하여 설명하는 글이다. ②는 인재 육성에 관한 내용이기 때문에 글 전체 내용과는 아무런 관련이 없는 문장이다.

| 오답해설 | 맨 마지막 문장에서 인공위성에서 떨어지는 잔해로 인한 사고를 언급하고 있으며, ① 0%, ③ 11%, ④ 1% 는 모두 잔해와 관련된 내용을 말하고 있다.

| 어휘 |

observatory 관측 장치, 관측소	decommission 퇴역시키다, 해체하다
onboard 내장[탑재]된, 탑승한	fragment 조각, 파편
foster 육성하다	aerospace 항공우주
in accordance with ~에 부합되도록, ~에 따라	
initiative 계획	assure 안심시키다, 보장하다
odds 가능성, 공산	remote 먼, 희박한
up to date 지금까지	debris 잔해

문 10 | 지문제시형 | 독해 > Micro Reading > 내용일치/불일치 | 난이도 中 | 답 ③ | 오답률 32%

핵심포인트 지문 내에서 각 선지의 근거를 찾아야 한다.

| 해석 | 모든 신생아들은 색맹임이 증명되어 왔다. 신생아들은 대략 4개월이 되어야 서로 다른 색을 구별하기 시작한다. 이것은 전통적인 장난감들은 아주 다양한 색을 보여주는 반면, 현대에 2세 미만의 유아들을 위한 절대 다수의 장난감이 원색이나 흑백 무늬를 가지는 이유이다. 그러나, 일부 연구들은 색에 대한 아기의 시각적 체계 발달이 환경에 따라서 빨라지거나 느려질 수 있다는 것을 발견했다. 2000년대 초반, 한 일본 연구원이 실험을 통해 색맹, 즉 색각 장애가 완전히 유전적이지는 않다는 것을 발견했다. 그는 어린 원숭이들을 두 무리로 나눴다. 실험군인 한 무리는 12개월 간 단색의 빛에 노출되었고, 대조군인 다른 무리는 보통의 원숭이들처럼 야외에서 아주 다양한 것들을 경험했다. 나중에 색깔 대조 시험에서, 후자 무리가 전자 무리보다 훨씬 더 높은 점수를 기록했다.

① 유아들을 위한 장난감은 보통 색깔 수가 제한적이다.

② 어떤 아이들은 다른 아이들보다 더 일찍 색을 구별하는 능력이 발달한다.

③ 어떤 연구들은 신생아들이 서로 다른 색을 구별할 수 없다는 주장이 틀렸음을 증명해왔다.

④ 다양한 색에 노출된 어린 원숭이들은 서로 다른 색을 구별하는 더 나은 능력을 보여줬다.

| 정답해설 | ③ 68% 첫 문장에 따르면, 신생아들이 색을 구분할 수 없다는 것은 증명이 되었다. 그 뒤에 주변 환경에 따라 색의 구분 시기가 앞당겨질 수 있다는 내용이 있으나, 여전히 신생아가 색맹인 것은 사실이다.

| 오답해설 | ① 5% 유아들을 위한 장난감은 원색 또는 흑백으로 이루어져 있다(fundamental colors or black and white patterns)고 설명하였다.

② 17% 'developing a baby's color visual system can be expedited or delayed depending on the surroundings.'에서 환경에 따라 색에 대한 시각적 체계 발달이 빨라질 수도 느려질 수도 있다고 언급되어 있다.

④ 10% 지문 마지막에 원숭이의 실험 결과가 언급되어 있다.

| 어휘 |

newborn 신생아	colorblind 색맹의
discriminate 구별하다	the vast majority of 절대다수의
infant 유아	fundamental color 원색
a wide range of 다양한	color vision deficiency 색맹
utterly 완전히	genetic 유전적인
monochromatic 단색의	in the open air 야외에서
latter 후자(의)	former 전자(의)
plaything 장난감	disprove 틀렸음을 증명하다

문 11 | 논리형 | 독해 > Logical Reading > 삽입 | 난이도 下 | 답 ③ | 오답률 5%

핵심포인트 제시 문장을 미리 읽고 앞뒤의 내용을 예상한 후 지문을 읽어야 한다.

| 해석 | 연방정부의 역할들에 대하여 논쟁하는 두 반대파들이 존재해왔다. 하나는 연방정부를 크고 강력한 정부로서 옹호하는 연방주의자들 무리이다. 그리고

다른 하나는 그것에 반대하는 반연방주의자들의 무리로, 그들은 권력과 권위가 각 지역 정부에 속해야 한다고 믿는다. 따라서, 과거, 즉 권리장전의 등장 이전에는 후자가 헌법을 반대했던 반면, 전자는 헌법을 옹호했다. 그러면, 어느 단체가 가장 먼저 정당을 만들었을까? ③ 첫 정당은 Alexander Hamilton에 의해 구성된, 민주당도 공화당도 아닌 연방주의 당이었다. 사실, 미국의 2대 대통령인 John Adams도 연방주의 당원이었다. 대부분의 연방주의자는 도시 거주자들이었으며 큰 사업에 종사했기 때문에, 그들은 주로 국가 경제를 규제할 수 있는 정부를 원했다. 대조적으로, 반연방주의자들은 주로 시골 지역의 농부들이었다. 그들은 각 지역 정부가 주의 경제활동과 재정정책을 관리해야 한다고 믿었다.

| **정답해설** | ③ 95% 제시 문장에서 연방주의 당(Federalist Party)의 탄생을 언급하고, ③ 바로 뒤에서 그 당 출신의 대통령을 예시로 들고 있다. 이전의 문장들은 연방주의 당에 관한 언급이 전혀 없다. 따라서 ③이 적합하다.

| **어휘** |
political party 정당
Democratic Party 민주당
federal government 연방정부
advent 출현, 등장
dweller 거주자
in contrast 대조적으로

Federalist 연방주의자
Republican Party 공화당
constitution 헌법
Bill of Rights 권리장전
engage in ~에 종사하다

문 12 | **지문제시형** 독해 > Macro Reading > 제목
난이도 下 | 답 ④
오답률 10%

핵심포인트 첫 문장이 주제 문장이다.

| **해석** | 대부분의 역사학자, 철학자, 그리고 정치학자들은 Gandhi가 겉으로 보기에는 사소한 것들을 변화를 위한 아이디어들로 여겼다는 데 동의한다. 예를 들면, 그는 빈자들도 단순하지만 좋은 식량을 가질 수 있어야 한다고 주장했다. 그는 또한 모든 아이들에게 깨끗한 물과 기본적 교육이 제공되어야 한다고 생각했다. 물론, 그는 부자와 빈자 간 격차의 존재를 인정했으며, 그것이 우리 주변에 영원히 있을 것이라고 믿었다. 그는 그 당시의 많은 위대한 책들을 읽고 공부했지만, 그 대부분에 동의하지 못했다. 그는 변화가 위대한 지도자들이나 큰 사상들에서 나온다는 것을 믿지 않았다. 대신, 그는 그것이 평범한 사람들 내부로부터 시작된다고 믿었다. 그는 모든 것들에서 아이디어들을 모았다. 그는 자신을 기독교인이자, 유대교도이자, 이슬람교도이자, 힌두교 신자로 여겼다.
① 위대한 사상가로서 Gandhi의 교육적 배경
② 부자들과 빈자들 간의 차이에 대한 Gandhi의 해결책
③ 위대한 지도자로서의 Gandhi의 생각들
④ 평범한 것들로서의 변화에 대한 Gandhi의 생각들

| **정답해설** | ④ 90% 첫 문장에 주제가 제시되어 있다. Gandhi는 사소한 것들을 변화를 위한 아이디어로 여겼다.

| **오답해설** | ① 0% Gandhi의 교육적 배경이나 학력은 지문에 전혀 언급되지 않았다.
② 1% Gandhi가 빈부의 격차가 영원히 존재할 것임을 인정했다는 내용은 나오지만 그 해결책에 관한 내용은 나오지 않았다.
③ 9% Gandhi가 위대한 지도자라는 내용에 관한 지문은 아니다.

| **어휘** |
seemingly 겉으로 보기에
decent 좋은, 괜찮은
haves 가진 자들

minor 사소한
disparity 차이, 불일치
have-nots 가지지 못한 자들

문 13 | **문장형** 문법 > Main Structure > 조동사
난이도 上 | 답 ①
오답률 42%

핵심포인트 조동사 관용표현 내의 병치를 정확히 이해하는지를 요구하는 문제이다.

| **정답해설** | ① 58% 'B하는 것보다 A하는 것이 낫다'는 'may as well A as B'이며 A와 B는 동사원형을 사용해야 한다. 따라서 'You may as well take an alternative route as use the highway.'로 써야 한다.

| **오답해설** | ② 12% 「the number of + 복수명사」는 단수 취급하므로 단수 동사인 'has increased'가 적합하게 쓰였다.

---

③ 10% 'make a habit of ~ing(~하는 습관을 들이다)'가 문맥에 맞게 사용되었다.
④ 20% 「look + 사람 목적어 + in the 신체부위」의 구조에서 정관사 'the'가 알맞게 쓰였다.

| **어휘** |
alternative route 우회도로
convey 전달하다

thanks to ~ 덕분에

문 14 | **문장형** 문법 > Structure Constituent > 관사
난이도 中 | 답 ②
오답률 18%

출제의도 정관사 'the'의 관용적 용법을 이해하는지 묻는 문제이다.
핵심포인트 기본적인 문법규칙인 「the + 형용사」를 묻는다.

| **정답해설** | ② 82% 'injured'는 형용사로 전치사 'to' 뒤에 사용할 수 없다. 문맥상 '부상자들'이라는 뜻의 복수명사가 필요하므로 'the injured'가 적합하다.

| **오답해설** | ① 3% 'frankly speaking'은 관용표현으로 '솔직히 말해서'라는 뜻이다.
③ 14% '아무리 …해도 지나치지 않다'는 뜻의 'cannot ~ too …'가 맞게 쓰였다.
④ 1% 'A가 아니라 바로 B', 즉 'its excellent service'가 문장의 주어로, 'It is(was) ~ that …' 강조구문에 바르게 삽입되었다.

| **어휘** |
merchant 상인
considering ~을 고려해볼 때

attend to 돌보다
a large collection of 많은

문 15 | **빈칸형** 어휘 > 빈칸 완성
난이도 中 | 답 ②
오답률 30%

핵심포인트 문법의 이해와 더불어 선지에 제시된 형용사들의 의미도 알아야 풀 수 있는 문제이다.

| **해석** | 화산이 ② 휴면기가 아니라는 조짐들이 있기 때문에, 그 국립공원은 일시적으로 제한된 구역으로 지정될 것이다.
① 3% 사나운
② 70% 휴면기의, 활동을 중단한
③ 12% 지배적인
④ 15% 활발한

| **정답해설** | 국립공원이 제한 구역으로 지정된다는 내용으로 보아 화산이 '휴면기'가 아님을 알 수 있다.

| **어휘** |
designate 지정하다
restricted 제한된

오답률 TOP 3

문 16 | **빈칸형** 독해 > Reading for Writing > 빈칸 구 완성
난이도 上 | 답 ④
오답률 43%

핵심포인트 지문의 내용이 추상적이고 선지의 어휘들이 어려워, 꼼꼼한 독해가 요구된다.

| **해석** | 깨끗하면서 사실상 영구적인 태양 에너지는 저렴하게 생산이 가능하다면 환경뿐 아니라 세계 경제에도 이로울 것이 틀림없다. 전기를 생산하는 비용은 현재 세계 성장에 주요 방해물들 중 하나이다. 전기가 없이는 공장과 교통 수단들을 가동시키는 것이 간단히 가능하지가 않다. 이것이 바로 대부분의 가난한 국가들이 그들의 경제를 쌓아 올리기 위해 분명히 그들의 환경과 건강에 모두 해로운 석탄과 석유와 같은 값싼 화석 연료에 굉장히 의존하는 이유이다. 따라서, 깨끗하고 저렴한 태양 에너지의 가능성은 환경을 손상시키지 않고도 우리를 전 세계적 지속 가능성이 ④ 실행 가능한 세상으로 이끌어줄 수도 있다. 일부는 태양 전력의 실용적 활용을 단순한 환상으로 여기지만, 우주비행선과 휴대전화와 같은 인류 역사의 수많은 훌륭한 발명품들도 처음에는 실행 불가능해 보였다는 것을 우리는 기억해야 한다.
① 평가 가능한
② 추측에 근거한
③ 양립 가능한
④ 실행 가능한

| **정답해설** | ④ 57% 빈칸 이전의 문장들에서 태양 에너지의 장점들(깨끗하며 지속 가능함)과 화석 연료의 단점을 대비시키고 있다. 따라서 빈칸에서 언급되는 태양 에너지는 전 세계적 지속 가능성을 실행하게 해줄 수 있음을 유추할 수 있다.

| **어휘** |
hindrance 방해물
means 수단

detrimental 해로운   build up 쌓아 올리다
sustainability 지속 가능성   mere 단순한
unviable 실행 불가능한

오답률 TOP 1

문 17	논리형 독해 > Logical Reading > 배열	난이도 上 ｜ 답 ①
		오답률 71%

핵심포인트 제시 문단을 읽고 앞으로 전개될 내용을 미리 예상한 후, 선지들의 연결 포인트를 정확히 확인하면서 문제를 풀어야 한다.

｜해석｜ 시장 경제는 경제 활동이 공급과 수요의 법칙에 달려있는 경제 시스템의 한 형태이다. 이 시스템하에서, 더 많은 제품들이 제조되고 유통될수록 그 비용들은 낮아지며 그 반대도 마찬가지이다.
(B) 시장의 자유가 시장 경제에서 가장 중요한 요소로 강조된다. 이 경제를 지지하고 믿는 사람들은 자연스러운 공급과 수요가 판매자와 구매자 모두에게 최적의 가격을 만들어줄 것이라고 주장한다. 그리고 계획 경제가 있다.
(C) 이 두 번째 형태의 경제는 정부가 경제 활동의 모든 측면을 제어하는 절대적인 역할을 하는 시스템이다. 정부가 몇 개의 재화가 생산될지, 누가 그것들을 판매할지, 각 제품이 얼마일지 등등을 결정한다.
(A) 그러나 역사적으로, 시장 경제 또한 자체적인 문제들이 있지만, 그렇게 효율적이지 못하다고 밝혀졌다. 오늘날, 가장 흔한 형태는 정부에 의해 움직이는 시장 경제이며, 경제학자들과 정치인들 모두 경제가 성장하도록 자극할 수 있는 최상의 환경을 찾아내기 위해 협력한다.

｜정답해설｜ 제시 문단에서 '시장 경제'가 설명되고, (B)의 첫 문장이 경제 시스템이 아니라 시장 경제의 특징적 요소(Freedom of the market)로 시작하므로 두 번째 문단으로 적합하다. 또한 문단 마지막에 다른 형태의 경제 시스템(the command economy)을 소개하므로 지시 형용사(This second type of economy)를 이용하여 앞에서 언급된 경제 시스템을 설명하는 (C)가 다음에 오는 것이 적합하다. 마지막으로 (A)에서 두 경제 체제의 절충적 형태가 가장 흔한 형태임을 설명하므로 마지막 문단으로 적합하다.

｜어휘｜
market economy 시장 경제   supply and demand 공급과 수요
vice versa 그 반대도 마찬가지이다   steer 조종하다, 몰다
stimulate 자극하다   stress 강조하다
bring about 야기시키다, 초래하다   optimal 최적의
command economy 계획 경제, 명령 경제

문 18	지문제시형 독해 > Macro Reading > 요지	난이도 中 ｜ 답 ④
		오답률 27%

핵심포인트 어려운 지문은 아니나 주제가 전체 지문에 분산되어 있다.

｜해석｜ 엠파이어 스테이트 빌딩은 자유의 여신상과 함께 미국의 가장 놀라운 상징물이다. 그것은 개인주의와 자유무역에서 비롯되는 미국의 다른 면을 상징한다. 한때 거의 40년 동안 세계에서 가장 높았던 그 건물은 뉴욕 스카이라인의 장엄한 아이콘이며, 성실함과 부유함이라는 이중적인 이미지를 동시에 불러일으킨다. 두 가지 모두 전형적인 아메리칸 드림이다. 즉, 사람들은 그 건물을 그들이 정말 열심히 일하면 그들이 원하는 것은 무엇이든 이룰 수 있다는 생각과 연관 짓는다; 그것은 아메리칸 드림의 상징이다. 자유의 여신상이 '우리는 전 세계에서 온 당신들 모두를 환영합니다'라고 말하는 반면, 엠파이어 스테이트 빌딩은 '누구나 부자가 될 수 있습니다'라고 말하는 것과 같다.
① 엠파이어 스테이트 빌딩에 대한 오해들이 있다.
② 미국의 두 가지 랜드마크들이 새로운 아메리칸 드림을 보여준다.
③ 개인주의는 가장 흔한 미국적 삶의 방식이다.
④ 엠파이어 스테이트 빌딩의 상징주의는 이중적이다.

｜정답해설｜ ④ 73% 자유의 여신상과 엠파이어 스테이트 빌딩이 가지고 있는 이미지와 상징에 대한 설명이다.

｜오답해설｜ ① 1% 엠파이어 스테이트 빌딩에 대한 오해는 언급되지 않았다.
② 25% 세 번째 문장에 두 개의 랜드마크가 전형적인 아메리칸 드림을 보여준다는 언급이 있으나 새로운 아메리칸 드림에 대한 내용은 없다.
③ 1% 개인주의는 미국식 상징의 예시들 중 하나일 뿐 글의 핵심적인 내용으로

볼 수 없다.

｜어휘｜
symbolize 상징하다   stem from ~에서 비롯되다
liberty-commerce 자유무역   magnificent 장엄한, 매우 아름다운
arouse 불러일으키다, 자아내다, 자극하다   duel 이중의; 결투, 다툼
industry 성실함   affluence 부유함
classic 전형적인   associate 연관 짓다

문 19	빈칸형 독해 > Reading for Writing > 빈칸 절 완성	난이도 下 ｜ 답 ④
		오답률 8%

출제의도 어려운 단어에 현혹되지 말고 빈칸 근처에서 힌트를 찾는 식으로 접근해야 한다.

핵심포인트 생물과 관련된 어려운 어휘들이 포함된 지문으로, 특히 후반부의 전반적인 내용을 이해해야 풀 수 있는 문제이다.

｜해석｜ 파충류 피질은 우리의 본능적 행동을 담당하는 인간 뇌의 일부분이다. 다른 동물들처럼, 우리 뇌의 이 부분도 호흡, 발한, 심혈관 활동과 기타 등등의 기본적인 활동들을 지속시킨다. 이 활동들은 우리가 의식적으로 생각하도록 요구하지는 않는다. 그것은 그냥 자동으로 일어나는 것과 같다. 파충류 피질은 또한 우리 환경에서의 갑작스런 발생들에 대한 즉각적인 반응들을 돕는 작동 원리를 담당한다. 파충류 피질이 다른 사람들과 우리의 상호작용에 기능할 때조차도, 그것은 오직 자기 방어나 공격과 같은 원시적인 충동들만 포함한다. 어떤 의미에서 파충류 피질은 인간들과 도마뱀들 간의 어떠한 차이점도 보여주지 못한다: 후자는 새끼들에 대한 완전한 무관심을 보인다. 그러나, 인간을 포함한 포유류에 고유한 변연 피질이 있다. 뇌의 이 부분은 포유류들이 자신들 이외에 다른 이들, 특히 새끼들을 돌보도록 만든다. ④ 이것은 또한 우리 인간들이 사회적 관계와 인맥을 구축할 수 있도록 해준다. 예를 들면, 당신은 친구의 생일파티에서 다른 이들과 있을 때 소속감을 경험하게 된다.
① 우리는 우리 인간들이 결국에는 이기적이라는 것을 인정해야만 한다
② 더 결정적인 증거를 찾기 위해 추가적인 연구들이 수행되어야 한다
③ 무리의 일원이 되는 것은 당신의 정신 건강에 좋다
④ 이것은 또한 우리 인간들이 사회적 관계와 인맥을 구축할 수 있도록 해준다

｜정답해설｜ ④ 92% 빈칸 앞의 문장에서는 '포유류들이 다른 이들을 돌보는 특성이 있다(take care of others)'고 언급했고, 빈칸 뒤의 문장에서는 '인간이 소속감을 느끼게 된다(experience a sense of belonging)'는 것을 예시로 들었다. 따라서 빈칸에는 인간이 다른 이들에게 관심을 기울이며 사회적 관계를 만든다는 내용이 가장 적합하다.

｜오답해설｜ ① 3% 빈칸 바로 앞 문장에서 포유류가 다른 이들을 돌본다는 내용이 나왔으므로 반대이다.
② 4% 연구가 확정적이지 못하다는 내용은 글에 전혀 언급되지 않았다.
③ 1% 무리의 일원이 되는 것이 사회적 관계이기는 하지만 정신 건강과 관련된 내용은 없다.

｜어휘｜
reptilian 파충류의   cortex (뇌의) 피질
instinctive 본능적인   respiration 호흡
perspiration 발한   cardiovascular 심혈관계의
and the like 기타 등등   take charge of ~을 떠맡다/돌보다
mechanism 작동원리   abrupt 갑작스런
primitive 원시적인   impulse 충동, 자극
latter 후자   limbic cortex 변연 피질
distinctive 독특한   mammal 포유류
offspring 새끼, 자식   besides ~ 이외에도
a sense of belonging 소속감

문 20	빈칸형 독해 > Reading for Writing > 빈칸 구 완성	난이도 中 ｜ 답 ③
		오답률 27%

핵심포인트 빈칸에 들어갈 문장의 근거가 되는 문장을 찾아서 논리적으로 풀어야 한다.

｜해석｜ 하나의 분리된, 가장 유력한 역사적 사건이 로마제국을 무너뜨렸다고 말하는 것이 드물지 않지만, 사실은 그렇지 않다. 그 제국은 정치적 부패, 경기침체, 그리고 통제하기에는 너무 넓은 땅 등 많은 일들의 장기간의 과정을 겪으며 붕괴

했다. 야만인들에 의한 침략은 낙타의 등을 부러뜨린 마지막 지푸라기였을 뿐이다. 게다가, 서로마제국의 완전한 몰락으로부터 추가적인 1,000년 동안 동로마제국은 살아남았었다. 그들의 크기와 군사력이라는 측면에서 오늘날 발견되는 ③ 로마제국과 미국 간의 꽤 많은 공통점들이 있다. 비슷한 사건이 미국에서 일어나지 않도록 확실히 하기 위해, 로마제국의 정치적 그리고 경제적 요소들이 연구될 필요가 있어 보인다.

① 로마제국의 영향의 타당성에 대한 일부 논란들
② 로마제국이 미국에 미친 분명한 영향들
③ 로마제국과 미국 간의 꽤 많은 공통점들
④ 세계의 다른 지역들에 대한 미국의 진출에 있어서 모호한 패턴들

| 정답해설 | ③ 73% 빈칸이 포함된 문장의 바로 다음 문장에서 '비슷한 사건이 미국에서도 일어나지 않도록 하기 위해(To make sure a similar event does not occur in the U.S.)'라고 지적하는 것으로 보아 미국과 로마제국 간의 유사성이 있음이 빈칸에 진술되어야 한다.

| 오답해설 | ① 9% 빈칸 뒤의 문장에서 미국과 로마제국의 유사성을 바탕으로 한 진술이 있기 때문에 로마제국의 영향은 글의 내용과 무관하다.
② 10% 빈칸 뒤의 문장이 미국과 로마제국의 유사성을 전제한 문장이므로 로마제국이 미국에 영향을 미쳤다는 내용은 부적합하다.
④ 8% 빈칸 뒤의 문장에서 미국의 몰락을 피하기 위한 연구의 필요성을 주장하므로 미국의 세계 진출은 글의 내용과 무관하다.

| 어휘 |

crumble 부스러뜨리다 collapse 무너지다, 붕괴하다
lengthy 긴, 장황한 corruption 부패
economic stagnation 경기침체 invasion 침략, 침입
barbarian 야만인, 이방인 straw 지푸라기
make sure 확실히 하다 validity 타당성
ambiguous 모호한

2022년 ____월 ____일 시행
9급공무원 공개경쟁채용 필기시험

회차	과목
⑥	한국사

⑥회 난이도	中
⑥회 합격선	17개/20개

【SELF CHECK】

풀이 시간	/13분	맞힌 개수	/20개

⑥회차 핵심페이퍼

문번	정답	개념	꼭 짚고 넘어가야 하는 핵심포인트!	다시 볼 키워드!
문 1	②	고대	고구려 고국원왕은 백제 근초고왕에 의해 전사하였다.	고국원왕, 소수림왕, 광개토대왕
문 2	④	고대	통일 신라 시기에 3~1두품은 평민화되었다.	신라, 골품제
문 3	②	근세	의금부는 왕이 직접 중대 범죄에 대해 판결하는 기구이다.	의금부, 한성부, 사헌부, 사간원, 승문원
문 4	③	근대 태동기	안정복은 『동사강목』에서 삼한 정통론을 주장하였다.	안정복, 『동사강목』, 삼한 정통론
오답률 TOP 3 문 5	②	근현대	임오군란의 결과 제3차 수신사가 파견되었다.	임오군란, 제3차 수신사
문 6	①	근현대	『조선책략』 유포에 반발하여 영남 유생들이 만인소를 올렸다.	『조선책략』, 영남 만인소, 만동묘
문 7	①	근현대	독립 협회의 이권 수호 운동은 반러 경향이 두드러졌다.	독립 협회, 이권 수호 운동
문 8	④	고대	9세기 선왕 때 발해의 지방 행정 제도를 완비하였다.	무왕, 성왕, 선왕, 등제서열 사건
문 9	②	근세	안견은 도화서 화원으로 조선 전기의 인물이다.	안견, 『몽유도원도』
문 10	④	근현대	1995년에 민주노총이 결성되었다.	전태일, YH 무역 사건, 민주노총, 노사정 위원회
문 11	③	국가의 형성	고구려는 약탈 경제가 중심이었으며, 집집마다 '부경'을 두었다.	고구려의 부경, 삼한, 부여
오답률 TOP 1 문 12	④	단원 통합	임상덕의 『동사회강』에는 삼국과 고려의 기록이 수록되어 있다.	『동사강목』, 『아방강역고』, 『제왕운기』
오답률 TOP 2 문 13	②	중세	공민왕 때 지용수와 이성계가 동녕부를 공격하였다.	충렬왕, 공민왕
문 14	④	중세	보우는 공민왕 때 왕사로서 임제종을 도입하였다.	보우, 임제종
문 15	①	근현대	신간회는 합법적인 대중 단체로 설립되었다.	신간회, 근우회
문 16	②	근세	세종 때 1년의 길이를 측정하기 위해 규표를 설치하였다.	규표, 『천상열차분야지도』, 『동국병감』, 계미자
문 17	②	근대 태동기	홍대용은 지전론을 주장하였다.	홍대용, 지전론, 박지원
문 18	④	근대 태동기	정약용은 기예론을 주장하였다.	정약용, 기예론, 배다리
문 19	②	근현대	문일평이 『대미 관계 50년사』를 저술하였다.	박은식, 신채호, 백남운
문 20	②	근현대	유신 헌법으로 대통령은 통일 주체 국민 회의에서 선출되었다.	개헌, 유신 헌법, 간선제

※ [오답률/선택률] 산정 기준: 2021.04.07. ~ 2022.02.28. 기간 동안 응시된 1초 합격예측 서비스의 누적 데이터
※ [오답률] TOP 1, 2, 3은 많은 응시생들이 헷갈린 문항이므로 꼭 확인하고 넘어가시기 바랍니다.

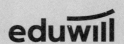

모의고사 ≫ 6회 P. 13

문 1	②	문 2	④	문 3	②	문 4	③	문 5	②
문 6	①	문 7	①	문 8	④	문 9	②	문 10	④
문 11	②	문 12	④	문 13	②	문 14	④	문 15	①
문 16	②	문 17	②	문 18	④	문 19	②	문 20	②

※ 50% 는 선지별 선택률을 나타냅니다.

문 1 자료형 고대 > 삼국의 정치 > 4~5세기 고구려 난이도 下 | 답 ② 오답률 4%

핵심포인트 고구려 고국원왕은 백제 근초고왕에 의해 전사하였다.

| 정답해설 | (가)는 백제 근초고왕이 고구려 평양성을 공격하여 고구려 고국원왕이 전사한 사건(371)에 대한 자료이며, (나)는 고구려 광개토대왕이 신라에 쳐들어온 왜구를 소탕하여 신라를 구원한 사건(400)이다.
② 96% 4세기 후반 소수림왕은 율령을 반포(373)하고 불교를 수용했으며(372), 태학을 설립하였다(372).
| 오답해설 | ① 3% 보장왕 때 천리장성이 축조되었다(647).
③ 1% 장수왕 때 평양으로 천도하였다(427).
④ 0% 미천왕 때 낙랑군을 축출하고(313), 이후 대방군을 축출하였다(314).

문 2 사료형 고대 > 사회 > 골품제 난이도 中 | 답 ④ 오답률 24%

핵심포인트 통일 신라 시기에 3~1두품은 평민화되었다.

| 정답해설 | 제시된 자료는 신라의 골품제와 관련된 내용이다. 골품제는 신라의 신분 제도로, 골품에 따라 개인의 정치적·사회적 활동의 범위를 엄격히 제한하였으며, 집과 수레의 크기, 복색 등 일상생활까지 규제하였다.
④ 76% 통일 이후 3~1두품은 평민화되었지만, 평민이 된 이후에도 일반 평민들과는 달리 성씨(姓氏)를 소유하고 있었다.
| 오답해설 | ① 3% 성골은 왕위 계승자로서 진덕 여왕 시기까지 왕위에 올랐다.
② 13% 진골은 관직 상한선이 없어 모든 관직에 진출이 가능하였다.
③ 8% 신라는 관등 승진의 상한선이 정해져 있어 나타나는 두품 계열의 불만을 완화하기 위해, 관직 내 등급을 세분화시킨 중위제를 실시하였다.

문 3 지식형 근세 > 정치 > 중앙 정치 제도 난이도 中 | 답 ② 오답률 27%

핵심포인트 의금부는 왕이 직접 중대 범죄에 대해 판결하는 기구이다.

| 정답해설 | ② 73% 의금부는 왕이 직접 중대 범죄에 대해 판결을 하는 기구였으며 판결을 내릴 때 의정부의 동의를 받을 필요는 없었다.
| 오답해설 | ① 3% 한성부는 서울의 행정과 치안을 담당하였다.
③ 12% 조선의 대간은 사헌부의 대관과 사간원의 간관으로 구성되었으며, 5품 이하의 관리에 대한 서경권을 가졌다.
④ 12% 승문원은 외교 문서를 관장하기 위해 설치된 기구였다.

문 4 자료형 근대 태동기 > 문화 > 『동사강목』 난이도 中 | 답 ③ 오답률 30%

핵심포인트 안정복은 『동사강목』에서 삼한 정통론을 주장하였다.

| 정답해설 | 제시된 자료는 안정복의 『동사강목』이다.
③ 70% 안정복은 『동사강목』에서 단군 조선 – 기자 조선 – 마한 – 통일 신라 – 고려로 이어지는 삼한 정통론을 제시하였고, 삼국 시대를 무통의 시대로 보았다.
| 오답해설 | ① 4% 이긍익의 『연려실기술』은 야사를 참고하여 조선의 정치사·문화사를 서술한 사서이다.
② 11% 기전체 사서인 한치윤의 『해동역사』에 대한 설명이다.
④ 15% 편년체 통사인 서거정의 『동국통감』에 대한 설명이다.

문 5 자료형 근현대 > 개항기 > 임오군란 난이도 下 | 답 ② 오답률 49%

핵심포인트 임오군란의 결과 제3차 수신사가 파견되었다.

| 정답해설 | 제시된 자료는 1882년 체결된 조·청 상민 수륙 무역 장정의 내용 중 일부이다. 이 조약은 임오군란이 진압된 이후에 체결되었다.
② 51% 임오군란 이후 조선은 일본과 제물포 조약을 맺고 배상금을 지불했으며, 박영효, 김옥균을 사죄단의 형태인 제3차 수신사로 일본에 파견하였다.
| 오답해설 | ① 8% ③ 7% 청은 임오군란을 진압한 후에도 위안스카이가 지휘하는 군대를 조선에 주둔시키고, 마젠창과 묄렌도르프를 고문으로 파견하여 조선의 내정과 외교에 간섭하였다. 또한 조·청 상민 수륙 무역 장정을 체결하여 청 상인의 내륙 진출을 보장하는 등 경제적 침투의 발판을 마련하였다.
④ 34% 임오군란은 흥선 대원군의 재집권으로 진정되는 듯하였으나, 곧 조선을 둘러싼 청·일의 대립을 초래하였다. 일본이 군대 파견의 움직임을 보이자 청 역시 군대를 파견하였고 군란의 책임자로 흥선 대원군을 청으로 압송해 갔다. 이 틈을 타 일본 공사는 조선의 척화비를 철거를 요구하였다.

문 6 자료형 근현대 > 개항기 > 열강과의 관계 난이도 中 | 답 ① 오답률 18%

핵심포인트 『조선책략』 유포에 반발하여 영남 유생들이 만인소를 올렸다.

| 정답해설 | 제시된 자료는 이만손을 중심으로 영남 유생들이 올린 영남 만인소의 일부로, (가) 청, (나) 일본, (다) 미국, (라) 러시아에 해당한다. 1880년대에는 정부의 개화 정책 추진과 『조선책략』 유포에 반발하여 유생들이 집단 상소를 올리며 반발하였다.
① 82% 만동묘는 명나라 황제 만력제(신종)의 제사를 지내기 위해 설치되었다.
| 오답해설 | ② 0% 조선은 일본과 최초의 근대적 조약이자 불평등 조약인 강화도 조약을 체결하였다(1876).
③ 10% 조선은 미국과 거중 조정, 영사 재판권(치외 법권), 최혜국 대우, 조선 정부의 제한적 관세 부과권의 내용을 담은 조·미 수호 통상 조약을 체결하였다(1882).
④ 8% 고종은 을미사변 이후 러시아 공사관으로 피신하였고(아관 파천, 1896), 이후 영향력이 강화된 러시아가 국내의 각종 이권을 차지하였다. 이에 최혜국 대우를 내세운 열강의 이권 침탈이 심화되었다.

문 7 지식형 근현대 > 개항기 > 독립 협회 난이도 中 | 답 ① 오답률 38%

핵심포인트 독립 협회의 이권 수호 운동은 반러 경향이 두드러졌다.

| 정답해설 | ① 62% 독립 협회의 배척 대상은 주로 러시아에 국한되었으며, 미국·영국·일본에 대해서는 우호적인 태도를 취하면서 그들의 침략 의도를 제대로 간파하지 못하였다. 〈독립신문〉에는 우리의 이권을 미국 혹은 일본에 넘겨야 한다는 주장이 실리기도 했다.

문 8 순서형 과정 고대 > 남북국 시대의 정치 > 발해의 발전 난이도 中 | 답 ④ 오답률 47%

핵심포인트 9세기 선왕 때 발해의 지방 행정 제도를 완비하였다.

| 정답해설 | 제시된 발해사의 순서는 다음과 같다.
ㄹ. 무왕(719~737): 장문휴의 수군으로 하여금 당의 산둥 지방을 선제공격하게 하였다.
ㄷ. 성왕(793~794): 문왕 말기에 동경으로 천도한 후, 성왕 때 상경으로 재천도하였다(794).
ㄱ. 선왕(818~830): 5경 15부 62주의 지방 행정 제도를 정비하였고, 전성기를 맞은 발해는 해동성국이라 불렸다.
ㄴ. 등제서열 사건(906): 빈공과 급제 서열을 두고 통일 신라와 발해가 논쟁을 벌였다.

문 9 | 자료형 | 근세 > 문화 > 세종 대 문화
난이도 中 | 답 ②
오답률 30%

핵심포인트 안견은 도화서 화원으로 조선 전기의 인물이다.

| **정답해설** | 제시된 자료는 <u>세종</u> 때 안평대군이 남긴 『몽유도원기』의 내용 중 일부이다. 안평대군은 꿈에서 본 이상 세계를 도화서 화원 안견에게 그리게 하여 『몽유도원도』를 완성하였고, 자신의 꿈에 대한 해설인 『몽유도원기』를 그림에 붙여 넣게 하였다.

② 70% 한호체는 석봉체라고도 불리며 명에 보내는 외교 문서에 사용되었고, 한호가 쓴 『천자문』이 민중에 널리 보급되기도 하였다. 한석봉은 16세기의 인물이다.

| **오답해설** | ① 4% ③ 6% ④ 20% 세종 때 『삼강행실도』와 『정간보』가 편찬되었고, 아악이 체계화되었다.

문 10 | 보기형 | 근현대 > 현대 > 시기별 노동 운동
난이도 中 | 답 ④
오답률 30%

핵심포인트 1995년에 민주노총이 결성되었다.

| **정답해설** | ㄷ. 민주노총은 1995년에 결성되었다.
ㄹ. 노사정 위원회는 외환 위기 이후 극심한 노·사 대립을 해결하기 위해 1998년 김대중 정부 시기에 설립되었다.

| **오답해설** | ㄱ. 1970년 동대문 평화 시장 노동자 전태일이 분신한 이후 노동 운동이 본격화되었다.
ㄴ. 1979년 YH 무역 사건이 일어났고, 이를 계기로 부·마 민주 항쟁과 10·26 사태가 일어나면서 유신 체제가 붕괴되었다.

문 11 | 자료형 | 우리 역사의 기원과 형성 > 국가의 형성 > 삼한, 부여
난이도 中 | 답 ③
오답률 22%

핵심포인트 고구려는 약탈 경제가 중심이었으며, 집집마다 '부경'을 두었다.

| **정답해설** | (가)는 "천군", "소도"를 통해 삼한이라는 것을 알 수 있다. (나)는 부여의 법률로, 여성의 정절을 중시한 것을 통해 가부장적 사회였음을 알 수 있다.

③ 78% 집집마다 '부경'이라는 약탈물을 보관하는 창고가 있었던 나라는 고구려이다.

| **오답해설** | ① 2% ② 5% 삼한은 신지, 읍차와 같은 군장이 통치하였고, 천군이라는 제사장이 신성 구역인 소도를 관할하였다. 또한 반움집이나 귀틀집에 거주하였다.

④ 15% 부여는 농경과 목축이 발달하였으며 말, 주옥, 모피 등을 중국에 수출하였다.

오답률 TOP 1
문 12 | 자료형 | 단원 통합 > 발해와 관련된 역사서
난이도 上 | 답 ④
오답률 60%

출제의도 발해사가 수록된 역사서를 알아두어야 한다.
핵심포인트 임상덕의 『동사회강』에는 삼국과 고려의 기록이 수록되어 있다.

| **정답해설** | 제시문은 발해의 이불병좌상에 대한 내용이다. 발해 역사가 수록된 역사서로는 제시된 선택지 이외에도 유득공의 『발해고』, 한치윤의 『해동역사』, 이종휘의 『동사』 등이 있다.

④ 40% 『동사회강』은 숙종 때 임상덕이 저술한 강목체 형식의 편년체 역사서로, 삼국과 고려의 기록은 있으나 발해에 대한 언급은 없다.

오답률 TOP 2
문 13 | 자료형 | 중세 > 정치 > 충렬왕의 업적
난이도 中 | 답 ②
오답률 49%

핵심포인트 공민왕 때 지용수와 이성계가 동녕부를 공격하였다.

| **정답해설** | 제시문은 원 간섭기인 <u>충렬왕</u> 때의 일이다.
② 51% 공민왕 때 지용수와 이성계가 요동 지방으로 밀려난 동녕부를 공격하였다.

| **오답해설** | ① 6% 일연의 『삼국유사』는 충렬왕 때 편찬되었다.
③ 15% 홍자번은 『편민 18사』의 상소를 충렬왕에게 올려 사회 개혁을 요구하였다.
④ 28% 전민변정도감은 원종 때 처음으로 설치되었고, 이후 설치와 폐지를 반복하여 충렬왕, 공민왕, 우왕 때에도 설치되었다.

문 14 | 지식형 | 중세 > 문화 > 불교
난이도 中 | 답 ④
오답률 18%

핵심포인트 보우는 공민왕 때 왕사로서 임제종을 도입하였다.

| **정답해설** | ④ 82% 보우는 공민왕의 왕사가 되어 정치 정화와 9산 선문의 통합, 한양 천도를 주장하고 교단 정비에 노력하였으며, 원으로부터 임제종을 도입하였다.

| **오답해설** | ① 3% 지눌은 선종을 중심으로 교종을 통합하고자 하였고, 선과 교학이 근본적으로 둘이 아니라는 정혜쌍수를 주장하였다.
② 3% 최씨 무신 정권은 결사 운동을 적극 지원하여 혜심과 매우 긴밀하였다.
③ 12% 요세는 지눌, 혜심과 다른 계열로 천태교학의 법화 신앙을 이론적 기반으로 하였으며, 백련 결사를 제창하여 지방 호족과 민중의 적극적인 호응을 얻었다.

문 15 | 자료형 | 근현대 > 일제 강점기 > 신간회
난이도 中 | 답 ①
오답률 39%

핵심포인트 신간회는 합법적인 대중 단체로 설립되었다.

| **정답해설** | 제시문은 1927년 창설된 <u>신간회</u> 강령이다. 신간회는 일제의 묵인 아래 합법적인 대중 단체로 설립되었다. 일제는 독립운동의 분열을 유도하고 독립운동가들을 쉽게 색출하기 위해 신간회 활동을 허용하였다.
① 61% 민족 교육과 고등 교육 기관 설립은 민립 대학 설립 운동과 관련 있다.

| **오답해설** | ② 4% 1927년 김활란을 회장으로 하는 근우회가 신간회의 자매단체로 결성되었다.
③ 5% 1929년 신간회는 원산 총파업과 광주 학생 항일 운동을 지원하였다.
④ 30% 신간회는 한국인 착취 기관의 철폐를 주장했는데, 가장 대표적인 것이 동양 척식 주식회사 철폐 주장이다.

문 16 | 지식형 | 근세 > 문화 > 과학 기술
난이도 中 | 답 ②
오답률 46%

핵심포인트 세종 때 1년의 길이를 측정하기 위해 규표를 설치하였다.

| **정답해설** | ② 54% 규표는 계절의 변화와 1년의 길이를 측정하기 위해 세종 때 제작된 기구이다.

| **오답해설** | ① 20% 태조 때 고구려의 천문도를 바탕으로 『천상열차분야지도』를 만들었다.
③ 20% 『동국병감』은 문종 때 편찬된 것으로, 고조선~고려 말까지의 전쟁 역사를 정리한 책이다.
④ 6% 계미자는 태종 때, 갑인자와 경자자는 세종 때 만들어졌다.

문 17　[자료형] 근대 태동기 > 문화 > 홍대용　　| 난이도 中 | 답 ② |
　　　　　　　　　　　　　　　　　　　　　　　　　| 오답률 28% |

[핵심포인트] 홍대용은 지전론을 주장하였다.

| **정답해설** | 제시된 자료는 홍대용의 주장으로, 홍대용은 김석문과 함께 지전론을 주장하였다.

② [72%] 박지원과 관련된 내용이다. 박지원은 문학 작품의 매개체인 언어의 기능을 이해하고, 그 시대에 맞는 문체 개혁이 필요하다고 주장하였다.

| **오답해설** | ① [4%] ③ [9%] ④ [15%] 홍대용은 『주해수용』을 편찬하여 기하학의 원리를 수록하였고, 북경에 다녀와서 『연기』와 북경 학자들과의 필담을 정리한 『회우록』을 저술하였다. 또한 『임하경륜』에서는 놀고먹는 자들을 형벌로 다스릴 것과 8세 이상의 자제들을 교육하여 능력에 따라 조정에서 등용시켜야 한다는 주장을 하였다.

문 18　[보기형] 근대 태동기 > 문화 > 정약용　　| 난이도 中 | 답 ④ |
　　　　　　　　　　　　　　　　　　　　　　　　　| 오답률 22% |

[핵심포인트] 정약용은 기예론을 주장하였다.

| **정답해설** | 제시문은 정약용과 관련 있다. 정약용은 기술이 인간에게 도움이 되면 이용해야 한다는 기예론을 표방하였다.

ㄴ. 정약용은 배다리를 설계하고, 종두법을 연구하여 『마과회통』을 편찬하였다.

ㅁ. 정약용은 『경세유표』와 『목민심서』를 저술하여 중앙과 지방 행정 제도의 개편을 주장하였다.

| **오답해설** | ㄱ. 정약용은 경기도 남양주 출신으로 남인 계열이다.

ㄷ. 홍대용과 박지원은 노론 명문 출신으로 상공업 진흥을 주장하였다.

ㄹ. 충청 지역의 노론이 외래문화를 배격하였다.

문 19　[자료형] 근현대 > 일제 강점기 > 국학 운동　　| 난이도 中 | 답 ② |
　　　　　　　　　　　　　　　　　　　　　　　　　| 오답률 27% |

[출제의도] 일제 강점기의 한국사 연구에 대해 알아야 한다.
[핵심포인트] 문일평이 『대미 관계 50년사』를 저술하였다.

| **정답해설** | (가)는 박은식의 『한국통사』, (나)는 신채호의 『조선상고사』, (다)는 백남운의 『조선사회경제사』 중 일부이다.

② [73%] 박달 학원 설립과 『대미 관계 50년사』와 관련된 인물은 '조선심'을 강조했던 문일평이다. 박달 학원은 1913년 상하이의 프랑스 조계지에서 신규식, 문일평 등이 주도해서 세운 교육 기관으로 박은식, 신채호, 홍명희, 조소앙 등이 활약하였다.

| **오답해설** | ① [16%] 박은식은 〈황성신문〉 주필로 활동하고, 유교 구신론을 표방하면서 대동교를 창시하였다.

③ [4%] 백남운은 마르크스의 유물 사관을 중심으로 일제 식민 사관의 정체성론을 비판했다.

④ [7%] 박은식과 신채호, 백남운은 모두 일제의 식민 사관을 정면으로 비판하였다.

문 20　[순서형] 근현대 > 현대 > 개헌　　| 난이도 中 | 답 ② |
　　　　　　　　　　　　　　　　　　　　　　　　| 오답률 30% |

[출제의도] 대한민국 정부의 개헌 내용을 혼동하지 말아야 한다.
[핵심포인트] 유신 헌법으로 대통령은 통일 주체 국민 회의에서 선출되었다.

| **정답해설** | 제시된 개헌의 순서는 다음과 같다.

ㄴ. 양원제 국회와 내각 책임제 실시(1960, 허정의 과도 정부, 3차 개헌)

ㄹ. 대통령 3선 금지 조항 철폐(1969, 박정희 정부, 6차 개헌)

ㄱ. 통일 주체 국민 회의에서 대통령 선출(1972, 유신 헌법, 7차 개헌)

ㄷ. 7년 단임제의 대통령 간선제 실시(1980, 전두환 정부, 8차 개헌)

편저자 강경욱

■ 약력

(現) 에듀윌 공무원 국어 대표 교수

(現) EBS 국어 전임 교수

(現) The Tok 국어능력인증(ToKL) 대표 교수

(前) 아모르이그잼 전임 교수

편저자 방재운

■ 약력

(現) 에듀윌 공무원 영어 대표 교수

(前) 영단기 강남어학원 TOEIC 강사

(前) 이익훈어학원 GRE 강사

(前) 파고다어학원 TOEIC RC 강사

편저자 서익환

■ 약력

(現) 에듀윌 공무원 한국사 대표 교수

(前) 해커스 공무원 한국사 전임 교수(강남, 노량진)

(前) EBS 명품공무원 한국사 특강

인기 팟캐스트 '서익환의 끌리는 한국사' 운영

2022 에듀윌 9급공무원 지방직 대비 공통과목 봉투모의고사 2

발 행 일	2022년 4월 6일 초판
편 저 자	강경욱, 방재운, 서익환
펴 낸 이	이중현
펴 낸 곳	(주)에듀윌
등록번호	제25100-2002-000052호
주 소	08378 서울특별시 구로구 디지털로34길 55
	코오롱싸이언스밸리 2차 3층

ISBN 979-11-360-1471-9 (13350)

www.eduwill.net
대표전화 1600-6700

**여러분의 작은 소리
에듀윌은 크게 듣겠습니다.**

본 교재에 대한 여러분의 목소리를 들려주세요.
공부하시면서 어려웠던 점, 궁금한 점,
칭찬하고 싶은 점, 개선할 점, 어떤 것이라도 좋습니다.

에듀윌은 여러분께서 나누어 주신 의견을
통해 끊임없이 발전하고 있습니다.

에듀윌 도서몰 book.eduwill.net

· 부가학습자료 및 정오표: 에듀윌 도서몰 → 도서자료실
· 교재 문의: 에듀윌 도서몰 → 문의하기 → 교재(내용, 출간) / 주문 및 배송